노자의 칼　장자의 방패

노자의 칼 장자의 방패

삶의 모순과 철학의 위안

김시천 지음

책세상

차 례

제2부 《장자》, 춤추는 방패

제3부 노장, 삶의 모순과 철학의 위안

아마도 1994년 가을인 것으로 기억된다. 그보다 더 거슬러 올라간다면 1987년 여름이 될 것이다. 이 두 해는 내가 《노자》와 《장자》라는 책에 대해서 처음 알게 된 해이다.

1987년에 나는 대학 새내기였다. 대학 캠퍼스에 언제나 최루탄 가루 섞인 먼지가 흩날리던 시절이었다. 그해 여름, 나는 도올 김용옥의 《동양학 어떻게 할 것인가》라는 책을 통해서 《노자》와 《장자》를 만났다. 김용옥 선생님이 책이나 강의에서 보여준 말과 행동은 꽤나 자극적이었고, 나는 그러한 자극적 유혹에 깊이 빠져들었다. 그리고 고전 그리스 철학을 공부하겠다던 생각을 바꾸어 동양 철학을 공부하기로 마음먹었다. 결국 나는 대학을 졸업하면서 어떤 마음의 갈등도 없이 자연스럽게 동양 철학 전공으로 대학원에 진학했고, 지도교수이신 곽신환 교수님을 따라 《주역》을 전공하고자 했다. 그런데 또 다른 인연이 뒤따랐다.

1994년 가을, 나는 같은 연구회의 전호근 선생님과 함께 왕필王弼의

《노자주老子注》를 읽게 되었다. 그리고《노자주》와 관련된 글을 대학원 수업 리포트로 제출하고자 준비하다가 끝마치지 못했는데, 이런저런 사정을 거쳐 나중에 이 글이 논문으로 발전해《시대와 철학》이라는 학술지에 실리게 되었다. 대학원 석사 과정 3학기에 써본 첫 논문이었다.

이러한 인연과 우연이 얽혀 나의 '전공'이라는 것을 정해버렸다. 그 후 2003년에 〈노자의 양생론적 해석과 의리론적 해석〉이라는 논문으로 박사 학위를 받기까지,《노자》 전공자로서의 나의 철학 연구와 삶이 이어졌다. 하지만 따지고 보면 1987년과 1994년에《노자》,《장자》와 마주치게 된 것은 누구에게나 있을 수 있는 흔한 일 가운데 하나였다.

《노자》와《장자》를 연구하는 전공자로서 가장 큰 변화의 계기는 2004년에 불쑥 다가왔다. 2004년 연초에, 지금은 여러 곳에 연구실을 운영하는 '연구공간 수유+너머'의 세미나에 초청 발표자로서 참여하게 된 것이다. 그때 발표한 글이 〈철학에서 이야기로〉였고, 이 글은 나의 첫 책인《철학에서 이야기로—우리 시대의 노장 읽기》로 확대되었다. 그해에 난 우리의 시각에서《노자》나《장자》를 읽는다는 것, 우리의 삶으로 동양 고전을 읽는다는 것이 어떤 것인지에 대해 처음으로 고민하기 시작했다.

또한 같은 해에 나는 씨을 함석헌의《노자》 사상을 접하면서 다시 한 번 변화를 겪게 되었다. 당시 서울 인사동에는 한 블록 정도의 거리를 두고 철학아카데미와 문예아카데미라는, 시민 강좌를 진행하는 두 기관이 자리 잡고 있었다. 어느 날 나는 최종덕 교수님을 통해 문예아카데미에서 씨을 함석헌의《노자》 사상에 대한 강의를 맡아달라는 제안을 받았다. 이 강좌는 유영모, 함석헌, 장일순 세 분에 대해 각각 강의하는 연속 프로그램의 하나였고, 기획자는 김상봉, 최종덕 두 교수님이었다.

그해에 강의를 위해 함석헌 선생님의《씨을의 옛글풀이》를 읽으면서

《노자》나 《장자》에 대한 내 생각의 결은 구체화되었다. 《철학에서 이야기로》에서 우리의 삶으로 《노자》나 《장자》 같은 고전을 읽는다는 것이 중요하다고 역설했음에도 불구하고, 나는 그 적절한 모델을 찾을 수 없었다. 하지만 함석헌 선생님을 책으로 만나면서 나는 막연하기는 하지만, 20세기 한국의 역사 속에서 흘러온 우리 시대 '노장老莊' 읽기의 가닥을 비로소 헤아리게 되었다.

이제 다시 10년 가까운 세월이 흘러 나는 《노자의 칼 장자의 방패—삶의 모순과 철학의 위안》이라는 책을 펴내게 되었다. 이 책은 개별적으로 발표된 논문들을 모은 것이지만, 구체적 고민의 결은 모두 같다. 이 논문들은 모두 우리 시대를 통해 《노자》나 《장자》를 읽는다는 것이 어떤 것인지, 또 우리의 삶을 통해 《노자》나 《장자》를 읽는다는 것이 어떤 의미를 갖는지에 대한 내 나름의 고민의 흔적인 것이다.

이 책이 말하고자 하는 것은 아주 단순하다. 우리가 《노자》나 《장자》를 읽는 방식은 예나 지금이나 늘 변해왔다는 것, 그래서 우리에게는 우리 나름의 고전 읽기가 필요하다는 것이다. 만약 노자나 장자라는 사람의 '사상'이 있다면, 그 사상은 그것을 말하는 사람들과 듣거나 읽는 사람들 사이의 이야기 속에서 의미를 갖는 것이지, 노자나 장자라는 사람에게 속하는 영원한 진리나 그 무엇은 아닐 것이라는 말이다.

나는 이미 전호근 선생님과 함께 펴낸 《번역된 철학 착종된 근대》라는 책을 통해, 고전 읽기는 어떤 고전으로부터 영원한 진리를 퍼내는 작업이 아니라 우리의 삶의 의미와 가치를 고전에 새기는 작업이라고 주장한 바 있다. 이 책은 바로 우리 시대, 우리의 삶이 지난 100여 년간 《노자》와 《장자》라는 고전에 새겨온 의미를 반추해보려는 작은 시도일 뿐이다.

아마도 독자들은 이 책에서 《노자》나 《장자》의 사상에 관한 명쾌한 해설이나 소개를 만날 수는 없을 것이다. 하지만 이 책을 읽다 보면 우리 시대라는 커다란 테두리 안에서 고전을 어떻게 읽어야 할지에 대한 조그마한 자극 정도는 나름대로 느낄 수 있지 않을까 싶다. 그것이 이 책이 갖는 작은 바람이다. 그래서 나는 이 책이 비록 학술적 연구서이긴 하지만, 그보다는 하나의 작은 이야기책으로 읽혔으면 한다.

이 책을 펴내기까지 너무나 많은 선생님들과 선후배들께 큰 도움을 받았다. 이 자리를 빌려《노자》나《장자》를 처음 만나 관심을 갖게 해준 김용옥 선생님, 왕필을 만나게 했고 또 공저자로서 함께 책까지 펴내며 늘 도움을 아끼지 않은 전호근 선생님, 그리고 함석헌 선생님을 만날 수 있게 해준 최종덕, 김상봉 선생님께 감사드리고 싶다. 또한 수많은 시간을 함께하며 여러 가지로 도와준 후배 오상현 선생에게도 고마운 마음을 전한다.

그리고《장자》입문 시절에 함께 읽고 토론하며 알게 모르게 가르침을 주었던 조민환, 김갑수, 김예호, 김경수 선생님께 감사한다. 또한 이 책에 실린 논문들을 발표할 기회와 함께 늘 따뜻한 논평으로 도움을 주신 이재권, 정세근, 이종성 선생님, 그리고 늘 펴낸 책을 보내주시며 응원과 격려를 해주신 정재서, 윤찬원, 이승환, 박원재, 최진석 선생님께도 감사의 마음을 전한다.

박사 학위를 받은 후 이런저런 일로 곽신환 선생님과 나누었던 지난 10년간의 대화는 큰 자극이 되었다. 그간 몇 권의 저서를 받았으면서 한 권도 돌려드리지 못한 죄송스러운 마음을 이제 조금이라도 갖게 되어 다행이다. 김선욱 선생님을 비롯한 여러 선생님들과 더불어 고등학교《윤리와 사상》교과서를 함께 만들며 나누었던 이야기들도 큰 도움이 되었다.

마지막으로, 나의 첫 책《철학에서 이야기로》부터《번역된 철학 착종된 근대》그리고 이 책《노자의 칼 장자의 방패》까지 모두 흔쾌히 받아주고 이렇게 멋진 책으로 만들어준 책세상에 진심으로 감사드린다. 이 책이 커다란 천지天地 사이에서 어렵게 하루하루 살아가는 나의 아버님과 어머님, 사랑하는 아내 남희와 아들 해원에게 작은 기쁨이자 위안이 되었으면 한다.

2013년 10월

김시천

노자의 칼 장자의 방패

《한비자韓非子》라는 책에는 다음과 같은 재미있는 이야기가 있다. 옛날 초楚나라에 방패와 창을 파는 사람이 있었다. 그 장사꾼은 자신이 파는 방패를 자랑하면서 이렇게 말했다. "이 방패는 매우 견고해서 어떤 것으로도 뚫을 수 없다." 그러고는 자신이 파는 창을 자랑하면서 또 이렇게 말했다. "이 창은 매우 날카로워 어떤 물건이든 꿰뚫지 못할 것이 없다." 그러자 어떤 사람이 물었다. "그렇다면 당신의 창으로 당신의 방패를 찌르면 어찌 되겠는가?" 그 장사꾼은 아무런 대답도 하지 못했다.

이 이야기를 전하며 《한비자》는 이렇게 한마디를 덧붙인다. "도대체 어떤 것으로도 뚫을 수 없는 방패와 어떤 물건이든 꿰뚫지 못할 것이 없는 창이 어떻게 동시에 존재할 수 있는가?" 우리가 쓰는 '모순矛盾'이라는 말은 바로 이 이야기에서 나왔다. '모순'의 글자 그대로의 뜻은 '창과 방패'다. 무엇이든 뚫어버리는 것과 그 어떤 것에도 뚫리지 않는 것이 동시에 있을 수 있다면, 우리는 그것을 모순이라고 한다. 어떤 것이 A이면서 동시에 A가 아닐 수는 없다. 이것은 논리학의 기초 중의 기초다.

그런데 나는 이 모순이란 말처럼 현실의 모습을 가장 잘 표현한 말도 없다고 생각한다. 왜냐하면 우리는 '세상은 모순으로 가득하다'라는 말을 종종 듣기 때문이다. 함께 일어날 수 없을 법한 일들이 동시에 일어나고, 앞뒤가 맞지 않는 일이 눈앞에서 벌어지는 경우가 현실 속에서는 너무나 비일비재하기 때문이다. 그런 모순의 예 가운데 하나가 《노자老子》와 《장자莊子》를 함께 지칭하는 말, '노장老莊'이다. 색깔과 얼굴이 전혀 상이한 두 고전이 함께 짝을 이루어 하나의 사상처럼 거론된다는 것, 그것이 내겐 하나의 모순처럼 보인다.

대개 사람들은 '노자'나 '장자' 하면, 세속을 벗어나 자연 속에서 유유자적하며 살아가는 나이 든 현자를 생각하거나, 인위나 억압을 거부하고 자연스러운 삶을 살아간다는 뜻의 '무위자연無爲自然'이란 말을 떠올릴 것이다. 하지만 이런 면은 《노자》와 《장자》의 일부일 뿐이다. 나는 일찍부터 《노자》와 《장자》에는 역사 속에서 주어진 수많은 얼굴이 있고, 그 얼굴들은 시대를 통해 읽을 때 보이는 것이라고 생각해왔다. 즉 시대마다 다른 《노자》와 《장자》가 있을 뿐인 것이다. 그래서 나는 《노자》와 《장자》에는 천 개의 얼굴이 있다고 생각한다.

물론 오늘날 우리에게는 다양한 얼굴의 《노자》와 《장자》가 존재한다. 그중에는 페미니스트의 얼굴도 있고, 자연과 생태를 보전하자는 환경 운동가의 얼굴도 있으며, 규범과 전통에 대항하는 소수자의 얼굴도 있다. 나는 20세기에 만들어진 이런 얼굴들을 부정하고 싶지는 않다. 다만 그 얼굴들은 20세기에 새롭게 출현한 것이지 옛날부터 있어온 것은 아니라고 생각할 뿐이다.

단순하게 비유하자면 내게 《노자》는 양날의 칼처럼 느껴진다. 도끼와 달리 날이 하나가 아니라 둘인 칼, 즉 검劍과 같다. 날이 둘이다 보니 그 칼날은 상대방만을 향하지 않고 내게도 위협이 될 수 있다.《노자》는 처음에는 뭇 신하들을 다스리는 제왕의 칼로 등장했지만 어느새 사대부의 손에 쥐어진 칼이 되기도 했고, 또 시간이 흐르면서 유학자가《노자》라는 칼을 든 적이 있다는 이유로 이단으로 몰리기도 했다.《노자》의 "날카로움을 무디게 하라挫其銳"라는 말은《노자》해석의 역사를 요약한 것이라 해도 무방하다.

그렇다면《장자》는 어떠할까? 내게《장자》는 장중한 방패처럼 생각된다.《장자》또한 처음에는 날개를 펼친 대붕의 문양이 새겨진 방패처럼 제왕의 상징으로 등장했다. 역사적 인물인 장자는 다른 제자와 다를 바 없이 벼슬에 나아가 제왕의 도道를 펼치고 싶어 한 듯하다. 하지만 그의 운명은 그런 삶을 허락하지 않았다. 그의 삶은 그가 주변에서 본 치자治者의 영광과 명예로 가득한 것이 아니라 불행과 억압으로 가득했다. 그래서 그는 사유의 길을 바꾸었다. 그의 방패는 웅장한 대붕의 문양을 새긴 방패 대신 "세속에서 다치지 않고 사는遊於世"데 쓰이는 꾸밈없는 방패로 거듭나게 된 것이다.

어떤 독자들에게는 이런 식의 이야기가 말장난처럼 느껴질 수도 있을 것이다. 하지만 나는《노자》와《장자》를 칼과 방패에 비유하는 것이 아주 적절하다고 생각한다. 이 책은 그 이유를 말해준다. 요컨대 나는 '모순'을 말하고자 하는 것이다.《노자》와《장자》에 담긴 수많은 말들이 모순이기에 쓸모없다는 것을 증명하고자 하는 것이 아니라, 우리 삶 자체가 모순이고《노자》와《장자》는 그런 삶의 모순을 잘 보여주는 중요한 매개체라는 것을 말하고자 하는 것이다.

우리의 삶이 모순이고 우리의 현실이 모순으로 가득 차 있다는 것을 인정하면서 출발할 때, 우리는 삶이나 사상에서 어떤 진면목을 발견할 수 있다. 맑고 투명한 논리는 언어의 세계에서나 가능할 뿐, 현실의 삶은 그렇게 투명하거나 명석판명하지 않다. 우리는 진실이 거짓이 되고, 거짓이 진실이 되는 것을 매일매일의 일상에서 확인하며 살고 있지 않은가! 그러한 모순을 부정할 때 우리의 삶은 더욱더 어두워질 뿐이다.

철학이나 사상은 그러한 모순 속에서 나름의 길을 추구해나간다. 나는 그것을 철학이 주는 위안, 혹은 요즘 말로 하면 인문학의 가치라고 부르고 싶다. 이 책은 기본적으로는 도가道家의 고전으로 분류되는《노자》와《장자》라는 두 문헌에 관한 연구서이다. 하지만 이 책은 기존 연구서들과는 일정 정도 다른 내용으로 구성되어 있다. 가장 커다란 차이점은, 이 책이《노자》와《장자》라는 두 텍스트 내부에 있는 어떤 '사상'을 체계적으로 해명하는 데 집중하고 있지 않다는 것이다.

그런데도 이 책을《노자》와《장자》에 관한 연구서라고 부를 수 있을까? 나는 그럼에도 불구하고 이 책이《노자》와《장자》에 대한 연구서라고 말하고 싶다. 왜냐하면 이 책은 기존의 연구 성과에 대한 반성과 비판적 검토를 통해, 그간 상식적으로 알려져 있었던 다양한 노장 철학의 주제들을 역사적으로, 그리고 우리의 삶 속에서 재검토하기 때문이다. 특히 이 책은《노자》와《장자》의 초기 역사부터 조선조와 현대 한국 사회의 사상적 · 문화적 배경까지 아우르면서, 우리에게 노장이 어떻게 이해되어왔고, 어떻게 이해되는 것이 바람직한가를 둘러싼 다양한 논의들을 주요 쟁점별로 다룬다.

이러한 목적을 위해 나는《노자》와《장자》가 각각 역사적 해석의 공간에서 어떻게 탄생했는지, 현실에서 어떻게 해석되면서 삶의 차원과 만났는지를 보여주고자 했다. 이러한 주제 의식을 보다 선명하게 하기 위해서 이 책을 크게 3부로 나누었고, 각 부가 나름의 논리적 체계를 갖추도록 구성했다. 먼저 제1부와 제2부에서는 각각 《노자》와 《장자》의 역사적 해석의 세계를 더듬어보았다. 그리고 제3부에서는 《노자》와 《장자》와 관련해 오늘날 가장 상식적으로 알려져 있는 세 가지 쟁점을 비판적으로 검토함으로써, 기존의 이해와 다른 이해가 가능함을 보여주고자 했다.

좀 더 구체적으로 소개하자면, 제1부는 "《노자》, 칼의 노래"라는 제목을 달고 있는 것처럼, 《노자》의 텍스트 및 저자와 관련된 해석의 가장 중요한 두 전통과 조선 사회에서 《노자》가 갖는 사상적 위치, 그리고 그 위치에서 드러나는 지식인들의 내면적 갈등을 다룬다. 《노자》는 태생적으로 정치사상서 부류의 책으로서 이른바 제왕의 통치 철학을 제시하고자 했으나, 사대부들은 이를 자신들의 삶의 문제를 다루는 것으로 다르게 받아들였다. 이것은 지식인들의 어떤 내면적 갈등을 반영하는 것으로, 조선 유학자 율곡栗谷 이이李珥의 《순언醇言》을 둘러싼 이야기를 통해 나는 그러한 갈등의 모습을 묘사해보고자 했다.

1~3장이 제1부에 속한다. 먼저 1장 〈노자와 《노자》─'전설'을 해체하고 '인간'을 보다〉에서 나는 두 가지에 초점을 맞추었다. 첫째는 《노자》의 저자에 관한 기초 자료로 간주되어온 사마천의 《사기史記》 〈노자열전老子列傳〉에 담긴 노자에 대한 전설을 체계적으로 분석하는 것이다. 도교학자 앵거스 그레이엄Angus C. Graham, 리비아 콘Livia Kohn 등의 〈노자열전〉에 대한 치밀한 분석에 따르면, 〈노자열전〉은 《노자》의 저자에 관한 '사실'들을 알려주기는커녕 오히려 한대漢代라는 시대적 분위기와 배경을 충실하게 드러낸다. 이를 통해 우리는 《노자》의 저자가 한 사람의 역사적 실존 인물이 아니라 다양한 전설들이 얽혀 이루어진 '역사화된' 인물상임을 확인하게 된다. 게다가 그 '역사화된 노자'는 전국 시대에서 한

대 초기의 유력한 한 가문과 관련 있다.

둘째는 《노자》의 저자가 누구인가를 확정하는 데 매달렸던 그간의 논변과 달리, 《노자》에 등장하는 인간에 관한 표현들을 조명하는 것이다. 이를 통해 우리는 다른 제자백가 문헌들과 마찬가지로 《노자》에서도 가장 빈번하게 등장하는 주인공들이 성인聖人, 후왕侯王, 사士라는 정치적 유력자들임을 확인하게 된다. 그리고 이들이 《노자》의 화자와 청자임을 근거로 《노자》라는 책의 성격을 규명하게 된다. 《노자》에서는 보통의 백성이나 일반 사람을 지칭할 때는 매우 부정적이고 소극적인 의미를 띤 말들이 사용된다. 이러한 맥락에서 나는 《노자》가 다른 어떤 문헌보다도 '호모 임페리알리스homo imperialis'라는, 당시 천하의 정치적·사상적·사회적 패권을 놓고 다투었던 사람들의 성격을 가장 잘 드러내는 문헌이라고 보았다.

이러한 내용을 따라가다 보면 우리는 《노자》를 비롯한 선진先秦 제자백가 문헌들이 누가 누구를 위해 제시한 텍스트 혹은 철학 사상인지를 보다 진지하게 묻지 않을 수 없을 것이다. 이러한 연구 방법은 개념 중심의 연구가 놓치기 쉬운 몇 가지 지점들을 보다 분명하게 짚어보는 데도 일조할 것이라 생각한다.

2장 《노자》의 두 전통—통치술에서 철학의 지혜를 찾다〉에서는 《노자》 해석의 가장 중요한 두 가지 전통을 소개했다. 《노자》는 다양한 주석자들에 의해 다양하게 해석되어왔기에, 그러한 주석 작업에서 공통의 기반과 의미를 발견하기가 대단히 어렵다. 그럼에도 나는 이 글에서 가장 대표적인 《노자》 주석자인 하상공河上公과 왕필의 두 주석서를 비교했다. 두 주석자가 각각 황로학黃老學과 현학玄學이라는 《노자》 해석의 가장 중요한 두 계열을 대표한다고 보고 이에 대한 비교를 시도했다.

먼저 나는 두 문헌에서 뚜렷하게 드러나는 주석 태도의 차이에 주목해, 각각의 논리적 특성에 따라 하상공은 '훈고訓詁'에 해당하고 왕필은 '의리義理'에 해당한다고 규정했다. 하상공은 실천적 지침을 얻어내고자 했던 한대 도가의 성격을 드러내고, 왕필은 일종의 철학적 의미이자 규범적 근거를 찾는 현학적 성격을 드러내기 때문이다.

또한 두 문헌은 '기氣'와 '도道'를 둘러싼 해석에서도 상이함을 보인다. 하상공의 주석서가 기론氣論에 기초해 우주론적 세계관과 양생養生의 원칙을 강조한다면, 왕필의 주석서는 기론에는 거의 관심이 없고 논리적이고 가치론적인 세계관을 드러낸다. 이러한 성격은 바로 황로학과 현학의 성격 가운데 일부분이다.

두 문헌이 보여주는 이러한 성격과 내용의 차이를, 나는 기존의 해석처럼 우주론에서 존재론으로의 전환이라고 이해하기보다 우주론에서 심성론으로의 전환이라고 이해하고자 했다. 그리고 바로 이 점에서《노자》가 이후 불교나 유교와 접점을 갖게 된다고 보았다.

3장〈조선 사회의《노자》와 지식인―조선의 유학자, 이단을 읽으며 자유를 꿈꾸다〉에서는 1974년에 발견된, 조선의 유학자 이이가 지었다는 노자 주석서《순언》을 다루었다. 조선은 주자朱子 성리학을 '정통'이자 국가적 이데올로기로 삼은 나라였다. 따라서 정통은 숭상되고 이단은 금기시되었는데, 이는 사상적 차원에만 국한되지 않고 정치적, 사회적, 문화적으로 강고한 이단 의식을 낳았다. 그러나《순언》에 얽힌 다양한 이야기들을 추적하다 보면, 조선조 유교 지식인들과 관료들의 사고가 그렇게 폐쇄적이지는 않았다는 것을 알 수 있다. 3장에서는《순언》을 통해, 강고한 정통과 이단이라는 도식으로《노자》를 대하기보다는, 유교적 지식인의 감추어진 내면을 드러내는 하나의 분출구로서《노자》와 같은 이단의 책이 갖는 의의를 추정적으로 더듬어본다.

조선 시대에 정치적으로 강력하게 배격된 이념으로서의 도교와 달리 《노자》는 일정 정도 진리를 담고 있는 책으로서 수용되었으며, 정통의 자리를 차지하지 못한 《노자》와 같은 책이 수용되었다는 것은 정치적 교조로서 강고해진 성리학만을 고수해야 하는 조선조 유학자들의 내면세계에 '자유'를 향한 또 다른 욕망이 있었음을 보여준다. 따라서 조선 사회의 이단 중 하나였던 《노자》는 배척과 금기의 대상이 아니라 조선조 유학자의 이면을 들여다보는 통로로서 새롭게 조명될 수 있다.

제2부(4~6장)에서는 제1부와 유사한 주제들을 《장자》와 관련해 다루었는데, 핵심 주제는 세 가지다.

4장 〈《장자》, 이단과 전통―사이비 속에 감추어진 삶의 진실을 찾다〉는 《장자》가 전통 속에서 차지하던 위치를 논하는 데 초점을 두었다. 《장자》는 오늘날 우리가 말하는 노장 철학이나 도가에 속하는 어떤 사상이기 전에 무엇보다 '이단'이었다. 그리고 실제로 지난 2,000여 년간 《장자》를 둘러싼 정통과 이단의 논변은 매우 복잡했다. 한편, 많은 전통 문인들은 《장자》를 공자의 도道의 계승자로 보기도 했다. 그래서 《장자》와 관련된 전통 논변이 때로 '진정한 지식인眞儒은 누구인가'라는 물음과 관련되기도 했다. 이와 달리 20세기 이후의 논쟁에서는 《장자》가 유가와 구분되는 '도가Taoism'로 정착되었다.

어떻게 《장자》는 공자의 계승자이면서 철학적으로는 도가로 구분될 수 있는 것인가? 5장은 이러한 물음에 대한 한 가지 대안적 해석을 담고 있다. 나는 유가가 심성수양론心性修養論의 전통에 속한다면 도가는 정신양생론精神養生論의 전통에 속한다고 보고자 했다. 이 두 전통은 각각 '마음心'과 '정신精神'을 중심으로 하는 것으로, 삶과 현실에 대처하는 태도가 달랐다. 그래서 나는《장자》의 경우 공자의 한 측면을 계승하면서도 당시 새롭게 떠오르던 정신양생론을 포용하고 확장함으로써 한대漢代의 분류 방식에 따라 도가로 분류된 것이라 보고자 했다. 이 점에 대해서는 앞으로도 많은 연구와 토론이 필요하다.

오늘날 우리가 '노장 사상'이라 부르는 전통이 이러한 이중성을 잘 보여준다. 도가인《장자》가 사대부의 삶의 철학과 관련해 중요한 문헌으로 간주된 것이다. 나는 이 주제를 '유희'와 관련해 다루어보았다. 6장 《장자》의 '유遊'―노니는 삶, 일상으로 내려오다〉가 그러한 글이다. 여기서 나는 '놀이'에 대응하는 한자어 '유희'에 쓰이는 '유遊'가 실제 의미에 있어서는 서구적 맥락의 놀이와 판이하다는 것을 밝히고자 했다.

놀이와 축제는 오늘날 일종의 문화적 장치이자 인간 본성의 일부로 다루어진다. 그리고 동양 철학에서 이와 관련해 단골로 다루게 되는 텍스트가《장자》이다. 이 점에서는 이 글도 예외가 아니다. 하지만 나는 이 글에서 '유'에 관한 분석을 통해, 놀이와 관련한 기존의《장자》논변과는 다른 차원의 요소를 강조하고자 했다.

첫째,《장자》의 '유'는 엄밀하게 말해서 '노닐다'라는 뜻으로, '놀다' 또는 '놀이'와는 의미상 차이가 있다. 그것은 분명 놀이의 요소를 포함하지만, 그보다는 삶의 차원과 더 가깝다. 따라서《장자》의 '유'를 '놀이 정신' 혹은 '유희 정신'이라 해석하며 놀이에 관한 담론으로서《장자》에 접근하는 것은 재고될 필요가 있다.

둘째,《장자》의 '유' 개념은 정신적 요소와 관련 있다. '유'는 초월적이거나 종교적인 차원과 관련 있다기보다는 정치적인 차원과 관련 있으며, 이 때문에 어떤 '정신적 초월(심유心遊)'의 의미를 갖는다. 특히 '유'는 일정하게 무엇으로부터 '떠남' 혹은 '거리 두기'를 의미하지만, 정신적으로 마치 여행처럼 나갔다가 되돌아옴이며, 결국에는 '일상성으로 회귀함(세유世遊)'이다.

셋째, 그러므로 《장자》에서 드러나는 것은 삶 자체가 '유'라는 생각이다. 《장자》의 '유'의 정신이 추구하는 것은 현실이나 세속을 떠나려는 탈속적 태도가 아니고, 현실의 모순을 비판하거나 변화시키려는 변혁적 실천은 더욱 아니다. 그것은 정치적, 사회적 변화에의 의지가 아니라 한 개체가 겪는 갈등과 억압의 승화를 의미한다. 그런 의미에서 《장자》의 '유'는 소극적이며 한계가 있다.

나는 이러한 '유'가 놀이로서 예술적 영감이나 창조적 활력을 가져온다는 평가에 동의하지만, 오늘날의 자본주의 사회의 예술이 그런 것처럼 '유'가 갖는 힘의 범위는 개체적이며 제한적이다. 따라서 그것이 우리 삶의 변혁, 삶의 조건 개선, 삶의 향유의 가능성을 가져올지에 대해서는 회의적이다.

제3부(7~9장)에서는 《노자》와 《장자》를 비롯한 이른바 노장 철학 혹은 도가 철학과 관련된 몇 가지 핵심 쟁점들을 다루었다. 우선 도가는 인간의 행위를 어떻게 보았는가? 도가는 과연 페미니즘을 옹호하는가? 마지막으로, 도가는 과학 기술에 반대했는가? 이 세 가지 질문을 축으로 하여, 그간의 상식적 이해와는 달리 《노자》와 《장자》가 나름의 독특한 정치 행위 이론을 지니고 있으며, 페미니즘적 입장이나 과학 기술에 반대하는 입장은 20세기에 만들어진 노장 해석의 전통에서 성장하고 정착된 새로운 해석이라는 점을 밝히고자 했다.

7장 〈유가와 도가의 행위 이론—'무위자연'으로 정치를 논하다〉는 고대 중국 철학, 특히 유가, 도가, 법가와 관련해 흔히 이야기되는 유위有爲, 무위無爲, 형명刑名에 관한 이론을 정치 행위 이론을 통해 고찰한다. 오늘날 주로 문명과 자연, 작위作爲와 자연이라는 대립 구도에서 논변되는 유위-무위의 행위 개념에서 탈피해, 그 모두가 통치 이론 혹은 정치 행위 이론임을 밝힌다.

상식적으로 알려진 것과 달리《논어》,《묵자》,《맹자》,《순자》 등에서 언급되는 유위는 아직 의미론적으로 정립된 개념이 아니다. 오히려 공자 孔子가 말하는 무위는 도가에서와 마찬가지로 이상적인 통치 행위를 가리키는 것이며, 이는《맹자》,《순자》에까지 일관되게 이어진다.《맹자》는 이를 대유위大有爲 혹은 유위라고 바꾸어 말하지만 의미는 동일하다. 그러므로 선진 유가의 유위를 작위와 동일한 의미로 해석하기는 어렵다.

이러한 분석을 토대로 나는 법가의 '형명'을 간략하게 정리한 후에 고대 중국에서 행위를 나타냈던 주요 표현들, 즉 무위, 유위, 형명 등이 모두 고대 통치 이론의 일부로서 정치 행위 이론임을 이야기했다. 이는 향후 보다 세밀한 논변을 위한 가설로서 유용한 의미를 지닐 것으로 기대한다.

8장《노자》와 페미니즘 ─노자는 페미니스트가 아니었다〉는 페미니즘적 시각에서《노자》를 긍정적으로 다루어 온 그간의 논변들을 비판적으로 검토한다.

고대 중국의 문헌《노자》에는 '여성적' 표현들이 많은 것이 사실이다. 이 때문에 상당수의 학자들은《노자》를 현대의 페미니즘과 연결시키거나 페미니즘의 시각으로 해석하려 했다. 하지만 나는 이에 동조하지 않는다. 왜냐하면《노자》와 관련된 문헌 전통에서는 그러한 해석의 근거를 찾기 어렵고, 특정 주석서에 기초할 때에만 그러한 해석이 가능하기 때문이다.

《노자》를 페미니즘과 연결시키려는 시도의 발원지는 영국의 과학사가 조지프 니덤Joseph Needham, 그리고 모계 사회와 생식 숭배 이론이다. 이 가운데 시기적으로 가장 앞서고 나머지 둘에 직접적 영향을 미친 것이 니덤의 해석이다. 그런데 이러한 니덤의 해석은《노자》에 대한 도식적 규정, 선별적 원문 인용에 근거한 것으로서 실질적 타당성을 인정받기 어렵다. 오히려 다른 학자들은《노자》의 페미니즘적 표현이 여성을 중시하는 것이라기보다, 성인 남성 통치자의 보완적 처세 방식을 시사하는 것이라고 말한다.

실제로 1993년에 새로이 발굴된 문헌인《곽점노자郭店老子》에서는 여성적 가치를 강조하는 표현을 찾을 수 없으며, 1973년에《백서노자帛書老子》와 함께 발굴된 문헌에서 '여성적 절도'는 오히려 반페미니즘적 의미를 띠고 있다. 그러므로 사실상《노자》에 대한 페미니즘적 해석은 니덤의 자극으로 새롭게 생겨난 문제의식을 가지고《노자》를 해석하려는 시도라고 봐야 한다. 이러한 시도는 나름의 의미를 부여받을 수 있지만, 적어도 춘추전국春秋戰國 시대의《노자》라는 텍스트 자체에 혹은 '노자'라는 인물에게 '페미니즘적 철학' 또는 '친여성적 사상'이 있다고 말하는 것은 곤란하다.

9장 〈《장자》와 과학 기술—장자는 기술 비관론자가 아니었다〉는 전통 동양 철학은 과학 기술적 세계관과 근대의 작위적 문명에 반대해왔다는 상식화된 해석을 비판적으로 검토한다. 특히《장자》는 과학 기술적 세계관에 반대하고 기계의 사용을 인간성 파괴의 징후로 이해하며 이에 대해 경고한다고 해석되어왔다. 그러나 이 글은 이러한 해석이 잘못된 원문 해석에 근거하고 있으며,《장자》는 오히려 고도의 기술적 성취를 긍정한다는 해석을 제시한다.

《장자》가 과학 기술 문명에 반대한다는 식의 생각은 주로 '기심機心'을 '편리를 추구하는 마음'으로 해석한 데서 비롯되었다. 하지만 나는 이를 원문의 맥락에 근거해 '최소 투자 최대 효과의 심리', 즉 효율성 극대화의 심리로 새롭게 해석했다. 이렇게 보면《장자》는 오히려 기회주의적 심리를 비판한 것이지 고도의 기술적 성취 그 자체를 비판한 것은 아니다. 그리고 《장자》에서 이러한 이상을 드러내는 용어는 '도술道術'이다. 이 글은 과학 기술 문명 비판자로서의 장자라는 20세기식 이해와는 사뭇 다른 시각을 보여주며,《장자》와 도가는 기술에 대립한다기보다 오히려 사회 통제의 기술을 제시하는 데 중요한 역할을 할 수 있다는 새로운 시각을 제시한다.

나는 이렇게 제3부를 통해서,《노자》와《장자》에는 세속의 번잡한 삶에서 벗어나 무위자연의 삶을 추구하는 사상 말고 또 다른 얼굴도 있음을 보여주고자 했다. 또한《노자》와《장자》가 여성 친화적이라거나 과학 기술에 반대했다는 식의 단순하고 도식적이고 비역사적인 해석과는 거리를 두고자 했다. 나는 이러한 해석들이 20세기에 만들어진 것이며, 전근대적인 것과 탈근대적인 것을 뒤섞거나 탈근대적인 것과 전통을 잘못 연결시킨 결과라고 생각한다.

놀라운 사실을 한 가지 짚고 넘어가자면,《장자》전공자가 쓴 출간 논문들 중에는 장자가 과학 기술에 반대했다는 주장을 편 것이 하나도 없다는 것이다.《장자》자체에서 그런 근거를 찾을 수 없기 때문이다. 심재룡 교수는 오히려 노자가 20세기에 태어났다면 누구보다 컴퓨터를 잘 활용했을 것이라고 역설적으로 말하기도 했다. 노자가 '얼리어답터'에 가깝다는 말이다.

그렇다면 마지막으로《노자》와《장자》를 어떻게 읽을 것인가 하는 문제가 남는다. 이 책의 종장에서 나는 전통적 용어 '도교道教'와 다른 맥락에서 19~20세기에 재정의된 '도가/도교Taoism'란 용어를 '도술'이란 용어로 대체할 것을 주장했다. 오늘날 우리가 쓰는 '도가'나 '도교'란 용어는 철학과 종교, 이론과 실천이라는 서구적 담론의 도식에 침윤되어 역사적 성격을 드러내지 못한다는 생각에서다. 이에 더하여 종장에서는 유가의 '학學'과 도가의 '유遊'를 학술 공동체, 담론 양식, 텍스트 성격에서 서로 대조시켜봄으로써 현대인의 삶에서 도술로서 도가/도교 철학을 향유하는 것이 어떤 의미가 있는지 생각해보았다.

이러한 의미에서 나는《장자》의 양생養生과 달생達生을 도술의 가장 중요한 핵심 개념으로 제시하고자 했다. 나는 도가/도교를 보편적 진리 탐구의 정신으로 정의되는 '철학'으로 이해하기보다는, '양생nourishing-life'과 '달생mastering-life'의 차원을 열어나가고자 했던 도술의 전통으로 이해하는 것이 중요하다고 생각한다. 21세기에는 삶의 기술이라는 차원에서, 그리고 기술의 사회적 통제 기술이라는 차원에서 도가/도교를 도술로서 사유하려는 노력이 필요한 것이다.

지금까지 이 책 각 장의 요지를 간단하게 소개해보았다. 이쯤 되면 독자들은 아마도 왜 이 책의 제목이 "노자의 칼 장자의 방패"인지, 그리고 왜 부제가 "삶의 모순과 철학의 위안"인지 조금은 이해할 수 있을 것이다.《노자》와《장자》는 창과 방패의 모순으로 뒤얽힌 텍스트이다. 하지만 그 모순은 삶에 대한 위안이기도 하다.

우리 삶의 여정은 밝고 확실한 길로만 되어 있지 않다. 모순으로 가득하고 어둑어둑하여 어디가 길인지 분간하기 힘든 것이 우리의 삶이라면,《노자》와《장자》를 둘러싼 해석의 갈등 또한 그러한 모순된 삶의 반영이다. 하지만 그러한 모순 속에서 우리는 명석판명한 언어보다 더 분명하게 삶의 진실과 마주하기도 한다. 어쩌면 그것이 철학이 주는 위안일지도 모른다. 자, 이제 어둑하고 모호한, 더욱이 모순으로 가득한《노자》와《장자》의 세계로 여러분을 초대하고자 한다.

제1부

《노자》, 칼의 노래

1장

노자와《노자》
'전설'을 해체하고 '인간'을 보다

1. 누구의, 누구를 위한《노자》인가

이제부터 우리가 논할《노자》,《장자》와 관련해 가장 먼저 생각해봐야 할 점은 이 책들의 성격이다. 유가儒家의 주요 텍스트인《논어論語》나《맹자孟子》같은 문헌은 지난 2,000여 년간의 축적된 연구로 그것의 저자 및 원문의 맥락이나 의미에 대해서는 큰 이견이 없는 편이다. 하지만《노자》,《장자》는 누가 지은 것인지, 언제 성립된 것인지, 그리고 누가 주로 읽고 어떻게 해석해왔는지에 대해 지극히 다양하고 폭넓은 이견들이 존재한다.

게다가 20세기 후반에는《노자》나《장자》가 나름의 고유한 문제의식과 관련되어 연구되는 경우가 많았다. 환경과 생태의 보존, 페미니즘, 과학 기술과 문명의 역기능 비판 등은 그간《노자》와《장자》에 접근하는 주된 통로였다. 게다가 요즘에는 더욱 구체적인 현실적 고민을 가지고 접근하는 경향도 눈에 띈다. 그 가운데 하나가 리더십의 문제이다. 물론 나는 이런 문제의식을 가지고《노자》를 논하는 것이 나름대로 의미 있다고 생각한다. 그런데 이런 문제의식으로《노자》를 다루자면 그에 앞서 짚어 봐야 할 문제가 있다.

만약 우리가《논어》를 통해 리더십의 문제를 다루고자 한다면, 공자가 제시한 성인聖人이나 군자君子라는 개념을 통해 리더십의 의미에 접근할 수 있을 것이다. 하지만 공자가 말하는 성인이나 군자의 상이 오늘날 우리가 말하는 '리더leader'라는 의미에 부합하는 사회적 존재를 가리키는 것일까? 만약 그렇게 말할 수 없다면 우리는 어떻게 리더십을 말할 수 있을까?《논어》를 가지고 리더십을 논한다는 것이 쉽지 않다면,《노자》나《장자》의 경우에는 이런 문제가 훨씬 복잡하다.

《노자》와 리더십에 관해 논하자면 먼저《노자》가 과연 넓은 의미에서 리더십을 이야기하는 고전인지 아니면 그간 주로 연구되어왔듯이 군주의 통치술rulership/statecraft에 대해 이야기하는 고전인지부터 생각해봐야 한다. 또한《노자》가 지어진 시대의 성격, 그 당시의 지배층, 그리고《노자》의 지은이 혹은 편집자의 출신이나 배경 등에 대해 먼저 토론해봐야 한다.

서구 학계에서 거의 최초로《노자》에 관한 전문적인 연구 해설서를 출간한 독일 출신의 학자 한스 게오르크 묄러Hans–Georg Moeller의 다음과 같은 지적을 생각하면 이러한 점은 분명하다.

오늘날 당연하게 여겨지는 가치와 관념의 대부분을《노자》에서는 찾을 수가 없다.《노자》를 정치적 텍스트로 읽는다 해도 우리는 거기서 예컨대 '민주제', '자유', '권리', '정의'와 같은 개념들을 전혀 찾아볼 수 없다. 오늘날의 정치 담론은 2,500년 전의 중국과 아무런 공통점이 없다. 형식적인 선입견을 갖고 그 텍스트에 접근하는 것도 해석학적으로 문제가 되겠지만, 그것이 오늘날의 의미론에 한결같이 적합할 것이라 기대하는 것 또한 문제가 많은 태도이다.[1]

분명《노자》는 정치적 성격이 강한 배경에서 탄생했고, 통치자가 지녀야 할 자질이나 태도 혹은 처세 방법에 대해 많은 이야기를 하고 있다. 하지만 오늘날 우리가 말하는 지도자와《노자》가 지향하는 지도자가 공통된 의미를 갖는다고 말하기는 힘들다. 게다가 아직《노자》라는 책의 저자와 독자의 문제, 그리고 성격에 대해 명확한 합의가 이루어진 것도 아니다. 이럴 경우 어떤《노자》인가, 그리고 어느 시대의《노자》인가에 따라 논변의 방향 자체가 전혀 다르게 설정될 수 있다.

따라서 나는 이 장에서 한편으로는《노자》에 접근하는 가장 전통적인 방식을 따르면서, 다른 한편으로는 그간 그다지 주목되지 않았던 접근 방식을 함께 취함으로써,《노자》를 이해하는 새로운 하나의 상像 또는 그러한 상의 맥락을 제시해보고자 한다. 다시 말해서 나는 전통적으로《노자》의 저자에 관한 일차 자료로 간주되어온《사기》〈노자열전〉에 관해 다시 논하는 한편,《노자》에 등장하는 인간에 관한 논변을 통해 '독자' 혹은 '청자'를 부각할 것이다.

이런 두 가지 접근 방식을 취하는 것은, 〈노자열전〉에 관한 앵거스 그레이엄의 논의가 국내 학계에는 거의 알려지지 않았다는 점, 그리고 무

---

1 Hans-Georg Moeller, *The Philosophy of the Daodajing*(New York : Columbia University Press, 2006), xi쪽.

엇보다《노자》텍스트의 성격을《노자》에 등장하는 인간의 모습을 통해
재구성한 해석은 없었다는 점 때문이다. 나는 이 두 가지 방식으로 접근
할 때《노자》가 추구한 '지도자 상'을 보다 구체적으로 드러낼 수 있을 것
이라고 생각한다. 따라서 이 장에서는 이 두 논점을 중심으로 몇 가지 생
각 거리를 제시해보고자 한다.

2. 하나이면서 여럿인《노자》, '노자열전'

노자가 살았던 시간과 공간은 역사의 무대가 아니라 이야기의 세계였
다. 그는 애초에 어떠어떠한 한 사람이었다가 나중에 전설화, 신화화된
것이 아니라, 처음부터 전설과 신화의 길을 걸어오면서 다채롭고 풍부한
얼굴을 갖게 된 인물이다. 그래서 세계적인 도교학자 리비아 콘에 따르
면, 노자는 아주 처음부터, 그리고 노군老君이라는 신격화된 존재로 변하
기 아주 오래전부터 이미 전설적인 인물이었고, 그에 관한 이야기는 시
대의 요구에 따라 발전해왔다.

전설의 공간에서 출현한 노자가 하나의 역사로 공고해지게 된 첫 기
록, 즉 노자가 이야기에서 역사로 넘어가게 된 첫 기록이자 후에 수많은
이야기로 살이 보태어질 원재료에 해당하는 기록은《사기》의 열전列傳이
다. 보다 정확히 말하면 노자를 역사적 인물로 다루는 그에 관한 최초의
공식적 전기인《사기》〈노자한비열전老子韓非列傳〉[2] 중 〈노자열전〉이다.

---

2 〈노자한비열전〉은 오늘날 〈노장신한열전〉이라고도 불리는데 이는 적절치 않아 보인다. 청대
清代의 고증학자 전대흔錢大昕은《이십이사고이二十二史考異》에서,《사기史記》〈태사공자서
太史公自序〉에 "노한열전제삼老韓列傳第三"이라는 말이 나오고 또한《사기색은史記索隱》본

우리는 이 문헌에서 '노자'와 '노담老聃' 그리고《노자》에 관한 새롭고도 흥미진진한 사실들을 끄집어낼 수 있을 것이다.

〈노자열전〉에 관해서는 그동안 여러 연구가 있었으나, 나는 여기서 주로 오야나기 시키타小柳司氣太 등의 기존 연구 및 앵거스 그레이엄과 리비아 콘의 최근 연구를 바탕으로 〈노자열전〉의 내용을 재구성해볼 것이다.[3] 특히 그레이엄의 분석에 많이 의존하고자 한다. 그의 '노자 전설'에 관한 연구는 매우 엄격한 비판적 분석을 담고 있는데, 그 가치에 비해 국내 학계에는 잘 알려져 있지 않기 때문이다.

〈노자열전〉의 세부 사항들을 논하기 전에 먼저 〈노자열전〉의 전문을 살펴보자.

노자는 초나라의 고현苦縣 여향勵鄕의 곡인리曲仁里 사람이다. 성은 이李 씨요 이름은 이耳, 자는 담聃으로 주周나라 수장실守藏室의 사관史官이었다.

공자가 한번은 주나라에 갔는데 이는 노자에게 예에 대해 묻고자 했기 때문이다. 그때 노자는 이렇게 대답했다. "당신이 말한 것은, 그 말을

에 "노자한비열전"이라는 말이 나오는 것을 근거로, 원래의 편명이 '노자한비열전'이 맞고 장자莊子와 신불해申不害를 가리키는 '장신莊申'이란 두 글자는 후대에 첨가된 것이라고 보았다. 이렇게 볼 때 '노장신한열전'이라는 오늘날의 명칭은 이 편의 내용에 근거해 개작된 것이라 추정할 수 있다.

3 여기에 제시된 〈노자열전〉에 대한 해설에서 주로 이용한 자료들은 다음과 같다. Angus C. Graham, "The origins of the legend of Lao Tan", Livia Kohn · Michael LaFargue (eds.), *Lao-tzu and the Tao-te-ching*(Albany, New York : State University of New York Press, 1998) ; Livia Kohn, *God of the Dao : Lord Lao in History and Myth*(Ann Arbor, Michigan : Center for Chinese Studies, The University of Michigan, 1999) ; 오야나기 시키타,《노장 사상과 도교》, 김낙필 옮김(시인사, 1988).

한 사람이 이미 뼈까지 썩어버리고 그가 한 말만 남아 있습니다. 또한 군자는 때를 얻으면 벼슬에 나아가고 그 때를 얻지 못하면 구름 따라 바람 따라 떠돌 뿐입니다. 내가 듣건대 훌륭한 상인은 창고를 가득 채우고도 마치 비어 있는 듯이 한다고 합니다. 군자는 덕이 성해도 그 모습이 마치 어리석은 사람 같다고 합니다. 당신은 교만한 마음과 많은 욕심, 뻣뻣한 태도와 도발적인 뜻을 버려야 합니다. 그런 것들은 모두 당신 자신에게 아무런 도움이 되지 않습니다. 내가 당신에게 할 수 있는 말은 이것뿐입니다."

공자는 그 자리를 떠난 뒤 제자들에게 이렇게 말했다. "새는 잘 날아다니고, 물고기는 잘 헤엄치며, 짐승은 잘 달린다는 것은 나도 잘 안다. 달리는 짐승은 그물로 잡으면 되고, 헤엄쳐 다니는 물고기는 낚싯줄로 잡으면 되고, 날아다니는 새는 활로 잡으면 된다. 하지만 용은 어떻게 바람과 구름을 타고 하늘로 오르는지 나는 도무지 알 수가 없구나. 내가 오늘 노자를 만났는데 그가 바로 용과 같구나!"

노자는 도와 덕을 닦았다. 그의 가르침은 스스로를 드러내지 않고 세상에 이름을 알리지 않는 데에 힘쓰라는 것이다. 그는 오랫동안 주나라에 머물다가 주나라가 쇠락하는 것을 보자 떠났다. 함곡관에 이르자 관령關令 윤희尹喜가 이렇게 말했다. "당신은 은둔하고자 하시는군요. 제발 저를 위해 글을 써주시기 바랍니다."

이에 노자가 도와 덕의 뜻을 말한 5,000여 자字로 된 상하上下 두 편의 글을 써주고 떠나니 아무도 그가 어디서 생을 마쳤는지 알지 못한다.

어떤 사람들은 이렇게 말한다. 노래자老萊子는 초나라 사람으로 15편의 책을 지어서 도가의 묘용을 말했는데 공자와 같은 시대 사람이라는 것이다.

대개 노자는 160여 세를 살았다고 하고 또 어떤 사람들에 따르면 200여 세를 살았다고 하는데 이는 그가 도를 닦아 수명을 길렀기 때문이라고 한다.

공자가 죽은 지 129년 후에 사관들은 다음과 같이 기록한다. 주나라의 태사太史 담儋이 진秦나라의 헌공獻公을 만나 이렇게 말했다. "처음 진나라가 주나라와 합쳐졌습니다. 합친 지 500년이 되자 나누어졌습니다. 나누어진 지 70년이 지나면 진나라에서 패왕이 나올 것입니다." 어떤 사람들은 이 담이 곧 노자라고 하고 어떤 사람들은 아니라고 하는데, 세상 누구도 그런지 그렇지 않은지 알지 못한다. 노자는 숨어 사는 군자이다.

노자의 아들은 이름이 종宗인데, 종은 위魏나라의 장군이 되어 단간段干에 봉해졌다. 종의 아들은 주注이고, 주의 아들은 궁宮이며, 궁의 현손玄孫은 가假인데, 가는 한漢나라 효문제孝文帝 때 출사했다. 그리고 가의 아들 해解는 교서왕膠西王 앙卬의 태부太傅가 되었는데, 이 때문에 그의 가문이 제齊나라에 살게 되었다.

세상에서 노자를 배우는 자들은 유학을 배척하고 또한 유학을 하는 자들은 노자를 배척한다. "도가 같지 않으면 서로 논하지 않는다"는 것이니, 어찌 옳은 태도라 하겠는가? 이이李耳는 무위하면서 스스로 변화하고, 고요한 가운데 스스로 바르게 했다.[4]

---

4 《사기》권63, 〈노자한비열전〉제3 : "老子者, 楚苦縣厲鄉曲仁里人也, 姓李氏, 名耳, 字聃, 周守藏室之史也. 孔子適周, 將問禮於老子. 老子曰:〈子所言者, 其人與骨皆已朽矣, 獨其言在耳. 且君子得其時則駕, 不得其時則蓬累而行. 吾聞之, 良賈深藏若虛, 君子盛德, 容貌若愚. 去子之驕氣與多欲, 態色與淫志, 是皆無益於子之身. 吾所以告子, 若是而已.〉孔子去, 謂弟子曰:〈鳥, 吾知其能飛;魚, 吾知其能游;獸, 吾知其能走. 走者可以爲罔, 游者可以爲綸, 飛者可以爲矰. 至於龍吾不能知, 其乘風雲而上天. 吾今日見老子, 其猶龍邪!〉老子修道德, 其學以自隱無名爲務. 居周久之, 見周之衰, 迺遂去. 至關, 關令尹喜曰:〈子將隱矣, 彊爲我著書.〉於是老子迺著書上下篇, 言道德之意五千餘言而去, 莫知其所終. 或曰:老萊子亦楚人也, 著書十五篇, 言道家之用, 與孔子同時云. 蓋老子百

〈노자열전〉의 구성

상기한 〈노자열전〉 전문은 내용상 크게 전반부와 후반부 두 부분으로 나뉘며, 세부 내용은 다섯 가지로 구분되고 여덟 개의 주제를 이룬다. 다섯 가지 세부 내용은, 첫째가 가장 잘 알려져 있는 '노자'에 대한 것이라면, 둘째와 넷째는 그와 다른 두 사람의 '노자', 즉 노래자, 노담에 관한 것이다. 그리고 셋째는 노자가 장수했다는 것이고, 다섯째는 노자 가문의 계보와 학문 현황을 소개하는 것이다.

1.1 노자의 성명, 자字, 출생지, 주요 직위

1.2 노자와 공자의 만남

1.3 노자가 함곡관을 떠나는 설화와《노자》전수

2.0 노자의 또 하나의 후보, 노래자

3.0 노자의 장수와 그 이유

4.0 노자의 또 다른 후보, 주나라의 태사 담

5.1 노자 후손의 계보

5.2 노자의 학문과 현황

이제 이런 분류를 바탕으로 하나하나의 내용을 면밀히 검토해보겠다.

有六十餘歲, 或言二百餘歲, 以其脩道而養壽也. 自孔子死之後百二十九年, 而史記周太史儋見秦獻公曰：〈始秦與周合, 合五百歲而離, 離七十歲而霸王者出焉.〉或曰儋卽老子, 或曰非也, 世莫知其然否. 老子, 隱君子也. 老子之子名宗, 宗爲魏將, 封於段干. 宗子注, 注子宮, 宮玄孫假, 假仕於漢孝文帝. 而假之子解爲膠西王卬太傅, 因家于齊焉. 世之學老子者則絀儒學, 儒學亦絀老子.〈道不同不相爲謀〉, 豈謂是邪? 李耳無爲自化, 淸靜自正."

노자의 성명, 자, 출생지, 직위

1.1 노자는 초나라의 고현 여향의 곡인리 사람이다. 성은 이 씨요 이름은 이, 자는 담으로 주나라 수장실의 사관이었다.

《사기》에 따르면 노자는 초나라 여향 곡인리 출신이다. 그런데 마서륜馬敍倫에 의하면, 《사기》의 일반적인 서법은 "장자는 몽 사람이다莊子蒙人也"나 "신불해는 경 사람이다申不害京人也"와 같이 서술하는 것이다. 이렇게 보면 후한後漢 변소邊韶의 《노자명老子銘》에 나오는 노자는 "초나라 상현 사람이다楚相縣人"라는 문장이 오히려 《사기》의 서법에 가깝다. 이러한 맥락에서, "《사기》의 원래 문장은 '노자는 상 사람이다老子者相人也' 6자뿐이고"[5] 현재 알려져 있는 문장은 모두 후인들이 개작한 것이라고 추측할 근거가 충분하다.

또한 지명에 관한 서술도 문제가 된다. 만약 《사기》의 원래 문장이 '老子者相人也' 6자뿐이라면, 이때 '상相'은 어디를 말하는가? '상'은 춘추 시대의 진晉나라와 송宋나라 두 곳에 있었는데, 송에 있던 상은 한 황실 조상의 고향인 패沛에 가까운 곳으로서 한대漢代에는 고현苦縣에 속했고 지금은 하남성河南省 녹읍현鹿邑縣에 있다. 이곳에는 원래 커다란 궁전이 있었고 유명한 도교 유적지인 태청궁太淸宮이 있었다. 이렇게 보면 〈노자열전〉의 서술은 노자가 한 황실과 동향임을 주장한 것일 수 있다. 그리고 이것은 노자의 성이 이李 씨라는 것과도 관련 있으리라 추정할 수 있다. 왜냐하면 노자가 이 씨라는 것은 〈노자열전〉 이전에는 주장된 적이 없기

---

5 오야나기 시키타, 《노장사상과 도교》, 31쪽.

때문이다.

그렇다면 노자의 이름은 어떻게 기록된 것일까? 왕념손王念孫은《독서잡지讀書雜志》에서, 색은본索隱本이나《후한서後漢書》〈환제기桓帝記〉에 인용된《사기》에 근거해, 〈노자열전〉의 원문이 "명이名耳, 자담字耼, 성이씨姓李氏"였다고 이야기한다. 한대의 자료를 보면 노자를 '이이'로 보는 것이 일단 정착된 것으로 보인다. 어느 때부터 그렇게 되었을까? 선진 문헌에서는 노자를 이이로 부르는 경우가 없다. 다만 '노담老耼'이 있을 뿐이다. 또한 이 노담을 노자라고 칭하지도 않는다. 선진 문헌 가운데 노자-노담을 언급하는《관자管子》,《전국책戰國策》,《여씨춘추呂氏春秋》,《순자荀子》,《한비자》등 모두 노담에 대한 일화를 싣고 있으면서도 그를 이이라고 칭하지 않기 때문이다. 그런 노자가 왜 이 씨가 되었는지에 대해서는 이 절의 끝부분에서 이해하게 될 것이다.

또한 노자의 또 다른 자字로 알려진 '백양白陽' 역시 문제점이 있기는 마찬가지다. 본래 백양은 주나라 유왕幽王 시대의 인물로서 주나라의 멸망을 예언한 것으로 유명하다.《국어國語》〈국어상國語上〉에 나오는 백양을 노자로 본다면, 백양은 공자가 찾아가 예를 물었다는 그 노자일 수 없다. 백양은 공자보다 200년이나 앞선 인물이기 때문이다. 그럼에도 이러한 시간적 차이를 무시하고 백양이란 명칭을 노자와 연결시킨 데는 백양이 지닌 예언자적 성격을 노자와 연결시키려는 의도가 담겨 있다고 생각된다. 이와 같이 노자의 이름을 둘러싼 이야기들을 잘 살펴보면, 노자라는 인물이 매우 복잡하고 다양한 유래를 내포하고 있음을 알 수 있다.

노자의 직책 또한 마찬가지이다. 〈노자열전〉은 노자의 직책이 '수장실의 사관(수장실지사守藏室之史)'이라고 밝히고 있는데, 이 직책의 성격에 대해서는 두 가지 해석이 있다.

첫째는 주묘周廟에 있는 장서실의 사관이라는 해석이다. 《사기》〈장승상전張丞相傳〉에 대한 〈사기색은史記索隱〉의 설명 중에 노자의 직책과 관련지을 수 있는 다음과 같은 설명이 있다. "주나라, 진나라에는 모두 주하사柱下史가 있었는데 이는 어사御史를 말한다. 주하사는 업무를 수행할 때나 임금을 모실 때 항상 궁전의 기둥 밑柱下에 있었다. 그래서 노담을 주하사라 한 것이다."[6] 그런데 '어사御史'의 '御'는 《주례주소周禮注疏》〈춘관종백제삼官宗伯第三〉에 따르면 '시侍' 또는 '진進'이라는 뜻으로, '장찬서掌贊書'를 담당하는 직책이었다. 이러한 맥락을 고려하면 수장실 사관으로서의 노자는 '예사禮事'에 해당하는 업무를 담당하는 사람이었다고 볼 수 있다.

'수장실의 사관'에 대한 둘째 해석은 창고지기라는 것이다. 《장자》〈천도天道〉에서는 노자를 '주지징장사周之徵藏史(주나라의 징장사)'라고 칭했는데, 징장은 《경전석문經典釋文》에 의하면 창고의 이름으로 전곡 등을 거두어 보관하는 창고 종류를 의미한다. 또 몇몇 문헌 기록에 근거해 '수장守藏'을 창고와 연결 짓는 것이 가능하다. 《주례주소》〈춘관〉 '천부天府'에 '조묘지수장祖廟之守藏'이라는 말이 나오는데, 조묘는 주나라의 시조인 후직后稷의 묘이고 그 안에는 대대로 전해오는 보물이 있었으며 '조묘지수장'은 다른 사람이 거기에 함부로 들어가지 못하게 지키는 직책이었다. 또한 《춘추좌씨전春秋左氏傳》 희공僖公 24년에 "진 문공晉侯의 어린 관리 수두수竪頭須가 '창고를 담당守藏'했는데 창고를 털어 달아났다"[7]라는 기록이 있는 것으로 보아 '수장'은 창고라는 뜻이다.

---

6 《사기》〈장승상전〉의 색은주 : "周秦皆有柱下史, 謂御史也. 所掌及侍立, 恒在殿柱之下, 故老聃爲柱下史."

7 《춘추좌씨전》 희공 24년 : "晋侯之竪頭須, 守藏者也. 其出也, 竊藏以逃."

그러므로 '수장실의 사관'이란 직책을 가진 노자는 왕실 의례를 담당하는 수행 관리였을 수도 있고 창고지기였을 수도 있다.

한편, 노자의 직책에 대한 또 다른 시각도 있다. 찰스 허커Charles Hucker는 '수장실지사'나 '주하사'가 모두 기본적으로 역사 기록의 수집, 정리, 보존을 담당하는 '기록 보관자archivist'였다고 보면서, 이런 직책들은 '태사太史'에 속하는데 주대周代와 한대漢代에 이 직책의 의미에 커다란 변화가 있었다는 점에 주목한다. 그에 따르면, 한대에는 태사가 천문과 자연 현상을 기록, 해석하고 날씨를 예보하며 다양한 신비주의적 점성술까지 동원하는 폭넓은 업무를 담당했는데, 이러한 배경으로 인해 일개 사관grand scribe이었던 노자가 한대에 와서 예언자grand astrologer로 인식되게 되었다.[8] 즉 사관에 대한 한대인漢代人의 인식 변화로 인해 사관으로서의 노자가 한대인에게는 천지의 운행을 이해하고 그 변화의 조짐을 예견하는 예언자로 비치게 되었다는 것이다.[9]

이것은 사마천과 그의 아버지의 '태사'라는 직업과 연관해 생각할 수 있다. 《사기》〈노자열전〉을 지은 사마천이나 그의 아버지 사마담에게 〈노자열전〉의 주인공 노자가 태사였다는 것은 단순하게 지나칠 수 있는 문제가 아니었을지도 모른다. 태사였던 노자에 대한 서술은 곧 자신들에

---

8 Charles O. Hucker, *A Dictionary of Official Titles in Imperial China*(Stanford, California : Stanford University Press, 1985), 481쪽.

9 중국 학자 천통성陳桐生의 시각은 조금 다르다. 그는 《사기》가 고대 중국의 '사관史官 문화'의 산물이며, 이때 '사관'은 주로 '천관天官'으로서 점복占卜, 점몽占夢, 제사와 축문祝文, 상서祥瑞와 재이災異, 천문天文과 역법曆法 등을 두루 담당하는 존재라고 본다. 다시 말하면, 사관의 예언자적 성격은 한대에 와서 부가된 것이 아니라 본래적인 것이었다는 얘기다. 그렇다면 허커의 주장을 달리 생각해볼 수 있다. 하지만 허커처럼 태사에게 예언자적 성격이 있다고 보는 것은 공통된 인식이다. 천통성, 《사기의 탄생, 그 3천년의 역사》, 장성철 옮김(청계, 2006) 35~55쪽.

대한 투사일 수 있기 때문이다. 게다가 〈노자열전〉이 지어진 때는《노자》
가 황실의 후원을 받으며 가장 유행하던 시기였다.

노자와 공자의 만남

　1.2 공자가 한번은 주나라에 갔는데 이는 노자에게 예에 대해 묻고자
했기 때문이다. 그때 노자는 이렇게 대답했다. "당신이 말한 것은, 그 말
을 한 사람이 이미 뼈까지 썩어버리고 그가 한 말만 남아 있습니다. 또
한 군자는 때를 얻으면 벼슬에 나아가고 그 때를 얻지 못하면 구름 따라
바람 따라 떠돌 뿐입니다. 내가 듣건대 훌륭한 상인은 창고를 가득 채우
고도 마치 비어 있는 듯이 한다고 합니다. 군자는 덕이 성해도 그 모습
이 마치 어리석은 사람 같다고 합니다. 당신은 교만한 마음과 많은 욕심,
뻣뻣한 태도와 도발적인 뜻을 버려야 합니다. 그런 것들은 모두 당신 자
신에게 아무런 도움이 되지 않습니다. 내가 당신에게 할 수 있는 말은
이것뿐입니다."

　공자는 그 자리를 떠난 뒤 제자들에게 이렇게 말했다. "새는 잘 날아다
니고, 물고기는 잘 헤엄치며, 짐승은 잘 달린다는 것은 나도 잘 안다. 달
리는 짐승은 그물로 잡으면 되고, 헤엄쳐 다니는 물고기는 낚싯줄로 잡
으면 되고, 날아다니는 새는 활로 잡으면 된다. 하지만 용은 어떻게 바람
과 구름을 타고 하늘로 오르는지 나는 도무지 알 수가 없구나. 내가 오
늘 노자를 만났는데 그가 바로 용과 같구나!"

그레이엄은 〈노자열전〉에 나타난 노자 전설 가운데서 유일하게 지속
적으로 전해진 요소가 노자와 공자의 만남이라고 말한다. 그리고 이 핵

심적인 이야기에 대해 다음과 같은 방식으로 질문해야 한다고 본다. "노담 전설은 어디에서 비롯되어 발전했는가? 과연 노자는 처음부터《노자》의 저자, 도가의 창시자, 적어도 일개 도사道士로 알려졌던 것일까? 도대체 어떤 철학적, 정치적 관심이 노자 이야기의 전개 과정에서 차이들을 낳은 것일까?"[10]

재미있게도 공자가 노자에게 가르침을 구하는 이야기는《장자》는 물론《예기禮記》〈증자문曾子問〉,《설원說苑》,《공자가어孔子家語》같은 문헌들에도 등장한다. 이러한 문헌들에 대한 검토를 거친 후 그레이엄은 공자와 노담의 만남에 관한 이야기의 기원은 도가가 아니라 유가라고 주장한다. 그 주된 추론 과정은 다음과 같다.

• 이 이야기를 전반적으로 살펴보면, 공자는 생애 내내 지극히 다양하고 풍부한 역사적 사건들과 관련을 맺는 반면에, 기원전 100년 이전의 자료에 나타나는 노담에 관한 기록들은 하나같이 공자와 노자의 만남을 핵심 축으로 하여 전개된다. 사실 공자에게 이 만남은 사소한 것일 수 있다.

• 공자와 노담이 만난 이야기의 기원은 유가에 있으며, 도가가 노담을 자기 학파의 대변자로 차용한 것이다. 만약 노담이 처음부터 도가였다면 유가가 자신의 스승을 노담의 제자로 만드는 꼴이 되는데 과연 그렇게 했을까? 공자가 노담을 만나는 태도는《논어》에서 공자가 은자를 만나는 태도와는 분명 달라, 공자가 노담 앞에서 자신을 하대하는데 말이다.

---

10 Angus C. Graham, "The origins of the legend of Lao Tan", 25쪽.

• 《장자》와 《예기》〈증자문〉에서는 모두 공자를 '구丘'라고 이름으로 부른다. 만약 이 이야기가 도가에서 유래한 것이라면, 유가가 자신들의 스승을 격하시키는 이런 세부적인 일까지 기록했을까? 유가는 이런 일이 자신들의 스승의 권위와 전통에 전혀 누가 되지 않는다고 생각해 그대로 기록했을 것이다.

• 도가에게는 딴 속셈이 있었지만 유가는 전혀 그렇지 않았다. 만약 어떤 어리석은 유자儒者가 스승의 권위나 전통에 신경 쓰지 않고 세부적으로 기록하려고 한 것이라면, 적어도 그는 노담이 인의仁義를 가르치는 유가였다고 기록했어야 할 것이다. 도대체 왜 그들은 노담을 단지 장례葬禮의 세부 사항을 가르치는 선생이라고 그대로 두었던 것일까?

• 《장자》 '내편內篇'에서 노담은 망해가는 주나라의 '징장사徵藏史', 즉 기록 보관자라는 대단히 무료한 직분을 차지하고 있다. 그런데 〈노자열전〉에서 그가 공자에게 하는 말이 왜 하필이면 "당신이 말한 것은, 그 말을 한 사람이 이미 뼈까지 썩어버리고 그가 한 말만 남아 있습니다"와 같은, 문헌 전통에 대한 경멸적 언사였을까? 또한 《장자》 '내편'에는 주나라 문왕文王, 주나라 무왕武王, 주공周公에 대한 언급이 일절 없고, '외편外篇' 과 '잡편雜篇'에서 유일하게 한 번 주 문왕이 나오는데 그 이야기도 주나라에 대해 호의적이지 않다. 그런데 왜 하필이면 노담의 관직이 주에 있었던 것일까?

• 사마천 이전의 문헌에서 노담은 단지 노담일 뿐 그에게 성姓이란 없었다. 만약 이렇게 이름조차 잘 알려지지 않을 정도의 인물이라면, 이런

인물 유형은 공자가 말하는 '옛 전통을 전하기만 할 뿐 스스로는 만들지 않는述而不作' 전통의 수호자로서, 유가의 존경받는 전설적 인물로서 아주 제격이다. 그런데 왜 도가에서는 자기 학파의 창건자에게 이름을 주는 것조차 못했을까?

•《사기》이전의 문헌에서는 노담을 노자라고 높여 부르는 것을 달갑지 않아 하는 듯이 보인다.《논어》에서 '자왈子曰'이라 했듯이 '자子'는 고대 중국에서 귀족의 칭호였고 공자 학단에서는 스승을 높여 부르는 말이었다. 그런데 선진 시대의 문헌에서 노자는 거의 '노담'이라고 불리지 존칭인 '노자'라고 불리지 않는다. 또한 이 노담이란 인물이 권위를 갖는 것은 오로지 공자를 가르친 사건을 통해서뿐이다.

•《장자》'내편'의 기록이 공자와 노담이 만난 사건에 대한 최초의 기록이라고 가정한다면, 우리가 주목해야 할 것은《장자》'내편'에서 공자와 그의 제자들이 도가의 대변자로 등장한다는 점이다. '내편'에서 공자와 그의 제자들은《논어》에 나오는 사상을 말하는 인물로 등장하지 않는다. 오히려 그들은 장자의 사상을 대변하는 인물들로 등장한다. 또한 거기에서 노담은 일정한 위치를 갖는데 그것은 결코 도가로서가 아니다.

이상과 같은 그레이엄의 분석과 문제 제기들은 상당히 설득력 있어 보인다. 그럼 이제 노자와 노담의 관계를 살펴보자. 과연 노담이 노자와 연결된 것은 어느 때, 어떤 식으로였을까?

노자가 함곡관을 떠나는 이야기와 《노자》 전수

1.3 노자는 도와 덕을 닦았다. 그의 가르침은 스스로를 드러내지 않고 세상에 이름을 알리지 않는 데에 힘쓰라는 것이다. 그는 오랫동안 주나라에 머물다가 주나라가 쇠락하는 것을 보자 떠났다. 함곡관에 이르자 관령 윤희가 이렇게 말했다. "당신은 은둔하고자 하시는군요. 제발 저를 위해 글을 써주시기 바랍니다."

이에 노자가 도와 덕의 뜻을 말한 5,000여 자로 된 상하 두 편의 글을 써주고 떠나니 아무도 그가 어디서 생을 마쳤는지 알지 못한다.

공자가 노자를 만났다는 〈노자열전〉의 기록을 처음으로 부정한 사람은 송대宋代의 섭적葉適(《학습기언學習記言》)이고, 다음은 송나라 말의 나벽羅璧이며, 청대淸代의 최동벽崔東璧(《수사고신록洙泗考信錄》)이 그 뒤를 잇는다. 특히 최동벽은 그 기록이 양주楊朱가 꾸민 이야기에서 비롯되었다고 본다. 그리고 공자가 여러 '은둔자隱逸'를 만난 기록은 있는데 노자에 대해서만 《논어》에 기록이 없다는 것은 납득하기 어렵다고 본다. 또한 〈노자열전〉에 나오는 공자와 노자의 대화는 실제로는 《장자》〈외물外物〉에서 노래자가 한 말에 바탕을 둔 것으로 보이며, 〈공자세가孔子世家〉에 기록된 바와는 다르다는 점을 지적한다. 또 〈공자세가〉에서는 공자와 노자가 대등한 관계에서 정중하게 말하는데, 〈노자열전〉에서는 노자가 공자를 마치 어린아이 다루듯이 대한다고 설명한다.

이런 지적은 〈노자열전〉을 《논어》의 기록과 연관시키기보다, 공자를 비판적으로 묘사하고 있는 〈천운天運〉, 〈천도〉와 연관시켜볼 근거가 된다. 《장자》〈천운〉과 〈천도〉는 대체로 한나라 초기에 유행했던 '황로학'

문헌으로 분류되며 성립 시기가 비교적 늦다. 즉 〈노자열전〉에서 공자를 비난하는 노자의 모습은 한나라 초기의 유가와 도가의 대립적인 분위기를 반영한 것이라 볼 수 있다.

이와 같은 주장들은 《노자》와 노담이 얼마나 다른가를 이해하는 데 꼭 필요하다. 적어도 선진 문헌에 기록된 노담의 사상은 《노자》의 그것과 다르다. 그런데 〈노자열전〉에서는 노담이 도道와 덕德을 닦았다는 이야기, 그리고 그가 함곡관을 나서면서 관령 윤희에게 《노자》를 전수했다는 이야기가 바로 이어진다. 그런데 뒤에서 사마천은 다시 담儋이 주나라 태사로서 진晉나라의 헌공獻公을 만나 진이 패자가 될 것을 예언하는 이야기를 하면서 그 담이 앞서 이야기한 노담인지 아닌지는 미해결의 과제로 남겨놓고 있다. 이러한 혼동은 노래자를 기록한 부분에서도 반복된다.

노자의 또 하나의 후보, 노래자

2.0 어떤 사람들은 이렇게 말한다. 노래자는 초나라 사람으로 15편의 책을 지어서 도가의 묘용을 말했는데 공자와 같은 시대 사람이라는 것이다.

여기서 〈노자열전〉은 노래자를 언급하면서 그를 고유한 역사적 사건을 통해 설명하고 있지 않다. 중요한 것은 그가 공자와 동시대 인물임을 언급하고 있다는 점이다. 즉 노래자는 공자와 연관 지어 서술됨으로써 나름의 의미를 갖는 것이지 독자적으로 의미를 갖고 있지 않다. 이렇게 보면, 노자 전설의 중요한 축은 공자이지 노자가 아니다.

또한 노래자를 언급한 데서 주목할 점은 사마천이 〈노자열전〉의 첫 부분에서 기록한, 노자가 초나라 사람이라는 것을 강조한다는 점이다. 그의 학문적 특징은 도가의 실제성을 말했다는 데 있다. 하지만 노래자가 저서를 15편이나 지었음을 기록한 것에는 그가 진짜 노자는 아닌 듯하다는 생각이 반영되어 있는 듯하다.

노래자 이야기에 이어지는 노자의 장생에 관한 이야기는 아주 재미있다.

노자의 장수와 그 이유

3.0 대개 노자는 160여 세를 살았다고 하고 또 어떤 사람들에 따르면 200여 세를 살았다고 하는데 이는 그가 도를 닦아 수명을 길렀기 때문이라고 한다.

이 구절은 노자가 장생술長生術을 닦았음을 시사함과 동시에, 노자의 도를 닦으면 수명을 늘릴 수 있다는 것을 암시한다. 수명 연장 담론은 진한대에 방사方士 전통이 유행한 이래 두드러졌다. 물론 한대의《노자》이해, 특히《하상공장구河上公章句》식의 이해에 의하면《노자》는 분명 양생 혹은 연년延年과 깊은 관련이 있다. 그렇다면 노자의 상을 구축하는 데 있어서 장생술이라는 장치가 필요한 이유는 무엇일까? 이는 바로 다음에 이어지는 구절을 보면 이해된다.

그 구절로 넘어가기 전에, 장생에 관한 희구가 고대 중국에서 언제 가장 유행했는지를 따져볼 필요가 있다. 진시황秦始皇과 한漢 무제武帝, 두 군주는 불사약을 구하기 위해 갖가지 사건을 일으킨 인물이자 영원한 제국, 영원한 황제를 꿈꾸었던 인물이다.《사기》는 한 무제 때 지어진 책이다. 또한 후한의 왕충王充에 따르면 한의학 최고의 고전《황제내경黃帝內經》과 《노자》를 함께 일컬으면 '황로黃老'가 된다. 이러한 점들은《노자》의 성격에 대한 단서가 된다.

이러한 정황으로 인해 나는《노자》라는 문헌의 성립이 황로학의 성립과 연관되며, 한초의 사상을 대변하는 황로학의 주된 문헌이《노자》라고 주장한 바 있다.[11] 만약 이러한 가설이 타당하다면, 노자 전통을 축으로 하는 도가道家가 성립된 후에 이것이 정치적 성격이 강화된 황로학으로 변한 것이 아니라, 황로학의 성립 과정에서《노자》가 성립됐고 이 때문에《사기》에서 황로와 도가가 성격상 거의 일치된 외연을 갖는 것이라 볼 수 있다. 물론 이 점에 대해서는 앞으로도 많은 연구가 있어야 할 듯하다.

노자의 또 다른 후보, 주의 태사 담

4.0 공자가 죽은 지 129년 후에 사관들은 다음과 같이 기록한다. 주나라의 태사 담이 진나라의 헌공을 만나 이렇게 말했다. "처음 진나라가 주나라와 합쳐졌습니다. 합친 지 500년이 되자 나누어졌습니다. 나누어진 지 70년이 지나면 진나라에서 패왕이 나올 것입니다." 어떤 사람들은 이 담이 곧 노자라고 하고 어떤 사람들은 아니라고 하는데, 세상 누구도 그런지 그렇지 않은지 알지 못한다. 노자는 숨어 사는 군자이다.

사마천은《사기》에서 연대기적으로 사건을 기술했는데, 공자가 죽은 것은 지금의 연대로 계산하면 기원전 479년으로 돼 있다. 그런데 주의 태

---

11 김시천, 〈노자의 양생론적 해석과 의리론적 해석〉(숭실대학교 박사학위논문, 2003) 참조.

사 담이 진 헌공을 만난 것은 기원전 374년이다. 그렇다면 이 두 사건의 시간 차이는 105년이니, 위의 〈노자열전〉 인용 구절에서 말하는 '129년'은 맞지 않는 셈이다. 이런 연대 설정의 오류는 차치하더라도, 태사 담을 노자로 볼 경우 공자와 동시대 인물이었던 노자가 공자 사후 적어도 105년을 더 살았다는 것은 상식적으로 말이 되지 않는다. 사마천은 노자와 노래자의 순서 바로 뒤에 태사 담의 이야기를 하지 않고 노자가 장수했다는 것을 서술한 뒤에 태사 담에 관한 이야기를 넣었는데, 이는 노자의 장생술을 끌어들임으로써 주의 수장실지사인 노담과 주의 태사 담을 동일시하려는 의도를 은연중에 드러낸 것이라고 볼 수 있다.

염약거閻若璩에 따르면 《예기》〈증자문〉에는 공자와 노담의 대화 가운데 일식에 관한 이야기가 나오는데, 이는 《춘추》에 나오는 일식 기사와 내용상 일치한다. 따라서 이를 근거로 연대를 추산하면 그 대화는 공자의 나이 38세 때의 일이다. 그렇다면 공자가 38세에 만난 한 나이 든 스승 노담이 공자가 죽은 후에도 105년을 더 살아서 진의 헌공을 만나 진의 운명을 예언한 것이 된다. 이러한 이야기는 노담과 주의 태사 담을 연결시키고, 노자의 장생을 증명하는 여러 가지 효과를 갖는다.

하지만 과연 이것이 사실로 받아들여질 수 있을까? 그다음 구절은 노자가 왜 이이가 되었는가를 잘 보여준다.

노자 후손의 계보

5.1 노자의 아들은 이름이 종인데, 종은 위나라의 장군이 되어 단간에 봉해졌다. 종의 아들은 주이고, 주의 아들은 궁이며, 궁의 현손은 가인데, 가는 한나라 효문제 때 출사했다. 그리고 가의 아들 해는 교서왕 앙

의 태부가 되었는데, 이 때문에 그의 가문이 제나라에 살게 되었다.

우리는 이 기록에서 노자 후손의 계보를 보게 되는데, 여기서 두드러진 인물은 위나라에서 장군이 된 종, 한나라 효문제 때 벼슬한 가와 그의 아들 해이다. 앞서 주나라가 쇠망하는 것을 본 노담이 주나라를 떠나 서쪽의 함곡관에 이르러 관령 윤희를 만났다고 했는데, 《한서漢書》나 《여씨춘추》의 기록 등을 참고하면 관령 윤희는 역사상의 실존 인물로서 기원전 4세기 사람이다. 기원전 4세기라면 주의 태사인 담의 시대와 일치하며, 이 시기에 태사 담 혹은 노담은 200여 세 가까운 나이가 되었을 것이다. 이러한 노담이 주나라를 떠나 어디론가 갔다면 과연 어디로 간 것일까?

재미있는 것은 여기에 등장하는 노담 이후의 계보이다. 태사 담이 진헌공을 만난 때인 기원전 374년으로부터 사마천의 기록에 따라 7대를 계산해보면 한나라 효문제 시대에 이른다. 이렇게 보면 태사 담의 아들 종으로부터 한나라 효문제 시대까지의 세대 계산은 대체로 그럴듯하다. 이것은 가능한 일이다. 한 세대를 30년으로 계산할 때 기원전 374년에서 한나라 효문제까지는 대략 200년 정도이므로 7대로 계산하는 것은 상식에 부합하기 때문이다.

그러나 위나라 장군을 지낸 종을 낳은 태사 담을 노자와 동일시한다면 이것은 상식적으로 맞지 않다. 먼저 노담이 공자와 동시대인이었고 젊어서 자식을 보았다면 적어도 종은 기원전 6세기 어느 때에 살았을 것이다. 그리고 기원전 5세기에야 진晉나라가 갈라져 한韓, 위魏, 조趙 세 나라가 성립되었으니 이는 시기적으로 불가능한 일이다. 그러므로 종은 기원전 4세기 중엽의 사람일 가능성이 높다. 결국 공자를 가르친 노자와 태사 담은 결코 같은 인물일 수 없다.

그레이엄은 이와 같은 일련의 서술들을 다른 식으로 재구성한다. 그는 여기서 두 가지 사건을 중시한다. 노자가 주나라를 떠나다가 《노자》를 전수했다는 이야기는 노담이라는 인물과 연결됨으로써 진秦나라에서 《노자》에 대한 호의를 얻기에 좋았을 것이며, 그래서 노담이라는 이름을 지닌 노자가 출현한 것이고, 그가 공자의 스승이었다는 것은 권위를 얻기에 좋은 이야기라는 것이다. 그가 노담이자 곧 주의 태사 담으로 간주된 것은 대략 《노자》가 성립된 이후인 기원전 240년경의 일이라는 것이 그레이엄의 생각이다.

하지만 상황은 또 바뀐다. 왜냐하면 진이 망하고 한漢이 등장하기 때문이다. 본래 노담이었던 노자는 이이가 되고, 그의 출신 지역 또한 주나라에서 초나라의 고현苦縣으로 바뀌는데, 그곳은 한 황실 조상의 고향인 패沛의 바로 옆에 해당하는 지역이다. 그래서 노담, 태사 담, 이이는 자연스럽게 하나의 인물인 듯이 어우러져서 사마천의 〈노자열전〉에 등장하게 되는 것이다. 그리고 이러한 계보의 주장은 한나라 효문제 시절의 유력한 가문인 이 씨와 연결된다. 다시 말하면 한나라 효문제 시절에 이 씨 가문이 이러한 계보를 주장했다는 것이다.

노자의 학문과 현황

5.2 세상에서 노자를 배우는 자들은 유학을 배척하고 또한 유학을 하는 자들은 노자를 배척한다. "도가 같지 않으면 서로 논하지 않는다"는 것이니, 어찌 옳은 태도라 하겠는가? 이이는 무위하면서 스스로 변화하고, 고요한 가운데 스스로 바르게 했다.

이 부분은 정확하게 한나라 초기의 학문적 상황을 보여준다. 한나라 초기에 유학은 배척당했다. 한 고조 유방은 물론이고 그의 부인 여태후 또한 유가를 배척했다. 그리고 문제文帝와 경제景帝 시대에는 《노자》가 유행했다. 이 시대의 《노자》와 관련된 사상운동을 황로학이라 하는데, "무위하면서 스스로 변화하고, 고요한 가운데 스스로 바르게 했다"라는 구절은 바로 황로학의 핵심을 지적한 것이다. 이는 《노자》와 황로학의 관계를 보여주는 증거이기도 하다. 이에 대해서는 다음 장에서 더 자세하게 이야기할 것이다.

지금까지의 내용을 정리하자면, 〈노자열전〉은 역사적 사실의 기록이라기보다는 선진 시대의 다양한 전설들의 모음이며, 그러한 전설들을 모으는 데 있어서 가장 중요한 두 축은 노자와 공자의 만남이라는 사건과 한나라 초의 이 씨라는 유력 가문의 존재——물론 이 가문이 《노자》의 편찬과 직접적으로 관련되었을 수도 있다는 추정 또한 가능하다——였다는 것이다.

이런 식으로 〈노자열전〉을 이해하게 되면 우리는 〈노자열전〉의 내용 자체가 매우 정치적이라는 점을 고려하게 된다. 즉 〈노자열전〉은 단지 《노자》의 지은이에 대한 역사적 기록이 아니라, 《노자》라는 책을 둘러싼 매우 복잡하고 다양한 이야기들을 드러내는 기록이다. 그러므로 〈노자열전〉은 《노자》의 성격이 그리 단순하지 않다는 것을 보여준다. 이 점은 그간 그다지 주목되지 않았으나, 현존 《노자》의 사상적 성격을 이해하는 데 하나의 지침이 될 수 있다.

3. 성인과 제왕, 그리고 범인―《노자》속의 인간들

　지금까지 살펴보았듯이, 고대 중국의 역사가 사마천의 《사기》에 실려 있는 노자 전기를 따른다면, 노자는 주나라에서 대략 오늘날의 국가 기록원 관리쯤으로 일하다가 정치 세계에 염증을 느껴 서쪽으로 떠난 사람이라고 이해될 수 있다. 하지만 그 전기를 꼼꼼히 분석해보면 이런 이야기가 전설이며, 그것도 아주 후대에 성립된 전설임을 알게 된다.

　사마천이 〈노자열전〉을 지을 당시에 《노자》와 관련된 여러 가지 전설 가운데 가장 중요한 것으로 이 전설을 선택해 맨 앞에 둔 것일 뿐이다. 노래자와 노담 등의 이야기가 다시 등장하는 까닭이 여기에 있다. 우리는 이들 세 인물 중에 누가 진짜 노자인지 확정할 수 없다. 오히려 그레이엄의 추정에 따르면, 노자 후손의 계보는 노자라는 어떤 조상에게서 비롯된 것이 아니라 위나라에서 한나라도 옮겨 가며 세를 쌓은 한 가문의 주장에 따라 만들어진 것이다.

　따라서 《노자》의 저자가 누구인지, 《노자》가 언제 지어진 책인지에 대해 학자들의 의견이 분분했던 것은 매우 당연한 일이다. 오늘날에는 《노자》가 전국 시대 말기에서 한나라 초기에 이르기까지 오랜 시간에 걸쳐 서서히 완성된 책이라는 데 어느 정도 의견이 일치하고 있다. 《곽점노자》나[12] 《백서노자》[13]가 연구되면서 이러한 의견은 거의 정설처럼 자리

12　1993년 곽점郭店에서 발굴된 죽간竹簡 《노자》를 말한다. 그래서 학자들은 이를 《죽간노자 竹簡老子》 혹은 《곽점노자郭店老子》라고 부른다. 이 문헌은 나중에 《노자》에 편입되어, 오늘날의 통행본 《노자》의 5분의 1을 차지하게 되었다. 이에 대해서는 노자, 《노자》, 최재목 옮김 (을유문화사, 2006) 참조.

13　1973년에 장사長沙 근처의 마왕퇴馬王堆 고분에서 출토된 《노자》. 비단에 씌어 있어서 《백서노자帛書老子》라 부른다. 또한 《백서덕도경帛書道經》이라고도 부른다.

잡았다.

하지만《노자》라는 문헌의 성격을 파악하는 방법이 저자가 누구인가, 성립 시기가 언제인가를 규정하는 것에 국한되는 것은 아니다. 우리는 다른 방법을 통해서도《노자》라는 책의 성격에 접근할 수 있다. 사실《노자》의 지은이가 누구인가에 대해 더 많은 생각 거리를 주는 것은《노자》그 자체다. 특히《노자》라는 책에 등장하는 사람들이 어떤 이들인지, 또《노자》가 어떤 사람들이 어떻게 읽어야 하는 책인지도《노자》자체에 더 많이 나타나 있다.

나는《사기》에 실려 있는 노자에 대한 허구적 전설에 얽매이지 않고《노자》의 말 그 자체에 귀 기울이는 것이《노자》를 이해하는 훨씬 더 좋은 방법이라고 생각한다. 앞으로 확인하게 되겠지만,《노자》는 기본적으로 '누가 천하를 다스릴 것인가?', '천하를 다스리는 자는 어떻게 말하고 행동해야 하는가?'와 관련된 격언들의 모음집이다. 우리는 이 점을《노자》자체를 통해 확인할 수 있다.

과연《노자》텍스트에 등장하는 '인간'은 누구일까? 우리가 상식적으로 알고 있는 그런 자연인, 정치적 세계의 비정함에 냉소를 보내고 문명을 비판하고 유가와 같은 도덕적 엄격주의에 식상한 그런 인간? 더 나아가 환경과 자연의 가치를 긍정하고 심지어 남성적인 가치보다 여성적인 가치를 지향하는, 이른바 페미니즘적 세계관을 지향하는 그런 인간? 과연 그런 인간이《노자》에 등장할까? 많은 사람들이 너무도 당연하게 그럴 것이라고 생각하겠지만, 사실《노자》에 그런 인간형은 전혀 등장하지 않는다. 그렇다면 과연 어떤 모습의 인간이《노자》에 등장할까?

《노자》에 수십 번 등장하는 가장 중요한 인간은 당연히 '성인聖人'이다. 그다음으로 이러한 성인을 추구해야 하는 존재, 현실의 지배자들인 '후왕후王'이 3회(32장, 37장, 39장) 나온다. 그리고 이들의 보조자로서 문文과 무武의 기술을 터득한 존재인 '사士'가 3회(15장, 41장, 68장) 나온다. 그러므로《노자》의 저자와 독자 또한 바로 이런 사람들이라고 할 수 있다.《노자》는 평범한 백성과는 전혀 상관이 없다.《노자》의 독자는《노자》를 읽고 그 내용을 실천해 천하를 다스릴 방법과 힘을 체득해내야 하는 사람들이다. 나는 이들을 호모 임페리알리스[14], 즉 천하의 패권을 차지하기 위해 정치적, 군사적, 문화적, 과학 기술적 실천을 행하는 사람들이라고 규정한 바 있다. 달리 말해《노자》의 독자들은 천하의 대권 지망자들로서, 바로《노자》를 읽고 실천 방법을 모색하려 한 사람들이었던 것이다. 이런 맥락에서 보면《노자》는 철저하게 권력의 기술에 관한 책이라고 할 수 있다.

성인과 사

그렇다면 우리가 그간 들어보았던, 문명의 억압적 성격에 저항하는 노장의 자연인이나, 가부장적 억압에 맞서는 페미니스트적 주인공은《노자》의 어디에 있을까? 다음에 나오는 표 1에서 볼 수 있듯이《노자》의 중심이 되는 인간상은 우주의 원리인 도道에 순응함으로써 획득되는 덕德을 체현해 현실적 힘을 갖고자 하는 정치적 주체로서 성인, 후왕, 사士, 그리고 군주人主 등이다. 이들은 현실의 지도자들로서, 바로《노자》의 주인공들이자,《노자》가 조언하고자 하는 상대인 독자들이다.

근대 서양의 사상가 마키아벨리가 피렌체의 실세 메디치 가에《군주

---

14 전호근·김시천,《번역된 철학 착종된 근대》(책세상, 2011), 마지막 장 참조.

표 1. 《노자》의 중심이 되는 인간상

《노자》의 중심인물	빈도	용례상의 특징

성인
聖人
·
후왕
侯王
	31회
	
	3회
		−성인은 이상적 통치자로서 천지의 작용에 유비되게 도를 행하는,
		  도의 집행자이자 도의 주체
		−후왕은 《노자》가 말하는 성인 혹은 도의 모범을 따라야 하는 현실
		  적인 《노자》의 독자이자 실행을 통한 도덕의 모방자

사士	3회	−성인과 후왕을 도와서 덕을 실천하는 자 −도의 성취에서 등급이 있는 존재로 묘사 −성인·후왕과 더불어 치자 혹은 임페리알리스를 구성

론》을 지어 헌정한 것처럼, 《노자》는 천하를 다스릴 능력과 권세를 지닌
사람에게 권력의 기술을 전하기 위해 엮은 책이라 할 수 있다. 중국의 철
학자 리쩌허우李澤厚는 《노자》에 대해 이렇게 말한다. "《노자》는 병가兵家
의 현실적 경험에 역사적 관찰과 깨달음을 총괄한 것을 더하여 이루어진
정치철학 이론서이며, 중국 고대 사상의 중요한 단서이다."[15] 그리고 이
러한 《노자》의 가장 큰 의의는 중국의 전제 정치에 깊은 영향을 미친 데
있다고 리쩌허우는 말한다.

　물론 《노자》에는 평범한 보통 사람이라 할 만한 인간에 관한 표현들도
많이 나온다. 하지만 이들은 《노자》의 주인공이 아니다. 보통 사람들은
어떻게 등장할까? 맥락과 상관없이 드러난 표현 그대로 나열해보면 다
음과 같다. '중인衆人'(8장, 20장), '사람人'(12장, 20장, 23장, 37장, 57장,
58장, 76장, 78장), '속인俗人'(20장), '우인愚人'(20장), '지인知人'(31장),
'승인勝人'(31장), '선인善人'(62장, 79장), '사인使人'(61장, 80장), '상인傷
人'(60장), '휵인畜人'(61장), '용인用人'(68장), '시인示人'(36장), '인주人

---

15 리쩌허우, 《중국고대사상사론》, 정병석 옮김(한길사, 2005), 180쪽.

58　노자의 칼 장자의 방패—삶의 모순과 철학의 위안

主'(30장) 등이다.

12장은 일반적인 사람에 대해《노자》가 어떤 시각을 갖고 있는가를 잘 보여준다. "다섯 가지 휘황찬란한 색깔은 사람의 눈을 멀게 하고, 다섯 가지 아름다운 소리는 사람의 귀를 먹게 하고, 다섯 가지 맛으로 어우러진 산해진미는 입을 상하게 한다. 사냥하며 말 타고 달리는 것은 사람의 마음을 미치게 하고, 얻기 어려운 재화는 사람의 행실을 망친다. 이런 까닭에 성인은 배를 위하지 눈을 위하지 않는다. 그래서 저것을 버리고 이것을 취한다."[16] 이렇게 일반 사람의 행태는 성인의 행태와 대비된다. 그리고 20장에서는 "나만 홀로 다른 사람들과 다르다"[17] 함으로써 자신이 일반 사람과 분명하게 구분된다는 것을 밝힌다.

이렇게 등장하는 '사람人'의 용례를 문법적 형식을 통해 살펴보면 다음과 같은 특징이 드러난다. '사람'은 대부분 주인공들에 의해 '부려지는使,用' 수동적 존재나 피치자이거나 아니면, 도덕을 추구하는 후왕이나 사와는 달리 피하거나 조심해야 하는 타산지석 혹은 본능에 충실한 존재다. 이들에게는 주체적인 모습이나 자각적인 행동이란 없다.《노자》57장에 나오는, "내가 무위하니 백성은 저절로 교화되고, 내가 고요함을 좋아하니 백성은 저절로 올바르게 되고, 내가 일삼는 것이 없으니 백성은 스스로 부유해지고, 내가 아무것도 욕망하지 않고자 하니 백성은 스스로 소박해진다"[18]라는 정치적 이상은 '스스로自' 하는 것이지만 철저하게 군주의 태도에 좌우되는 것이다.

---

16 《노자》12장 : "五色令人目盲, 五音令人耳聾, 五味令人口爽, 馳騁畋獵令人心發狂, 難得之貨令人行妨. 是以聖人爲腹不爲目, 故去彼取此."

17 《노자》20장 : "我獨異於人."

18 《노자》57장 : "故聖人云, 我無爲而民自化, 我好靜而民自正, 我無事而民自富, 我無欲而民自樸."

백성 혹은 사람

앞에서 인용한 《노자》 57장의 구절에 등장하는 '나'가 《노자》의 주인공이라면, 백성 혹은 사람은 일반적인 인간이다. 묄러는 《노자》에 등장하는 '나'가 "독자 또는 청자로 기대되는 사람으로서의 나, 즉 성인 통치자"[19]라고 설명한다.

《노자》에는 확인 가능한 저자는 없다. 즉 이 텍스트에는 자신의 개인적 사상을 피력한 저자가 없다. 만약 그 텍스트가 우리에게 하나의 독창적인 '사고방식'을 소개해주리라 기대한다면 우리는 실망하게 될 것이다. 《노자》 안에는 우리에게 말을 하는 어떤 특정한 인물이 없다. 우리가 때때로 텍스트 안에서 발견하게 되는 '나'는 텍스트를 통해 우리에게 말하는, 우리에게 어떤 주장을 전하고자 하는 그런 한 개인으로서의 '나'가 아니다. 《노자》에 나오는 '나'는 오히려 잠재적 독자——아니 청자라고하는 것이 더 좋겠다——가 스스로 들어서야 할 자리를 나타내는 표지이다. 도가의 가르침을 배우는 사람들은, 텍스트에 그 '나'라는 말이 나올 때 바로 자기 자신과 자신의 자아를 그 텍스트에 대입할 수 있다. 익명적인 방식으로 《노자》는 그것을 공부하는 사람들에게 《노자》의 가르침에 공감할 것을 요구한다. 이러한 가르침들은 놀랄 만한 통찰unique insights을 가져다주지 않는다. 그것들은 오히려 하나의 일반적 명령general order을 제시하는 것으로서 도입된다.[20]

---

19 Hans-Georg Moeller, *The Philosophy of the Daodajing*, 104쪽.
20 Hans-Georg Moeller, *The Philosophy of the Daodajing*, 3쪽.

뮐러에 따르면,《노자》는 저자가 누구인지 확인할 수 없게 되어 있다. 따라서 거기에는 어떤 한 개인의 사상이 자리 잡고 있지 않다. 그리고 그 안에서 발견되는 '나'는 잠재적 독자 혹은 청자이며,《노자》를 읽는 사람이 "스스로 들어서야 할 자리를 나타내는 표지"다. 내 나름의 용어로 말한다면 '나'는 모든 호모 임페리알리스인 것이다.

일반적 사람을 가리키는 '인人'은 이와 다르다.《노자》의 '인'을 어법상 주격으로 쓰이는 경우와 목적격으로 쓰이는 경우로 분류해 용례를 제시하면 표 2와 같다. 공통적으로 이들은 모두 부정적으로 묘사되거나 혹은 정치적으로 철저하게 타자화되어 있다. 이는《노자》의 청자와 독자 혹은 주인공이 이른바 호모 임페리알리스이며《노자》가 통치자의 텍스트라는 것을 잘 보여준다. 따라서《노자》에서 평범한 개인이나 일반적 범주로서의 추상적 '인간'을 찾기란 실제로 불가능하다.

과연 우리에게 익숙한 자연스러운 인간을 우리는《노자》의 어디에서

표 2.《노자》에 나타난 '인人'의 용례

《노자》의 '인人'	의미	용례
주격 '인'	–생물학적 본성이나 인습적 행태를 보이는 본능적 인간 –타산지석이나 반면교사로서의 인간	–人生之柔弱, 其死堅强.(76장) –天下多忌諱, 而人彌貧；人多利器, 國家滋昏；人多伎巧, 奇物滋起；法物滋彰, 盜賊多有. 故聖人云：'我無爲, 人自化；我好靜, 人自正；我無事, 人自富；我無欲, 人自樸.'(57장) –人之所畏, 不可不畏.(20장) –天地上不能久, 而況於人?(23장) –是以聖人執左契, 不責於人.(79장)
목적격 '인'	–《노자》의 능동적 '주체'가 따라야 할 규범적 인간상 혹은 현실 –나와 구분되는 세속적 인간상	–愚人(20장), 知人(31장), 勝人(31장), 善人(62장, 79장), 使人(61장, 80장), 傷人(60장), 畜人(61장), 用人(68장), 示人(36장) –五色令人目盲；五音令人耳聾；五味令人口爽.(12장) –衆人(8장, 20장), 俗人(20장)

찾을 수 있을까? 우리는 사람 하면 흔히 평등하고 자유로운 사람, 이성과 인격을 갖춘 사람을 떠올린다. 비록 현실적으로 인간이 그렇지 못하다고 여기더라도 우리는 상식적으로 그렇게 생각한다. 이에 더하여 사람은 주로 개인, 시민, 국민 같은 말로 표현된다. 하지만 이는 우리의 경험을 투영하는 것이지《노자》의 맥락, 더 나아가 고대 중국의 맥락과는 무관하다. 개인, 시민, 국민으로서의 인간을 우리는 '근대인modern man'이라 부른다. 그런데 1990년대 이후 그러한 근대인, 지난 100여 년간 우리가 닮고자 했던 바로 그 근대적 '주체'가 비판과 의심의 대상이 되면서 다시 동아시아적 인간상이 주목받게 되었다.

그런데 재미난 것은 그 같은 동아시아적 인간상을 대변하는 유교적 인간, 즉 군자와 성인은 봉건주의의 표상인 양 비판받고 노장의 '자연인自然人'이 상대적으로 더 부각되어왔다는 것이다. 하지만 역설적이게도,《사기》에 기술되어 있는 노자와 장자가 다각적으로 연구되었음에도, 앞에서 살펴봤듯이《노자》에서는 이른바 '노장적老莊的' 인간상을 찾아볼 수 없고,《장자》에서나 그러한 인간상을 볼 수 있다.

게다가 노장적 인간상이 확립된 것은 노장 시대로부터 몇백 년 후, 그러니까 삼국 시대와 진晉나라 죽림칠현竹林七賢을 거친 뒤의 일이었다. 나는 이 글에서《노자》에 등장하는 주인공들을 호모 임페리알리스라고 부를 것을 제안했다. 따라서 우리가《노자》를 이해한다는 것은 먼저 이들 호모 임페리알리스가 실제로 추구한 것이 무엇이었는가를 이해하는 것이어야 한다. 나는 그것이 '천하를 다스리는 도의 추구治天下之道'였다고 설명하고 싶다.

4. 호모 임페리알리스의《노자》

지금까지 우리는 두 가지 방식으로《노자》를 살펴보았다. 먼저 우리는 《노자》라는 텍스트의 성격을 규명하기 위해 그것의 저자로 지목되는 인물 '노자'에게 초점을 맞추어보았다. 이 노자라는 인물은 전통적으로 공자에게 가르침을 준 나이 든 현인으로 알려져왔다. 그는 정치의 세계를 싫어했고, 주나라가 어수선해지자 함곡관을 나서면서《노자》라는 책을 세상에 남겼다고 전해진다. 이 이야기에 따르면,《노자》는 정치나 세속의 일에 초연한 은둔자의 사상을 담고 있는 것처럼 보인다.

하지만 〈노자열전〉을 보다 세밀하게 따져보면, 초연한 은둔자의 모습은 어느새 사라지고 복잡 다양한 '노자들'이 나타난다. 그는 공자를 가르쳤던 노자였다가 다시 노래자나 노담이라고 불리기도 한다. 이런 여러 이야기가 뒤섞인 과정을 여러 자료와 견주어 보면, 우리는 그레이엄의 분석처럼 노자가 실존 인물이 아님을 알게 되며, 오히려《노자》라는 책의 성립과 함께 스스로의 권위를 높이고 그의 후손을 자처한 한나라 때의 한 가문을 만나게 된다. 즉 그 속에는 복잡한 정치적 내막이 있었던 것이다.

둘째로 우리는 그간 학자들이 주목하지 않았던 새로운 방식으로《노자》의 성격에 접근해보았다.《노자》텍스트 자체에 등장하는 인물들이 어떻게 묘사되고 개념화되어 있는지를 살펴본 것이다. 그 결과,《노자》에는 모든 개인들에게 소용되는 삶의 지혜, 혹은 문명과 규범의 역기능에 대한 비판이 담겨 있는 것이 아니라, 천하의 패권을 다투었던 성인聖人, 군주侯王, 사士와 같은 통치 계급을 위한 내용이 담겨 있다는 사실을 확인하게 되었다.《노자》에서 일반 사람은 철저하게 타자화되어 있는 것이다.

이 장에서 논한 것은 사실상 매우 단순하다. 지금으로부터 2,000여 년 전의 텍스트가 가질 수 있는 성격을 그저 확인했을 뿐이다. 나는 여기서 분석한 바가 어떤 의미를 갖는지에 대해서는 구체적으로 서술하지 않았다. 왜냐하면 이러한 분석이 함축하는 의미는 《노자》에만 한정되는 것이 아니라 춘추전국 시대의 제자백가 전체에 해당하는 것이기 때문이다.

그렇다면 우리가 분석을 시작하며 제기했던 물음, 즉 《노자》에 등장하는 지도자는 어떤 존재인가, 그리고 그러한 지도자에게 요구되는 자질이나 덕목은 무엇인가 하는 물음은 단순하게 답할 수 있는 것이 아니다. 이 물음에 대해 의미 있는 답을 하자면 그 시대가 갖는 정치적, 사회적, 제도적 차원이라는 한계를 넘어서는 어떤 지점에서 말해야 한다. 왜냐하면 성인과 대통령, 사대부와 공무원은 동일한 논리로 설명되는 리더십의 주체일 수 없기 때문이다.

우리는 특정한 한 사회를 이끄는 지도자, 그리고 그에 요구되는 자질로서 지도력leadership을 서술할 수는 있지만, 그런 식으로 서술되는 그 지도자와 지도력이 현대 사회에서 요구되는 자유, 평등, 민주주의, 인권 등의 가치와 어떤 관계에 있는가를 말하기는 쉽지 않다. 이는 《노자》를 비롯한 동아시아 고전 전체에 해당하는 말이다. 전통 고전에 나타나는 지도자와 지도력은 오늘날 우리가 추구하는 가치나 리더십과는 사실상 매우 거리가 멀기 때문이다.

조금 더 확장해서 말한다면, 이 문제의식은 이 책 전체의 주제와 연관된다. 예컨대 《노자》 하면 우리는 점점 더 황폐화되어가는 자연 생태계의 보존을 외치고 서구 근대 문명의 역기능을 비판하면서 자연과 생명의 소중함을 중시하는 사상을 떠올린다. 하지만 그것이 과연 《노자》의 문제의식이었을까? 또 우리는 《장자》를 '소요逍遙'나 '제물齊物'을 통해 자유와 평등을 주창한 사상서로 이해한다. 하지만 자연과 생태의 문제가 제기된 것은 1960년대에 와서이며, 자유와 평등은 서구 근대성의 핵심이다.

지금으로부터 2,000여 년 전의 사상과 주장이 오늘날에도 그대로 의미를 갖는다고 말하기는 쉽지 않다. 그럼에도 20세기 후반에 한국 학계에서는 현대적 해석을 통해 역사를 넘어서는 의미를 찾을 수 있다는 의식이 주류를 이루었다. 이제 21세기에 들어선 우리는 새로운 물음들을 마주하고 있다. 현대적 해석에 임하기 이전에 2,000여 년 전의 그들과 우리가 시간적으로 얼마나 멀리 떨어져 있는지 짚고 넘어가는 것이 매우 중요하다.

과연 공자가 이야기하는 성인聖人과 군자君子는 우리가 추구할 만한 존재인가?《노자》가 이야기하는 무위는 어떤 의미이며, 거대 과학 기술에 의존하는 오늘날의 문명적 삶에서 그것은 충분히 가능하고 의미 있는 현실적 대안인가?《장자》가 주장했다고 이야기되는 '정신적 자유'는 어떻게 생성되었으며, 우리는 정말 정신적 자유를 추구해야 하는가? 나는 《노자》를 비롯한 선진 제자백가에 대한 20세기의 물음들이 이제는 수정되어야 한다고 생각한다.

물론 나는 지난 20세기 후반에 이루어진《노자》와 관련된 다양한 담론이 갖는 의미와 가치를 부정하지 않는다. 하지만《노자》와 현대인의 삶의 '다름'에 대한 충분한 반성을 거칠 때 그 의미와 가치는 더욱 풍부하고 깊이 있는 상상과 자극을 오늘의 우리에게 줄 수 있을 것이다. 그러한 다름을 이해하기 위해서는《노자》가 전통 속에서 어떤 궤적을 밟으며 해석되고 사유되어왔는지를 먼저 따져봐야 한다. 다음 장에서는 바로 이러한 역사적 해석에서 가장 중요한 두 가지 방식을 더듬어본다.

2장

《노자》의 두 전통
통치술에서 철학의 지혜를 찾다

1. 하상공과 왕필, 두 밀레니엄 두 가지 해석

《노자》는 한 권의 책이 아니다. 내 식으로 표현하자면 《노자》는 '천 개의 얼굴을 가진 책'이다. 시대마다 집단이나 개인이 서로 다른 색깔과 의미의 《노자》를 만들어냈음은 물론, 전혀 상이한 방식으로 《노자》를 읽어왔기 때문이다. 이는 전통 사회에서나 현대 사회에서나 마찬가지라고 할 수 있다. 그럼에도 전통 사회의 《노자》 해석의 주류를 꼽는다면 한나라의 하상공의 해석과 삼국 시대 위나라의 왕필의 해석을 들고 싶다.

《노자》 해석의 역사에서 하상공의 《노자도덕경하상공장구老子道德經河上公章句》——이하 《하상공장구》로 약칭——와 왕필의 《노자주》——이하 《왕필주》로 칭함——는[1] 사상적 배경과 해석의 틀을 달리하면서 중

---

1 《하상공장구》와 《왕필주》의 인용 및 장절 구분은 다음의 두 판본을 따른다. 樓宇烈 校釋, 《王

요한 분기를 이루는 문헌이다. 나는 이전의 글에서, 《하상공장구》와 《왕필주》는 각각 '황로학'과 '현학'이라는 사상적 배경에서 《노자》를 해석했는데, 이 양자의 문헌적 정착은 시기적으로 크게 차이가 나지 않는 데 반해 양자의 사상적 차이는 현저하다고 주장한 바 있다.[2]

형식과 내용에 있어서 《하상공장구》는, 사마천의 《사기》에서 규정하는 '도가' 혹은 '황로'의 성격에 합치한다.[3] 또한 《하상공장구》의 주석은 한대의 학문적 특징 중 하나인 '훈고'의 양식을 따르고 있다.[4] 이와 같은 이유로 나는 《하상공장구》가 왕필 이전 한대의 《노자》 해석의 특징을 잘 보여준다고 생각한다. 이와 달리 왕필의 《왕필주》는 '의리적義理的'으로 《노자》를 해석하는 새로운 관점을 대표한다.

그렇다면 《하상공장구》와 《왕필주》는 《노자》 해석에서 구체적으로 어떤 차이점을 보이는가? 보다 구체적으로 말하자면, 한대의 황로학과 이

弱集校釋》(北京 : 中華書局, 1980) ; 王卡 點校, 《老子道德經河上公章句》(北京 : 中華書局, 1993).

2 《하상공장구》 주석의 사상적 성격에 대해서는 아직 합의가 이루어지지 않은 듯하다. 이와 관련해 이석명의 황로학의 사상적 단계에 대한 구분은 주목할 만하다. 이석명은 황로학을 전기, 중기, 후기로 나누고, 전기 황로학의 대표적 문헌은 《황로백서黃老帛書》, 《신자愼子》, 《관자管子》 4편 등이며, 중기의 경우에는 《여씨춘추呂氏春秋》, 《회남자淮南子》, 《노자지귀老子指歸》 등이, 후기의 경우에는 《하상공장구》, 《노자상이주老子相爾注》 등이 대표적 문헌이라고 본다. 이석명, 《노자와 황로학》(소와당, 2010), 15~17쪽 참조. 나는 이러한 시대 구분과 대표 문헌에 전적으로 동의하지는 않지만 3단계로 시기를 구분한 것은 나름대로 타당하다고 본다. 나는 박사학위논문 〈노자의 양생론적 해석과 의리론적 해석〉에서 《하상공장구》가 한대의 《노자》 이해를 대표하며, 당시의 황로학 및 도가의 개념에 가장 가까운 문헌이라고 주장한 바 있다. 정세근 또한 이를 지지한다. 정세근, 〈노자 하상장구주에서의 국가와 신체〉, 《동서철학연구》 제30호(2003).

3 나는 〈노자의 양생론적 해석과 의리론적 해석〉 제3장(37~58쪽)에서 이 문제에 대해 폭넓게 논했다.

4 오상무, 〈老子河上公章句의 근본사상 硏究〉, 《哲學》 제71집(한국철학회, 2002), 6쪽. 오상무는 이 논문에서 《하상공장구》를 "장구학적章句學的 훈고학"이라 칭한다.

른바 현학의 구체적인 차이는 무엇인가?《하상공장구》는 후한 이래《노자상이주老子想爾注》와 같은 도교적 단계로 진입하기 이전의 사유를 보여주는데,[5]《노자상이주》와 달리 '도'에 인격신적 요소를 내포하고 있지 않고, 특히 오장신五臟神 사상에서 드러나듯이《황제내경》과도 유사한 성격을 띤다.《하상공장구》는《황제내경》,《회남자淮南子》와 더불어 황로학의 기초 자료다.[6]

이와 같은 이유로 나는《하상공장구》에서 드러나는 사상을 잠정적으로 황로학이라 칭하고자 한다. 이 장에서는 이러한 맥락을 취하면서《하상공장구》와《왕필주》의 차이를 두 가지 점에서 비교해보겠다. 우선 나는 이 두 문헌의 주석 방법의 형식적 차이에 주목할 것이다. 그리고 이어서 두 문헌이 '기氣'와 '도道'라는 중국 철학의 핵심 범주 중에서 어떤 점을 강조하는지를 통해 양자의 입장을 구분할 것이다. 이를 통해서,《하상공장구》는 기론적氣論的 세계관에 입각해 '국가-신체'의 동일성을 말하는 우주론적 체계를 중심에 두고 있으며,《왕필주》는 기론에 대해서는

---

5 중국 학자들은 왕명王明이《하상공장구》를 '도교Taoist religion' 문헌으로 보기 시작한 이래 《하상공장구》를 주로 '도교' 문헌으로 취급해왔다. 그러나 알란 찬과 오상무는《하상공장구》가 도교적 계기를 갖추고 있다고 보되 도교적이라고까지 보지는 않는다. Alan K. L. Chan, *Two Visions of the Way : A Study of the Wang Pi and the Ho-shang Kung Commentaries on the Lao-Tzu*(Albany, New York : State University of New York Press, 1991), 190쪽 참조 ; 오상무,〈초기《老子》注의 '一'의 해석으로부터 본 漢魏 老學의 分岐〉,《哲學》제53집(한국철학회, 1997년 11월), 34쪽, 특히 주 5 참조.

6 여기서 우리는《열자列子》에서《노자》6장의 구절을 인용하면서 '황제서黃帝書'라고 부른다는 것을 상기할 필요가 있다.《열자》〈천서天瑞〉제1 : "《黃帝書》曰 : '谷神不死, 是謂玄牝. 玄牝之門, 是謂天地之根. 綿綿若存, 用之不勤.'" 그렇다면 황제서류에 속하는 문헌에《노자》와 동일한 문장이 있었거나 아니면《노자》가 '황제서'라고도 불렸거나 둘 중 하나라고 볼 수 있다. 이점은 황로학 연구에서 그동안《노자》가 상대적으로 경시되어온 점을 비판하는 논거가 될 수 있다. 더욱이 이때의《노자》이해는《하상공장구》에 근거해야 한다는 것이 나의 생각이다.

무관심한 채 도에 무게 중심을 두고 있고 이러한 도는 의리론적 이해에 치중한다는 점을 밝히고자 한다.

2. 논리와 해석 방법의 차이―훈고와 의리[7]

《하상공장구》와《왕필주》의 성격에 대해 논하자면, 각각의 근거가 되는 사상, 즉 황로학과 현학의 내용상의 차이에 앞서 각각의 형식적 특징에 주목할 필요가 있다. 《하상공장구》와《왕필주》는 외면적으로도 차이가 있다.

우선 《하상공장구》는《노자》 전체에 대해 비교적 간략하게 주석하는데, 주석이《노자》 원문보다 긴 경우는 많지 않다. 《노자》 원문보다 긴 주석은 《노자》에서 분명하게 드러나지 않는 '천지'와 '인간'의 기론적 배경을 상술하는 주석 정도다. 구체적으로 보면, 《하상공장구》에서 가장 긴 주석은《노자》6.2의 "是謂玄牝"이란 구절을 해석한 것인데, 115자로 돼있다. 그다음으로 10장의 "載營魄"에 대해 54자, "抱一, 能無離"에 대해 77자, 18장의 "國家昏亂, 有忠信"에 대해 63자로 비교적 긴 주석을 달고있다. 이외의 몇몇 경우를 제외하면《하상공장구》의 주석은 대체로 간단하고 분명하다. 이런 점 때문에《하상공장구》는《노자》의 원문과 호흡을 같이한다는 인상을 준다.

---

7 2절과 3절은 본래 내 박사학위논문의 일부였는데, 이 책에 실으면서 상당 부분 보완, 수정했다. 그 과정에서 특히 왕필의 주석 방식을 '의리義理'라 칭하고 이와 짝을 이루는 하상공의 주석 방식을 오상무의 표현을 따라 '훈고訓詁'라 칭했으며, 그 각각의 논리적 성격을 보다 분명하게 규정하고자 했다.

이에 비해 왕필의 주석은《노자》원문의 논지에 따라 양이 현격히 달라지며, 전체적으로《하상공장구》에 비해 길다. 특히《노자》38장의 "上德不德"에 대한 주석은 왕필의《노자지략老子指略》과 양이 거의 비슷할 정도로 대단히 길고, 49장의 "聖人皆孩之"에 대한 주석도 400자가 넘을 정도로 길다. 또 31장, 66장과 같이 전혀 주석이 없는 경우도 있고, 또한 개별 장에서도 어떤 부분에는 주석이 없다.[8] 물론 이는《왕필주》가 전해지는 과정에서 문자가 누락된 탓일 수도 있다.

이와 관련해 두드러지게 눈에 띄는 부분이《노자》43.3의 "不言之教, 無爲之益, 天下希及之"인데 왕필은 이에 대해 주석을 달지 않았다. 이 경우는 단순한 문자 누락으로 보이지 않기에 좀 더 분석이 필요하다. 본래《노자》에서 "불언지교不言之教(말 없는 가르침)"는 무위를 행하는 방법이자 무위의 조건으로 이해된다. 그러나 왕필은 이에 대해 주석하지 않는다. 단지《노자》2.3에서[9] "지혜가 저절로 완비되어 있으니, 억지로 하면 거짓이 된다"[10]라는 주석을 달았을 뿐이다.

이 점은《하상공장구》가 적극적인 '불언不言'의 사상을 말하는 것과 현격하게 대조된다.《노자》1.1의 "도가도, 비상도道可道, 非常道"와 관련해,《하상공장구》는 도를 '경술정교의 도經術政教之道'와 '자연장생의 도自然長生之道'로 나누고 전자는 '말할 수 있는 도'이지만 후자는 '말로 할 수 없는

---

8 《왕필주》에서 주석이 없는 부분은 다음과 같다. 〈도경道經〉의 경우 3.6, 24.7, 31장 전체, 37.4 ~5 등 총 4개의 장에서 주석이 없고, 〈덕경德經〉의 경우 43.3, 44.5, 46.3, 51.3, 55.9, 59.7, 63.4, 64.9, 65.6, 66장 전체, 67.7, 68.5, 71.2, 72.6, 73.9, 78.2, 79.5 등 총 17개의 장에서 주석이 없다. 이러한 점은 〈도경〉에 비교적 이론적이고 추상적인 내용이 많다면, 〈덕경〉에는 실천적이고 현실적인 내용이 많다는 점과 관련 있을 수 있다.

9 行不言之教, 萬物作焉而不辭, 生而不有, 爲而不恃.

10 智慧自備, 爲則僞也.

도'라고 설명하며, 《하상공장구》가 추구하는 '상도常道'는 "도라고 칭할 수 없다"[11]라며 상도가 언어적으로 표현되는 도의 범주를 넘어서 있음을 명확하게 밝힌다. 이렇게 본다면 《하상공장구》는 언어적 표현에 대해 기본적으로 부정적이다. 궁극적인 도는 말할 수 있는 것이 아니다.

또한 《하상공장구》는 《노자》 19.1의 "성스러움을 끊어라絶聖"라는 말에 대해, "성인이 만들고 지은 것을 끊고 처음으로 돌아가 근원을 지키라는 뜻이다. 오제가 상象을, 그리고 창힐蒼頡이 글자를 만들었으나 이것은 삼황께서 매듭을 지어 의사를 표현하고 문자를 사용하지 않은 것만 못한 것이다"[12]라고 주석한다. 왜냐하면 "문文이란 백성을 교화하기에 부족한 것"[13]이기 때문이고, 따라서 "문을 버리고 질박함으로 돌아가야 백성들이 서로 신뢰하고 속임이 없게 된다"[14]. 《노자》 원문의 맥락은 《하상공장구》의 주석에 더 가까워 보인다.

그러나 왕필은 이에 대해 주석하지 않는다. 그 이유는 왕필의 철학적 전제와 관련해 생각해볼 수 있다. 왕필 철학의 성격을 '의리적'이라 규정할 때, 왕필은 언어적 문제에 대한 철학적 사유에서 출발했다고 가정할 수 있다. 말이란 분명 전하고자 하는 뜻을 전달하기에 충분하지 못한 것

---

11 《하상공장구》 1.2 : "不可稱道." 하지만 나는 오늘날 자주 볼 수 있는 것처럼 언어적으로 지칭될 수 없는 도의 세계를 곧바로 서구적 형이상학의 차원으로 규정하는 것에 대해 유보적이다. 나는 《노자》와 《장자》의 곳곳에서 도의 언어적 규정 가능성을 두고 일어난 긴장을 형이상과 형이하의 긴장보다는, '도道'의 추구를 둘러싼 두 가지 계통, 즉 텍스트 기반적 이해 knowing-that와 경험 실천적 이해knowing-how 사이의 긴장으로 파악한다. 이러한 경향은 《장자》에서 특히 두드러진다. 이에 대해서는 다음 글을 참조하라. 김시천, 〈과학, 기심(機心) 그리고 도술(道術)〉, 《동서철학연구》 제59호(2011년 봄).

12 《하상공장구》 19.1 : "絶聖制作, 反初守元. 五帝畫象, 蒼頡作書, 不如三皇結繩無文."

13 《하상공장구》 19.9 : "文不足以教民."

14 《하상공장구》 80.8 : "去文反質, 信無欺也."

이다. 그러나 성인의 도를 담은 경전은 언어에 의지하지 않을 수가 없다. 왜냐하면 뜻이 드러나기 위해서는 '상象'이 필요하고, 상을 표현하기 위해서는 '말'이 있어야 하기 때문이다. 말이란 결국 성인이 전하고자 하는 뜻, 성인이 전하고자 하는 도를 얻는 데 불가결한 수단이 된다. 다만 그것은 필요조건일 뿐이다. 이 점에서《왕필주》의 다음 주석은 시사하는 바 크다.

> 《노자》: 가장 훌륭한 사士는 도를 들으면 그것을 힘써 행하려고 한다.[15]
> 《왕필주》: 〔행하려는〕 뜻이 있다.[16]

> 《노자》: 중간 정도의 사는 도를 들어도 제대로 알아듣지 못한다. 못난 사는 도를 들으면 크게 소리 내어 웃는다. 그런데 웃지 않으면 그것은 도라 하기에 부족한 것이다. 그래서 세워둔 말들이 있게 된 것이다.[17]
> 《왕필주》: '건建'은 '세운다立'와 같다.[18]

여기서 왕필의 태도는 다소 미묘하다. 하지만 행간을 통해 우리는 다음과 같이 추론할 수 있다. 왕필은 '가장 훌륭한 사'와 '중간 정도의 사' 그리고 '못난 사'의 구분에는 관심을 두지 않는다. 다만 가장 훌륭한 사와 못난 사에 대해 '도'를 알아듣는가 그렇지 못한가의 차이만 주목한다. 홀

---

15 《노자》41.1 : "上士聞道, 勤而行之."
16 《왕필주》: "有志也."
17 《노자》41.2 : "中士聞道, 若存若亡 ; 下士聞道, 大笑之 ; 不笑, 不足以爲道. 故建言有之."
18 《왕필주》: "建猶立也."

룽한 사는 듣는 즉시 성인의 도를 깨닫는다. 즉 성인이 전하고자 하는, 혹은 사가 마땅히 가져야 하는 '뜻志'을 얻게 된다. 이와 달리 못난 사는 '형체도 없고 이름도 없는' 성인의 도를 이해하기에는 부족하다. 그들에게는 말이 필요한 것이다.

이러한 왕필의 생각은, 오제五帝 이래 문자와 언어가 세상을 타락시키는 원인이 되었다는 하상공의 생각과는 다른 것이다. 왜냐하면 왕필에게 말의 부정이란 언어에 의존하는 경학經學의 부정이며, 경전에 의지하지 않을 때 성인 공자의 뜻意과 도道는 얻을 길이 없기 때문이다. 이것은 공자가 말하고 싶어 하지 않았으나, 결국에는 수많은 말을 함으로써 '경전'을 남기게 된 것과 같은 이치다.[19]

왕필의 주석 태도는,《노자》의 저자가 제시하는 지침을 얻는 것과는 다르다. 왕필은 더 나아가《노자》의 언어들을《주역周易》의 언어로 대체한다.[20] 따라서 왕필은 자신의 논지 전개에 필요한 곳에서 적극적으로 개입해 자신의 생각을 드러낸다. 왕필의 주석의 양이 하상공의 주석에 비해 들쑥날쑥하고, 때때로 왕필이 주석을 회피하거나 간단하게 처리해버리

19《노자》에 나오는 "말 없는 가르침不言之敎"은 신비적 교의를 말없이 전수하는silent trans-mission 후대 불교의 전통을 예기하게 한다. 이것은 특히 선禪불교에서 두드러진다. 그러나 앞서의 논술에서 드러나듯 왕필의 미묘한 입장은 이러한 '불언'의 정신과는 거리가 있다. 오히려 그가 공자의 '말'에서 '성인의 도'를 구하고자 하는 자세는《중용中庸》29장의 "이런 까닭에 군자가 살아가는 모습은 세세토록 천하의 바른 도리가 되고, 군자의 처세는 세세토록 천하의 모범이 되고, 군자의 말은 세세토록 천하의 준칙이 된다是故君子動而世爲天下道, 行而世爲天下法, 言而世爲天下則"라는 구절과 더 상통하는 것처럼 보인다. 이것은 명백한 유가적 이상으로 해석될 수 있다.

20 이 점에 대해서 나는 이미 다른 논문에서 상세히 논증했다.《주역주周易注》가 의리학이듯이《왕필주》또한 의리학적이다. 나는 이를 '노학의 역학화' 또는 '노학의 의리화'라고 규정한 바 있다. 김시천,《노자》와 성인의 도—왕필 노학의 의리적 전회〉,《시대와 철학》제21호(2010년 여름) 참조.

는 것은 이 때문이다. 즉 왕필은《노자》의 언어를《주역》과《논어》에 나타난 성인의 뜻에 합치하는 언어로 전환시키려 했다고 추정할 수 있다. 그는《노자》를 혼란스러워진 당시 유가의 오류를 교정하기 위한 수단으로 이용한 것이다. 왕필이 무無를 온전히 체득한 공자에 비해 노자는 유有의 경지에 머물렀다고 본 것이 이런 맥락을 잘 드러내준다.

이와 달리《하상공장구》의 주석은《노자》의 언어와 호흡을 같이하고자 한다. 게다가《하상공장구》는《노자》의 화자話者인 노자를 직접 개입시키기도 해서, 열 번이나 노자를 등장시킨다.[21] 특히 주목할 것은 53.1에서 "노자가 당시의 왕이 대도를 행하지 않음을 비판한 것이다"[22]라고 주석하거나, 69.1에서 "노자가 당시의 무력 사용을 비판한 것이다"[23]라고 주석한 것처럼, 주석자 자신과《노자》의 시대적 거리를 인지하면서 거들듯이 말하고 있다는 점이다.《하상공장구》는 마치《노자》를 읽는 어떤 사람이 그것을 제대로 이해하지 못해 회의에 빠질 때 곁에서 이해하도록 도와주듯이 주석을 한다.

《하상공장구》와《왕필주》의 또 하나의 차이점은, 하상공의 관심이《노자》의 언설 속에서 실천적 지침을 드러내는 데 있다면, 왕필의 주안점은 논리적 해명에 있다는 것이다.《하상공장구》는《노자》를 마치 어떤 실천적 지침을 주는 교과서처럼 다루면서《노자》의 말을 거든다.《노자》2장에 대한 하상공의 주석은 이러한 성격을 잘 보여준다. 다소 길지만 전체를 인용해보겠다.

---

21 《노자》의 4.9, 42.13, 53.1, 54.14, 57.4, 67.1, 67.5, 69.1, 70.1, 74.4에서 그러하다.
22 《하상공장구》: "老子疾時王不行大道."
23 《하상공장구》: "老子疾時用兵."

《노자》: 2.1 天下皆知美之爲美. 2.2 斯惡已. 2.3 皆知善之爲善. 2.4 斯不善已. 2.5 故有無相生. 2.6 難易相成. 2.7 長短相形. 2.8 高下相傾. 2.9 音聲相和. 2.10 前後相隨. 2.11 是以聖人處無爲之事. 2.12 行不言之敎. 2.13 萬物作焉而不辭. 2.14 生而不有. 2.15 爲而不恃. 2.16 功成而弗居. 2.17 夫唯弗居. 2.18 是以不去.

《하상공장구》: 2.1 자기의 아름다움을 스스로 드러내어 돋보이고 두드러지게 하는 것이다. 2.2 위태로워져 망하게 된다는 뜻이다. 2.3 공적과 명성을 갖게 된다는 뜻이다. 2.4 이것들은 사람들이 다투는 것이다. 2.5 있는 것을 보거든 없는 것을 행하라. 2.6 어려운 것을 보거든 쉬운 것을 행하라. 2.7 단점을 보면 장점을 행하라. 2.8 높은 것을 보거든 낮추는 것을 행하라. 2.9 윗사람이 부르면 아랫사람은 반드시 화답한다. 2.10 윗사람이 행하면 아랫사람은 반드시 따른다. 2.11 도로써 다스린다. 2.12 제 몸으로 솔선하여 아랫사람을 이끈다. 2.13 모두 각자 주어진 일을 착실히 수행하니 잔소리하지 않아도 거스르는 일이 없을 것이다. 2.14 원기는 만물을 낳으나 소유하지 않는다. 2.15 도가 베풀어 하는 것은 그 보답을 바라서가 아니다. 2.16 공을 이루고 일을 성취해도 물러나 피하여 그 지위에 머물지 않는다. 2.17 오직 공을 이루어도 그 지위에 머물지 않는다. 2.18 이런 까닭에 복과 덕이 항상 있어 그 몸에서 떠나지 않는다. 이것은 행하지 않으면 따를 수 없고 말하지 않으면 알 수 없음을 말한 것이다. 위의 여섯 구 가운데에 보면 높은 사람, 낮은 사람, 장점長, 단점短이 있는데 군주가 하나의 근원을 열면 아랫사람들은 온갖 단초들을 낳아, 이 온갖 단초들이 온갖 변화를 부리면서 동란을 일으킨다는 것을 말한 것이다.[24]

《노자》2장에 대한《하상공장구》의 주석은, 이와 같이 각각의 구句에 대해 간결하면서도 구체적으로 설명한다. 어떤 경우에는 뜻을 풀어주고, 또 어떤 경우에는 이로부터 도출되는 실천적 지침을 제시한다. 적어도《하상공장구》의 경우는,《노자》의 사상 가운데 기론적 배경에 의해 '양생'을 실천해야 하는 근거에 대한 논변을 제외하면,《노자》의 목소리와 비슷한 어조로 들리도록 상당히 신경 쓰고 있다는 느낌을 준다. 이 점은《하상공장구》가《노자》라는 문헌이 성립되는 과정과 밀접한 관계가 있는 집단의 주석이거나, 혹은 적어도 사상적으로《노자》와 매우 친밀한 집단의 주석이라는 것을 시사한다.

일반적으로 도가에게는 어떤 절대적 기준이란 의미가 없는 것이라고 알려져 있다. 오로지 '도'만이 있을 뿐이다. 이 도가 반드시 어떤 구체적인 사회적 가치나 규범적 의미를 갖는 것은 아니다. 도를 통합적이고 전체적인 기준으로 받아들이는 것은 황로학적 사유의 기본 특징이다.《하상공장구》는 이러한 면모를 잘 보여준다. 흔히《노자》는 2장의 언명을 통해 상대적 세계관의 제창자로 이해되지만,《하상공장구》의 설명은 그러한 시각을 버리게 한다. 실제로《노자》전체를 놓고 볼 때, '도'나 '덕' 같은 말들은 어떤 근원적 일자에 대한 강한 암시를 담고 있다. 그런 의미에서《하상공장구》는 이와 상응할 수 없는 구체적이고 상대적인 개념들을, 통치자가 마주해야 하는 현실의 다양성으로 설명한다. 도는 변화무쌍한

---

24 《하상공장구》2.1 : "自揚己美, 使顯彰也" ; 2.2 : "有危亡也" ; 2.3 : "有功名也" ; 2.4 : "人所爭也" ; 2.5 : "見有而爲無也" ; 2.6 : "見難而爲易也" ; 2.7 : "見短而爲長也" ; 2.8 : "見高而爲下也" ; 2.9 : "上唱下必和也" ; 2.10 : "上行下必隨也" ; 2.11 : "以道治也" ; 2.12 : "以身帥導之也" ; 2.13 : "各自動作, 不辭謝而逆止" ; 2.14 : "元氣生萬物而不有" ; 2.15 : "道所施爲, 不恃望其報也" ; 2.16 : "功成事就, 退避不居其位" ; 2.17 : "夫惟功成不居其位" ; 2.18 : "福德常在, 不去其身也. 此言不行不可隨, 不言不可知矣. 上六句有高下長短, 君開一源, 下生百端, 百端之變, 無不動亂."

현실에서 그러한 다양성의 통합을 실현하는 군주의 지침이자 방법으로
나타난다.

이러한 해석은 《노자》에 관한 가장 이른 해설을 포함하고 있는 《회남
자》와 일정 부분 유사하다. 《회남자》의 경우 《노자》 2장을 세 군데 인용
하며 설명한다. 〈도응훈道應訓〉 두 곳과 〈주술훈主術訓〉이다.[25] 〈도응훈〉
은 《노자》의 구절을 역사적 예화(고사故事)를 통해 하나의 실천적 지침
으로서 예시한다.

> 자발子發이 채蔡나라를 공격해 승리했다. 선왕宣王이 교외로 나가 그
> 를 영접하면서 밭 백 경頃을 떼어 그를 분봉分封하고 작위도 내리고자
> 했다. 자발이 이를 사양하며 말했다. "나라를 다스리고 정치를 바로 세
> 우며 제후들이 입조하게 하는 것은 군주의 덕 때문입니다. 아직 호령을
> 하고 명령을 내려 군대를 집결시키지 않았는데도 적이 달아나는 것은
> 장군의 위엄 때문입니다. 군대를 포진시켜 전투를 벌여 적에게 승리를
> 거두는 것은 일반 병졸들의 노고 덕분입니다. 무릇 백성들의 공로에 편
> 승해 그 작록을 취하는 것은 인의仁義의 도가 아닙니다." 이렇게 말하고
> 끝내 받지 않았다.
> 그러므로 노자가 말했다. "공을 이루어도 거기에 머물지 말라. 오직 머
> 물지 않기 때문에 그 공이 영원히 떠나지 않는 것이다."[26]

---

25 해당 부분에 대해서는 유안, 《회남자 1·2》, 이석명 옮김(소명, 2010) 참조. 순서대로 《회남
     자 2》, 12쪽·61과 《회남자 1》, 466쪽 참조.
26 《회남자》 〈도응훈〉: "子發攻蔡, 踰之. 宣王郊迎, 列田百頃而封之執圭. 子發辭不受. 曰 : '治國立
     政, 諸侯入賓, 此君之德也, 發號施令, 師未合而敵遁, 此將軍之威也, 兵陳戰而勝敵者, 此庶民之
     力也, 夫乘民之功勞, 而取其爵祿者, 非仁義之道也.' 故辭而弗受, 故老子曰 : '功成而不居, 夫唯不
     居, 是以不去.'" 번역은 이석명 옮김, 《회남자 2》, 60~61쪽 참조.

"공을 이루어도 거기에 머물지 말라"라는 《노자》의 구절이 현실의 어떤 상황에서 어떻게 실천되는지, 《회남자》는 매우 구체적인 역사적 고사를 통해 잘 보여준다. 뮐러가 지적하듯이, 《노자》의 각 구절은 "전략strategies의 예시로 기능한다. 그 구절들은 효과를 달성하기 위한 교훈적 모델들instruction models"[27]에 해당한다. 즉 《노자》는 철학적 의미나 심층적 논리를 제공한다기보다, "자연 또는 우주는 물론 사회적, 정치적 문제에도 적용될 수 있는"[28] 실제적 전략을 제시한다. 《회남자》의 고사나 《하상공장구》는 이러한 측면을 드러내는 독해법을 보여준다.

그러나 왕필로 대변되는 위진魏晉 시대의 현학적 사유는 그러한 방식을 추구하지 않는다. 하상공의 황로학적 《노자》 해석과 달리 현학적 해석에는 《장자》적 계기가 개입되기 때문이다. 다음의 일화는 《장자》적 언어 형식을 잘 보여준다.

사람들은 모장毛嬙과 여희麗姬를 미인으로 여기지만, 물고기가 그녀들을 보면 물속 깊이 숨어버리고, 새가 그녀들을 보면 하늘 높이 날아오르며, 순록이 그녀들을 보면 꽁지가 빠지도록 달아난다. 과연 이 넷 중에서 어느 누가 천하의 진정한 아름다움을 아는 것인가? 내가 보기에 인의仁義의 단서와 시비是非의 길은 번잡하고 어수선하고 혼란스럽다. 내가 어찌 그것들을 구별하는 법을 알 수 있겠는가![29]

---

27 Hans-Georg Moeller, *The Philosophy of the Daodajing*, 20쪽.
28 Hans-Georg Moeller, *The Philosophy of the Daodajing*, 20쪽.
29 《장자》〈제물론齊物論〉: "毛嬙麗姬, 人之所美也 ; 魚見之深入, 鳥見之高飛, 麋鹿見之決驟. 四者孰知天下之正色哉? 自我觀之, 仁義之端, 是非之塗, 樊然殽亂, 吾惡能知其辯!"

분명 왕필은 일정한 차원에서《장자》가 말하는 이러한 세계의 상대성을 공유한다. 그러나 왕필은《장자》의 계승자는 아니다. 왕필은 '토끼를 잡으면 올가미를 잊는다'라는《장자》의 논리를 적용해 거꾸로 '성인의 말'을 긍정한 것처럼, 세계의 상대성과 관련해서도《장자》의 논리를 이용하되 또 다른 근원적 세계로의 회귀를 도모한다. 현실에서 드러나는 개별적인 것들의 상대성에 관한 문제를 해결하기 위해 왕필은 내면의 세계로 들어간다. 비교의 편의를 위해 같은《노자》2장에 대한 왕필의 주석을 살펴보자. 왕필은 이 장을 두 부분으로 나누어 이해하고 있다. 이 가운데, 하상공이 실천적 지침에 유의하면서 해설한 부분인《노자》2.1~2.10에 대한 왕필의 주석을 살펴보자.

'아름다움美'이란 사람의 마음이 나아가고 즐거워하는 것이고 '추함惡'이란 사람의 마음이 미워하고 싫어하는 것이다. 아름다움과 추함은 기쁨과 노여움과 같은 것이고, 좋음과 좋지 않음은 옳음과 그름과 같은 것이다. 기쁨과 노여움은 뿌리가 같고, 옳음과 그름은 나오는 문이 같다. 그래서 어느 한쪽만을 들어서 말할 수가 없는 것이다. 이 여섯 가지는 '저절로 그러한'〔인간의 감정을〕나열한 것이니 어느 한쪽만을 들 수 없는 '상대적 개념名數'들이다.[30]

왕필은《노자》각 어구의 구체적 의미에는 그다지 주의하지 않는다. 오히려 아름다움과 추함美惡/기쁨과 노여움喜怒, 옳고 그름是非/좋음과 좋

---

30 《왕필주》2.1 : "美者, 人心之所進樂也 ; 惡者, 人心之所惡疾也. 美惡猶喜怒也, 善不善猶是非也. 喜怒同根, 是非同門, 故不可得而偏擧也. 此六者, 皆陳自然, 不可偏擧之名數也."

지 않음善不善은 언어적 개념들이고 상대적임을 말한다. 그리고 이렇게 상대적인 개념들로 포착되는 것은 본래 근원이 같다고 이야기를 끌어간다. 왕필은 그 근원을 드러내주는 것은 《논어석의論語釋疑》에서 말한 것과 마찬가지로 '저절로 그러한 것自然'이라고 말한다. 그리고 그 '저절로 그러한 것'은 바로 '인간의 마음心'이다.

여기서 알 수 있듯이, 왕필은 상대적인 언어적 개념들이 아니라 보다 근원적인 어떤 것, 즉 '상대적 개념'이 아니라 '이름이 없고 형체가 없는' 어떤 근원적인 것에 대한 인식이 필요함을 암시한다. 달리 말하자면, 왕필의 《노자》 주석은 엄밀한 의미에서 어구에 대한 주석이라기보다는 《노자》의 전체적인 논지를 드러내려는 것이며, 그럼으로써 공자의 정신을 되살리려는 것이다.

왕필은 《하상공장구》와 달리 사회적, 정치적 행위의 장에서의 이러저러한 실천적 지침이나 전략을 추구하지 않는다. 그는 세계의 상대성을 인정하지만 거기에서 멈추지 않고, '마음'이라는 또 다른 근원으로 눈을 돌리도록 유도한다. 그래서 왕필은 그 근원에 대해 '같은 뿌리同根'라거나 '같은 문同門'이라고 말한다. 그 근원은 곧 인간의 마음이며, 이 마음의 세계는 언어의 세계이고, 의미의 세계이고, 또한 의리의 세계이다.

이러한 왕필의 사유는 한대에 경학을 주도했던 '순자荀子적' 노선으로부터 '맹자孟子적' 노선으로의 회귀를 암시한다. 왜냐하면 그가 근원적인 것으로 생각하는 '하나'는 《노자》의 다양한 용어와 《주역》의 '태극太極', 복괘復卦의 '천지의 마음天地之心'을 거쳐 《논어》의 '서'로 차츰 대체되기 때문이다.[31] 이것은 성인의 도가 실현된 세상에 다가가는 데 필요한 가장

---

31 김시천, 《〈노자〉와 성인의 도─왕필 노학의 의리적 전회》 참조.

근원적인 것, 궁극적인 것이 인간의 마음속에 내재하는 '서恕'의 정신임을 시사한다.

그래서 《왕필주》에서는 가장 이상적인 사회의 모습과 관련해, "만약 육친六親이 저절로 조화를 이루고 국가가 저절로 다스려진다면 효도와 자애 충신이 제가 있어야 할 곳을 모르게 될 것"[32]이라고 하는데, 이것은 《논어》의 다음 구절과 상통한다. "스스로 그러하게 부모를 사랑하는 것을 효孝라 하고, 이 사랑을 미루어 다른 사람에게까지 확충하여 실천하는 것을 인仁이라 한다."[33] 왕필에게 유가적 사상의 핵심은 다름 아닌 '사랑愛의 실천'이다.

그런데 이러한 사랑의 실천은 가식적으로 예禮를 행하는 것이 아니며 '억지로 인한 척하는 것爲仁'도 아니다. 사랑의 실천은 그 근본이 되는 것, 보다 궁극적인 것으로서 공자가 말하는 '서'를 회복하는 것이다. 인간이라면 누구나 타고나는 마음인 '서'가 자연스럽게 부모에게 발현되는 것이 '효'이고, 타인에게 확장되어 발현되는 것이 '인'이다. 그래서 왕필에게서 '서'는 '모든 사랑의 궁극적 원리理恕'를 의미한다.

3. 우주와 인간, 기와 도

《하상공장구》는 마치 《노자》의 대리인인 양 《노자》의 논리를 좇아 설명한다. 하지만 왕필은 때로는 《노자》의 논리에 대해 침묵하고 또 때로

---

32 《왕필주》18.3 : "若六親自和, 國家自治, 則孝慈忠臣不知其所在矣."
33 《논어석의》: "自然親愛爲孝, 推愛及物爲仁也."

는《노자》를《주역》,《장자》와 연결 지으면서, 공자의 세계로 다시 돌아갈 것을 암시한다. 이처럼 양자의 주석 태도도 다르지만, 양자의 주석에서 드러나는 사상의 차이 또한 확연하다. 우선 양자는 세계관이 근본적으로 다르다.《하상공장구》가 기론에 바탕을 둔 우주론적cosmological 사유에 입각해 양생의 실천에 무게를 둔다면,《왕필주》는 성인 공자의 도에 다가가기 위한 의리적ethico-logical 방식, 즉 '이理'의 추구를 중심으로 한다.《하상공장구》가 우주론적이고 생물학적이라면,《왕필주》는 의리론적이고 가치론적이다.

세계관을 살피는 것은 결국 우주와 그 안에서의 인간의 지위를 살피는 것이다. 다시 말해서, 철학의 가장 기초적인 전제들을 살피는 것이다. 여기서 주의해야 할 것은,《하상공장구》와《왕필주》의 세계관의 차이가 세계에 대한 인식이 다름을 의미하지는 않는다는 것이다.《하상공장구》가《노자》의 지극히 은유적이고 축어적인 언설을 기론적 세계관을 통해 체계적으로 설명하려 한다면,《왕필주》는《노자》라는 텍스트의 '의리'를 해명하는 데 목적을 두고 있다.

이러한 차이는 양자의 관심 분야가 다르다는 것을 함축한다. 따라서 여기에서 행해지는 양자의 세계관 비교는, 관심 분야의 다름을 파악하기 위한 것이지 양자가 근원적으로 화해할 수 없는 상이한 세계관을 갖고 있다고 주장하기 위한 것이 아니다. 적어도 세계의 구조적 모습에 대한 왕필의 이해는 당시의 기론적 세계 이해와 크게 다르지 않을 것이다. 다만 왕필이《노자주》에서는 기론적 세계 이해를 분명하게 드러내고 있지 않으며 관심사로 두고 있지 않을 뿐이다.

《노자》1장의 "무명은 천지의 시작이요, 유명은 만물의 어미이다無名, 天地之始 ; 有名, 萬物之母"라는 구절에 대한 양자의 주석은 양자의 세계관을 비교하는 데 적절한 자료가 된다. 두 주석을 모두 인용해보겠다.

《하상공장구》: 이름 없는 것은 도를 일컫는다. 도에는 형체形가 없어서 이름을 붙일 수 없기 때문이다. '시작始'이란 도의 뿌리이다. 기를 내뿜고 온갖 변화가 일어나는 것은 허무로부터이므로 천지의 뿌리이자 시작이라고 한 것이다. 이름이 있는 것은 천지를 일컫는다. 천지에는 형체와 자리形位, 음양, 강유剛柔가 있으니 이러한 것들이 천지가 지닌 이름이다. 천지가 만물의 어미라고 한 것은 천지가 [그 사이에] 기를 머금어 만물을 낳아 크게 기르고 성숙시키는 것이 마치 어미가 자식을 기르는 것과 같음을 말한 것이다.[34]

《왕필주》: 무릇 유有는 모두 무無에서 시작된다. 그러므로 아직 형체가 갖추어지지 않고 이름이 없는 때는 곧 만물萬物의 시작이 된다. [만물에] 형체가 있고 이름이 있는 때가 되면 곧 [도는 만물을] 자라게 하고 길러주며 형통케 하고 이루어주니 그것들의 어미가 된다. 이것은 곧 도道가 무형無形과 무명無名으로 만물이 시작되고 이루어지게 한다는 것을 말한다. 바로 이러한 도에 의해 시작되고 도에 의해 이루어지나 그 까닭을 알지 못하니 신비하고 또 신비하다고 한 것이다.[35]

---

34 《하상공장구》1.5~6 : "無名者謂道, 道無形, 故不可名也. 始者道本也, 吐氣布化, 出於虛無, 爲天地本始也. 有名謂天地. 天地有形位・有陰陽・有柔剛・是其有名也. 萬物母者, 天地含氣生萬物, 長大成熟, 如母之養子也."

35 《왕필주》1.2 : "凡有皆始於無, 故未形無名之時, 則爲萬物之始. 及其有形有名之時, 則長之, 育之, 亭之, 毒之, 爲其母也. 言道以無形無名始成萬物, 以始以成而不知其所以, 玄之又玄也."

"무명은 천지의 시작이요, 유명은 만물의 어미이다"라는 《노자》의 언명에 대한 하상공과 왕필의 접근 방식은 기본적으로 다르다. 하상공은 '이름이 없는 것'은 '도'라고 규정하는 것으로 시작한다. 즉 무명이란 천지의 가장 시원적인 상태이자 생명의 근원으로서의 도이다. 이와 달리 왕필은 먼저 이것을 유와 무에 관한 이야기로 전환시킨다. 유보다 무가 근원적임을 언명한 후에 《노자》의 구절에 대해 설명한다. 그런데 이러한 논리 전개에 사용된 언어는 《주역》의 언어다.

왕필은 도가 만물을 '시작하고始' '생성하는生' 두 가지 작용을 서술하는데 여기서 사용된 말은 《역경》 건괘乾卦와 곤괘坤卦의 〈단전彖傳〉에 나오는 다음과 같은 구절에서 온 것이다. "위대하도다, 건원이여! 만물이 이에 의지해 '시작하나니始' 곧 하늘(형체 있는 것)을 거느리니라. 지극하도다, 곤의 으뜸 됨이여! 만물이 이에 의지해 '생성하나니生' 곧 하늘을 받들어 이어가는구나."[36] 왕필이 말하는 '도'란 《역전易傳》에서 말하는 '천지의 위대한 힘天地之大德'이며 건곤乾坤의 덕이다. 달리 말해 왕필에게서 《노자》의 '유가 무에서 생겨난다有生於無'는 말은 '도'를 매개로 하여 건곤乾坤의 '시생始生'으로 대체된다. 이것은 《노자》의 '도'를 《주역》의 '도'로 대체한 것이다. 《왕필주》 4.1에서 '이의二儀의 도'[37]를 말하는 것은, 《노자》

---

36 《주역》: "彖曰, 大哉乾元! 萬物資始, 乃統天. 彖曰, 至哉坤元, 萬物資生, 乃順承天." 이 부분을 《왕필주》 1.2와 연결해서 보면, 만물은 건원乾元과 곤원坤元의 덕에 힘입어 '시작'되고 '생성'된다. 하지만 이러한 '천지天地'의 '시생始生'의 과정은 독자적으로 이루어지는 것이 아니라 '도'를 통해서 이루어진다. 그럼에도 만물은 이런 까닭을 알지 못하기에 '현묘'한 것이다. 이것은 '이의지도二儀之道'와도 통한다. 다음에 나오는 주 37 참조.

37 《왕필주》 4.1 : "故人雖知萬物治也, 治而不以二儀之道, 則不能贍也. 地雖形魄, 不法於天則不能全其寧 ; 天雖精象, 不法於道則不能保其精." 러우위리예樓宇烈는 여기의 '이의지도二儀之道'와 관련해 《노자》 25장의 "人法地, 地法天, 天法道, 道法自然"을 참조토록 하면서 '이의지도'는 '천지지도天地之道'를 가리킨다고 설명한다. 樓宇烈 校釋, 《王弼集校釋》 11쪽의 주 4 참조.

를《주역》으로 해석하는 왕필의 입장을 보다 분명하게 보여준다.

왕필은《주역》의 세계관에서 출발한다. '도'란《주역》에서 드러나는 하늘天과 땅地과 인간人의 '도'일 뿐이다. 그것은 성인의 말을 통해서 이해될 수 있는 것이며 근거는《주역》,《논어》같은 경전에 예시되어 있다. 더나아가 유가 철학자인 왕필에게 천지 '이전의' 세계란 무의미하다. 왜냐하면 그에게 주어진 세계는 오로지 현실의 세계뿐이기 때문이다. 그에게는 성인의 뜻이 실현된 '의미의 세계'가 전부인 것이다. 왕필이 '무명'을 말한다고 해도 그것은 어디까지나 '유有'의 세계에서 의미 있는 것이지 무명의 세계 그 자체를 긍정하는 것은 아니다. '무명'과 '무형'이란 언어로 포착할 수 없는 성인의 '도'에 대한 서술어로서만 의미를 지닌다.

이와 달리 하상공은 선진先秦 이래의 우주론적 사유의 전통을 따르고 있다.《하상공장구》의 우주론은《장자》나《회남자》같은 문헌들에서 발견되는 것과 차이가 없다. 예를 들어《회남자》〈천문훈天文訓〉에서는 다음과 같이 말한다.

천지가 아직 형태조차 없었던 때에는 이리저리 떠다니며 고요하고 막연한 모습이었는데 이 상태를 태시太始라고 한다. 이 태시가 허확虛廓을

하지만 임채우는 '이의지도'에 대한 사상이《노자》에 없음을 지적하면서 이를《주역》〈계사상繫辭上〉의 "태극생양의太極生兩義"라는 구절에 입각한 음양陰陽 사상에서 온 것으로 볼 것을 제안한다. 옳은 지적이다. 왕필,《왕필의 노자》, 임채우 옮김(예문서원, 1998), 59쪽, 주 1 참조. 나는 여기에서 더 나아가, '이의지도'를 앞의 논술과 연결해 '건곤지도乾坤之道'로 볼 것을 제안하고 싶다. 정세근鄭世根에 따르면, 왕필에게서 천지天地가 '형체에 대한 이름形之名'이라면 건곤乾坤은 인간이 활용할 수 있는 것(用天者, 用地者)이다. 鄭世根,〈王弼用體論 : 崇用息體〉(魏晉南北朝國際學術硏討會 發表文, 中國文化大學, 1998년 12월 28~30일), 7쪽 참조. 이러한 지적을 이어가면 왕필이 말하는 '이의지도'는 곧 '건곤지도'이다. 이와 같이 왕필은 철저하게 역학易學에 기초한 철학자이다.

낳고 허확이 우주를 낳고 우주는 기를 낳았다. 이 기에는 일정한 한계가 있어서 맑고 밝은 기는 넓게 펼쳐져서 하늘天이 되고, 무겁고 탁한 기는 응고되고 모여서 땅地이 되었다. 맑고 오묘한 기운이 모이기는 쉬우나 무겁고 탁한 기는 응고되기가 어려우니 따라서 하늘이 먼저 이루어지고 땅이 그 후에 정해졌다. 하늘과 땅의 기운이 습합하여 음양陰陽이 되었고, 이 음양의 기운이 갈마들어 사시四時가 되었고, 사시의 정기가 흩어져 만물萬物이 되었다.[38]

《하상공장구》의 무명과 유명을 기준으로 허무虛無/無名에서 천지天地/有名, 음양으로 이어지는 세계의 발생을 설명한 것은 《회남자》 우주론의 축소판이라 할 수 있다. 더욱이 《하상공장구》의 "기를 내뿜고 온갖 변화가 일어나는 것은 허무로부터이므로 천지의 뿌리이자 시작이라고 한 것이다"[39]라는 구절의 의미는, 《회남자》 〈천문훈〉의 "기를 뿜어내는 것을 '베푼다施'라고 하고, 기를 머금는 것을 '변화시킨다'라고 한다. 따라서 양陽은 베풀고 음陰은 변화시킨다"[40]라는 구절을 통해 구체적으로 설명된다.

이렇게 볼 때, 《하상공장구》의 "기를 내뿜고 온갖 변화가 일어난다吐氣布化"라는 말은 천지(음양)에 의한 만물의 생성, 변화 작용을 의미한다. 또한 앞서 《하상공장구》가 천지와 인간의 신체를 연속적으로 파악하고

---

38 《회남자》 〈천문훈〉: "天墜未形, 馮馮翼翼, 洞洞灟灟, 故曰太始. 太始生虛廓, 虛廓生宇宙, 宇宙生氣. 氣有涯垠, 淸陽者, 薄靡而爲天; 重濁者, 凝滯而爲地. 淸妙之合專易, 重濁之凝竭難, 故天先成而地後定. 天地之襲精爲陰陽, 陰陽之專精爲四時, 四時之散精爲萬物."

39 《하상공장구》 1.5: "吐氣布化, 出於虛無, 爲天地本始也."

40 《회남자》 〈천문훈〉: "吐氣者施, 含氣者化, 是故陽施陰化."

있다고 논한 바 있듯이, 천지의 근원적 상태를 형용하는 '허무'는 바로 인간 마음의 근원적 상태이기도 하다.《회남자》〈정신훈精神訓〉에 따르면 "고요하고 막막한 것은 신명神明이 머무는 집이요, 텅 비어 아무것도 없는 것은 도가 거하는 곳이다".[41] 비어 있어야 도가 머물듯이 인간의 마음도 고요한 상태에서만 신명이 깃들 수 있다.《하상공장구》에서는 이 신명이 머무는 곳이 '오장五臟'이며, 신명이 머무는 곳에 따라 '혼魂', '백魄', '지志', '정精', '신神'으로 달리 불린다.《하상공장구》는 이러한 주석을 통해서 '정신을 기르는 방법'으로서의 도에 관한 논지로 이어지는 것이다.

이와 같이《하상공장구》와《왕필주》는 '천지'와 '만물'의 세계에 대한 이해에서 커다란 차이를 보인다. 하상공이 양생론적 입장에서 신체적, 정치적 생명의 보전을 추구한다면, 왕필은 의리론적 입장에서 가치의 실현을 추구하기 때문이다. 하상공의 우주가 일차적으로 생명의 세계라면, 왕필의 우주는 의리와 가치의 세계이다.

이러한 차이는 '도'와 인간에 대한 이해의 차이로 이어진다. 물론 도가 언어적으로 포착할 수 없는 것이라는 인식은《하상공장구》나《왕필주》나 동일하다. 하지만 양자의 사상적 배경은 상이하다.《노자》14장의 "보아도 보이지 않는 것을 일컬어 이夷라 하고, 들어도 들리지 않는 것을 희希라 하고, 잡아도 만질 수 없는 것을 미微라 한다. 이 세 가지는 말로 따질 수 없으니 뭉뚱그려 하나라고 한다"[42]라는 구절에 대한 해석이 이를 잘 보여준다.《하상공장구》에서는 이것을 '태화太和의 정기精氣'인 '하나一'에 대한 이야기라고 풀이한다.

---

41 《회남자》〈정신훈〉: "夫靜漠者, 神明之宅也; 虛無者, 道之所居也."
42 《노자》14장: "視之不見, 名曰夷; 聽之不聞, 名曰希; 搏之不得, 名曰微. 此三者, 不可致詰, 故混而爲一."

색깔이 없는 것을 '아스라하다'라고 한다. '하나'는 색채도 색깔도 없으니 보아도 볼 수가 없음을 말한 것이다. 소리가 없는 것을 '어렴풋하다'라고 한다. '하나'는 음성이 없으니 들어도 들을 수가 없음을 말한 것이다. 형체가 없는 것을 '자그마하다'라고 한다. '하나'는 형체가 없으니 만져도 만질 수가 없음을 말한 것이다. 셋이란 이夷와 희希와 미微를 일컫는다. 꼬치꼬치 캐물을 수 없다는 것은 대저 색깔이 없고 소리가 없고 형체가 없으니 입으로 말할 수 없고 글로 전할 수 없다는 것이다. 따라서 마땅히 그것을 받아들일 때에는 고요함으로써 하고 그것을 구할 때에는 신으로써 해야 한다. 캐묻는다고 해도 얻을 수 없다. 섞는다는 것은 합한다는 뜻이므로 세 가지로 이름 부른 것을 합해 하나로 삼는다는 것이다.[43]

무명으로서의 도는 형체도 없고, 소리도 없고, 볼 수도 없다. 따라서 그것에 접근하기 위해서는 '신神'에 의지해야 한다. 이 신은 곧 신명神明으로서, 생명의 근원인 태화의 정기를 받음으로써 인간의 몸에 깃드는 근원적 생명력이다. 앞의 인용문에서 말하는 '하나'가 곧 생명의 근원으로서의 도 또는 태화의 정기이다. 《노자》 10.2의 "하나를 끌어안고 이로부터 떠나지 않을 수 있는가抱一, 能無離"에 대해 《하상공장구》는 다음과 같이 주석한다.

---

43 《하상공장구》 14.1~5 : "無色曰夷. 言一無采色, 不可得視而見之. 無聲曰希. 言一無音聲, 不可得聽而聞之. 無形曰微. 言一無形體, 不可搏持而得之. 三者, 謂夷·希·微也. 不可致詰者, 夫無色·無聲·無形, 口不能言, 書不能傳, 當受之以靜, 求之以神, 不可詰問而得之也. 混, 合也. 故合於三名之而爲一."

사람이 능히 이 하나를 끌어안고서 이를 몸에서 벗어나지 않게 할 수 있다면 그 몸이 오래 살 수 있다. 여기서 '하나'란 도가 처음 낳는 것으로서, 곧 '태화의 정기'이며 그래서 '하나'라고 한 것이다. 이 하나가 펼쳐져서 온 천하에 이름을 주니, 하늘은 이것을 얻어 '맑다' 하고 땅은 이것을 얻어 '안녕하다' 하고 후왕은 이것을 얻어 '바르고 평안하다' 하는 것이다. 〔이 하나가 사람의 몸으로〕 들어가서는 마음이 되고 나와서는 행동으로 나타나고 온 세상에 펼쳐져서는 덕이 되는 것이니 이러한 모든 작용을 뭉뚱그려 '하나'라 부르는 것이다. 이 '하나'란 그 뜻이 오로지 하나이지 둘이 없음을 뜻한다.[44]

이에 따르면 도란 태화의 정기를 통해 드러나는 생명 창달의 근원으로서의 '하나'이다. 도와 덕, 그리고 태화의 정기는 《하상공장구》에서는 '하나'를 통해 궁극적으로 통일된다. 즉 《하상공장구》에서 천지와 인간, 도와 덕, 그리고 양생은 모두 기론적 세계관에 근거를 두고 있다.

이와 달리 왕필은 의리적 접근에 골몰한다. 왕필의 주석에서는 기론을 토대로 한 우주론과 관련된 내용은 찾아보기 어렵다. 《왕필주》 전체에서 '기氣'를 언급하는 부분은 단 네 곳뿐이다. 그중 어느 하나도 우주론적 맥락을 취하고 있지 않다. 예를 들어 《왕필주》 10.2에서 "본래 그러한 기自然之氣"라고 한 것이나, 55.9에서 "마음속에 아무것도 없이 하여 기를 부리게 되면 강해진다心宜無有, 使氣則強"[45]라고 한 것은 모두 인간의 마음과

---

44 《하상공장구》10.2 : "言人能抱一, 使不離於身, 則〔身〕長存. 一者, 道始所生, 太和之精氣也, 故曰一. 一布名於天下, 天得一以清, 地得一以寧, 侯王得一以爲正平. 入爲心, 出爲行, 布施爲德, 摠名爲一. 一之爲言志一無二也."

45 《왕필주》10.2 : "心宜無有, 使氣則强."

관련 있을 뿐이다. 유일하게 우주론적 맥락을 시사하는 예는 42.1인데, "만물의 생성에서 나는 그 만물의 주인을 안다. 비록 겉모습은 갖가지이지만 오직 충기沖氣 하나일 뿐이다. 백성들에게는 마음이 있으니 나라와 풍속이 달라도 이 하나를 얻은 자가 왕후로서 그들의 주인이 된다. 그러니 어찌 이 하나를 버릴 수 있겠는가?"[46]라고 하여 '천지의 마음', '백성의 마음'으로서의 하나를 언급한다.[47]

이렇게 볼 때 왕필에게 기는 그다지 중요한 의미가 없다. 이는 왕필이 《주역》에 근거한 의리적 세계관을 취하고 있으며, 가치 지향적 사상에 입각해 있음을 암시한다. 따라서 왕필의 우주론을 규명하고자 한다면 《왕필주》에 의거해서는 안 된다. 오히려, 그가 《왕필주》에서 《노자》의 중요한 개념들을 《주역》의 언어로 대체하고 있듯이, 《주역》으로 시선을 돌려야 한다. 바로 이 점이 《하상공장구》와 《왕필주》의 기본적 차이다.

4. 우주론에서 심성론으로

《노자》에 대해서는 수없이 다양한 주석자들에 의해 다양한 해석이 이루어졌으나, 그러한 해석들에서 공통의 기반과 의미를 발견하기란 대단히 어렵다. 나는 지금까지 가장 대표적인 《노자》 주석자인 하상공과 왕필의 주석서를 몇 가지 점에서 비교해보았다. 하상공의 주석서는 황로학

---

46 《왕필주》 42.1 : "故萬物之生, 吾知其主, 雖有萬形沖氣一焉. 百姓有心, 異國殊風, 而得一者王侯主焉. 以一爲主, 一何可舍?"

47 나머지 하나는 그다지 중요한 언급이 아니다. 단지 기가 물과 같이 부드러운 것임을 말하고 있을 뿐이다. 《노자》 43.1 : "天下之至柔 馳騁天下之至堅. (注) 氣無所不入, 水無所不出於經."

계열이고 왕필의 주석서는 현학 계열이라는 전제 하에서였다. 두 문헌은 똑같이 《노자》를 다루면서도 공통점이나 서로에 대한 의식이 전혀 없는 별개의 문헌이다.

나는 두 주석서에서 명백히 드러나는 주석 태도의 차이에 먼저 주목했다. 그리고 거기서 드러나는 각각의 형식적 특성에 '훈고'와 '의리'라는 이름을 붙였다. 하상공의 형식은 실천적 지침을 얻어내고자 했던 한대 도가의 성격을 잘 드러내며, 왕필의 형식은 일종의 철학적 의미이자 규범적 근거를 찾고자 했던 현학적 성격에 잘 부합한다. 이러한 차이가 주석에서 구체적으로 어떻게 드러나는지를 2장에서 살펴보았다.

두 문헌은 기氣와 도道를 둘러싼 해석에서도 분명히 다르다. 《하상공장구》가 기론을 통해 우주론적 세계관을 드러내고 양생의 원칙을 추구한다면, 《왕필주》는 기론에 대해서는 거의 관심을 보이지 않은 채 논리적이고 가치론적인 세계관을 드러낸다. 이러한 각각의 성격은 바로 황로학과 현학의 성격 중 일부분을 보여주는 것이다. 마지막으로 나는 두 문헌이 보이는 이러한 성격과 내용의 차이에 근거해, 《하상공장구》와 《왕필주》의 성격에 대한 기존 논술들이 《하상공장구》를 도교적 계기이자 맹아로 평가하는 것처럼, 《왕필주》에 대해서 '내향화'의 계기라는 평가를 내리고 싶다.

특히, 《노자》 2장에 대한 두 주석의 비교에서 살펴보았듯이 왕필이 기쁨과 노여움, 옳고 그름의 동일한 뿌리이자 근원으로서 인간의 마음에 주목한 것이나, 제자를 평가하면서 '이서理恕'라는 근원적 감정에 주목한 것은 그가 '심성론心性論'에 닿아 있음을 시사한다. 이 주제는 별도의 논술을 필요로 하므로 여기서는 접어두고자 한다.

다만 왕필 철학에서는 마음心의 개념이 중요한 비중을 차지한다는 점,

《노자》에서는 거의 쓰이지 않는 '성性'의 개념이 왕필의 글에서는 대단히 중요하게 그리고 상당히 많이 쓰인다는 점을 지적해두고 싶다. 그리고 심성론이란 유가적인 것으로서 정확하게는 심성수양론心性修養論이라 불러야 하며, 도가의 정신양생론精神養生論과는 구분된다. 이에 대해서는 제2부 5장을 참조하면 좋겠다.

하상공의 기론적이고 제왕학적인 해석이 그 뒤로 제왕의 통치술이나 한의학과 같은 기氣 담론, 도교의 신선술神仙術이나 내단內丹 사상을 이야기하는 보다 풍부한 해석을 만들어갔다면, 왕필의 의리론적 해석은 나중에 유학자들의 해석의 토대가 되었다. 요컨대 하상공의 해석이 도교와 제왕 통치술이라는 차원과 연결된다면, 왕필의 해석은 노장 전통을 낳았고, 또한 불교와의 갈등과 융화라는 역사적 과정을 겪으면서 다양한 조류를 만들었다.

나는 이런 의미에서 《노자》가 천의 얼굴을 가졌다고 말하는 것이다. 왕필의 주석서와 하상공의 주석서는 《노자》라는 텍스트에 대한 책이 아니다. 그것들은 별개의 텍스트이다. 왜냐하면 그들 각자의 주석은 하나의 공통된 해석을 두고 경쟁하는 이론 체계가 아니며, 그들이 각기 다른 집단 안에서 텍스트를 읽고 쓰고 실천한 만큼 각자가 추구한 의미나 세계 또한 전혀 별개의 것이기 때문이다. 즉 유학자에게 읽히는 《노자》와 도사道士에게 읽히는 《노자》는 전혀 다른 텍스트인 것이다.

다음 장에서는 《노자》라는 텍스트가 전통 사회에서 어떤 식으로 나타나는지를 살필 것이다. 구체적으로는 노장 전통의 흐름 가운데 하나로서, 조선 사회에서 《노자》가 어떤 의미로 기능했는가를 다루어볼 것이다. 특히 율곡 이이와 그의 《노자》 주석서를 통해 《노자》가 유교적 사회에서 어떤 의미를 가졌는지, 전통 지식인의 삶에서 어떤 역할을 했는지 부분

적으로나마 살펴봄으로써, 그《노자》가 오늘날 우리가 생각하는《노자》
와 어떻게 다른지 생각해볼 것이다.

3장

조선 사회의 《노자》와 지식인
조선의 유학자, 이단을 읽으며 자유를 꿈꾸다

1.《순언》, 그 '침묵'의 역사

율곡 이이는 1536년에 태어나 1584년에 죽었다. 그러니까 율곡과《순언》에 관한 이야기는 조선 시대에 관한 이야기이다. 그러나 지금부터 내가 하려는 이야기의 시점은 다르다. 우리는 정확하게 1974년의 어느 날, 서울의 규장각에서 이야기를 시작해야 한다. 그날 류칠노 교수에 의해 규장각에서 한 권의《노자》주석서가 발견되었고, 그 책은 1975년 정초에 김길환 교수에게 전해진다. 그리고 1976년 김길환 교수는 한 편의 논문을 발표하는데, 그 논문의 제목은 "율곡의 노자관"이다.[1] 이 논문에서 김길환 교수는 이러한 정황을 전한 뒤 다음과 같이 소개한다.

먼저 1절 "작품 입수의 경위와 내용"이란 부분에서 이렇게 말한다. "작

---

[1] 김길환, 〈율곡의 노자관〉,《한국학보》제5집(일지사, 1976) 참조.

품 《순언》은 사십 장으로 편장되어 있고, 이 작품은 홍계희洪啓禧(1703~1771)의 발문이 붙어 있는데 그의 발문에 《순언》의 작자와 내용, 《순언》이 전해지는 경위, 그리고 작자의 정신이 잘 나타나 있다."[2] 그러니까 그간 단 한 번도 역사 속에서 알려진 적 없는 율곡 이이의 《노자》 주석서가 390년 만에 기적적으로 출현한 것이다. 그 주석서가 율곡의 저작이라는 근거는 그 책 뒤에 붙어 있는 홍계희의 〈발문跋文〉이다. 〈발문〉의 내용은 이러하다.

> 율곡 선생께서 일찍이 노자의 글 가운데 우리 유학에 가까운 2,097자를 가려내 《순언》이라는 책 한 편을 짓고 이어 그 주해와 구결을 달았다. 옛날에 한유韓愈는 《순자》에 대해 아주 순수하지만, 조금 흠이 있다고 여겨 도에 합치하지 않는 부분을 삭제하고 성인의 전적 속에 부가하고자 하면서 '순자의 글도 공자의 뜻이다'라고 하였다. (율곡) 선생께서 책을 엮고 제목을 붙인 뜻도 아마 이런 점을 취한 것이리라.[3]

이렇게 되면 우리는 율곡과 《순언》의 이야기의 시점을 다시 18세기 후반, 영조 시대로 옮겨 가야 한다. 기록에 따르면 홍계희는 1749년에 충청도 관찰사가 되었다가 이듬해에 병조판서가 되었으니, 그가 이 책을 얻은 것은 이때의 일이다.

> 내가 호서 지방을 둘러보면서 연산連山(오늘날의 논산)을 지나다가

---

2 김길환, 〈율곡의 노자관〉, 60쪽.
3 이이, 《율곡 이이의 노자》, 김학목 옮김(예문서원, 2001), 126쪽.

우연히 신독재愼獨齋 김집金集(1574~1656) 선생의 후손에게서 이 책을 보게 되었는데, 김집 선생이 손수 필사한 것이었다. 혹 없어질지도 모른다는 염려 때문에 활자로 몇 권 간행해두면서 이에 지금까지 말한 것처럼 그 전말을 기록하였다. 경오년(1750) 정월 상순에 후학 홍계희가 삼가 쓰다.[4]

앞뒤가 맞으니 분명 홍계희의 이 말은 사실인 듯하다. 분명 우리는 현재, 홍계희가 간행하고 발문을 붙인 《순언》이라는 주석서를 갖고 있다. 그리고 그 책은 율곡이 지은 것이라 한다. 홍계희는 김집에게서 《순언》을 얻었다 했는데, 김집은 바로 율곡의 수제자였던 김장생金長生의 아들이니 홍계희의 주장은 상당히 신빙성이 있다. 하지만 이는 홍계희의 발문이 전적으로 진짜일 경우의 이야기다. 이 일은 그간 그다지 주목되지 않았고, 18세기의 다른 《노자》 주석서에서 유일하게 이 일을 언급하고 있다. 하지만 그렇다 해서 이것이 사실이라는 확증은 없다.

이 점을 염려해서인지 김길환은 다시 율곡과 김장생과 김집의 관계를 지적한 후에 다음과 같이 덧붙인다.

한편 이 작품 《순언》이 당시의 세상에 널리 알려지지 않은 것은 정주학程朱學이 아니면 이단시되고 사문난적이라 몰아붙이는 기풍이 있었기 때문일 것이다. 따라서 율곡이 지은 《순언》도 학문이나 인격적으로 서로 이해되는 학자들 간에나 아니면 믿을 만한 제자에게 은밀하게 전해져서 읽혔으리라 추정할 수 있다. 즉 《순언》이 율곡의 제자인 김장생

---

4 이이, 《율곡 이이의 노자》, 126쪽.

에게 전해지고 다시 장생의 아들 김집에게 전해진 것이라 추정할 수 있을 것이다.

더욱이 김집의 제자인 송시열宋時烈의 기록에 의하면, 율곡이 노자의 서書를 탐독했다는 것이 증명된다. 즉 송시열은 "문성공 이이는……10세에 이미 경서를 통독하고 성인의 도가 단지 이것뿐이냐 하고 불佛, 노老 등 제서를 범람泛覽하였다"(《송자대전》19권)고 지적한 바가 있다. 이 글을 보아도 당시의 다른 학자 즉 정주학에 고착한 학자들과는 달리 일찍이 율곡은 노자서를 연구했다는 사실을 알 수 있다.[5]

이러한 김길환의 고증 덕분인지 그간 《순언》의 저자가 율곡이라는 주장에 대해 회의나 의심은 거의 없었던 듯하다. 김길환의 《순언》을 다룬 첫 논문 이후 《순언》은 율곡 이이의 저술로 받아들여졌고, 금장태는 조선 시대의 《노자》 연구를 체계적으로 정리한 책에서 이렇게 말했다.

율곡은 조선 중기를 대표하는 성리학자의 한 사람으로서 도학-주자학의 정통성에 대한 확고한 신념을 지녔던 인물이다. 그러나 그가 《노자》를 주석하여 《순언》을 저술하였다는 사실은 매우 복합적인 의미를 지닌다. 《순언》은 현재 알려진 조선 시대 유학자의 《노자》 주석서 가운데 최초의 저술로 알려져 있다. 먼저 율곡이 《노자》를 주석한 것은 도학의 정통성이 정립된 16세기 조선 사회의 도학자가 《노자》를 이해하는 태도가 어떠한 성격을 드러낼 수 있는지 확인할 수 있다는 점에서 중요한 의미가 있다. 도학 정통성에서 벗어나는 지식 체계나 신념을 이단으

---

5 김길환, 〈율곡의 노자관〉, 63쪽.

로 엄격하게 배척하는 상황에서, 《노자》를 이단으로 배척하지 않고 유교 이념과 긴밀한 연관성을 지닌 것으로 받아들였던 사실은 도학이 단순한 정통주의에 폐쇄되어 있었던 것이 아니라, 유교 이념의 보편적 합리성의 원칙 아래 《노자》라는 이질적 사상 전통에 대해서도 포용적 태도의 가능성을 보여주고 있음을 말한다.[6]

이러한 평가 아래 금장태는 율곡의 《노자》 해석의 문제로 넘어간다.

그가 《노자》의 중심 개념을 유교 이념과 상응하는 것으로 해석함으로써, 《노자》 해석의 독특한 시야를 열어주고 있으며, 동시에 유교적 사유 구조로 《노자》를 구성하여 재해석하고 있다는 점은 그 의도가 무엇인지 해명되어야 할 과제이다……이렇게 《노자》를 유교 사상과 상응시켜 해석하는 것이 과연 《노자》의 본래 취지와 어떤 점에서 어긋나는 것인지, 그렇지 않다면 유교 사상과 상응시켜 해석함으로써 《노자》에 대한 해석에서 어떤 중요한 관점을 드러내주는 것인지 음미될 필요도 있다.[7]

이렇게 금장태는, 첫째 율곡이 유교적 사유 구조로 《노자》를 해석한 의도와, 둘째 이러한 해석이 《노자》와 부합하는지 여부와 그 관점의 의의라는 해석학적 과제를 설정한다. 아마도 그간의 《순언》에 관한 논설들은 대개 이러한 물음 안에 머물러 있을 것이다. 그리고 그 물음에 대한 답들은 대체로 다음과 같다.

---

6 금장태, 《한국 유학의 《노자》 이해》(서울대학교출판부, 2006), 27쪽.
7 금장태, 《한국 유학의 《노자》 이해》, 28쪽.

율곡이 《순언》을 저술한 것은 《노자》를 유교의 사유 체계로 끌어들여 《노자》를 이단에서 해방시켜 정당화하려고 의도한 것이라 보기는 어렵다. 그렇다고 《순언》을 통해 《노자》를 억지로 유교 사상에 일치시켜 왜곡해놓았다고 하기도 곤란하다고 생각한다. 그렇게 해야 할 필요성이 절실하지 않기 때문이다. 오히려 율곡은 열린 마음으로 《노자》를 읽음으로써, 《노자》에서 유교 사상과 소통할 수 있는 길을 발견하였기 때문에 《노자》에 깊은 관심을 가졌던 것으로 보인다.

따라서 그는 《노자》의 중심 개념이나 언급들 가운데 유교 사상과 충돌되는 부분은 제외하고 유교 사상의 체계 안에서 《노자》와 대화하였던 것이라 할 수 있다. 바로 여기서 율곡의 학문 자세는 정통주의에 폐쇄되고 이질적 사유 체계에 대해 획일적 비판으로 일관하는 것이 아니라, 거부할 부분과 수용할 부분을 양면으로 볼 수 있는 사유의 폭을 드러내주는 것이라 하겠다. 따라서 《순언》에서는 유교 사상의 빛으로 조명된 《노자》의 새로운 모습을 발견할 수 있을 것으로 기대한다.[8]

이와 같은 식으로 그간 《순언》은 크게 두 가지 의의를 갖는 것으로 이해되어왔다. 정통 주자학자 율곡 이이의 학문적 개방성과 포용성을 보여준다는 것, 유가와 도가의 철학적 소통을 보여준다는 것이 그것이다. 그런데 여기서 한 가지 짚고 넘어갈 점이 있다. 이러한 해석은 해결할 필요가 있는 아주 단순한 어떤 역사적 물음에 대해서는 답해주지 않는다는 점이다. 아니, 보다 정확하게 말하면 그 물음이 제기되지조차 않은 것은 아닌가?

---

8 금장태, 《한국 유학의 《노자》 이해》, 28~29쪽.

그 물음은 바로 이것이다. 왜 율곡이 지었다는 그 화해와 소통의 메시지를 담은 책이 지난 400년간 존재조차 알려지지 않았다가 그가 죽은 지 390년 후, 조선이 망한 지 한참 후인 1974년에 와서야 발견된 것일까? 《순언》에 짙게 드리워진 역사의 그늘, 그 400년의 침묵을 어떻게 이해해야 하는가? 오늘날 《순언》과 관련해 우리가 해명해야 할 가장 중요한 문제는 바로 그 침묵의 의미가 아닐까? 이 물음에 답할 수 있을 때 우리는 조선조 유교의 '안'을 지나 '밖'에 도달할 수 있는 것이 아닐까?

나는 여기서 그 물음에 답할 수는 없다. 다만 그 물음, 즉 《순언》의 침묵의 의미에 대한 물음을 보다 정교하게 다듬는 데 그치고자 한다.

2. 유가 전통과 이단

도가 연구자의 《순언》에 관한 평가는 어떠할까? 《순언》에 대해 가장 많은 연구 결과를 낸 이종성은 〈율곡 《순언》의 연구동향과 과제〉에서 그간의 《순언》에 대한 연구들을 다음과 같이 평가한다.

(김길환의 논문 이후) 초창기의 관심은 주로 도가 철학 연구자들에 의하여 형이상학 방면의 '도체론道體論'적 주제에 집중되는 현상을 보여왔다. 이후 1990년도를 거쳐 2000년대에 들어오면서부터는 보다 많은 연구자에 의하여 다양한 주제적 접근이 시도됨으로써 《순언》 연구는 한층 탄력을 받고 활발하게 전개되는 양상을 보여준다……그러나 이처럼 적지 않은 연구가 수행되었음에도 불구하고 아직까지 《순언》에 대한 주제적 접근은 우리가 생각하는 것만큼 그렇게 다양하지는 않다는 것이 문

제라면 문제이다.[9]

한편, 이종성은 율곡을 평가하면서는 금장태의 평가보다 훨씬 더 많은 의의를 부여한다.

한편 율곡이 접한《노자》의 대본이 동사정의《도덕진경집해》였다는 점은 우리의 주목을 끄는 대목이기도 하다. 당대 최고의 성리학자이기도 한 율곡이 실제적으로《노자》를 이해하는 대본으로 사용한《도덕진경집해》의 저자 동사정의 신분은 도관의 도사였기 때문이다.《노자》를 통한 율곡과 동사정의 정신세계의 만남은 유가가 아니면 도가라는 방식의 양자택일을 배제하고 있다는 연구사적 의의를 남기기에 충분하다.[10]

도가를 전공한 연구자로서 이종성이 이렇게 후한 평가를 내리는 것은 이해할 만하다. 하지만 이러한 평가를 선뜻 받아들이기는 어렵다. 왜냐하면《순언》을 가장 먼저 취득한 홍계희 스스로가 발문에서 "선생께서 이 책을 지을 때 구봉龜峯 송 선생宋翼弼(1534~1599)께서 '노자 본래의 의미가 아니니 구차하게 (유학에) 일치시키려는 혐의가 있습니다'라며 만류하셨으니, 그 말씀 역시 한마디로 잘라서 잘 표현하신 것이다"[11]라고 말하고 있기 때문이다. 물론 홍계희가 한참 율곡의 학문을 칭탄한 후에 송익필을 인용한 것은,《순언》이 율곡의 저술이라는 데 대한 신빙성

---

9 이종성, 〈율곡《순언》의 연구동향과 과제〉,《율곡사상연구》 제13집(2008), 83쪽.
10 이종성, 〈율곡《순언》의 연구동향과 과제〉, 84쪽.
11 이이,《율곡 이이의 노자》, 127쪽.

을 높이는 동시에 자신을 방어하는 논리일 수도 있다. 하지만 나는 이것이 당시의 상식적인 평가라고 생각한다. 왜냐하면 당시에 《노자》는 금서禁書요 이단이었기 때문이다.

그렇다면 이제 살펴야 할 것은 《순언》의 논리와 내용이 아니라, 율곡의 이단에 대한 태도이다. 그의 가장 원숙한 저술 가운데 하나인 《성학집요聖學輯要》에는 당시 유학자들의 이단에 대한 태도 및 율곡 자신의 이단관이 잘 나타나 있다. 율곡이 40세 때인 1575년에 25세 된 선조에게 올린 이 책은 여러 경서와 송대 유학자들의 저술 중에서 핵심만을 뽑아 간추린 것이다. 그중 〈수기修己〉에서는 이단과 관련해, 비록 불교를 훨씬 더 길게 다루긴 했지만, 《노자》에 상당한 분량을 할애하고 있다.

《사기》에서는 "노자를 배우는 사람은 유학을 배척하고 유학은 또 노자를 배척한다. 도가 같지 않으면 서로 꾀하지 않는다"고 하였다.

• 진씨眞氏가 말했다. "노자의 학설은 매우 포괄적이다. 무위無爲, 무욕無欲의 학설은 이치에 가까운 말이라, 비록 군자가 거기에서 취할 것이 있지만, 양생養生의 설은 방사方士들이 숭상하고, 빼앗으려면 반드시 먼저 준다는 설은 음모의 말이라 군사를 논하는 사람들이 숭상하고, 사물을 조잡한 흔적으로 여기고 텅 빈 것虛無을 오묘한 작용으로 삼는다는 설은 고상한 담론淸談을 하는 사람들이 본받았다. 이치에 가까운 것을 가지고 말하면 참으로 취할 만한 점이 있지만, 그런 것이라 하더라도 모두 우리 성인의 가르침에 들어 있다. 이보다 저열한 것은 한쪽에 치우치고 부분적인 학문이라 그 폐단을 이루 말할 수 없다. 양생설에서는 신선神仙과 비방약方藥을 추구하는 사람들이 유래하였고, 음모술은 신불해申不害, 상앙商鞅, 한비韓非와 같은 법가에서 근본으로 삼았으며, 고상

한 담론의 재앙은 왕필, 하안何晏에 이르러 극도에 달하였다. 이런 학설은 모두 세상의 군주를 미혹하여 어지럽히고 백성을 해쳤다. 비록 노자와 장자의 학문이라도 처음부터 이런 지경에 이르지는 않았다. 그러나 근본本原에서 한번 차이가 생기면 흘러가서는 반드시 폐단이 심하게 된다. 이로써 말한다면 어찌 아무런 폐단이 없는 요, 순, 주공, 공자의 도를 말미암는 것만 하겠는가?"

• 기수련導氣을 말하는 어떤 사람이 "당신에게는 특별한 양생술이 있습니까?" 하고 물었더니, 정자가 대답하였다. "나는 일찍부터 여름에는 칡베옷을 입고 겨울에는 갖옷을 입으며, 배고프면 먹고 목마르면 마시며, 즐기는 것과 욕구를 절제하고 마음과 기운을 안정시켰을 뿐이다."

• 어떤 사람이 물었다. "신선의 설이 근거가 있습니까?" 정자가 대답하였다. "말하자면 대낮에 하늘을 날아오르는 것과 같은 따위는 없으나 산림 속에 살면서 몸을 보전하고 기운을 연마하며 오래 살고 목숨을 늘릴 수는 있다. 비유컨대 화롯불을 바람 부는 곳에 놓아두면 쉽게 타고 꼭 닫힌 방에 놓아두면 타지 않는 것과 같다. 이런 이치는 있다." 또 물었다. "성인은 이런 일을 할 수 있습니까?" 정자가 대답하였다. "이런 일은 하늘과 땅 사이에서 도적이 하는 일이다. 조화의 기밀을 훔치지 않고서야 어찌 나이를 늘릴 수 있겠는가? 만일 성인이 하려고 했다면 주공이나 공자도 그렇게 하셨을 것이다."¹²

이상은 《성학집요》〈수기〉에 나타난 《노자》 관련 내용의 전문全文이다. 쉽게 확인할 수 있듯이 율곡의 태도가 드러나는 가장 중요한 문장은 "이

---

12 이이, 《성학집요》, 김태완 옮김(청어람미디어, 2007), 135~136쪽.

치에 가까운 것을 가지고 말하면 참으로 취할 만한 점이 있지만, 그런 것이라 하더라도 모두 우리 성인의 가르침에 들어 있다"라는 것이다. 즉 율곡은 《노자》의 상당 부분이 한쪽으로 치우치고 부분적인 것들이며, 이치에 가까운 것은 '유학 안에' 이미 있다고 보고 있다. 이어서 율곡은 그러한 폐단이 더욱 심각해진 역사를 진씨의 말을 통해 설명하고, 기 수련과 신선술을 단호하게 거부한다. 그리고 이러한 이단론을 마치면서 다음과 같이 덧붙인다.

> 이상은 이단의 폐해를 변별한 것입니다. 신이 생각건대, 탐구할 만한 사물을 다 기록할 수는 없지만, 왕도와 패도의 대략적인 것과 이단의 폐해만은 변별하지 않을 수 없어서 간략하게 서술하였습니다. 다른 것은 유추할 수 있을 것입니다.[13]

여기서는 유학자라면 왕도와 패도, 정학正學과 이단을 반드시 구분해야 한다는 율곡의 생각이 드러난다. 특히 왕도 정치를 시행해야 하는 군주와 이를 보필할 신하에게 이는 불가결한 것이다.

그런데 여기에 아이러니가 존재한다. 이단을 구분해 금서로 만들려면 반드시 먼저 그 금서를 읽어야 하기 때문이다. '반드시 변별해야 한다'는 것은 반드시 읽을 것을 전제로 하는 것이다. 이는 율곡이 이단론의 첫 부분에서 인용한 내용과 상응한다. 이단 일반에 관한 부분에서 율곡은 공자의 말, 그리고 범씨와 주자의 말을 인용해 논한다.

---

13 이이, 《성학집요》, 140쪽.

《논어》에서 공자가 말했다. "이단을 오로지 연구하면 해로울 뿐이다."

• 범씨范氏가 말했다. "공은 오로지 연구하는 것이다. 그러므로 나무, 돌, 쇠, 옥 같은 것을 다루는 작업을 공이라고 한다. 이단은 성인의 도가 아니라 따로 한 계통이 되는 것인데, 양주와 묵적의 학설 같은 것이다. 이들의 학설은 온 세상 사람들이 가족 윤리를 부정하게 하거나 사회 윤리를 부정하게 하는 데까지 이르니 오로지 연구하여 자세히 밝힐수록 해가 심하다."

• 주자朱子가 말했다. "오로지 연구해서는 안 될 뿐만 아니라 대충 이해해서도 안 된다. 만약 자기의 학문이 정립되면 이단의 문제점을 보는 것은 그래도 괜찮다."[14]

분명 공자는 이단 연구가 '해롭다'고 말한다. 그러나 주자는 '연구해서는 안 된다'면서도 또한 '대충 이해해서도 안 된다'고 말한다. 게다가 "만약 자기의 학문이 정립되면 이단의 문제점을 보는 것은 그래도 괜찮다"라고 말한다. 도대체 이단을 읽으라는 것인가 읽지 말라는 것인가? 답은 간단하다. 읽으라는 것이다. 그것도 철저하게 읽으라는 것이다. 단, 자기 학문이 정립된 뒤에 그렇게 하라는 것이다. 적어도 이 구절을 통해서는 이렇게 이해할 수밖에 없다.

훔쳐 먹는 사과가 더 맛있다는 말이 있다. 금서는 본래 더 많이, 더 널리 읽히는 법이다. 읽지 말라고 사회가 금지하는 책은 오히려 사람들이 목숨을 걸면서까지 읽는다. 거기에는 '금지된 진리'가 있고, 내부를 허무는 균열이 있기 때문이다. 우리가 1970~1980년대에 마르크스를 읽은

---

14 이이, 《성학집요》, 134쪽.

것도 이러한 맥락과 비슷하지 않을까? 마르크스는 금지된 진리였지만, 오히려 대학가의 상식이었고 대학가 지하 서클의 기초 교양이었다. 그런데 이단이었던, 그래서 읽지 말아야 했던《노자》와《장자》또한 조선 시대 사대부의 '금단의 열매'였던 모양이다.

3. 이단에 대한 모순된 태도

이를 증명하는 사건이 있었다. 때는 1600년 봄, 과거 시험 합격자들의 답안지(시권試券)를 살피던 선조 왕은 당시 법으로 금지되어 있던 이단 인용을 발견하고는 해당자의 과거 합격을 취소하라는 명을 내린다. 그 기사는 다음과 같다.

전시殿試의 시권試券 때문에 임금이 정원에 다음과 같이 전교하였다. "다른 글은 보지 않고 우연히 이함李涵의 글을 보았는데《장자》의 말을 인용하여 글머리로 삼았다. 과문科文은 항시 사용하는 문장과는 다른 법인데, 더구나 대책문對策文은 임금을 처음 뵙는 지례贄禮인데 감히 그리하다니. 노장의 용어를 사용한 것은 사목事目에서 마땅히 삭제해야 한다. 마땅히 삭제시킬 것을 시관試官에게 이르라. 그리고 다른 시권도 살펴보라."
또한 임금은 이렇게 전교하였다. "이러한 글을 뽑았으니 시관 또한 추고할 것인지 상고하여 아뢰라."
전시 시관인 해원부원군海原府院君 윤두수尹斗壽가 아뢰었다. "노장의 말은 과문에서 금지되어 있는데, 신들이 식견이 부족하여《장자》의 전문全文을 보지 못하고 다만 다른 문서에서, 옮겨 쓴 것을 간혹 얻어 보았을 뿐입니다. 이제 상의 전교를 받들고서야 비로소 '물이 마른 물고기에게 강물을 터줄 때를 기다리라魚涸待江決'는 등의 말이《장자》에서 나왔다는 것을 알았으니 너무도 황공하여 대죄待罪합니다. 나머지 다른 시권도 모두 신臣이 과차科次를 매겼습니다. 다시 살펴본다면 나중에 없지 않을 터이니, 정원으로 하여금 의논해서 조처하도록 하심이 어떻겠습니까?"

그러자 임금이 말하였다. "황공해하지 말라. 윤허한다."[15]

이 기사에 따르면 당시 과거 급제자 가운데 누군가가《장자》를 인용한 것이 우연히 선조의 눈에 띄었고, 이 때문에 파문이 일었다. 급기야 그의 과거 합격은 취소되었고, 당시 과거 시험을 주재했던 고관考官 윤두수에게까지 화가 미칠 뻔했다. 하지만 의외로 선조는 크게 문제 삼지 않고 넘어간다.

그런데 그다음 해에 다시 문제가 생긴다. 선조가 이렇게 관대한 조치를 취했기 때문인지 아니면 다른 어떤 이유 때문인지 정확히 알 수 없지만, 과거 시험 답안지에서 노장을 인용하며 논하는 것에 대해 다시 한 번 논의가 있었던 것이다.

윤근수가 "상의 하교가 합당하십니다"라고 아뢰고, 이어 다음과 같이 아뢰었다.

"근래에《장자》의 말로 인하여 죄를 받은 자가 있는데, 그 당시의 고관

---

15 《선조실록》, 선조 33년(1600) 4월 19일 기사. 일부 표현 수정.

이 '노망魯莽'을 가리켜 《장자》의 말이라고 하였으니 그가 장자를 모른다는 것을 알 수 있습니다. 대체로 《장자》의 말을 썼다는 것은 《장자》의 의논을 그대로 답습한 것을 지적하는 것이지 문자를 말하는 것이 아닙니다. 다른 글에 섞여 나오는 것을 《장자》의 말인 줄 모르고 사용한 경우도 있습니다."

그러자 이항복이 아뢰었다. "이는 필시 이함을 두고 하는 말입니다. 사변 전에 그러한 전교가 있었는데 신은 그 당시 옥당에 있으면서 '전편의 지론指論이 오로지 장주莊周의 논리를 가지고 주장한 것이라면 죄를 주어야 하지만 문자 간에 사용한 것이야 무슨 관계가 있겠는가'라고 생각하였고, 위에서도 '내가 문자 간에 사용한 것을 말하는 것이 아니다. 지난번 정시庭試의 논을 보니 《장자》의 의논을 많이 사용하였기 때문에 이렇게 전교하는 것이다'라고 하셨으며, 이산해李山海도 그 말에 찬성하였는데, 그 말이 중외中外에 전파되어 선비들이 모두 다시 사용해도 되는 것으로 여깁니다."

이에 임금이 말하였다. "자고로 문인들이 쓰는 '눈 아래 완전한 소가 없다眼底無全牛'는 등의 말은 다 《장자》의 말이다. 과장科場에서 처음 군부君父를 대면하는 때에는 금하지 않을 수 없으니 그 글은 능히 사람의 심술心術을 붕괴시킨다."[16]

이 기사를 보면, 과거 시험에 합격했다가 《장자》를 인용해 논한 사람은 이함이고 그는 이미 처벌받았으나, 고관이 전혀 문제 삼지 않고 가볍게 넘어가는 바람에 오히려 세간의 선비들에게는 《장자》의 말이 "사용해도

---

16 《선조실록》, 선조 34년(1601) 4월 19일 기사. 일부 표현 수정.

되는 것으로" 여겨지게 되었으며, 그래서 이항복, 이산해 등이 이를 문제 삼고 있는 것임을 알 수 있다. 이에 선조는 다시 한 번 《장자》와 같은 이단을 과거 시험에서 논하는 것을 엄중히 금한다는 뜻을 밝히면서, 이는 사람의 심술을 손상시키기 때문이라고 이야기한다.

그런데 《선조실록》의 이러한 상황과는 전혀 다른 상황이 기록으로 전해진다. 이 일은 1600년 이함의 과거 시험이 취소되는 사건이 일어나기 10년 전의 일로 기록되어 있다. 당시 그 자리에 있었던 것으로 추정되는 권문해權文海는 《초간집草澗集》에서 《선조실록》과는 상당히 다른 상황을 전해준다.

> 신묘년(1591) 칠월 조강朝講 때 임금이 말하기를, "고인古人은 과거 문자를 집지執贄에 비유하였다. 선비가 처음 군부君父를 만나는 자리에서 《장자》의 말을 쓰는 것이 옳겠는가? 시부詩賦에서는 《장자》의 말을 써도 괜찮을 것이다" 하니, 영사領事 이산해가 말하기를, "책론策論에 어찌 《장자》를 쓸 수 있겠습니까? 시부에는 혹 쓰더라도 반드시 금할 것은 없겠습니다" 하고, 신臣 문해는 나아가 말하기를, "성조聖祖의 이단을 물리치는 도리를 생각한다면, 시부라 하더라도 쓸 수 없겠습니다" 하였다. 임금이 잠자코 있다가, "마땅히 구분하는 사리가 있어야 할 듯하다. 이 뜻을 예조에 전하라似當有區別之事矣. 此意言之于禮曹" 하였다.[17]

이에 따르면, 선조는 과거 시험 답안지에 노장을 인용하며 논하는 것을 금지하나, 사적인 문장에서는 노장의 말을 써도 괜찮다는 관용적인

---

17 권문해, 《초간집》 〈잡기雜記〉. 강명관, 《안쪽과 바깥쪽》(소명출판, 2007)에서 재인용.

태도를 보여준다. 그러나 권문해는 이를 좌시할 수 없다고 생각해, 조선 왕조의 기본 이념에 비추어 볼 때 과거 시험은 물론 시문에서도 노장의 말을 사용해서는 안 된다는 강경한 태도를 취한다. 추측건대 권문해는 이단을 물리치는 도리를 선조 앞에서 당당하게 주장한 일을 자신의 문집에 기록함으로써, 사대부로서 자신이 취했던 당당한 기상을 알리고 싶었던 것 같다.

주목할 것은, 이 기록에 나타난 선조의 태도는《선조실록》에서의 태도와는 사뭇 다르다는 점이다. 노장을 인용하는 것은 이단 배척에 어긋나므로 과거 시험은 물론 시문에서조차 철저히 금지해야 한다는 권문해의 말에 선조는 잠시 침묵을 지킨다. 그리고 나서 한 말은 "마땅히 구분하는 사리가 있어야 할 듯하다. 이 뜻을 예조에 전하라"라는 것이었다. 문장이 전하는 선조의 태도는 불편한 심기가 있었음을 암시한다.

그런데 아직 지적되지 않은 중요한 사실이 있다. 도대체 선조는 이함의 답안지가 노장을 인용하고 있다는 것을 어떻게 알았을까? 당시 시험의 고관이었던 윤두수가 전혀 눈치 채지 못한 것을 선조가 우연히 발견했다는 말을 어떻게 이해해야 할까? 이는 분명 선조가《장자》에 정통했다는 것을 보여준다. 그렇게밖에는 이 상황을 설명할 수가 없다. 그리고 선조 앞에서 선조와 마찬가지로, 과거 시험 문장에 노장을 인용하는 것은 안 되지만 시문에서는 괜찮지 않느냐고 말하는 윤근수는 당시 사대부들 사이에서 가장 영향력이 큰 문인이었다.

한문학자 강명관은 당시 문단의 분위기를 이렇게 정리한다.

윤근수 이래로 그의 영향권 내에 있었던 문인들을 모태로 선진양한先秦兩漢 고문古文을 창작의 전범으로 삼는 유파가 성립했던 것이다. 당시

문인이라면 동의하든 동의하지 아니하든 누구도 진한고문秦漢古文의 영
향에서 자유로울 수 없었다……선진양한의 산문과 당대唐代의 작가까
지만 취하고 송대宋代의 작가를 전범으로 취하지 않는 것은 진한고문파
의 전형적인 논리이다……《장자》는 진한고문파가 전범으로 삼았던 주
요 산문 텍스트였으니 (권문해가 기록한 일이 있은 10년 후인 1600년에
이함이 과거 답안지에 《장자》를 인용하여 삭과된 사건은) 진한고문파의
성립과 선진양한 산문의 전범화가 끼친 영향으로 말미암아 생긴 사건이
었던 것이다.[18]

이는 율곡 이이와 《순언》에 얽힌 이야기의 배경이라는, 즉 강고한 성리
학 이념으로 무장해 이단 사설을 철저히 배척했다는 사회 상황과는 아주
딴판이다. 조선 시대에 노장은 결코 읽지 말아야 할 책이었고, 과거 시험
답안에서 노장을 인용하는 것은 법으로 금지돼 있었다. 그럼에도 불구
하고 조선조 문인이 가장 즐겨 읽고 인용한 책 가운데 하나가 바로 이단
의 책 《장자》였다. 법으로 금지되어 있음에도 과거 답안지에 《장자》를 인
용한 이함이나, 그것을 알아보고 합격을 취소시킨 선조나 모두 《장자》에
정통해 있었던 것이다.

여기서, 율곡이 《성학집요》에 인용했던 주자의 말을 다시 생각해볼 필
요가 있다. "오로지 연구해서는 안 될 뿐만 아니라 대충 이해해서도 안
된다. 만약 자기의 학문이 정립되면 이단의 문제점을 보는 것은 그래도
괜찮다." 이단인 노장을 연구해서는 안 된다. 그런데 대충 이해해서도 안
된다. 오히려 철저히 읽어야 한다. 그래서 그것의 문제점을 봐야 한다. 이

---

18 강명관, 《안쪽과 바깥쪽》, 29~30쪽.

것은 결국, 안 되지만 괜찮다는 역설을 담고 있다.

달리 말하자면, 적어도 노장에 한해 말한다면, 이단은 있어서는 안 되지만 또한 없어서도 안 되는 그런 것이다. 이러한 태도는 18세기의 정통 성리학자 한원진韓元震이 지은 책, 조선조에 존재하는 단 두 개의 《장자》 주석서 중 하나인 《장자변해莊子辨解》의 서문에 분명하게 나타나 있다. 조금 길지만 인용한다.

나는 나이가 어릴 때 장자가 지은 책을 읽었는데, 문장이 고아하고 기발하여 기쁘긴 했지만, 그 뜻을 깊이 있게 이해하지 못해 책을 덮고 다시 보지 않은 지 오래되었다. 그런데 올 겨울에 친구 성군각으로부터 이 책을 교수해달라는 청을 받아 다시 꺼내 읽으며 두루두루 살펴보기를 여러 번 되풀이했는데, 핵심 내용을 터득한 듯한 연후에 비로소 그것이 이치理에 아주 가깝기는 하지만 참眞을 크게 혼란시킨다는 것을 깨닫게 되었다.

읽는 작업을 마치자 군각이 내가 한 강의를 기록으로 남길 것을 요청했다. 그래서 나는 이렇게 말했다. "내가 비록 힘이 모자라서 그 책을 태워 없애버릴 수는 없지만, 차마 어떻게 주석서를 짓겠는가! 비록 넓게 본다 해도 어찌 장주가 만세에 한 번 만날까 말까 한 성인이라고 달가운 마음으로 여기겠는가!" 그러자 군각이 말했다. "그렇지 않네. 이 책이 천하에 유포된 지 이미 오래되었으니 이제는 태워 없앨 수가 없네. 태워 없앨 수가 없다면 차라리 그 책의 의미를 분명하게 분변해 그 책에 담긴 피음사둔詖淫邪遁한 이론들이 온 세상과 후세에 명백히 드러나게 해야 할 것이네. 어찌하여 이 또한 우리 유자들이 흔쾌히 해야 할 대사가 아니라 하겠는가!"

또 내 생각에 장주는 육경六經의 요지에 대해 논하여, "《시경詩經》은 정성情性을 말했고, 《서경書經》은 정사政事를 말했고, 《예기》는 행실을 말했고, 《악경樂經》은 조화를 말했고, 《역경易經》은 음양을 말했고, 《춘추春秋》는 명분을 말했다"라고 하였다. 정자와 주자가 아직 나오기 전이었는데도 이렇게 한마디 말로 핵심을 끄집어내어 논할 수 있었으니, 이와 같이 분명하고 의미를 다 드러낸 것은 없었다. 그런즉 장주의 학문이 깊지 않다고 말할 수 없으며, 그가 성인의 뜻을 알지 못했다고도 말할 수 없다. 다만 그는 본원의 상달의 경지本源上達에는 아직 이르지 못해 방자하게 말한 것이다. 그리고 그 폐단이 마침내 이단을 말하고 도를 훼손하는 심각한 지경에까지 이르게 된 것이다. 배움은 본원에 도달하지 않을 수 없다. 그래서 다시 이와 같은 말을 덧붙여둔다.[19]

한원진은 우암 송시열의 유지를 받들어 평생토록 《주자언론동이고朱子言論同異攷》의 저술에 힘썼던 정통 성리학자이다. 《주자언론동이고》는 바로 주자의 정론正論이 무엇인지를 밝혀 정통을 세우려는 저술이었다. 그런 그가 여기서 지인의 입을 빌려 이단 장자에 대해 이렇게 말한다. 이제 태워 없앨 수 없으니 오히려 분명하게 분변하자고! 게다가 장자가 성인 공자의 뜻을 몰랐다고 할 수 없다고! 그렇다면 한원진은 장자의 뜻을 바로잡기 위해 주석을 한 것인가 아니면, 장자의 뜻을 드러내기 위해 주석을 한 것인가?

---

19 한원진, 《장자변해莊子辨解》, '서序' 참조.

4. 사문난적 혹은 영혼의 전쟁

그렇다면 우리가 그간 알고 있었던, 유가의 정신에 충실하고 이단을 전혀 허여하지 않았던 조선조 정통 성리학의 정신은 유명무실한 것이었을까? 그렇지는 않았다. 분명 조선조에서는 이단에 대한 철저한 배척이 있었다. 그 때문인지, 조선조의 그림에는 동양화의 주된 소재 가운데 하나인 '삼교도三敎圖'가 거의 없었다고 한다. 우리에게 전해지는 삼교도로는 18세기에 중인 출신의 화원 화가 유춘有春 이인문李寅文(1745~1814)이 그린 〈십우도十友圖〉가 거의 유일하다. 이 그림에서는 불가의 대사, 유교의 문인, 도교의 도사가 서로 마주앉아 어울려 있다.[20]

이인문의 〈십우도〉

조선조 정통 성리학은 이단을 사문난적斯文亂賊이라는 끔찍한 이름으로 부르며 철저하게 배척했다. 그런데 이단의 서書《노자》에 대해 조선조가 남긴 주석서는 모두 다섯 권이다. 적어도 율곡이 지었다는 《순언》이 1974년에 알려지기 전에는, 율곡보다 한 세기 늦게 태어난 박세당朴世堂(1629~1703)의 《신주도덕경新註道德經》이 최초의 《노자》 주석서로 알

---

20 이경구, 《17세기 조선 지식인지도》(푸른역사, 2009), 79쪽.

려져 있었다. 박세당은《신주도덕경》〈서序〉에서 이렇게 말한다.

> 노자는 주의 쇠퇴기에 도서관장을 지냈을 뿐 늙도록 정치 일선에 등
> 용되지 않았다. 그는 은둔할 즈음 책을 지음으로써 자신이 지키는 도를
> 밝히고 드러냈는데, 비록 그 도가 성인의 법에 합치하지는 않지만 의도
> 는 역시 수기치인修己治人에 있다……노자의 도는 성인의 도가 아니지
> 만 그의 책이 이미 나왔으니, 중요한 건 그 뜻을 불명확하게 하여 다시
> 후세를 잘못되게 해서는 안 된다는 점이다. 그래서 틈나는 대로 간략하
> 게 주석하게 된 것이다.[21]

박세당에 따르면,《노자》는 유가의 핵심 이념인 '수기치인'의 의도로
지어진 책이다. 비록 거기에 담긴 도가 성인의 도는 아니지만 그것이 이
미 책으로 나왔으니 후세를 위해 주석한다는 것이 그의 취지다. 이러한
입장은《장자변해》를 지은 한원진과 크게 달라 보이지는 않는다. 하지만
박세당은,《노자》를 주석한 것이 직접적인 원인은 아니었지만, 사문난적
으로 몰려 귀양 가 죽는다.

또 다른《노자》주석서《정노訂老》를 쓴 홍석주洪奭周(1774~1842)는
〈정노 머리글訂老題〉에서 박세당보다 훨씬 당당한 태도를 보인다.

> 세상에서 노자의 글을 이단이라고 여기는 것이 확고하지만, 세상에서
> 노자에 대해 비평하는 자 가운데 아직까지 노자에 대해 제대로 아는 자

---

21 박세당,《박세당의 노자—어느 유학자의 노자 읽기》, 김학목 옮김(예문서원, 1999), 71~72
쪽.

가 없다. 노자의 글은 거의 모두 욕심을 줄임으로써 신명을 기르고 다투지 않음으로써 세상에 순응하며 다툼을 줄이고 살육을 없앰으로써 백성을 다스리는 것에 대해 말했으니, 그 개략은 이상과 같을 뿐이다. 일반적으로 후세에 노자라고 말하는 것은 모두 노자의 본모습이 아니다……내가 생각하기에는 노자의 본래 의미를 세상에 밝힌 다음에 성인의 말씀에 일치하는 것은 스승으로 삼아야 하고 일치하지 않는 것도 논변해야한다. 이 때문에 손수 이 책을 지어서 바로잡으니, 대개 노자를 바로잡는것이 열에 하나이고, 세상에서 노자를 제대로 알지 못하는 것에 대해 바로잡는 것이 열에 아홉이라고 하겠다.[22]

박세당이 자신의 주석서에 '새로운 주석서'라는 뜻의 "신주도덕경"이라는 이름을 붙였다면, 홍석주는 '노자를 바로잡는다'라는 뜻의 "정노"라는 이름을 붙였다. 그리고 자신이 바로잡는 것 중에서 90퍼센트는 세상이 잘못 아는 노자와 관련된 것이고 노자와 관련된 것은 10퍼센트라고주장한다. 게다가 그는 '성인의 말씀에 일치하지 않는 것도 논변해야 한다'고 주장한다. 박세당이 사문난적으로 몰려 늙은 나이에 귀양 가 죽은것과 달리, 홍석주는 죽을 때까지 학문에 전념하며 평온하게 살았다. 그또한 정통 주자학자였다.

조선조의 《노자》 주석서 가운데 가장 특이한 것은 서명응徐命膺(1716~1787)의 《도덕지귀道德指歸》이다. 영조와 정조 시기의 소론少論 경화사족京華士族이었던 서명응은 그의 〈후서後序〉에서 "나는 선배 중에

---

22 홍석주, 《홍석주의 노자—訂老, 기호 주자학자의 노자 읽기》, 김학목 옮김(예문서원, 2001),
    27~28쪽.

서 순수한 유자라고 일컬어지는 송宋의 사마광司馬光, 원元의 오징吳澄, 우리 동방의 율곡 이씨 같은 분들이 모두 《노자》를 주해하였음을 알고 있다"라면서 자신의 주석 행위를 정당화한다. 《도덕지귀》〈서序〉의 언어는 이보다 훨씬 도발적이다. "노자를 배우다 잘못이 있게 된 것이지 노자학 그 자체가 잘못된 것은 아니다. 학을 하는 사람이 그 본뜻을 잃은 것이다."[23]

이렇게 본다면 정통 성리학의 서슬 퍼런 칼날은 느껴지지 않는다. 박세당이 사문난적으로 몰려 죽기는 했지만, 그 이유는 《노자》를 주석한 것과는 거의 무관한 듯하다. 문제가 된 것은 오히려 주자의 해석에 도전한 그의 《사변록思辨錄》이었고, 더욱 직접적인 원인은 송시열에 대한 비판이었기 때문이다. 그렇다면 정통 성리학자들의 이단에 대한 태도는 지극히 모순된 것이 아닌가. 한편으로는 노장을 과거 시험에 인용하는 것을 국법으로 금지하면서, 다른 한편으로는 노장을 시문에 써도 좋다는 이야기를 왕과 대신이 공공연하게 논한다. 이러한 면을 어떻게 이해해야 할까?

우리는 이단 문제에 대해 조금 다른 각도에서 접근해볼 필요가 있다. 그것은 바로 소격서昭格署의 혁파와 부활이다. 중종 13년(1518) 8월에 당시의 홍문관 부제학 조광조趙光祖는 소격서를 혁파하라는 상소를 올린다. 소격서 혁파 요구는 성종 때에도 있었지만, 처음에는 좌승지와 좌부승지가 반대했고, 나중에 다시 혁파 요구가 있었을 때에는 관례라면서 성종이 반대했다. 그래도 이것이 심각한 논쟁으로까지 번지지는 않았다.

---

23 서명응, 《도덕지귀—성리학자 서명응의 열린 노자읽기》, 조민환 외 옮김(예문서원, 2008), 52쪽.

하지만 중종 13년의 경우는 달랐다. 조광조의 상소 이후 대간들의 사직에도 불구하고 중종이 완강히 거부하자 조광조는 다시 "이는 암군暗君이 하는 일"이라며 비판했다. 심지어 조광조는 중종을 폐주 연산군에 비유하며 비난한다.

> 폐조(연산군대) 때에 나라가 망하지 않은 것은 다행입니다. 역대 선왕들의 신령스러운 도움으로 종묘사직을 보전하게 된 것은, 정말 다행한 일입니다. 그러나 당시에는 올바른 선비를 모조리 죽여, 초개처럼 여기지도 않았기에 조정의 신하들이 앞다투어 침묵을 지켜 자신을 보전하기에 힘쓰게 되었던 것입니다. 이로 말미암아 오직 자신에게 이익이 되는 것만을 추구하는 풍조가 크게 열리게 되어 어찌할 수 없는 지경이 되고야 말았습니다.[24]

연산군은 조선조 최고의 폭군으로서 중종은 연산군에 대한 반정을 통해 왕위에 오를 수 있었다. 그렇다면 조광조의 이러한 상소는 중종에게는 모욕에 가까운 것이었다. 조광조가 소격서 폐지를 주장한 의도는 조선을 다스리는 규범을 성리학 하나에 두라는 지극히 이념적인 것으로서, 도道와 정치의 분리를 막고 이단을 경계하기 위한 것이었다. 소격서는 폐지되었으나 결국 조광조는 죽었고, 얼마 지나지 않아 소격서는 부활한다. 이러한 소격서 혁파와 부활의 의미를 정두희는 다음과 같이 정리한다.

---

24 《중종실록》, 중종 13년 9월 기사. 정두희, 《조광조—실천적 지식인의 삶, 이상과 현실 사이에서》(아카넷, 2000), 165쪽에서 재인용.

소격서는 정말 대수롭지 않은 기구였다. 가뭄이나 한발의 피해가 클 때 나라에서는 종묘사직과 산천, 일월성신에게 제사를 지냈으며, 이런 관례는 매우 오래된 것이었다. 소격서가 도교에 관계된 것이라 해도 일찍이 이단 논쟁에 휩싸인 적이 없었던 것도 이런 까닭이다.

그러나 중종 13년 8월 조광조가 소격서를 폐지해야 한다고 주장했을 때는 그 의미가 전혀 달랐다. 그는 중종에게 성리학과 성리학이 아닌 것, 즉 이단 중 하나를 택할 것을 요구하였으며, 이단을 택한다는 것은 중종이 세조나 연산군과 같은 군주가 되려고 하는 것이므로 결코 용납할 수 없다는 결의를 표명한 것이었다. 그러나 중종도 소격서가 중요해서가 아니라 조광조의 주장을 그대로 받아들이는 것은 왕의 권위에 심각한 손상이 된다고 판단하였기에 매우 적극적으로 반대하였다. 중종의 뜻이 완강한 만큼 조광조의 주장도 강하였다. 거의 두 달 이상 지속된 논쟁 끝에 소격서는 폐지되었으며, 중종의 권위는 손상되었다. 그리고 그만큼 조광조의 정치적 영향력은 크게 확대되었다.[25]

역사학자 정두희의 분석에 의하면, 소격서 혁파는 성리학 이념의 문제와 직결돼 있었지만 실질적으로는 성종대에 그랬던 것처럼 피해 갈 수 있는 문제였다. 하지만 왕의 권위와 성리학의 이념이 대립하자 이는 곧 권력 투쟁의 양상을 띠게 되었다. 특히 조광조와 같은 성리학자에게 "왕보다 더 중요한 것은 그 시대 조선 사회가 추구해야 하는 성리학 이념"이었다.[26] 그런데 우리가 쉽게 납득할 수 없는 것은 도대체 소격서가 무엇이

25 정두희,《조광조—실천적 지식인의 삶, 이상과 현실 사이에서》, 171쪽.
26 정두희,《조광조—실천적 지식인의 삶, 이상과 현실 사이에서》, 157쪽.

기에 사화士禍에까지 이르는 처참한 일의 발단이 되었는가 하는 점이다. 도교학자 정재서는 소격서 혁파의 일을 다음과 같이 평가한다.

중종 시기 소격서 혁파를 둘러싼 왕실과 유신儒臣과의 일대 쟁론은 단순히 당시의 권력 관계의 측면에서만 파악한다면 유교 관료주의의 왕권에 대한 제약과 이에 대한 반격의 양상으로 풀이될 수도 있다. 그러나 우리가 문제를 보다 연원적으로 한국 관방도교의 역사적인 차원에서 성찰해본다면 소격서 혁파란 이 사안은 고려 초기 과거제 이후 존화적 중심주의라는 새로운 세계관과 국가 의식을 갖추고 합리적 관료 조직의 힘으로 사상과 권력을 점차 장악해온 유신 세력의 도교·국수 사상에 대한 궁극적 승리를 의미한다 할 것이다.[27]

김영수는 여말선초麗末鮮初의 척불론斥佛論을 중심으로 한 조선 개국의 성격을 '영혼의 전쟁'이라고 규정한다.

조선은 단지 정치 혁명의 결과로만 탄생했던 것은 아니었다. 여말선초 시대를 내적으로 특징짓는 것은 '성찰'과 '열정'으로, 인간과 사회, 세계에 대한 성찰이 전면적이고 열정적으로 이루어졌다. 그 규모와 심도는 그 시대까지의 한국 역사상 초유의 것이었다. 그 성찰은 매우 깊이 진행되어 한국의 정신세계에서는 처음으로 '이단'의 사유가 탄생되었다. 고려 말의 척불론은 정치 투쟁이자 영혼을 둘러싼 전쟁이었다……(이러한) 새로운 사유의 특징은 '국가가 장차 망하려고 할 때는 귀신에

---

27 정재서,《한국도교의 기원과 역사》(이화여자대학교출판부, 2006), 119~120쪽.

게 듣고, 장차 흥하려 할 때는 사람에게 듣는다'는 정도전의 말에 잘 나
타나 있다.[28]

이러한 견해들을 통해 본다면, 조광조와 중종의 대립, 소격서의 혁파
와 부활은 권력 다툼을 넘어 문명과 문명, 세계관과 세계관의 대립과 충
돌이라는 의미를 갖는다. 그래서 그것은 화해할 수 없는, "영혼을 둘러싼
전쟁"이 되는 것이다. 결국 이단은 조선의 개국과 더불어 탄생한 조선의
영혼을 지키는 유학적 이념의 또 다른 얼굴인 셈이다. 그렇다면 우리는
더욱더 미궁에 빠진 꼴이다. 소격서와 같은 하찮은 기관은 죽음을 무릅
쓴 혁파의 대상이 되었는데 어떻게 '노장'은 향유의 대상이 될 수 있었던
것일까?

5. 정통 유가 지식인의 내면 풍경

오늘날 한국 학계에서 '노장'은 상식적으로 '《노자》와 《장자》라는 텍스
트에 담긴 내용 혹은 그와 관련된 문헌에 담긴 철학적, 사상적, 종교적 전
통'이라는 의미로 이해된다. 그리고 《노자》와 《장자》가 한대漢代 이래 선
진 제자백가 가운데 하나인 '도가'로 분류됨으로써, 그리고 20세기에 '도
교道敎Taoism'의 기초 경전으로 이해됨으로써, 노장은 철학적으로나 종
교학적으로나 철저히 도가에 속하는 것으로 인식된다.

하지만 이와 다른 시각도 있다. 노장은 위진 시대 이래 문인 사대부들

---

28 김영수, 《건국의 정치―여말선초, 혁명과 문명 전환》(이학사, 2006), 677~678쪽.

의《노자》와《장자》주석에 의해 세워진 전통이므로 이를 유가 전통의 일부로 보자는 시각이다. 나는,《장자》주석이 송명宋明 이래 급격히 증가했고 주로 유교적 신념에 충실한 학자들에 의해 이루어졌다는 점을 들어 노장을 유가로 보고, 한유韓愈 이래 장자를 '사이비'가 아닌 '진정한 유학자眞儒'로 보는 전통이 계속되었음을 밝힌 바 있다.[29] 즉 노장을 도가 아닌 유가 전통의 일부로 보는 시각이 있는 것이다. 이는 철학사가 아니라 조선의 문학사를 보면 보다 분명해진다.

사문난적으로 몰려 죽은 박세당보다 조금 앞선 시기의 인물인 계곡溪谷 장유張維(1587~1683)의 경우를 보자. 이 시기는 앞서 강명관의 인용을 통해 설명되었듯이, 조선 문단에서 진한고문파가 득세하던 때였다. 장유가 굴원屈原에 기대어 지은 〈속천문續天問〉은 우리가 그동안 보아온 《노자》주석의 서문들과는 차원을 달리할 정도로 비판적이고 직설적이다. 이해를 위해 중요하므로 다소 길게 인용한다.

옛적에 굴원이 내쫓긴 뒤에 산택山澤을 방황하면서 천문天問 한 편을 지었는데, 이는 대체로 하늘에 묻는 형식을 취해 스스로 현실을 개탄하면서 옛날에 대한 감회를 풀어 쓴 것이었다. 그런데 그 일이 괴상하고 이치로 볼 때 지나친 점이 있었지만 그 글이 너무나도 기이하고 그 뜻 또한 서글펐기 때문에 선유先儒도 괴상하고 지나치다 하여 배척하지는 않았다. 내가 일찍이 읽어보고는 그 문장을 좋아하게 되고 그 뜻을 완상하면서 미상불 개연慨然히 탄식하였는데, 단정히 앉아 일들을 살펴볼수록 더욱 감발感發되는 점이 있기에 마침내 그 문체를 본떠 한 편의 작

---

29 이에 대해서는 4장에서 자세하게 다룰 것이다.

품을 지었다…….

유교는 의리 밝히고儒明義理

노자는 말 없는 현묘함 숭상하고老尙玄默

서쪽의 불교는西方之敎

허무와 적멸 내세우네泯然空寂

어째서 대도는 하나인데何大道之一

말들 서로 대립되나而群言相角

어느 것이 진짜이고 어느 것이 가짜이며孰眞孰僞

무엇이 순리順理이고 무엇이 역리인가誰順誰逆

본래의 그 모양은 하나밖에 없을 텐데法象無二

학술가들 주장은 종류도 여럿이네術數多歧

우산 같다고도 하고 새의 알 같다고도 하는데倚蓋鳥卵

어느 설이 옳은가何說得之……

삼대에는 영걸들이三代之英

즐비하게 나왔는데繼踵比肩

공자 맹자 돌아간 뒤孔孟之沒

천오백 년 지나도록 왜 이리 쓸쓸한가千五百載而寥焉

무슨 이유인가 성현의 나오심이何聖賢之生

많은 때와 드문 때 현저하게 다른 것은疎數相懸

주희朱熹는 박람博覽 요약要約을 종지로 삼고朱宗博約

육상산陸象山은 간명함을 좋아했다네陸慕簡易

어찌하여 똑같이 공맹을 스승 삼고何同師孔孟

결론은 그토록 제각각 달랐는가而旨歸殊致

근원은 같아도 흐름이 달랐으니源同流異

그 누가 진정한 공자의 문하인가孰眞洙泗[30]

　여기서 장유는 유불도를 자유롭게 오가면서, 그 차이를 논하기도 하지만, 궁극적으로 "어느 것이 진짜이고 어느 것이 가짜이며 무엇이 순리이고 무엇이 역리인가" 하고 묻는다. 마찬가지로, 조선조에서 이단의 또 다른 대명사였던 육상산(양명학陽明學)을 언급하면서는 "근원은 같아도 흐름이 달랐으니 그 누가 진정한 공자의 문하인가" 하고 묻는다. 즉, 장유는 '문文'의 전통을 빌려 '진정한 지식인이란 누구인가'라는 물음을 던지고 있는 것이다. 여기서 유불도, 성리학과 양명학의 대립은 근원적으로 달리 설정된다. 이러한 물음은 강고해지는 당시의 학풍을 논한 그의 산문 〈우리나라의 경직된 학풍我國學風硬直〉에서 더욱 직설적으로 다루어진다.

　　중국의 학술은 다양하다. 정학正學(유가의 학문)이 있는가 하면 선학禪學(불가佛家의 학문)과 단학丹學(도가의 학문)이 있고, 정주程朱(정자程子와 주자)를 배우는가 하면 육씨陸氏(상산象山 육구연陸九淵)를 배우기도 하는 등 학문의 길이 한 가지만 있는 것이 아니다.

　　그런데 우리나라의 경우는 유식 무식을 막론하고 책을 끼고 다니며

30　장유, 〈속천문〉(한국고전종합DB, db.itkc.or.kr 참조).

글을 읽는 자들을 보면 모두가 정주만을 칭송할 뿐 다른 학문에 종사하는 자가 있다는 말을 들어보지 못하였다. 어쩌면 우리나라의 사습士習이 중국보다 실제로 훌륭한 점이 있어서 그런 것인가. 아니다. 그래서 그런 것이 아니고, 중국에는 학자가 있는 반면에 우리나라에는 학자가 없기 때문에 그러한 것이다.

대체로 중국의 인재들은 그 지취志趣가 결코 녹록하지를 않아서, 이따금씩 큰 뜻을 품은 인사가 나오면 성실한 마음가짐으로 학문의 길에 매진하기 때문에, 그의 취향에 따라 학문의 성격은 서로 같지 않을지라도 각자 실제로 터득하는 바가 왕왕 있게 되는 것이다.

그런데 우리나라는 그렇지를 못해서 기국器局이 워낙 좁아 구속을 받은 나머지 도대체 지기志氣라는 것을 찾아볼 수가 없기 때문에, 그저 정주의 학문이 세상에서 귀중하게 여겨진다는 말을 얻어듣고는 입으로 뇌까리고 겉모양으로만 높이는 척하고 있을 따름이다. 그런 까닭에 소위 잡학雜學이라는 것조차 나올 여지가 없으니, 또한 어떻게 정학正學 방면에 소득이 있기를 기대할 수가 있겠는가.

이를 비유하자면, 땅을 개간하고 나서 씨를 뿌려야만 이삭이 패고 열매를 맺을 것이요, 그런 뒤에야 오곡이니 제비稊秕(돌피와 쭉정이) 등을 구별해낼 수 있는 것과 같다고 할 것이다. 그런데 눈에 보이는 것이라곤 말과 비틀어진 땅덩어리뿐인데, 거기에서 무엇을 오곡이라 하고 무엇을 제비라 할 수 있겠는가.[31]

여기서 장유의 표현이 특이하다. 그는 중국 학술의 다양성을 예로 들

---

31 장유,《계곡만필谿谷漫筆》(한국고전종합DB, db.itkc.or.kr 참조).

면서 조선 학술의 경직성과 편협성을 대비시킨다. 그런데 그러한 서술에서 우리가 유불도라 부르는 개념은 유儒, 선禪, 단丹으로 나타난다. '단'이란 잘 알려져 있다시피 '내단도교內丹道敎'를 가리킨다. 이 점에서 우리는 장유가 노장을 유교의 양명학과 유사한 것으로 인식한 것은 아닌지 생각해보게 된다. 장유는 심지어 맹자와 장자가 만나 논쟁을 벌인다면 어떤 대화가 오갔을까 상상하며 그들의 가설적 대화를 짓기도 했다.

그렇다면 우리는 여기서 다시 물을 수밖에 없다. 노장은 유가인가 도가인가? 그것은 유교의 '안'에 있는가 '바깥'에 있는가? 우리가 서술해온 맥락에 부합되게 바꾸어 묻는다면,《순언》은 유가의 문헌인가 도가의 문헌인가?《순언》을 도가로 이해하는 것이 상식이지만,《순언》에 반영된 조선조 사대부의 세계를 생각하면 이러한 단정은 섣부른 것이 아닐까? 노장은 '이단'이면서 '바깥'에 있지 않고 '안'에 있는 것은 아닐까? 이는 조선 시대의 특정 시기에만 작성되고 유행했던 '유선문학遊仙文學'을 보면 더 분명해진다.

6. 정통과 이단, 유교적 사유의 안과 밖

율곡 이이는 퇴계 이황과 더불어 조선 성리학의 양대 봉우리로 평가받는다. 그는 철저한 유학자였고, 누구보다 정통적인 성리학자였다. 하지만 그는 젊은 시절에 금강산으로 가서 불교에 귀의했던 일 때문에 평생 논란을 겪었고, 사후에는 자신의 문하들까지 곤혹스럽게 만들었다. 그런데 그에 대해《명종실록》은 아주 특이한 기록을 싣고 있다.[32]

심의겸을 의정부 검상으로……이이를 호조 좌랑으로 삼았다. 이이는 사람됨이 총명, 민첩하였고, 널리 배운데다 기억력이 매우 뛰어났으며 글도 잘 지어 일찍부터 돋보였다. 한 해에 연이어 사마시司馬試와 문과文科의 두 시험에 장원으로 뽑히자 세상 사람들이 부러워하였다. 다만 소년 시절에 아버지의 첩에게 시달림을 당하여 집에서 나가 산사를 전전하며 살다가 오랜 시간이 지나서야 돌아왔다. 혹자는 '머리를 깎고 중이 되었다'고 하였다. 그가 읊은 시에서 "전생의 몸은 바로 김시습金時習이었고, 이 세상에서는 바로 가낭선賈郎仙이 되었네"라고 하였다.[33]

율곡 평전을 쓴 황준연은 이러한 기사를 소개한 후 이렇게 덧붙인다.

　김시습(1435~1493)은 이른바 '생육신'의 한 사람으로 유교와 불교 및 도교의 정신세계를 넘나들었던 인물이고, 낭선은 중국의 시인 가도賈島(779~843)의 자字를 가리킨다. 말하자면 율곡 자신이 전생과 이 세상 모두 불교와 인연을 맺었음을 말하고 있는 것이다.[34]

　황준연은 율곡이 불교에 귀의했다는 누명(?)을 벗겨내려는 데 주로 관심을 두고 있다. 율곡은 불교와 노장 등에 두루 정통했으나, 그의 유학자로서의 뜻은 변함이 없었다는 점을 부각하고자 하는 것이다.
　하지만 나는 《명종실록》의 기사 속에서 또 다른 점을 주목하고자 한다.

32　황준연, 《이율곡, 그 삶의 모습》(서울대학교출판부, 2000), 44쪽.
33　《명종실록》, 명종 19년 8월 30일 기사. 일부 표현 수정.
34　황준연, 《이율곡, 그 삶의 모습》, 44쪽.

'김시습'이란 기호가 단지 불교를 가리키기만 하는 것은 아니라는 점이다. 이 점을 논하기에 앞서 나는 먼저 율곡이 열 살 때 경포대에 올라 읊은 부賦를 하나 소개하고자 한다. 때는 1545년으로, 바로 명종이 즉위한 해였다. 열 살밖에 되지 않은 소년의 글로서는 놀라울 정도로 포부와 굳은 의지가 돋보이는 글이다.

나그네가 웃으면서 대답한다……"장주莊周는 내가 아니고 나비는 실물이 아니니, 생각건대 꿈도 없고 진실도 없으며, 보통 사람이라 해서 없는 것도 아니고 성인聖人이라 해서 있는 것도 아니거늘 마침내 누가 득이고 누가 실이겠는가? 그러므로 마음을 텅 비워 사물에 응하고 일에 부딪히는 대로 합당하게 하면, 정신이 이지러지지 않아 안內가 지켜질 터인데, 뜻이 어찌 흔들려 밖으로 달리겠는가? 달達하여도 기뻐하지 않고 궁窮하여도 슬퍼하지 않아야 출세와 은거의 도를 완전히 할 수 있으며, 위로도 부끄럽지 않고 아래로도 부끄럽지 않아야 하늘과 사람의 꾸지람을 면할 수 있다네……그러나 선비가 세상에 태어나면 그 자신을 사사로이 하지 않고, 혹시 풍운風雲의 기회를 만난다면 마땅히 사직社稷의 신하가 되어야 하리. 융중隆中의 와룡臥龍이 어찌 문달聞達을 구한 선비가 아니었으며, 위천渭川의 어부가 어찌 세상을 잊어버린 사람이었겠는가? 아! 인생은 바람 앞 등불처럼 짧은 백 년이고, 신체는 넓은 바다의 한 좁쌀이라네. 여름 벌레가 얼음을 의심하는 것이 가소롭고, 달인達人도 고독을 당할 때가 있음을 생각하네. 풍경을 찾아서 천지를 집으로 삼을 것이지, 하필이면 부질없이 고국을 그리워하는 중선仲宣을 본받으랴?"

이 글에서 후반부에 나오는 "융중의 와룡"은 곧 삼국 시대의 영웅 제갈

량제갈량諸葛亮을 가리키고, "위천의 어부"는 주나라의 여상呂尚, 곧 태공망太公望을 가리킨다. 그가 위수渭水의 물가에서 낚시하고 있을 때 문왕文王이 그를 만나보고 등용한 데서 온 말이다. 또한 중선은 삼국 시대 위나라 왕찬王粲의 자字로, 그는 형주荆州에 피난해 있으면서 고국을 그리워하며 등루부登樓賦를 지은 바 있다. 왕찬은 건안칠자建安七子 가운데 한 사람으로 영웅 조조曹操를 도운 인물이자, 《노자주》를 지은 왕필의 할아버지다. 결국 이 글은 10세의 소년 유학자가 품은 청운의 뜻이 어떠한지를 잘 보여준다.

한데 여기에는 그런 면만 있지 않다. 여기에 나타난 표현들을 보면 소년 율곡이 이미 《장자》에 정통해 있었고, 이를 자신의 언어로 소화했음을 알 수 있다. 특히 끝 부분에 나오는 "여름 벌레가 얼음을 의심하는 것이 가소롭다夏蟲之疑冰"라는 구절은 《문선文選》의 〈손작유천태산부孫綽遊天台山賦〉를 인용한 것으로, 《장자》에서 따온 표현이다. 즉, 소년 율곡은 여기서 가소로운 여름 벌레와는 견줄 수 없는 자신의 고상한 뜻을 장자의 '대붕大鵬'에 비유한 것이다. 결국 이 글에서 소년 율곡은 새로 즉위한 명종의 시대를 맞이해 자신 또한 유자로서 품은 큰 뜻을 세상에 펼치겠다는 기개를 한껏 드러내고 있다.

그런데 율곡이 지은 글 중에는 어느 때 지어진 것인지 정확히 알 수 없는 '유선遊仙'풍의 부가 하나 있다. 〈유가야산부遊伽倻山賦〉라는 부인데, 글의 후반부는 다음과 같다.

나도 휘휘 긴 휘파람을 부니, 날듯하던 흥이 변하여 서글퍼지네. 하루살이처럼 세상을 지나가는 인생이 가엾고, 날아다니는 신선의 높은 발자취가 부럽구나. 그러나 해탈하여 신선이 되는 것을 쉽사리 이룰 수 없음을 알기에, 눈을 감고 조용히 존심存心하여 허황한 생각을 잊고 싶네.

그런데 꿈에서 어떤 신선이 학을 타고 훨훨 날아와 나에게 읍하며 말하네.

"인간에게는 괴로움이 많아 기름불로 서로를 끓이곤 하네. 마음은 이익과 탐욕으로 내달리고 입은 비린내 나는 걸 실컷 먹는구나.

그대는 평범한 인물이 아니고 오히려 묵은 인연이 있지만, 술에 취하여 꾸는 꿈에 허덕이고 있기에 나는 그대를 가엾게 여길 뿐이네. 나에게 효능 있는 환약이 있는데, 그걸 먹으면 한번 배부르면 굶주림을 잊게 되고, 낭풍산이든 현포산이든 마음대로 갈 수가 있도다. 진실로 이 말을 믿게. 나는 그대를 속이지 않네. 그대는 지금 옛것을 찾는데, 내가 누구인 줄 알겠는가?"

내가 대답하기를, "아! 알겠습니다. 상계上界의 산인散人인 신라新羅 학사學士로서 세상에서 유선儒仙이라 일컫는 분이 바로 당신이 아닌가요?"

신선이 미소 지으며 거문고를 당겨 노래하네. 그 노래에 이르기를, "어떤 사람이 세상 명예를 끊고 홀로 산언덕에 섰도다. 지하芰荷 치마에다 벽라薜蘿 옷을 입고, 영지靈芝를 캐면서 잡된 생각을 잊어버렸네. 거문고를 뜯어본들 그 누가 알아주나. 천 년 만에 비로소 한 곡조 뜯어보네. 끝없는 수면을 바라보았지만, 그대가 오지 않아 탄금彈琴을 지체했다네."

노래가 끝나자 신선은 보이지 않고 온갖 소리가 모두 고요하도다. 문을 열고 내다보니 빈산에 달만 밝구나.[35]

---

35 《율곡전서》〈습유〉1, 〈유가야산부〉.

〈유가야산부〉는 16, 17세기에 국한해 조선조를 풍미했던 유선문학의 성격을 모두 드러내준다. 그런데 정민은 "이 시기 유선시遊仙詩의 갑작스러운 대두는 학당풍의 진작이라는 문예 사조의 측면, 도교 사상, 특히 내단학內丹學에 대한 관심이 높아져간 사상적 측면, 몰락한 서인의 시세불우와 전쟁의 재앙이 맞물린 작가 의식의 측면 등 삼합三合이 이루어져 빚어진 결과다"[36]라고 평가한다.

유선시를 짓기 위해서는 내단학 등의 도교 사상에 정통해야 하는 것은 물론이다. 유선시는 《신선전神仙傳》 등 중국의 도교 신선 설화에 대한 풍부한 소양 없이는 창작 불가능한 장르이기 때문이다. 이는 16, 17세기에 조선에서 도교(특히 내단학 중심)적 소양이 상당히 유행했다는 증거가 된다. 그런데 더욱 주목할 점이 있다. 정민에 따르면 "16, 17세기 유선시의 작가들이 대부분 서인에 속해 있으며, 창작 또한 거의 인조반정(서인 정권의 복귀) 전으로 국한된다는 사실은 작가 의식의 측면에서 음미해봄 직하다. 특히 그들은 정철과 성혼, 이이에게 학맥을 대고 있다".[37] 이 시기에 도교적 바탕이 풍부한 《동의보감東醫寶鑑》이 편찬된 것도 같은 맥락이다.

그래서 허난설헌이나 허균 등의 일부 유선시 작품을 제외하면 "유선시는 대개 전란 이후 광해 초년 사이에 지어진 것으로 보인다. 전란으로 모든 가치들이 송두리째 무너지고 인간의 실존마저 위협받는 상황과 마주해 형성된 심리적 압박감이 자연스레 이들에게 시공을 초월하는 '유선'의 모식에 취하게끔 작용했던 것이다. 요컨대 동인 집권 이래 몰락한 서

---

36 정민, 《초월의 상상─정민의 도교미학 깊이 읽기》(휴머니스트, 2002), 164쪽.
37 정민, 《초월의 상상─정민의 도교미학 깊이 읽기》, 161쪽.

인의 시세불우의 탄식과 당로자當路者들에 대한 분노, 여기에 겹친 전쟁의 참상이 이들에게 모순으로 가득 찬 현실을 박차고 솟아올라 날개를 달고 신선이 되어, 고원탈속의 정신적 자유를 마음껏 외치게끔 부추겼던 것이다".[38]

이렇게 보면 앞서 인용한 율곡 이이에 대한《명종실록》의 기사에 등장하는 김시습이란 기호의 의미가 분명해진다. 왜냐하면 김시습은 조선 도교의 도통道統의 시조로 숭앙되며, 이후의 해동단학파海東丹學派의 비조이기 때문이다. 게다가 김시습은 사육신 가운데 한 사람이다. 김시습과 더불어 형성된 조선 도교의 계보는 신라의 최치원에게까지 거슬러 올라가며, 나중에는 해동단학파로 완성된다. 그래서 〈유가야산부〉에서 율곡이 꿈에 만난 신선은 해동海東의 '유학자 신선儒仙' 최치원이고,《명종실록》은 율곡을 김시습의 현신으로 표현하고 있는 것이 아닌가 한다.

신선이란 세상을 초월한 사람이다. 그러나 유선문학의 작가들은 초월자이기는커녕 오히려 현실에 좌절한 자들이었고, 권력의 중심에서 벗어나 실각한 사람들이었다. 출사해 천하를 경륜하는 것 이외에 그 어떤 탈출구도 금지되어 있던 사대부에게 '유선遊仙'은 정신적으로나마 탈속할 수 있는 유일한 수단이었던 것이다. 그렇다면 유선은 좌절된 욕망의 또 다른 얼굴인 셈이다. 조정의 권력을 잡아 천하에 도를 실현하려는 것과 유선의 세계에서 노닐려는 것은 같은 욕망의 다른 얼굴이 아닐까? 그래서 소격서와 같은 왕권의 상징은 용납될 수 없지만, 좌절한 욕망을 치유하는 '유선'과 '노장'은 있어서도 안 되고 없어서도 안 되는 이단인 것이 아니었을까?

---

38 정민,《초월의 상상─정민의 도교미학 깊이 읽기》, 163~164쪽.

달리 말하자면 유선 또는 노장은 권력 아니면 자유라는 선택에 대한 승인이었다. 그래서 노장이라는 이단은 단순한 이념적 배척의 대상이 될 수 없었던 것이다. 오늘의 나는 '안'(정통)에 있지만 내일의 나는 '바깥'(이단)에 있을 수 있기에, 안과 밖은 모순적이면서 공존할 수밖에 없다. 너는 나이고, 나는 너! 안은 바깥에 있고, 오히려 바깥은 그래서 늘 안에 있을 수 있다. 하지만 이러한 생각은 공적 언어로 공인될 수 없는 것이기에 '침묵'의 세계에 속한다. '너는 나다!' 그러나 그것을 입 밖에 내어 말할 수는 없다. 아마도 율곡의《순언》에 드리워진 침묵의 역사는 바로 이런 의미가 아닐까?

지금까지의 이야기는 한 편의 추리 소설이라고 봐도 무방하다. 그러나 무위자연과 유위有爲, 자연과 문명 같은 개념들을 통해《노자》나《장자》를 알고 있는 우리에게 이런 식의 이야기는 매우 낯설 수 있다. 그러나 나는 바로 이런 낯섦을 체험하고 이해할 때《노자》나《장자》를 비로소 제대로 음미하고 사유할 수 있다고 생각한다. 이는 여타 고전과 관련해서도 마찬가지다. 고전의 명시적 언어에 대한 집착을 끊고, 그러한 언명들이 전통 사회에서 살다 간 사람들의 삶과 어떻게 만나고 갈라지고 뒤섞였는지를 살피는 것은, 바로 우리의 삶과 만나는 중요한 통로를 찾아가는 작업이 될 것이다.

지금까지《노자》와 관련해 고대 중국에서 조선에 이르기까지의 길을 따라왔다면, 이제는《장자》라는 표지판을 따라 전통 사회에서 현대의 삶으로 넘어오는 길을 따라가 보자.

제2부

《장자》, 춤추는 방패

4장

《장자》, 이단과 전통
사이비 속에 감추어진 삶의 진실을 찾다

1. 해석의 갈등, 20세기의 《장자》

베이징北京의 거리에 차가운 바람이 몰아치던 1921년 12월에서 이듬
해 2월 사이, 미친 사람이야말로 진정한 계몽주의자라고 풍자한 중국의
문인 루쉰魯迅은 중국인의 노예근성적 정신세계를 비판한 작품 〈아Q정
전〉을 발표한다. 순진하고 어리숙해서 늘 주변 사람들에게 몰매를 맞지
만 스스로는 늘 독특한 정신적 승리법으로 의기양양한 아Q를 통해, 루
쉰은 기울어가는 중국의 운명을 그저 구경만 하는 중국인들을 비난했다.
루쉰에게 아Q는 중국의 어디에서나 만날 수 있는 중국인의 얼굴이자, 근
대 중국 지식인에게 비애를 안겨주는 중국인의 모습이었다.

그리고 몇십 년이 지난 후 중국의 철학자 관펑關鋒은 중국인의 패배주
의와 아Q의 정신이 《장자》에서 비롯되었다며 맹렬히 《장자》를 비판한
다.[1] 그런데 얄궂게도 관펑의 이러한 주장은 가장 전통적인 견해를 따른

것이었다.《장자》는 모두 33편으로 이루어져 있으나,[2] 이 가운데 장자 자신이 직접 지은 것은 '내편' 7편이고 나머지는 후학의 저술이라고 보는 게 일반적이다. 관평은 이를 가장 체계적으로 논증한 학자이다.[3] 오늘날 서구 학계에서 일반적으로 받아들여지는, 영국 출신의 중국 철학자 앵거스 그레이엄의《장자》 분류는 바로 관평의 분류에 기초한 것이다.

관평에 따르면, 춘추 시대의 공자의 사상이 당시 몰락해가던 노예 소유주 계급의 이데올로기였다면, 전국 시대의 장자는 이미 완전히 몰락해버린 옛 이데올로기에 대한 향수에 젖은 시대착오적 인물이었다. 그래서 현실과 동떨어진 정신적 자유만을 추구했고, 그런 비현실성이 급기야 중국인의 패배주의, 노예근성, 즉 루쉰이 비판한 아Q 정신의 근원이 되었다. 물론 이러한 관평의 주장은 펑유란馮友蘭과 같이 중국 문화의 위대한 전통을 계승하자는 주장에 골몰했던 문화보수주의자들을 비판하려는 것이었다.[4]

관평의 이와 같은 격렬한 비판에 대해 대륙 중국 학계는 다소 냉담했다.[5] 사회주의 신중국 건설 이후 사상적으로 자유롭지 못했던 지식인들

1 關鋒,〈莊子哲學批判〉, 哲學研究編輯部 編,《莊子哲學討論集》(北京 : 中華書局, 1962), 5~6쪽.

2 현재의 33편본《장자》는 진晉나라의 사마표司馬彪와 곽상郭象에게 와서야 비로소 틀이 갖춰진 것이고, 그 이전의 판본이 어떤 체제로 되어 있었는지는 오늘날 알 수 없다.

3 關鋒,〈莊子外雜篇初探〉, 哲學研究編輯部 編,《莊子哲學討論集》(北京 : 中華書局, 1962), 61~98쪽. 캄 루이Kam Louie에 따르면, 관평이 이와 같은 체계적 논증을 한 것은 '내편'과 '외편 · 잡편'을 구분함으로써 장자를 보다 체계적으로 비판하려는 의도에서였다. Kam Louie, *Inheriting Tradition : Interpretations of the Classical Philosophers in Communist China, 1949 ~1966* (New York : Oxford University Press, 1986), 113~116쪽.

4 Kam Louie, *Inheriting Tradition : Interpretations of the Classical Philosophers in Communist China, 1949~1966*, 126~128쪽.

5 유몽의와 도덕영이 펴낸 중국의 철학 연구에 대한 저술에서《장자》와 관련해 관평은 학문적 중요성에도 불구하고 큰 비중으로 다루어지지 않는다. 유몽의 · 도덕영,《중국의 철학연구—

에게《장자》는 뼈아픈 현실에서 벗어나 정신의 왕국을 건설하고, 심리적으로나마 위로받을 수 있는 거의 유일한 도피처였기 때문이다.[6] 그래서《장자》는 정치적 담론의 영역에서보다 예술, 신화, 문학에서, 또 예술가와 시인에게서 더 부각되었다. 이것이 20세기 대륙 중국 철학계의《장자》수용 경향이었다.

다른 한편,《장자》는《노자》와 더불어 중국의 고유한 민족 종교인 도교의 사상적 원류로서 크게 긍정된다. 대륙 중국학계의 도교사 연구 저술들은 대체로 다음과 같은 말로 시작된다. "도교는 중화민족 고유의 전통 종교이다."[7] "중국의 3대 종교인 유교, 불교, 도교는 중국 전통 문화의 3대 지주이다."[8] 이에 따르면,《장자》는 서구나 인도 문명으로부터 전혀 영향받지 않은 고유한 민족 종교 전통의 하나인 도교의 원류로서 고유한 가치와 의미를 갖는다는 논리가 성립된다.

대륙 중국의《장자》해석이 철학적으로 상당히 비판적이면서 동시에 회의적이었던 반면, 대만과 홍콩을 중심으로 활동한 현대 신유가新儒家는《장자》에 대해 상대적으로 우호적이거나 긍정적이었다. 현대 신유가의 대표적 인물들인 첸무錢穆, 팡둥메이方東美, 머우쭝산牟宗三, 탕쥔이唐君毅, 쉬푸관徐復觀 등은《노자》와《장자》를 유가와의 공통점을 찾으면서

혁명후부터 문화대혁명시기까지 철학논쟁의 재평가》, 김문용 옮김 (이성과 현실, 1991) 참조.
6 1980년대 중반 중국의 학문적 성과를 대표하는 저술만 출간했던 중국사회과학박사논문문고의《莊子哲學及其演變》의 저자 리우샤오간劉笑敢은 〈장자와 아Q 정신〉이라는 항목을 두어 장자가 아큐주의자가 아님을 적극 변호했다. 이는《장자》를 아큐주의로 보는 시각이 얼마나 무시할 수 없는 큰 조류였는지를 잘 보여준다. 유소감(리우샤오간),《장자철학》, 최진석 옮김 (소나무, 1998), 180~185쪽 참조.
7 卿希泰 主編,《中國道敎史(修訂本)》(成都 : 四川人民出版社, 1996), 서문 참조.
8 任繼愈 主編,《中國道敎史(增訂本)》(北京 : 中國社會科學出版社, 2001), 서문 참조.

긍정적으로 평가한다. 쳰무의 경우 비록《노자》에 대해서는 비판적이지만《장자》에 대해서는 유가를 계승한 긍정적인 사상으로 평가하며, 특히 쉬푸관은《중국 예술 정신》에서, 장자의 철학이 중국 예술 정신의 원류이며,《장자》〈제물론齊物論〉은 진정한 자유와 평등의 정신을 표출했다고 평가했다.[9]

20세기 한국 사회에서의《장자》해석 또한 다양하다. 중국 학계에서 찾아볼 수 있는 긍정적 해석과 부정적 해석 대개를 한국에서도 찾아볼 수 있다.[10] 하지만 우리의 기억 속에 아로새겨진《장자》는 무엇보다 다석多夕 유영모나 씨올 함석헌이 해석한《장자》다. 특히 함석헌은 박정희 정권의 서슬 퍼런 유신 체제 아래서 "칼로 흥한 자 칼로 망한다", "제발 건드리지 말라!" 같은 어록을 남기며, 독재 비판과 자유를 향한 외침으로《노자》와《장자》를 해석했다.[11] 유영모와 함석헌에게《장자》는 자유와 해방의 철학이자[12] 타 문명과의 대화의 통로였다.[13]

20세기 동아시아 사회에서 극단적으로 대립되는《장자》해석들이 공존하는 데는 대륙 중국, 대만과 홍콩, 한국의 정치적·이념적 차이도 한몫했지만, 시야를 더 넓혀 1,000년의 시공을 포괄한다면 이러한 해석의

---

9 현대 신유가의 노장 평가에 대한 개괄적 서술로서는 조민환,《유학자들이 보는 노장철학》(예문서원, 1996), 제2부 6장 참조.
10 김갑수,〈한국 근대에서의 도가 및 제자철학의 이해와 번역〉,《시대와 철학》제14권 2호(한국철학사상연구회, 2003년 가을), 213~238쪽.
11 함석헌의《노자》,《장자》관련 글 모음집인《씨올의 옛글풀이》(함석헌전집 20)에서는《노자》31장, 36장, 56장, 59장, 60장과《장자》〈소요유〉,〈제물론〉,〈거협〉,〈재유在宥〉같이 비교적 정치 풍자의 성격이 강한 부분들이 주로 다루어진다.
12 그래서 조민환은 이른바 '노장 철학'이란 '비판 철학'이라고 말하기도 한다. 조민환,《유학자들이 보는 노장철학》, 29쪽.
13 김시천,《철학에서 이야기로―우리 시대의 노장 읽기》(책세상, 2004), 1장 참조.

갈등은 그다지 중요하지 않다. 오히려 놀라운 것은 송명 신유학新儒學의 발흥 이래 '이단'의 이름으로 태워버려야 할 책으로 간주되었던《장자》가, 비판되건 찬양되건 상관없이 이른바 동아시아의 고유한 '전통'에 포함되었다는 점이다. 게다가《장자》는 서구의 철학—— 사회주의에서 유물론, 자본주의에서 자유주의와 기독교[14]—— 이나 과학과 소통할 수 있는 매개적 전통으로서 특히 강조되어왔다.

그런 의미에서 20세기에《장자》와 관련된 획기적인 사건은 '이단에서 전통으로의 전환'이라 할 수 있다.《장자》는 1950~1960년대 대륙의 전통 계승 논쟁에서 잠시 관평과 같은 입장의 학자들에 의해 부정적 평가를 받았으나, 1980년대 문화열文化熱 이후 매우 적극적으로 긍정되고 있다. 달리 말해 이제《장자》는 이단이 아닌 전통으로서 긍정되고 계승되어야 할 커다란 의미를 부여받고 있다.

이번 장의 목적은 어떻게 이와 같은 일이 일어날 수 있었는지를 역사적인 안목에서 헤아려보는 것이다. 여기서 우리가 주목해야 할 한 가지 사실은《장자》의 경우《노자》와는 조금 다르게, 가장 열정적으로 읽고 해석한 두터운 독자층의 형성이 시기적으로 신유학의 탄생과 거의 일치하며, "이단의 책이긴 하지만 이미 나왔기에 오히려 읽어야 하는" 책으로 불려왔다는 것이다. 이단이란 '옳은 듯하지만 그릇된似而非' 것을 일컫는다. 하지만 박세당 같은 이는 이러한 사이비를 통해 속유俗儒를 비판했다. 그런 의미에서《장자》는 사이비이면서 동시에 진유眞儒이기도 하다.

또한 우리는 여기서《장자》가 맹자와는 다른 계통에서 공자의 정신을

---

14 한국의 경우 유영모와 함석헌이 그러하며, 재미있게도 대만에서 활약한 천구잉陳鼓應 또한 기독교 관련 저술이 있다.

잇는 계승자로 자리매김되어 왔다는 사실을 기억해야 한다. 이단으로서의 사이비라는 지위와 공자를 계승하는 진유라는 지위가 《장자》에 공존해온 것이다. 바로 이러한 양의성ambivalance이야말로 현대 《장자》의 존립 기반이다. 《장자》에 부여된 이와 같은 양의성은, 《장자》가 훗날 한편으로는 전통으로 긍정되고 다른 한편으로는 기독교와 같은 서구 전통과 접맥될 수 있게 했다. 이 장에서는 바로 이러한 기막힌 현상을 기존의 연구 성과를 토대로 재서술해보고자 한다.

이를 위해 나는 여기서 다음과 같은 세 가지 논지를 전개하고자 한다.

① 《사기》에 서술된 장자의 모습은 초탈한 지식인과 반反유가적 성격의 소유자라는 양의성을 띠는데, 이를 《장자》 속의 장자와 대비시켜보면 후대의 지식인文人들이 받아들인 장자는 《사기》가 아닌 《장자》 속의 장자임이 드러난다.

② 당대의 한유 이래 장자가 공문孔門 계열이라는 주장이 상존해왔다. 《장자》의 편제와 구성, 그리고 장자의 계보가 공자의 정신을 계승했다는 유력한 설이 서로 긴밀히 연관돼 있을 가능성이 있다.

③ 현존하는 최고最古의 《장자》 판본이자 주석서인 진나라 곽상郭象의 《장자주莊子注》와 조선조에 널리 읽힌 송나라 임희일林希逸의 《장자권재구의莊子鬳齋口義》는 애초부터 유가적이며, 그런 의미에서 《장자》의 유가적 해석 전통은 《장자》 해석의 전통 가운데 가장 오래된 것이고, 이러한 전통은 조선조의 박세당과 한원진에게 이어졌다.

이러한 세 가지 논지가 긍정될 경우, 우리는 '이단'의 이름으로 유행했던 《장자》가 현재 우리가 보는 바와 같이 매우 탄력적이고 다원적인 해석이 가능한 '전통'으로 자리 잡기에 이른 기이한 상황 역전을 보다 분명하게 이해할 수 있을 것이다.

2. 장자의 두 얼굴, 《사기》의 장자와 《장자》의 장자

《사기》의 장자

《장자》의 〈추수秋水〉와 〈열어구列禦寇〉 두 편은 초나라 왕이 재상으로 초빙한 것을 장자가 거절하는 유명한 이야기를 담고 있다.[15] 장자는 왜 모든 지식인들이 꿈에 그리는 재상의 자리를 마다한 것일까? 저 인륜과 도덕의 수호성인 공자조차, 반역을 꾀한 양호陽虎의 부름에 갈까 말까 망설이다 충직한 제자 자로子路에게 핀잔을 듣지 않았던가! 장자의 가슴속에 응어리진 비애가 더 커서였을까, 아니면 정말 흔히 말하듯 무정한 정치의 세계에서 살아남으려는 비정한 몸부림이 싫어서였을까, 그도 아니면 남방의 대국 초나라가 작다고 생각해서였을까? 사마천의 《사기》는 장자의 전기에서 유일하게 이 일화만을 언급한다. 《사기》에서 장자는 초나라 왕이 보낸 두 대부에게 웃으며 이렇게 말한다.

천금이라면 막대한 돈이며 재상이라면 존귀한 지위이지만, 그대는 교

---

15 이야기는 다음과 같다. 장자가 복수濮水 강가에서 낚시를 하고 있는데, 초나라 왕이 보낸 두 대부大夫가 찾아와 왕의 뜻을 전했다. "부디 저희 나라의 정치를 맡기고자 하옵니다." 장자는 낚싯대를 쥔 채 돌아보지도 않고 이렇게 말했다. "내가 듣기에 초나라에는 신령한 거북이 있는데 죽은 지 3,000년이나 되었다고 하더이다. 왕께서는 그것을 헝겊에 싸서 묘당廟堂 위에다가 소중히 간직하고 있다지만 그 거북은 죽어서 뼈를 남긴 채 소중하게 받들어지기를 바랐겠소, 아니면 차라리 살아서 진흙 속에 꼬리를 끌며 다니기를 바랐겠소?" 두 대부는 대답했다. "그야 당연히 살아서 진흙 속에 꼬리를 끌며 다니기를 바랐을 테지요." 그러자 장자가 말했다. "어서 돌아가시오. 나도 진흙 속에서 꼬리를 끌며 다닐 것이오." 《장자》 〈추수〉: "莊子釣於濮水, 楚王使大夫二人往先焉, 曰:〈願以境內累矣!〉莊子持竿不顧, 曰:〈吾聞楚有神龜, 死已三千歲矣, 王巾笥而藏之廟堂之上. 此龜者, 寧其死爲留骨而貴乎? 寧其生而曳尾於塗中乎?〉二大夫曰:〈寧生而曳尾塗中.〉莊子曰:〈往矣! 吾將曳尾於塗中.〉"

제郊際를 지낼 때 제물로 바쳐지는 소를 보지 못하였는가! 그 소는 몇 년 동안 사육되다가 수놓은 옷이 입혀져 태묘太廟로 끌려 들어가는데, 그때 가서 하찮은 돼지가 되겠다고 해서 그렇게 될 수가 있겠소? 그대는 빨리 돌아가 나를 더 이상 욕되게 하지 마시오. 차라리 시궁창에서 노닐며 즐거워할지언정 나라를 가진 제후들에게 구속당하지는 않을 것이오. 죽을 때까지 벼슬하지 않아 나의 마음을 즐겁게 하고자 하오.[16]

여기에 드러난 장자는 그와 거의 같은 시대를 살면서 수많은 제자를 거느리고 천하를 주유하며 제후들에게 유세했던 맹자와는 전혀 다른 모습이다. 어쩌면 그는 구만리 창천 위 구름 속에 숨어 천하를 비웃으며 살았는지도 모른다.

《사기》는 장자가 초나라 왕의 초빙을 거절했다는 이 일화 외에 장자의 성명과 출신, 학문의 연원, 그리고 그의 문장과 학문적 정향에 대해 다음과 같이 간단하게 서술한다.

장자는 몽蒙 지방 사람으로 이름은 주周이다. 주는 일찍이 몽 지방의 칠원漆園이라는 고을에서 관리를 지냈는데, 양梁나라의 혜왕惠王, 제나라의 선왕宣王과 같은 시대 사람이었다. 그는 매우 박학하여 통달하지 않은 것이 없었는데, 그의 학문은 노자의 학설을 근본으로 하고 있다. 그러므로 10여 만 자나 되는 그의 저서는 대체로 우언寓言으로 되어 있으며, 〈어부漁父〉, 〈도척盜跖〉, 〈거협胠篋〉 편 등을 지어 공자의 무리를 비방하고 노자의 학설을 천명했다. 〈외루허畏累虛〉, 〈항상자亢桑子〉 편 등은

---

16 사마천, 《사기열전 (상)》, 정범진 외 옮김(까치, 1995), 24쪽.

모두 사실이 아닌 허구이지만, 장자는 문장력이 뛰어나고 세사와 정리情理에 합당하게 잘 비유를 들어 유가와 묵가를 공격하였으니 비록 당대의 대학자라고 하더라도 그의 공격을 피할 길이 없었다. 그의 언사는 거센 물결과 같이 자유분방하고 자기 마음대로였으므로 왕공대인王公大人들로부터는 훌륭한 인재로 평가받지 못하였다.[17]

《사기》에 따르면, 장자는 성이 장莊이고 이름이 주周다. 그 옛날 찬란한 문명을 과시했던 상商나라의 유민에게 주어진 땅에 세워진 송나라의 '몽'이라는 마을에서 기원전 369년에 태어나 그곳에서 칠원漆園, 즉 옻나무 동산을 관리하는 낮은 벼슬을 지냈으며, 기원전 286년에 죽었다고 한다. 여기서 말하는 양나라의 혜왕이란 《맹자》에서 천 리 길을 마다 않고 온 맹자에게 "우리나라에 무슨 이익利이 있겠습니까?"라고 물었던 양나라, 즉 위나라 중흥의 개혁 군주 혜왕이다. 이와 같은 몇 가지 간단한 사항을 제외하면 우리가 현재 장자의 삶에 대해 알 수 있는 것은 별로 없다.

그런데 《사기》에 언급된 장자 및 《장자》 관련 내용은 두 가지 점에서 중대한 의의를 갖는다. 우선 《사기》에서 묘사되는 장자는 오늘날 우리가 일반적으로 생각하는 장자의 이미지에 부합한다는 점이다. 먼저 장주라는 인물은 정치 현실에 비판적이면서 동시에 달관적인 정신의 소유자로 그려진다. 《사기》는 《장자》 자체에 풍부하게 전해지는 이야기 가운데 초나라의 재상으로 초빙받은 것을 거절한 일화만을 소개하고 있다. 이는 《장자》를 반정치적이거나 적어도 탈정치적인 성격의 것으로 읽히게 만든다.

---

17 정범진 외 옮김, 《사기열전 (상)》, 23쪽.

다른 한 가지는 《사기》에서 언급하는 《장자》의 편명이 다르다는 점이다. 《사기》에 따르면 장주는 〈어부〉, 〈도척〉, 〈거협〉을 지어 공자의 추종자들을 비판하면서 노자의 학술을 밝혔고, 또한 〈외루허〉, 〈항상자〉를 지었는데 이런 편들은 공허한 이야기로서 사실과 관계가 없다. 〈외루허〉와 〈항상자〉는 오늘날의 《장자》에는 없는 편들로서, 이러한 언급은 사마천이 본 《장자》가 오늘날의 《장자》와는 다른 것이었음을 추측게 한다. 또한 《사기》에 언급된 장자는 노자를 계승한 학자로서 유가 비판이 그의 핵심 사상이다.

여기서 특기할 만한 점은, 《장자》는 흔히 도가로 분류되는데, 《사기》는 도가를 정치적 성격이 상당히 강하며 다른 여러 학파의 사상을 포용하는 종합적 사상으로 설명한다는 것이다. 이 점은 《한서》 〈예문지藝文志〉도 마찬가지이다. 〈예문지〉는 《장자》를 도가 문헌으로 분류하고, 이 도가가 군주의 통치술에 관한 학문이라고 설명한다. 그런데 장자의 열전에 서술된 장자는 《사기》가 규정한 도가와는 다소 거리가 있어 보이며, 〈소요유逍遙遊〉와 〈제물론〉을 중심으로 하는 오늘날의 《장자》 이해와 《사기》의 《장자》 이해는 문헌의 구성과 사상적 성격에서 많이 다르다.

달리 말하자면, 《사기》에서 장자는 탈속적인 모습과 반유가적인 모습으로 드러난다. 이는 《장자》에서도 마찬가지다. 《사기》의 장자 서술은 이와 같은 양의성을 드러낸다. 한유 이래 송대 이후의 여러 유학자들은 《사기》에서 장자의 저술로 언급된 〈어부〉, 〈도척〉이 위작이라며 집중적으로 비판했는데, 이는 《사기》가 전하는 장자의 일화는 수용할 수 있으나 유학을 비판한, 그리고 문장의 품격이 떨어지는 〈어부〉, 〈도척〉 등의 편은 장자의 저술로 인정할 수 없다는 심중을 드러낸 것이었다.

그렇다면 《사기》 이외에 장자에 대해 알려주는 다른 문헌은 없는 것일까? 상당히 늦은 후대의 문헌에서야 장자나 《장자》에 관한 다른 언급이 나타나는데 그나마 매우 단편적이다. 예를 들어 순자荀子는 장자에 대해 "하늘天에 가려 인간을 알지 못했다" 했고, 양웅揚雄은 장자를 "방탕무도하여 본받을 만하지 못하다"라고 비판했다. 하지만 이러한 언급들은 너무 소략해 장자에 관한 새로운 정보가 되지 못한다. 무엇보다 장자에 관해 가장 풍부한 정보를 전해주는 것은 《장자》 자체이다. 그렇다면 《장자》에 묘사된 장자는 어떤 모습일까?

《장자》 속의 장자

역사적으로 공자에 관한 정보의 근간은 《사기》〈공자세가〉였다. 그만큼 《사기》는 공자에 관한 많은 정보를 담고 있으며, 그 권위는 의심받은 적이 거의 없었다. 하지만 오늘날 《사기》의 공자와 《논어》의 공자의 차이가 주목받고 있듯이, 두 공자는 꽤 다르다. 장자의 경우도 마찬가지다. 《사기》에 서술된 장자와 《장자》에서 드러나는 장자 간에는 커다란 차이가 있다. 이를 구체적으로 살피기 위해 《장자》에 나오는 총 28개의 장자 관련 이야기를 주제에 따라 세 계열로 나누어보았다.[18] ① 장자와 혜시의 이야기, ② 장자의 신세에 관한 이야기, ③ 장자의 도와 처세에 관한 이야기가 그것이다.

① 장자와 혜시의 이야기(8회)

---

18 여기에 열거된 편명과 분류 숫자는 한국에서 가장 일반적으로 읽히는 안동림 번역본의 단락 구분을 따른다. 장자, 《다시 읽는 원전 장자》, 안동림 역주(현암사, 1993).

〈소요유逍遙遊〉12 : 쓸모없는 두레박과 큰 나무 이야기

〈덕충부德充符〉21~23 : 성인에게는 정이 없다는 이야기

〈추수秋水〉17 : 장자가 양나라에 가자 혜시가 두려워한 이야기

〈추수〉18 : 물고기의 즐거움에 관한 이야기

〈서무귀徐無鬼〉7 : 학파에 대해 논쟁한 이야기

〈서무귀〉9 : 혜시의 죽음을 애도한 이야기

〈외물外物〉9 : 혜시가 장자의 말이 쓸모없다고 비판한 이야기

〈우언寓言〉3 : 공자가 마음을 육십 번 바꾼 이야기

② 장자의 신세에 관한 이야기(9회)

〈추수〉16 : 장자가 벼슬을 마다한 이야기

〈지락至樂〉4 : 장자의 처가 죽은 이야기

〈산목山木〉7 : 장자가 위 혜왕을 만난 이야기

〈전자방田子方〉7 : 장자가 노 애공을 만난 이야기

〈외물〉3 : 장자가 감하후에게 곡식 구걸한 이야기

〈열어구列禦寇〉5 : 조상을 비웃은 이야기

〈열어구〉9 : 장자가 송나라 왕에게 수레 열 대 받은 사람을 비웃은 이야기

〈열어구〉10 : 장자가 벼슬을 마다한 이야기

〈열어구〉11 : 장자가 죽었을 때의 이야기

③ 장자의 도와 처세에 관한 이야기(11회)

〈제물론齊物論〉32 : 장자가 나비가 되는 꿈을 꾼 이야기

〈천운天運〉2 : 송나라 태재 탕과 인에 관해 나눈 이야기

〈추수〉13~15 : 장자 얘기를 듣고 놀란 공손룡 이야기

〈지락〉6 : 장자가 두개골을 보고 깨달은 이야기

〈산목〉1 : 무용한 나무와 울지 못하는 거위 이야기

〈산목〉9 : 조롱에서 따귀 맞고 깨달은 이야기

〈지북유知北遊〉11 : 동곽자와 도에 관해 나눈 이야기

〈칙양則陽〉11 : 국경지기의 양생을 칭찬한 이야기

〈설검說劍〉 : 천자, 제후, 서인의 검을 논한 이야기

〈열어구〉4 : 도는 알기는 쉬우나 말하지 않기가 어렵다는 이야기

〈천하天下〉15 : 장자가 도술에 기뻐한 이야기

《장자》에 기록된 갖가지 일화는 장자에 대해 보다 풍부한 정보를 제공한다. 장자는 노魯나라의 애공哀公과 만났으며, 위나라의 혜왕과도 만난 적이 있고, 특히 위나라의 재상을 지낸 정치가이자 사상가 혜시惠施(기원전 370~310)와는 막역한 친구 사이였던 것으로 보인다. 또한 처의 상을 당해 슬퍼하기는커녕 춤추며 노래했다는 기이한 행적이 기록된 것으로 보아 장자는 결혼했고 몇 명의 자식을 두었던 듯하다. 위에서 구분한 세 계열의 일화들은 장자에 관한 일정한 추론을 하기에 충분하다.

무엇보다《장자》가 증언하는 인간 장자는 아주 가난하고 고달픈 삶을 살았던 것으로 보인다. 〈외물〉에는 장자가 집이 가난해 감하후監河侯에게 곡식을 꾸러 갔다가 불쾌한 대접만 받고 나온 이야기가 기록되어 있다. 또〈열어구〉에는 송나라 왕을 위해 진秦나라에 사신으로 갔다가 성공적으로 일을 마치고 돌아온 조상曹商의 입을 통해 장자가 얼마나 곤궁한 처지에서 살았는지가 언급된다. 임무를 성공적으로 마치고 돌아온 조상은 장자를 만나 "대체 이렇게 곤궁한 마을 뒷골목에 살면서 궁색하게 짚

신이나 엮으며 목덜미는 그렇게 여위고 낯짝은 누렇게 떠 있다니 나라면 이렇게는 살지 못할 거요"라고 거들먹거리듯이 말한다.

이런 기록들은 장자가 무척 곤궁하게 살았음을 잘 보여준다. 하지만 장자 자신의 생각은 이와 달랐다. 다음의 일화는 장자의 정신적 풍모를 잘 보여준다.

장자가 누더기처럼 기운 옷을 입고 삼끈으로 얽어맨 신발을 신고서 위나라 혜왕의 곁을 지나가고 있었다. 위왕이 그에게 말했다. "그대는 어째서 이렇게 지친 것인가?" 이 말을 들은 장자가 말했다. "가난한 것이지 지친 것이 아닙니다. 선비가 도와 덕을 지니고 있으면서도 이를 행하지 못했을 때 지쳤다고 하는 것입니다. 옷이 해지고 신발에 구멍이 난 것은 가난한 것일 뿐 지친 것이 아닙니다. 이는 때를 만나지 못했음을 말하는 것일 뿐입니다……지금처럼 군주가 어리석고 신하들이 혼란스러운 시대에 지치지 않으려 한다 해서 어찌 그럴 수 있겠습니까? 저 비간比干과 같은 충신이 심장을 도려내는 일을 당한 것을 보면 분명하지 않습니까!"[19]

여기서 장자는 자신을 충신 비간에 비유하면서, 자신이 도와 덕을 품고 있어 천하를 구제할 만한 그릇이지만 아직 때를 만나지 못했음을 은연중에 강조하고 있다. 하지만 위 혜왕의 눈에 비친 장자는 가난에 찌들어 비천해 보이는 몰골이었던 모양이다. 장자는 외모가 아닌 가슴속의

---

19 《장자》〈산목山木〉: "莊子衣大布而補之, 正緳係履而過魏王. 魏王曰 : 〈何先生之憊邪?〉莊子曰 : 〈貧也, 非憊也. 士有道德不能行, 憊也 ; 衣弊履穿, 貧也, 非憊也 ; 此所謂非遭時也……今處昏上亂相之間, 而欲無憊, 奚可得邪? 此比干之見剖心徵也夫!〉"

웅지를 보고 사람을 쓸 것을 종용하는 듯하다. 아무리 좋은 활이라도 명궁의 손에 쥐어져야 본색을 드러낼 수 있고, 물고기는 물을 만나야 광대한 물속을 자유롭게 유영할 수 있는 법인데, 당시처럼 부패와 혼란이 극심한 시대에는 뛰어난 인재일수록 초라하고 볼품없이 살아간다는 것을 장자는 은연중에 꼬집고 있다.

장자는 비록 가난했지만, 값싼 동정에 몸을 팔거나 절개를 버려가면서까지 세상이나 권력자에 아부하는 것에 대해 극심한 반감을 갖고 있었다. 장자는 자신의 처지를 비웃은 조상에게 다음과 같이 비아냥댄다.

진秦나라의 왕은 병이 나서 의사를 부르면 종기를 터뜨려 고름을 빼는 자에게는 수레 한 대를 주고 치질을 핥아서 고치는 자에게는 수레 다섯 대를 준다고 하더이다. 치료하는 부위가 아래로 내려갈수록 수레를 더 많이 준다는데 당신도 그 치질을 고쳐준 것이오? 수레를 많이도 얻으셨구려! 자, 어서 가버리시오.[20]

우리는 여기서 장자의 시대가 유사遊士의 시대였음을 기억해야 한다. 떠돌이 지식인은 자신의 도를 바탕으로 유세해 벼슬을 구하는 것이 관례였다. 그런 면에서 장자와 혜시의 만남은 유독 눈길을 끈다. 왜냐하면 혜시는 위나라의 재상이었기 때문이다. 아마도 장자는 아무런 기대도 할 수 없는 조국 송나라에 대한 미련을 접고 새로운 개혁의 기운이 가득한 희망의 나라인 위나라에서 뜻을 펼치고 싶었던 게 아닌가 싶다. 그런 의

---

20 《장자》〈열어구〉: "秦王有病召醫, 破癰潰痤者得車一乘, 舐痔者得車五乘, 所治愈下, 得車愈多. 子豈治其痔邪, 何得車之多也? 子行矣!"

미에서 장자와 위왕의 만남을 우연으로만 치부할 수는 없을 듯하다.

혜시와의 만남은 극적인 효과들로 가득하다. 혜시는 늘 장자에게 "자네의 말은 쓸모가 없네"라고 핀잔했던 모양이다. 또 〈추수〉 편에는 장자가 위나라에 갔을 때 혜시가 그에게 재상 자리를 빼앗길까 봐 두려워했다는 이야기가 실려 있다. 하지만 이 이야기는 후대에 장자의 후학들이 지어낸 것으로 보인다. 오히려 〈서무귀徐無鬼〉 편에서 장자가 혜시를 애도하며 하는 이야기가, 장자와 혜시의 관계가 어떠했는가를 잘 보여준다. 장자가 장례에 참석하기 위해 길을 가다 혜시의 묘 앞을 지나게 되자 자신을 따르던 시종을 돌아보며 이렇게 말한다.

> 초나라의 서울 영郢 사람이 자기 코끝에 하얀 흙을 파리 날개처럼 얇게 바르고 장석匠石에게 이것을 깎아내게 하였다. 장석은 바람소리가 날 정도로 도끼를 휘둘렀으나 영 사람은 가만히 움직이지 않고 있었다. 하얀 흙이 전부 다 깎여 나갔지만 코는 조금도 다치지 않았고 영 사람 또한 미동조차 하지 않았다. 이 이야기를 들은 송나라의 원군元君이 장석을 불러들여 자기에게도 보여달라고 했다. 그러자 장석은 예전에는 그렇게 할 수 있었지만 지금은 그 사람이 죽어 그렇게 할 수가 없다고 했다. 나도 그 장석이란 사람과 마찬가지로 혜시가 죽은 뒤로는 함께 이야기할 사람이 없어졌구나![21]

적어도 이 이야기에 따르면, 장자에게 혜시는 이야기를 들어주는 사람

---

21 《장자》〈서무귀〉: "郢人堊慢其鼻端若蠅翼, 使匠石斲之. 匠石運斤成風, 聽而斲之, 盡堊而鼻不傷, 郢人立不失容. 宋元君聞之, 召匠石曰:〈嘗試爲寡人爲之〉匠石曰:〈臣則嘗能斲之. 雖然, 臣之質死久矣.〉自夫子之死也, 吾無以爲質矣, 吾無與言之矣."

을 넘어 장자 자신을 가장 잘 이해하는 지기知己였던 것으로 보인다. 사인士人의 신분으로 일국의 재상인 혜시와 수없이 많은 대화를 나누는 것으로《장자》에서 묘사되는 장자는 도대체 어떤 인물이었을까? 또한 혜시와 장자는 현실에서 어떻게 만날 수 있었을까? 이에 대해서는 아주 상식적인 추론을 해보는 수밖에 없다. 그것은 혜시와 장자를 후원자와 문객門客의 관계로 이해하는 것이다.[22]

당시 중국 대륙에서는 여러 나라들이 존재하며 끊임없이 전쟁을 벌였고 사회 개혁에도 열성적이었다. 얼마나 효율적인 국가 체제를 수립하느냐는 국가가 살아남느냐 망하느냐를 가르는 관건이었다. 이러한 과제를 해결하는 데 가장 절실한 것이 인재였다. 당시의 군주들은 훌륭한 인재를 모으기 위해 최선을 다했다. 제나라의 위왕威王과 선왕, 위나라의 혜왕 등은 모두 인재 육성에 가장 열심인 군주들이었다. 맹자가 이들을 만나 유세한 것은 바로 이와 같은 현실에서였다. 또한 아마도 이것은 장자에게도 그대로 해당되지 않았을까?[23] 〈설검說劍〉에서 장자는 조趙나라 문

---

22 장자와 관련된 수많은 일화 중에서 다수(3분의 1)가 혜시와 대화를 나누는 것이라는 점은 장자의 생애를 파악하는 데 있어 중요한 의미를 띤다. 또한 혜시와의 대화 중에 표출된 내용이 장자 사상에서 비교적 큰 중요성을 차지한다. 그리고 전체 28개 일화 가운데 '내편'에 속하는 세 개의 일화 중 두 개가 혜시와의 대화라는 점 또한 주목되어야 한다. 더 나아가《장자》의 사상이 공문孔門 계열이라는 역대의 주장을 나는 수용한다. 또한 나는 공동 집필할 앞으로의 논문에서 ① 장자는 공문의 제자이며, ② 혜시의 문객이며, ③ 장자의 사상은 공자의 정신 가운데 맹자와 다른 계열의 정신을 계승하고 있다는 전통적인 주장을 옹호할 것이다.

23 《장자》에 실린 이야기만 봐도 장자는 위나라의 혜왕을 찾아가 만났고, 송나라의 태재太宰 탕蕩을 만나 인仁에 대한 이야기를 나누었으며, 또한 노나라의 애공을 만났다. 《장자》에 나오는 수많은 이야기들은 오늘날의 시각으로 볼 때 문학적 수사와 과장이 많지만, 장자가 여러 유력자들에게 유세했던 이야기로 생각할 수 있다. 유세라는 것에 어떤 하나의 정형이 있다고 생각해서는 곤란하다. 〈설검說劍〉의 이야기를 보면 유세의 설법이 따로 정해져 있지 않았다는 것을 부정하기 어려울 것이다.

왕文王에게 진정한 천자의 검은 "한번 휘두르면 제후의 행동이 바르게 되고 온 천하가 복종하게 된다"라고 말한다. 이와 달리 제후의 검을 휘두르면 "한 나라 안의 사람들이 모두 복종하게 되고 군주의 명령을 따르지 않는 자가 없게 된다". 하지만 서인庶人의 검은 "위로 목을 베고 아래로는 간이나 폐를 찌르는 것으로서 투계를 하는 것이나 다를 바 없다". 장자는 이러한 말을 통해서 문왕의 칼싸움 취향을 비난했다. 천자의 자리에 있으면서 서인의 검을 좋아하는 것은 경멸할 만한 일이라는 것이었다. 이 일이 있은 후, 문왕 근처에 모여들었던 수많은 검사들이 일자리를 잃어 자살했다고 한다.

〈설검〉의 이 이야기에서 드러나는 장자의 기개는 제나라 선왕이나 위나라 혜왕을 만나 거침없이 왕도 정치를 펼 것을 요구하는 맹자의 기개와 다를 바 없다. 다만 장자는 거침없는 말투와 과장된 논조로 인해 주변 사람들에게 더 큰 시기와 조소를 받았던 것이 아닐까 추측될 뿐이다. 《장자》에 처세에 대한 이야기가 많은 것은 어쩌면 처세에 능하지 못한 그가 자신의 신세를 한탄했기 때문이었는지도 모른다. 본래 처세에 능한 사람은 처세의 원리에는 관심이 없다. 오히려 처세에 능하지 못했기에 처세의 어려움을 말한 것이 아닐까.

적어도 《장자》에 묘사된 장자는 반유가적인 모습과는 거리가 있다. 오히려 그는 너무나 가난하고, 가슴에 뜻을 품었으나 시대를 잘못 만나 자신의 도를 펼칠 기회를 얻지 못한 비운의 지식인으로 그려진다. 유일한 희망이었던 지기知己 혜시마저 세상을 떠나자 장자는 유유자적하며 《장자》를 저술했는지도 모른다. 역사가 사마천의 눈에 비친 장자가 두 가지 모습을 갖고 있었다면, 《장자》에서 나타나는 장자는 비교적 일관된 모습을 보인다. 뜻을 품었으되 가난해 벼슬에 나아갈 기회를 얻지 못한 지식인 장자의 모습 말이다. 아마도 이런 장자상이 도학자에게 매력적으로 보이지 않았을까 싶다.

3. 역사 속의 《장자》

《장자》가 문헌으로 성립된 것은 한대이지만, 지식인들에게 널리 읽히게 된 것은 위진 시대에 들어와서다. 우리가 《노자》와 《장자》를 함께 부를 때 '노장'이라 하는데, 엄격히 말하면 이 노장이란 말 자체가 위진 시대의 산물이다. 그 전에는 《노자》와 《장자》가 개별적으로 취급되었을 가능성이 높다. 《장자》 읽기의 역사에서 더욱 중요한 것은, 《장자》가 지식인들의 사랑을 받으며 널리 읽히고 다양한 《장자》 주석이 나오게 되는 것은 오히려 유학이 새로운 단계로 진입한 송명 시대에 이르러서였다는 점이다. 역설적이게도, 유학이 역사상 가장 체계적인 철학으로 발전한 신유학 시대에 《장자》가 가장 널리 읽히게 된 것이다. 여기서는 《장자》의 편제와 내용, 곽상본의 편집을 따른 현재의 《장자》 판본의 성립 과정과 의미, 그리고 《장자》의 공문유래설孔門由來說을 살펴봄으로써 《장자》 해석의 전통이 본래 유가적이라는 점을 논하고자 한다.

《장자》의 편제와 내용

일찍이 송의 문인 소식蘇軾은 〈장자사당기莊子祠堂記〉란 글에서 〈어부〉, 〈도척〉, 〈양왕讓王〉, 〈설검〉 등이 장주의 저술이 아니라는 의심을 드러냈고, 명말청초明末淸初의 왕부지王夫之도 '외편'과 '잡편'에는 위작이 많다고 지적한 바 있다. 이후 청대의 고증학자들이나 중국 근대의 계몽적 지식인들은 여러 근거를 들어가면서 《장자》의 의심스러운 문제들에 대해 다양하게 논했다.[24] 그 결과, 오늘날의 학자들은 《장자》 가운데 '내편'만을 장주 자신의 저작으로 인정하고 나머지는 그의 후학이나 편집자가 쓴 것으로 추정한다.

1950~1960년대의 관평의 논증 이후 《장자》 가운데 장주 자신의 저술이 '내편' 7편이라는 데에는 커다란 이의가 없다. 한편, 1980년대에 리우샤오간은 '내편'에 도道, 덕德, 명命, 정精, 신神 등 단일 개념만 있고 복합 개념은 없는 데 비해 '외편'과 '잡편'에는 도덕, 성명性命, 정신과 같은 복합 개념이 30여 차례 이상 나온다는 점을 들어 '내편'이 '외편'이나 '잡편'보다 성립 연대가 빠르다고 논증한다. 또한 문장이나 편집 체제, 사상의 일관성 등을 근거로 할 때 '내편'이 가장 빨리 성립된 장주 자신의 저작이며, '외편'과 '잡편'은 장자의 사상을 계승, 발전시킨 후학의 저술이라고 주장한다.[25]

관평과 리우샤오간의 논증 이후 '내편'만이 장주 자신의 저술이라는 데 이의를 제기하는 사람은 거의 없으나, 장자 후학의 유파를 구분하는 그들의 시각에 대해서는 이견이 있다. 이견을 제시한 대표적인 학자가

---

24 《장자》의 편제와 구성, 각 편의 학파별 분류법에 대한 현대 학계의 다양한 시각은 다음 논문에 세 가지 논점을 중심으로 잘 정리되어 있다. 김용수, 〈《莊子》와 中國 近年의 세 가지 學術觀點〉, 《東洋哲學》 제17집(한국동양철학회, 2002), 159~186쪽.

25 리우샤오간은 장자 후학의 저술이 뒤섞여 있는 '외편'과 '잡편'에서 세 유파를 구분하는데, 이는 장주의 사상을 거의 그대로 계승하고 넓히고자 한 술장파述莊派, 현실의 도덕과 정치를 강력히 비판한 무군파無君派, 유가는 물론 다른 여러 사상가들의 학문을 포괄적으로 수용하면서 적극적인 현실 개혁의 비전을 제시한 황로파黃老派이다. 유소감(리우샤오간), 《장자철학》.

그레이엄이다. 그레이엄은 '외편'과 '잡편'의 내용을 네 유파로 분류하는데, 이것은 관평의 시각을 비판적으로 발전시킨 것이다. 그레이엄의 유파 구분은 장자를 읽거나 연구하는 데 유용하다. 간략하게 그 내용을 소개하면 다음과 같다.[26]

- 내편 : 통상 장자 자신의 저술로 인정된다.
- 외편 : 장주의 저술로 인정될 수 있는 것이 없다.

    8~10, 11편 : 원시파primitivist documents의 저술. 기원전 205년경에 성립된 것으로 추정된다. 단, 11편의 마지막 절은 종합파의 것이다.

    12~14편 : 종합파syncretist stratum의 저술. 기원전 2세기경에 성립된 것으로 추정된다. 단, 12편의 마지막 절은 원시파의 것이다.

    15, 16편 : 15편은 종합파의 것이고 16편은 다른 부분들과 전혀 무관하다.

    17~22편 : 장자 학파Chuang Tzu school의 저술. 편집자가 여러 저자들의 자료를 '내편'처럼 동일한 주제를 중심으로 묶으려 한 것처럼 보인다.

- 잡편 : 이 안의 글들은 모두 두 글자의 제목을 취하고 있다.

    23~27편 : 이질적이고 잘못 끼어든 단편들로 구성되어 있다. 이 부분은 '내편'을 보완하는 데 사용될 수 있다.

---

26 Angus C. Graham, *Chuang-Tzu, The Inner Chapters*(Indianapolis · Cambridge : Hackett Publishing Company, Inc., 2001), 27~29쪽.

28~31편 : 양주파의 문집Yangist chapters으로, 기원전 200년 전후의 저술로 추정된다.

32~33편 : 32편은 이질적인 단편들의 모음이다. 33편은 종합파의 논문으로, 장자의 죽음으로 끝나고 전국 시대 사상가들에 대한 묘사와 평가를 주로 담고 있기 때문에 책 전체의 결론 역할을 한다.

사마천의 《사기》에서는 〈어부〉, 〈도척〉과 같은 장주의 저술이 지극히 반유가적인 성격으로 묘사되는 데 반해, 송나라의 소식은 이 편들이 장주의 저술임을 의심한다. 또한 대다수 현대 학자들의 《장자》 이해는 주로 신비롭고 장대한 이야기, 기막힌 역설의 논리로 가득한 〈소요유〉와 〈제물론〉을 중심으로 이루어진다. 하지만 우리는 이 가운데 어떤 접근이 진정한 《장자》에 다가가는 것인지 말하기 어렵다. 리우샤오간이나 그레이엄의 분류에서 알 수 있듯이, 어느 편을 중시하는가에 따라 《장자》 해석이 판이할 수 있기 때문이다.

그런가 하면 해럴드 로스Harold D. Roth는 《장자》의 편집자가 《회남자》를 지은 유안劉安이라면서, 《장자》의 마지막 편인 〈천하天下〉는 그가 《장자》를 편집한 후에 쓴 '후서後序'에 해당한다는 전통적인 주장을 다시금 내놓았다.[27] 이와 같은 주장을 수용하게 되면, 《장자》가 이미 전국 시대 후기에는 분명 책으로 묶여 있었다는 중국 측 학자들의 주장과 달리, 《장자》의 성립 시기를 더 늦추어 잡게 된다. 이것은 왜 한초에 《장자》에 관

---

[27] Harold D. Roth, "Who Compiled the Chuang Tzu", Henry Rosement, Jr. (ed.), *Chinese Texts and Philosophical Contexts* (Lasalle, Illinois : Open Court, 1991), 79~128쪽.

한 언급이 거의 없는지, 왜《장자》에 다양하고 이질적인 여러 논조가 뒤섞여 있는지 해명할 수 있다는 장점이 있다.

그레이엄의 주장이 맞는다면《장자》는 대략 기원전 4세기 말부터 기원전 2세기까지 기나긴 세월에 걸쳐 이루어진 문헌이 된다. 게다가 문헌 성립 시기까지 고려한다면 기원전 4세기 말부터 곽상이 살았던 기원후 4세기 초까지 600여 년에 걸쳐 이루어졌다고 할 수 있다. 또한 장주 자신이 지은 '내편'과 그가 짓지 않은 '외편'과 '잡편'을 통해서《장자》에는 무려 서너 갈래의 다른 목소리가 공존한다. 이렇게 볼 때《장자》는 어느 특정 인물의 사상을 담은 문헌이 아니며 그렇게 읽혀서도 안 된다. 이는 사상의 해석에서도 그대로 반영되어야 한다.

이런 점은《장자》속의 공자 묘사에서 극명하게 드러난다. 메이컴John Makeham은《장자》에 묘사된 공자의 모습이《논어》에 묘사된 공자의 모습과 유사하고, 유가에 속하는《맹자》나《순자》그리고 사마천의 〈공자세가〉에 묘사된 공자의 모습과는 다르다는 점을 지적하면서, 오히려《장자》에 나오는 공자의 모습이 본래에 더 가까울 수도 있다고 본다.[28] 실제로《장자》에서 공자는, 극히 일부분의 경우를 제외하면 장자에게 호의적이거나 긍정적인 모습을 보여주는 것은 물론이고 장자 사상의 대변자로 등장한다. 비록 성인은 아닐지언정 소왕素王이나 아성亞聖의 모습으로[29],

---

28 John Makeham, "Between Chen and Cai : Zhuangzi and the Analects", Roger T. Ames (ed.), *Wandering at Ease in the Zhuangzi*(Albany, New York : State University of New York Press, 1998), 75~100쪽.

29 정세근,《노장철학》(철학과 현실사, 2002), 제7장 참조. 정세근은 이 책 162~163쪽에서 다음과 같이 지적한다. "공자는《장자》에서 분명한 역할이 있다.《장자》에서 공자는 노자의 대담자로 자주 원용될 뿐만 아니라, 오히려 작자의 대변자로 자주 등장하기 때문이다. 매우 중요한 관념들이 장자가 아닌 공자의 입을 빌려 나오는 경우는《장자》에서 쉽게 찾아진다. 그

우리의 상상과는 전혀 다른 모습으로 나타나는 것이다.

2001년 중국에서 출간된 《장자서발논평집요莊子序跋論評輯要》[30]라는 책에는 고대에서 청대淸代까지의 주요 《장자》 관련 논저 141편이 소개돼 있는데, 이 가운데 송나라 이전의 것은 단 18편으로 전체의 13퍼센트에 지나지 않는다. 이는 일반적 예상을 빗나가는 사실이다. 그렇다면 《장자》는 유학이 가장 공고한 주류 학문으로 자리 잡게 되는 송명 시대에 비로소 지식인 사이에서 사랑받는 문헌으로 정착된 셈이다. 우리가 단순히 《장자》를 선진 시대의 실존 인물 장자의 철학서로만 읽는다면, 《장자》에 대한 선인들의 시각과는 거리가 한참 먼 것이 된다. 더욱이 조선조 지식인들의 《장자》에 대한 태도를 거의 이해할 수 없게 된다.

요순堯舜으로부터 공자로 이어지는 도통론道統論에 입각해 유학의 정통성을 강하게 주장하고 그 이외의 사상을 이단이라 부르며 배척했던 도학파道學派 가운데 《장자》에 대해 긍정적으로 생각했던 사람은 많다. 이러한 태도는 성리학의 완성자 주희에게서도 분명하게 드러난다.[31] 주희는 맹자 이후의 학자 가운데 장자보다 박식한 사람은 없었으며 유학자였던 순자 또한 장자에는 미치지 못한다고 보았다. 또한 주희는 불교에 어떤 긍정적인 것이 있다면 그것은 모두 《장자》에서 유래한다고까지 말했다. 장자가 주희를 비롯한 여러 신유학자들을 포함해 여러 유학자들의

런 점에서 《장자》의 공자는 적어도 〈아성〉의 지위를 갖는다."

30 謝祥晧·李思樂 輯校, 《莊子序跋論評輯要》(武漢: 湖北敎育出版社, 2001).

31 주희의 노장관에 대한 전반적인 분석은 조민환, 《유학자들이 보는 노장철학》, 제2부 2장 ; Julia Ching, The Religious Thought of Chu Hsi(New York : Oxford University Press, 2000), 155~157쪽 참조. 또 불교와 대비해 노장 철학이 긍정적으로 서술되는 이유와 배경에 대해서는 이용주, 《주희의 문화이데올로기—동아시아 사상 전통의 형성》(이학사, 2003), 제3장 참조.

표 3. 《장자》에 대한 서序·발跋·논論·평評의 시대별 통계[32]

시대 \ 논저	서·발	논·평	계
전국戰國	·	2	2
양한兩漢	·	4	4
삼국三國	·	2	2
진晉	2	2	4
동진東晉	·	1	1
남조송南朝宋	·	1	1
양梁	·	1	1
남당南唐	·	1	1
당唐	2	·	2
송宋	13	4	17
명明	42	10	52
청淸	40	14	54
총계	99	42	141

마음을 사로잡은 것은, 북송北宋의 왕안석王安石이 지적했듯이 특히《장자》〈천하〉의 한 구절 때문이었다.

《장자》〈천하〉에는 "《시경》은 뜻志을 말했고,《서경》은 정사政事를 말했고,《예기》는 행실을 말했고,《악경》은 조화를 말했고,《역경》은 음양을 말했고,《춘추》는 명분을 말했다"[33]라는 육경에 대한 평가가 나온다.

---

32 여기에 제시된 통계 수치는 謝祥晧·李思樂 輯校,《莊子序跋論評輯要》에 기초한 것이다. 이렇게 제한된 자료에 의거한 통계 수치는 제한적인 의미를 띨 수밖에 없겠지만, 우리의 통념과 달리 송대 이후 명청 시대에《장자》가 얼마나 다양한 방식으로 유통되고 읽혔으며 또 얼마나 많이 편찬되었는가를 아는 데에는 이 정도로도 충분할 것이다. 이 통계를 통해 적어도《장자》가 유학자에 의해 가장 많이 읽혔다는 사실은 파악할 수 있지 않을까.

33 《장자》〈천하〉: "詩以道志, 書以道事, 禮以道行, 樂以道和, 易以道陰陽, 春秋以道名分."

이 구절을 근거로 많은 유학자들은 장주가 육경의 요지를 이해할 정도로 공자의 도에 가까이 다가갔던 인물이라고 본다. 게다가《장자》의 유명한 일화, 즉 포정庖丁이 소 잡는 이야기에는 신유학에서 가장 중시하는 개념인 '천리天理'가 나온다. 주희는 문혜군文惠君 앞에서 천리를 말하는 포정의 이야기를 학문할 때의 '이치理'를 깨닫는 과정으로 이해한다.

주희는 이렇게 말했다. 학생이 처음 경서를 대하면 전체가 하나처럼 보이는데, 그 안의 여러 부분을 오래도록 보게 되면 훨씬 더 세밀해져서 결국 커다란 진보를 이루게 된다. 이는《장자》에 나오는 소잡이꾼이 소를 전체로 보지 않으면서 소를 잡는 것과 매한가지다. 이와 비슷한 방식으로《장자》에 나오는 여러 중요한 개념들은 신유학에서 중시되는 것과 같은 의미를 지닌 것으로 이해되었고,《장자》는 유학의 도에 가까운 것으로서 높이 평가되었다. 심지어 소식이나 왕안석 같은 이들은 장자가 공자의 제자였다고 주장하기까지 했다.[34]

물론 모든 신유학자가《장자》에 호의적이었던 것은 아니지만,《장자》가 이단으로서 무조건 배척된 것은 더욱 아니다.《장자》에 우호적이었던 인물들 가운데 특히 눈여겨볼 사람은, 이단에 대해 가장 배척적인 태도를 보였던 북송 정이程頤 계열의 임희일이다. 임희일은《장자구의莊子口義》라는 주석서를 냈는데, 이것은 조선 유학자들 사이에서 가장 널리 읽힌《장자》판본으로서 조선조에서도 여러 차례 간행되었다.[35]

이와 같이 장주는 대개의 철학사 서술과는 달리 전국 시대에는 그다지

---

34 왕안석, 소식, 임희일의《장자》평가에 대해서는 전호근, 〈장자 구워삶기 : 노장전통의 신유가적 변용〉,《도가철학, 이단에서 전통으로》, 제27회 정기학술발표회 자료집(한국철학사상연구회, 2005년 봄), 4~19쪽.
35 장자,《역주 장자 1》, 안병주 · 전호근 옮김, (전통문화연구회, 2001), 〈해제〉 참조.

알려지지 않았던 인물이고, 또한《장자》가 전국 시대에 실재했는지조차 의심을 받고 있다. 중국의 학자들은《노자》로부터 이어지는 도가의 발전 단계를 설명하기 위해 전국 시대 후기에《장자》가 문헌으로 성립되었다고 주장하지만 확실한 증거는 없다. 또한《장자》는 위진 시대에 유행하기 시작해, 유학이 다시금 체계화되는 송명 시대 이후 널리 읽히면서 어느 누구보다 유학자에게 가장 사랑받은 문헌이었다. 이렇게 볼 때《장자》를 단순히 도가의 반유가적 문헌으로 평가하는 것은 타당치 않다.

공문의 제자, 현인 장자

현재 우리가 읽는《장자》의 체제는 진晉나라의 곽상에게서 유래했다. 당唐나라 육덕명陸德明의《경전석문》에 의하면,《한서》〈예문지〉에서 말하는 52편본《장자》는 기이하고 거짓된 말들이 하도 많아서《산해경山海經》이나 꿈 해몽서와 비슷했는데, 곽상이 장주의 뜻에 합치하는 글만을 모아 현행 33편본《장자》를 만들고 주석했다. 물론 학자에 따라서는 곽상의《장자》가 그보다 조금 앞선 향수向秀의 주석을 약간 보완한 것이라고 보기도 하지만 대체적으로 현재의《장자》를 곽상이 정리한 것으로 여긴다. 〈소요유〉, 〈제물론〉으로 시작해 〈천하〉로 끝나는 현행 체제는 곽상에게서 비롯된 것이다.

그런데 재미있게도《장자》를 편집한 곽상은 노자나 장자를 옹호한 도가 학자가 아니라 공자를 옹호한 유가 학자였다.[36] 이것은 곽상뿐만이 아니라 위진 시대 현학자玄學者들의 공통점이다. '현학玄學'이《노자》제1장

---

36 정세근,《제도와 본성─현학이란 무엇인가》(철학과 현실사, 2001) 참조.

의 "신비하고 또 신비하다玄之又玄"라는 말에서 유래했다고 생각하기 쉽지만, 사실 이 말은 후한의 사상가 양웅楊雄에게서 유래했다.[37] 양웅은 하늘과 땅과 사람이 각각 마땅히 따라야 할 길이 있어 그것을 천도天道, 지도地道, 인도人道라 하는데 이 세 가지를 함께 말할 때 '현'이라 한다고 했다.

노자보다 공자를 더 위대한 성인으로 본 것은 《노자주》를 지은 왕필 또한 마찬가지다. '공자는 무無에 대해 전혀 말하지 않았는데 노자는 왜 무에 대해 많은 말을 했는가'라는 질문을 받았을 때 왕필의 대답은 이러했다. 공자는 말로 표현할 수 없는 무의 경지를 온전히 체득했기 때문에 무에 대해 말하지 않았지만 노자는 제대로 체득하지 못했기 때문에 여러 말을 했다는 것이다. 그러므로 진정한 성인은 공자이지 노자가 아니라는 이야기다. 곽상이 장자를 보는 시각 또한 이와 마찬가지다.

《장자》를 주석한 곽상이 장자 아닌 공자를 옹호했다는 것은 상식적으로는 이해가 잘 안 될 것이다. 왜냐하면 《장자》에는 유가에서 존경하는 요堯, 순舜, 우禹 같은 성왕聖王이나 공자를 조소하거나 비판하는 이야기가 꽤 많이 나오기 때문이다. 하지만 곽상은 이에 대해 전혀 상반된 해석을 한다. 《장자》에서 이들을 비판하는 것은 단지 문학적 장치일 뿐이라는 것이다. 즉, 곽상은 《장자》가 요, 순, 공자를 비판하려는 것이 아니라 이들의 언행을 고착화하고 규범화하는 후인들을 비판하려는 것이라고 해석했다.

곽상은 이를 '발자국跡'과 '그 발자국을 남긴 사람所以跡'의 관계로 설명한다.[38] 진정 성인의 뜻을 이해하려면 성인의 마음을 헤아려야 하는데,

37 김시천, 〈老學에서 易學으로—王弼《老子注》의 以易解老적 성격을 중심으로〉, 한국도교문화학회 엮음, 《道敎文化硏究》 제19집(2003), 353~357쪽.
38 Brook Ziporyn, *The Penumbra Unbound : The Neo-Taoist Philosophy of Guo*

사람들은 흔히 성인이 남긴 발자국만 보고 그것을 절대화해 그대로 따르려고 한다. 하지만 발자국은 성인이 지나간 흔적일 뿐, 그 흔적을 남긴 성인 자신이 아니다. 상황이 다르고 시대가 다르면 성인은 달리 행동할 수도 있었다는 것이다. 따라서 성인의 뜻을 잇기 위해서는 그 발자국을 묵수하는 것으로는 부족하며 성인의 참된 뜻을 헤아려야 한다.[39]

말하자면, 《장자》에서 공자와 유가의 여러 성왕을 비판한 것은 바로 장주 당시 사람들이 성인의 뜻을 곡해한 것을 우회적으로 질타하기 위해 고착화된 성인상을 비판하는 차원이었다는 것이다. 이렇게 보면 곽상에게 《장자》는 공자를 비판한 책이 아니라 옹호한 책이 된다. 중요한 것은 《장자》의 말이 아니라 그 속에 숨은 뜻이고, 그 뜻은 공자를 비판하는 데 있지 않다는 것이다. 물론 곽상은 장자를 비판하기도 한다. 비록 장자가 학문의 근본을 깨닫긴 했지만, 그 때문에 거침없이 자유롭게 말을 하다 보니 후대에 비판받게 되었다는 것이다. 그래서 곽상은 장자를 공자보다 한 단계 아래의 인물로 평가한다.

게다가 곽상이 편집한 33편본 《장자》는 한 가지 중요한 특징을 보인다. '내편'과 '외편·잡편'이 공자에 관한 서술에서 뚜렷한 차이를 보인다는

Xiang(Albany, New York : State University of New York Press, 2003), Part I 참조.

39 이러한 생각은 왕필에게서도 나타난다. 이는 당시에 유행하던 언의지변言意之辯의 산물이다. 이때 언의지변의 핵심 인물은 공자와 그의 《논어》 및 오경五經이지 《노자》나 《장자》가 아니다. 《노자》나 《장자》는 논변을 풀어나가는 논리적 수단으로 이용되었을 뿐이다. 왕필은 곽상이 말한 발자국과 발자국을 남긴 사람의 관계를 《노자》 제1장의 도道와 가도可道의 관계로 말한다. 달리 말해 곽상의 논리는 왕필의 논리와 다를 바 없다. 나는 이런 식의 《노자》·《장자》 해석을 '의리적 전회'라고 규정한 바 있다. 김시천, 〈노자의 양생론적 해석과 의리론적 해석〉, 120~126쪽. 위진 시대에 일어난 언의지변과 그것이 당시의 정치와 사상에 대해 갖는 의미를 폭넓게 살펴보려면 Rudolf G. Wagner, Language, Ontology, and Political Philosophy in China–Wang Bi's Scholarly Exploration of the Dark (Xuanxue)(Albany, New York : State University of New York Press, 2003), 특히 제1장 참조.

것이다. 공자가 노자에게 힐난을 당하거나 가르침을 구하는 이야기들이 대개 '외편'과 '잡편'에 나오는 반면, '내편'에서는 공자가 장자의 대변자로 등장하기 때문이다. 특히 장자의 핵심 사상으로 일컬어지는 심재心齋와 좌망坐忘은 각각 〈인간세人間世〉와 〈덕충부德充符〉에서 공자와 그의 애제자 안회顔回의 대화 중에 나온다.[40]

이와 같은 곽상의《장자주》는 여러 면에서《장자》이해의 역사에서 중요한 의미를 갖는다. 첫째, 곽상의《장자주》는 이후 모든 사람이 읽는《장자》의 기초 텍스트가 되었다. 둘째, 곽상의《장자주》는《장자》를 기이하고 이상한 이야기를 기록한 책이나 유학을 비판한 책이 아니라 유학 자체가 고착화되고 이데올로기화되는 것을 문제 삼은 책으로 보게 하는 계기가 되었다. 이후 도가 사상은 자체의 논리를 지닌 사상으로 정착되기보다는 유학의 타락을 방지하는 보완적 사상으로 정착된다. 셋째, 이와 같은 곽상의《장자주》는 송명 시대 유학자들의 다양한 해석을 낳는 토대가 되었다.

4. 유학 안에서《장자》읽기, 사이비와 진유

《삼국사기三國史記》에는 신라 태종무열왕의 둘째 아들 김인문金仁問(629~694)이《노자》와《장자》에 이르기까지 두루 읽었다는 기록이 나온다. 이렇게 보면 역사적으로《장자》가 수용되기 시작한 것은 삼국 시

---

40 이 때문에 장자가 공문 계열 가운데 안회 문하의 전인傳人이라는 주장이 제기되기도 했다. 적어도 앞서 살펴본《장자》속의 장자에 관한 일화들은 이러한 추정을 어느 정도 가능케 한다. 나는 장자가 안회 문하의 전인이라는 설을 지지한다.

대부터지만,《장자》가 학문적 차원에서 본격적으로 다루어지기 시작한 것은 조선 시대에 들어와서다. 건국 초기부터 철저하게 성리학을 국가 주도 원리로 삼았던 조선 사회에서《장자》가 학문적으로 다루어졌다는 것은 의외로 여겨질 수 있겠지만, 대다수의 조선조 선비들이《장자》를 읽었거나 혹은《장자》에 관심을 가졌다는 증거는 꽤 많다.

이미 세종 때부터 영조 때까지 임희일의《장자구의》가 여러 차례 간행 되었고, 심지어 우리말로 토를 단 현토본懸吐本까지 존재했다는 것은《장 자》에 대한 관심을 잘 보여주는 증거다. 성리학 이외의 학문은 이단시하 며 배척했던 조선 사회에서《장자》같은 이단 문헌이 읽히고, 또한 박세 당, 한원진 같은 정통 성리학자의《장자》주석서까지 출현하게 된 배경 을 몇 가지로 추측해볼 수 있다.[41]

먼저 조선 성리학이 성숙의 경지에 이르면서 싹튼 자신감이 이단 사상 에까지 관심을 갖게 한 것일 수 있다. 다음으로, 유학적 이념과 정면으로 충돌하는 불교에 비해《장자》는 불온성이 적다고 판단되었을 수 있다. 또한 주희가 도교에 대해서는 비판적이었으나《장자》에 대해서는 비교 적 호의적이었다는 사실 또한 일정한 영향을 미쳤을 수 있다. 마지막으 로, 성리학의 주요 철학 개념들이《장자》에 연원을 둔 탓에《장자》를 전 면적으로 거부하기가 어려웠을 수 있다. 그리고 무엇보다, 조선 시대에 널리 읽힌《장자》판본은 임희일의《장자구의》였는데, 이 책의 우호적인 《장자》해석이《장자》에서 반反유학적 문헌이라는 느낌을 덜어주었을 수 있다.

---

41 박원재,〈조선 유학의 도가 이해〉, 고려대민족문화연구원 한국사상연구소 엮음,《자료와 해 설 : 한국의 철학 사상》(예문서원, 2001), 355~378쪽.

임희일의《장자구의》의 본래 이름은 "장자권재구의"이고, 임희일은 성리학의 발전에서 주희 다음으로 중요한 위치를 차지하는 북송 정이 계열의 유학자다. 임희일은《장자구의》의 서문에 해당하는 〈장자구의발제莊子口義發題〉에서,《장자》는 경전의 지위에까지 오르지는 못했으나 천하에 없어서는 안 될 책이라고 썼다. 또한, 유가의 주요 경전인《춘추좌씨전》이나 위대한 역사서《사기》의 문장도《장자》에는 미치지 못하며, 사서四書를 세밀하게 읽은 후에《장자》를 보면《장자》에서 말하는 큰 강령과 종지宗旨가 성인 공자의 것과 다름없음을 알게 되리라고 했다.

임희일은《장자》의 첫째 편인 〈소요유〉의 뜻을 풀이하면서《장자》에서 말하는 '소요유'의 경지가《논어》에서 말하는 '즐거움樂'의 경지와 같다고 본다. 또한《장자》에 나오는 천天과 인人, 자연과 유위有爲 같은 대립적인 개념들을 성리학에서 말하는 천리天理와 인욕人欲, 도심道心과 인심人心으로 대체해 해석한다. 성리학에서 천리 · 도심과 인욕 · 인심은 서로 대립되는 개념으로, 전자가 하늘이 인간에게 내린 도덕적 심성이라면 후자는 인간을 타락시키는 잘못된 마음이다. 이와 같은 방식으로 임희일은《장자》에 나오는 수많은 논변을 성리학과 부합하는 방식으로 해석한다. 그리고《장자》가 사회에서 널리 읽힐 만한 책이며 또한《장자》를 읽는 것이 유학에 죄를 짓는 일이 결코 아니라고 강하게 이야기한다.

이렇게 볼 때 임희일의《장자구의》가 널리 통용되었던 조선 사회에서《장자》는 유가에 반하는 불온서적이라기보다, 언어나 논리가 기괴하고 허황되기는 해도 유학에서 크게 벗어나지 않는 문헌으로 읽혔을 것이다. 조선 사회의 지식인들이 임희일의《장자구의》를 통해《장자》를 읽었다는 것은《장자》가 유학과 다를 바 없는 사상을 전하는 문헌으로 읽혔음을 의미한다.

명가를 비판한 문헌, 박세당의 《장자》 읽기

조선 후기의 유학자 홍석주는 《홍씨독서록洪氏讀書錄》에서 당시 조선 사회에서 가장 널리 읽히는 《장자》 주석서는 임희일과 박세당의 것이라고 증언한다.[42] 이 언급은 박세당의 《남화경주해산보南華經註解刪補》가 조선 후기의 《장자》 이해에 얼마나 큰 영향을 미쳤는가를 잘 보여준다. 박세당은 조선 유학자 가운데 유일하게 《노자》와 《장자》 모두를 주석한 인물이다. 때로 그는 장자를 좋아하고 주희를 비판하는 위험한 인물로 간주되었지만, 그가 남긴 《남화경주해산보》는 숙종 6년(1680)에 간행되어 이후 조선 유학자들 사이에서 널리 읽혔다.

《남화경주해산보》는 박세당이 중국의 가장 이른 《장자》 주석서인 곽상의 《장자주》와 송대의 유명한 《장자》 주석서 40여 종을 섭렵한 후[43] 이에 대한 비판적인 시각에서 《장자》를 주석한, 대단히 야심 찬 문헌이다. 특히 박세당이 《장자》의 저자인 장주와 《장자》 저술의 의도에 대한 나름의 견해를 바탕으로 《장자》를 주석했다는 점에서 독창성도 지니고 있다. 박세당은 장주가 고대 중국의 명가名家 사상가인 공손룡公孫龍과 동시대 인물로서 제나라 선왕과 민왕湣王 사이에 생존했다고 추정하고, 《장자》

---

42 이하의 내용은 아래의 글들을 참조했다. 송항룡, 〈韓國에서의 老·莊 硏究와 그 展開 推移〉, 《韓國學論集》vol. 26(한양대학교 한국학연구소, 1995) ; 송항룡·조민환, 〈朝鮮朝 老莊註釋書 硏究 (1)〉, 《東洋哲學》vol. 26(동양철학연구회, 2001) ; 안병주·전호근 옮김, 《역주 장자 1》.

43 송대의 《노자》 주석서에 대한 연구서를 낸 프랑스 출신의 이자벨 로비네Isabelle Robinet 는 송대의 《노자》 주석서가 다양한 여러 주석을 병렬하는 방식을 취함으로써 특정 주석에 권위를 부여하지 않고 늘 다양한 독해의 가능성을 열어두었으며, 이로써 독자의 새로운 통찰을 가능케 했다고 평가했다. 이는 박세당이나 한원진의 《장자》 읽기에도 똑같이 적용할 수 있다. Isabelle Robinet, "Later Commentaries : Textual Polysemy and Syncretistic Interpretations", Livia Kohn·Michael LaFargue (eds.), *Lao-tzu and Tao-te-ching*(Albany, New York : State University of New York, 1998), 119~142쪽.

저술의 의도는 유가를 비판하는 데 있지 않고 혜시와 같은 명가를 비판하는 데 있었다고 본다.

《남화경주해산보》에 따르면, 장주가 선진 제자諸子와 유가·묵가를 아울러 비판하는 경우가 많긴 하지만《장자》저술의 본래 의도는 혜시와 같은 부류의 학자들을 비판하는 데 있었다. 그 때문에《장자》의 첫 편인 〈소요유〉와 마지막 편인 〈천하〉는 모두 혜시를 비판하는 것으로 시작하고 끝난다. 아직 세상에서 이 점을 제대로 말한 자가 없기에 자신이 유독 밝히고자 한 것이라고 박세당은 말한다. 그는《장자》는 유학의 입장에서 볼 때 장점과 단점이 모두 있는 책이니 취할 만한 것은 취해야 한다고 보았다.

박세당의《장자》이해는 중국의 왕안석, 소식과 같이 장주를 공자와 연결해 이해하는 시각과 닿아 있다. 박세당에 따르면 장주는 무엇보다 성인 공자의 도를 회복하고자 했던 인물이다. 다만 장주가 살았던 시대가 공자의 시대와 워낙 멀었고 양주, 묵적 같은 이단이 공자의 가르침인 인의仁義를 훼손했기에 그의 글 쓰는 방식이 다를 수밖에 없었다. 그래서 그는 보통 사람들이 알아듣기 어려운 고원한 논리와 지극한 도리를 말해 세상의 비루함을 바로잡고, 또한 무위와 소박함을 말해 세상 사람들의 억지로 꾸미는 행태를 끊어버리고자 했다는 것이다.

박세당은《장자》의 사상에 유가 성인의 가르침을 밝히는 부분이 있으므로《장자》는 이단이 아니라고까지 주장한다. 이는 그 또한 유학 안에서《장자》를 읽었음을 잘 보여준다. 본래 성리학은 태극太極, 체용론體用論, 이기론理氣論 등을 중심으로 하는 도덕 형이상학적 사상 체계이다. 유학의 틀 안에서《장자》를 읽는다는 것은 바로 이와 같은 유가의 형이상학적 개념들을 통해《장자》를 이해한다는 것을 의미한다. 박세당의《남화경주해산보》에서는 이러한 태도가 일관되게 드러난다.

예를 들어《장자》의 둘째 편인〈제물론〉에 대한 해석은 예로부터 두 가지였다. 하나는 '제물의 이론'으로 이해하는 것이고 다른 하나는 '물에 대한 이론들을 하나로 함'이라고 이해하는 것이다. 전자가 오늘날의 의미에서 만물이 평등하다는 뜻에 가깝다면, 후자는 어떤 통일된 이론을 지향한다는 뜻이라고 볼 수 있다. 박세당이 취한 해석은 바로 후자이고, 이는 임희일의 입장을 따른 것이다.[44] 그런데 재미있게도 박세당이 여기에 연결시키는 것이 성리학의 '이일분수理一分殊'다. 이는 '이치는 유일무이한 하나'라는 논리다.〈제물론〉의 핵심 논리가 유학의 이일분수론이라는 것은 이전에는 없었던 새로운 견해다.[45]

또한 박세당은《장자》에 나오는 '진재眞宰'나 '성심成心'을 각각 도道, 천리天理와 연관해 이해한다. 이러한 해석은 중국의 주석가들에게서 유래했는데 박세당은 보다 철저하게 유학적으로 이해한다. 한 나라에 군주가 있어 백성을 주재하는 것과 같이 이 세계에는 만물을 주재하는 것이 있으니 그것이 도이고,《장자》의 '진재'는 바로 이 도가 존재함을 말한 것이라는 게 그의 해석이다. 또한 대개 선입견이나 비뚤어진 마음으로 이해되는《장자》의 성심을 박세당은 성리학에서 말하는 '본연의 마음本然之心'으로 이해한다.

《장자》를 이와 같이 해석함으로써 박세당은《장자》가 성인의 학문에서 벗어난 것이 아니라고 주장했고 이 때문에 핍박을 받기도 했다. 하지만 기존 주석가들의 권위나 상식적인 이해를 그대로 따르지 않고 자신의

---

44 조민환,《유학자들이 보는 노장철학》, 334~335쪽.
45 조민환,《유학자들이 보는 노장철학》, 351쪽.

생각을 바탕으로 주체적으로《장자》를 읽고자 했던 박세당의 학문적 태도는 오늘날의《장자》읽기에 시사하는 바 크다. 전체적으로 볼 때 박세당의《남화경주해산보》는 유학의 테두리 안에서《장자》를 읽은 대표적인 문헌이라 할 수 있다. 따라서 이 주석서는 유가와 도가를 대립적으로만 보려는 시각을 수정하는 일정한 의의를 갖는다고 하겠다.

《대학》의 도를 말하는 장주, 한원진의 《장자》 읽기

조선 사회에서《장자》의 '내편', '외편', '잡편' 전체에 대한 주석서로는 박세당의《남화경주해산보》가 유일했다. 이와 달리 한원진의《장자변해》는 '내편'만을 주석한 문헌이다. 조선조에서 두 번째로《장자》를 주석한 인물인 한원진은, 조선 유학사에서 가장 뛰어난 성과로 평가되는《주자언론동이고》를 저술한 정통 주자학자다. 그는 또한 조선 후기의 유명한 철학 논쟁인 '인물성동이人物性同異 논쟁'에 참여해 인간과 동물은 본성이 다르다는 '이론異論'의 입장을 취한 학자로도 유명하다.

한원진의 주석서인《장자변해》는 필사본 1책만이 전해지며, 서문의 내용으로 미루어 볼 때 1716년(숙종 42)에 간행된 것으로 추정된다.[46]《장자변해》는 저술 동기나 주석 형식에서《남화경주해산보》와 큰 차이를 보인다.《남화경주해산보》가《장자》의 주요 용어들에 대한 여러 주석가들의 해석을 소개하면서 그 의미를 해석한다면,《장자변해》는 세세한 글자

---

46 안병주·전호근 옮김,《역주 장자 1》,〈해제〉17쪽. 이하의 내용은 다음 글들을 폭넓게 참조했다. 문석윤,〈南唐 韓元震의 莊子哲學批判《莊子辨解》를 중심으로〉,《哲學論究》vol. 21(서울대학교 철학과, 1993) ; 송항룡,〈韓國에서의 老·莊 硏究와 그 展開 推移〉; 송항룡·조민환,〈朝鮮朝 老莊註釋書 硏究 (1)〉.

풀이는 거의 생략하고 《장자》 '내편' 7편의 대의를 해석하는 방식을 취한다. 따라서 주석서라기보다 해설서의 성격이 강하다.

《장자변해》 서문에는 저술 동기와 배경이 잘 나타나 있다. 서문에 따르면, 한원진은 어려서부터 《장자》를 좋아했는데 뜻이 잘 이해되지 않아 이후 오래도록 보지 않았다. 그러다 친구인 성군각成君覺이 설명을 요구해 다시 꼼꼼하게 살펴봤는데, 《장자》의 언설이 겉으로 보기에는 유학의 이치에 가까운 듯하지만 실제로는 참되지 못하다는 것을 깨닫게 되었다. 여러 주석서들을 살펴봐도 생각이 바뀌지 않았다. 이렇게 얻은 결론을 성군각에게 설명했는데, 그가 그 내용을 책으로 엮을 것을 강력히 청해 《장자변해》를 짓게 되었다.

책을 저술하게 된 과정에 대한 한원진의 이러한 서술은 변명조에 가깝다. 《장자》는 분명 잘못된 책이고 따라서 태워 없애버려야 하지만, 친구 성군각이 《장자》란 책이 이미 존재하고 태워 없앨 수 없는 상황이라면 차라리 무엇이 잘못된 것인지 밝히는 것이 의미 있다고 권유하기에 《장자변해》를 짓게 되었다는 논조이기 때문이다. 아마도 여기에는 이단시되는 문헌에 대해 저술한 부담감을 조금이나마 덜어보려는 의도가 담겨 있는 듯하다. 하지만 한원진은 후에 덧붙인 것으로 보이는 추가된 서문에서는 장주가 육경의 요지를 알았던 인물로서 성인 공자의 학문을 몰랐다고 할 수 없다며 장주를 꽤 긍정적으로 평가한다. 《중용》과 같은 깊은 이치에는 미치지 못했다고 단서를 붙이기는 했지만 말이다.

이와 비슷한 태도는, 한원진이 《장자》에 대해 불태워 없애야 하는 책이라고 말하면서도 자신의 호를 남당산인南塘散人이라 했다는 점에서도 나타난다. '산인'이란 《장자》〈인간세〉에서 유래한 말이기 때문이다. 이러한 이중적 태도는 아마도 개인적으로는 《장자》를 좋아하지만 다른 한편으로는 조선의 지배적 이념인 유학과 상충한다는 점에서《장자》에 대해 매우 비판적일 수밖에 없었던 현실에서 비롯되었을 것이다. 실제로《장자변해》에 피력된 장자 이해는 주희의 이해와 일맥상통하고, 해설에서도 한원진은 주희의 언급을 인용하거나《장자》를《중용中庸》, 북송의 유학자 장횡거張橫渠의《서명西銘》과 비교하면서 도가보다 유가가 우월함을 강조하고 있다.

《장자변해》의 가장 큰 특징은《장자》'내편'을 일관된 하나의 논지가 전개되는 것으로 파악한다는 점이다. 한원진에 따르면〈소요유〉의 핵심은《장자》에서 이상적 인간상으로 제시되는 지인至人의 도가 크다는 것이다. 이어지는〈제물론〉은 지인의 도가 큰 이유를 말한 부분으로, 그 이유는 뭇 이론을 하나로 통일했다는 데 있다.〈양생주養生主〉는 지인은 이미 이론의 통일을 이루었기에 다른 사람들과의 갈등이 없어져 삶을 기를 조건을 갖춘 것이고, 그러므로 양생養生이 삶의 기본 원칙이라고 말한다.

또 양생을 통해 자신의 몸에서 도를 기른 후에는 이제 그 도를 세상에 펼쳐야 하기 때문에〈인간세〉가 오게 된 것이고, 그 결과 덕이 충만하다는 증험을 하게 되니〈덕충부〉가 이어진 것이다.〈대종사大宗師〉는 앞에서 덕을 말했으니 다시 그 덕의 근본이 도임을 말하고자 한 것이다. 또한 앞에서 말한 도를 얻은 자는 제왕이 될 수 있기에 그다음에는〈응제왕應帝王〉이 이어진다. 이와 같은 해설의 의도는《장자》의 체제 자체가 유가 경전인《대학》의 논의와 일맥상통한다는 점을 보여주려는 것이다. 그래서 한원진은〈양생주〉와〈인간세〉가《대학》에서 말하는 수신修身과 통하는 내용이라면〈덕충부〉,〈대종사〉,〈응제왕〉은 치국治國과 평천하平天下와 관련돼 있다고 말한다.

조선 시대의《장자》이해는 오늘날의《장자》이해와는 사뭇 다르다. 하지만 박세당이나 한원진의《장자》이해가 중국의 위진 시대로부터 송대를 거치며 이어져온 유학자들에 의한 유학적인《장자》이해를 바탕으로 했음을 생각한다면 이는 충분히 납득할 수 있는 점이다. 게다가 조선 시대에《장자》에 매우 우호적이면서 유가적 해석으로 일관한 임희일의 주석서가 가장 널리 읽혔음을 생각한다면 이는 오히려 자연스러운 일일 것이다.

5. 진유가 된 사이비 장자, 이단에서 전통으로

지금까지 우리는 주로 세 가지 논지를 중심으로 역사 속의《장자》를 살펴보았다. 이번 장에서 밝히려 한 것은 장자라는 인물에 대한 시각이 이중적이었고, 또한《장자》라는 문헌의 성립 및 해석의 역사에서 유가적 해석이 주류였다는 것이다.《노자》와《장자》는 노장이고, 노장은 도가 사상이라는 철학사의 피상적 서술은《장자》읽기의 역사를 제대로 살피는데 장애가 될 뿐이다. 게다가 오늘날 다양하게 해석되는《장자》를 단순히 현대적 학문의 소산으로만 보게 할 뿐이다. 이번 장에서는《사기》에서 비롯된 장자라는 인물의 양의성, 즉 장자가 한편으로는 반유가적이라고 치부되고 다른 한편으로는 오히려 공자를 옹호하거나 적어도 유가와 모순되지 않는다고 여겨지는 것을 확인할 수 있었다.

물론 여기서《장자》를 유가적으로 이해한다는 것이, 유가적이지 않은 것을 유가화해 읽는다는 뜻은 아니다. 나는《사기》의 장자와《장자》속의 장자 사이의 긴장이 어디서 비롯되었는지를 제시해보았다.《사기》에 묘사된 장자는 일면 반유가적으로 보이지만《장자》에 묘사된 장자는 이와 다르다. 또한《장자》가운데 위작이 있다는 유학자들의 주장이 있었는데, 여기에는 유가와 상반되는 것들을 걸러내려는 의도가 숨어 있었다. 더 나아가, 임희일의 해석을 통해 조선조에 유입되어 유행한《장자》는《대학》이나《중용》과 취지가 같은 문헌으로 받아들여졌다.

이와 같은《장자》해석의 역사를 통해 우리는 몇 가지를 확인할 수 있다. 첫째,《장자》는 비록 이단이었지만 장자의 역설적인 언설에 숨어 있는 뜻을 읽어야 한다는 것이다.[47] 둘째, 박세당의 경우에서 볼 수 있듯이《장자》는 유학 비판의 수단으로 이용되었다는 것이다. 이러한 비판의 목적은 유학의 핵심 논리를 도가의 사상으로 대체하는 것이 아니라, 유학의 폐단을 장자의 언설을 통해 바로잡는 것이었다. 이는《장자》와 관련해 오늘날 가장 일반적으로 받아들여지는 점이다.

마지막으로,《장자》는 분명 이단이었지만, 단순히 배척되어야 하는 이단에 머물지 않았다는 것이다. 이단인 탓에《장자》에는 해석상의 자유가 훨씬 많이 주어졌다. 이 때문에《장자》는《노자》와 더불어 20세기 내내 서구의 기독교나 사회사상, 과학과의 소통 수단으로 각광 받았다.《장자》의 기론을 통해 과학적 사유와 유물론을 긍정하거나, 가난한 장주의 모습을 통해서 무산 계급, 소외된 계급을 긍정하고《장자》를 마르크스주의나 자유민주주의 이념과 연결 짓는 것은 그러한 맥락이다. 더 나아가《장자》의 핵심 용어인 소요와 제물은 자유와 평등의 다른 이름으로 해석되기도 했다. 우리는 이와 같은 해석의 기조를 함석헌에게서 쉽게 확인할 수 있다.

---

47 이에 대해서는 전호근의 〈장자 구워삶기—노장 전통의 신유가적 변용〉과《번역된 철학 착종된 근대》에서 충분히 이야기되었다.

이러한 현대의 《장자》 해석 전통은 지난 2,000여 년 혹은 적어도 1,000여 년간의 기나긴 과정을 통해 성립된 것이다. 20세기의 《장자》 해석이 이념에 따라, 시기에 따라 달랐을지언정 공통된 시각은 분명 존재한다. 《장자》는 그 자체의 양의성으로 인해, 1,000여 년 전에 '이단'으로 지목되었으나 오늘날에는 누구에게나 '전통'으로 긍정된다고 보는 것이다. 현대 학계에서 나타나는 다양하고 풍부하며 때로 모순되는 《장자》 해석은 바로 《장자》 자체의 양의성에 기인한다는 것을 우리는 이 장을 통해 어느 정도 확인했다고 생각된다.

다음 장에서는 오늘날까지 우리가 사용하는 '정신精神'이란 말의 의미를 중심으로 《노자》와 《장자》가 하나의 도가로 묶인 까닭을 나름대로 풀이하고, 이를 바탕으로 유가와 도가가 어떻게 후대의 《사기열전》에서 하나의 계통으로 분류되었는가를 짚어보고자 한다. 이는 문명-자연, 인위-자연이라는 구분에 얽매이지 않고 고대 사상의 흐름 속에서 《노자》와 《장자》를 보려는 또 하나의 시도가 될 것이다. 그러한 시도 속에서 우리는 다시금 새로운 해석의 가능성을 타진해볼 수 있을 것이다.

《장자》, 해석의 갈등
유가와 도가 사이에서 '삶의 길'을 묻다

1.《장자》를 말하기의 어려움

《장자》를 읽는 까닭은 시대와 문화에 따라, 또한 사람에 따라 다를 수 있다. 위진 시대의 사대부가 《장자》를 읽은 까닭, 조선 시대 유학자들이 《장자》를 읽은 까닭, 그리고 오늘날의 철학자가 《장자》를 읽는 까닭은 분명 다르다. 그렇다면 이러한 다름은 어디에서, 어떻게 생겨나는 것일까? 아마도 이러한 다름은 장주가 《장자》를 지은 까닭, 곽상이 《장자주》를 지은 까닭, 그리고 오늘날 우리가 《장자》를 번역하는 까닭의 다름만큼이나 복잡하고 의미심장할 것이다.[1]

《장자》〈덕충부〉에 나오는 다음 구절을 예로 들어 설명해보자.

---

1 《장자》해석의 역사와 관련된 저술로는 조민환,《유학자들이 보는 노장철학》을 보라.

중니가 말했다. "제가 초나라에 사신으로 간 적이 있습니다. 그때 마침 새끼 돼지들이 죽은 어미 돼지의 젖을 빨고 있는 것을 보았는데, 조금 있다가 새끼들이 놀라서 모두 어미를 버리고 달아났습니다. 이는 단지 어미 돼지의 시선이 자기들을 보고 있지 않았기 때문이며 어미 돼지가 본래의 모습과 같지 않았기 때문입니다. 새끼 돼지가 어미 돼지를 사랑하는 것은 그 형체를 사랑하는 것이 아니라, '그 형체를 움직이게 하는 것使其形者'을 사랑하는 것입니다."[2]

이 부분은 노나라 애공이 추악한 몰골의 애태타哀駘它에 대해 질문한 것에 공자(중니仲尼)가 답하면서 한 말이다. 아마도 오늘날 사람들은 인용문 중 "그 형체를 움직이게 하는 것"이란 표현을 접할 때 마음, 영혼, 정신 같은 근대적인 그 무엇을 떠올릴 것이다. 하지만 이 대화 전체를 관통하는 중심 주제는 덕德과 재질才, 그리고 이 두 가지를 온전히 갖춘 인격으로서의 지인至人이다. 대화의 끝에 애공은 공자를 가리켜 그가 자신과 군신君臣 관계가 아니라 "덕으로 맺어진 벗德友"의 관계에 있다고 말한다.[3] 이처럼 같은 텍스트가 달리 이해되는 것은 《장자》는 물론 고대 중국의 문헌을 해석할 때 일반적으로 부딪히는 장벽 가운데 하나다.

이에 더하여 번역도 하나의 장벽이 된다. 예를 들어 현대 철학의 주요

---

2 《장자》〈덕충부〉: "仲尼曰:〈丘也嘗使於楚矣, 適見㹠子食於其死母者, 少焉眴若皆棄之而走. 不見己焉爾, 不得類焉爾. 所愛其母者, 非愛其形也, 愛使其形者也.〉"《역주 장자 1》, 230쪽. 이하 《장자》 번역은 안병주·전호근·김형석 옮김, 《역주 장자 1·2·3·4》(전통문화연구회, 2001·2004·2005·2006)를 따랐고, 필요에 따라 수정했다.

3 《장자》〈덕충부〉: "吾與孔丘, 非君臣也, 德友而已矣."《역주 장자 1》, 234쪽. 어떤 의미에서 이 주제는 《논어》〈이인里仁〉의 "덕 있는 자는 외롭지 않다德不孤, 必有鄰"라는 구절에 담긴 당시의 문제의식의 연장선상에서 이해하는 것이 더 타당할 것이다.

논쟁점 가운데 하나인 '심신mind-body'의 문제가 이런 경우에 해당한다. 우리는 서구의 철학 용어인 'mind'를 마음, 심心, 정신精神이라는 말로 받아들이는 것은 물론이고 '심적', '정신적'이라는 형용사를 크게 구분하지 않고 사용한다. 그런데 이와 같은 어법은 '심'이나 '정신'을 고전적 개념과 비교적으로 살필 때 정확한 것은 아니다.

이 글에서 살피고자 하는 자아, 순수 의식과 같은 철학적 주제의 경우 이런 문제는 더욱 복잡해진다. 왜냐하면 자아와 타자, 순수 의식과 사유, 의지와 자유 같은 것들이 어느 문화권에서건 다뤄져온 공통의 철학적 논제이긴 하지만 그것의 배경과 맥락, 개념적 지향과 내용은 상당히 다르기 때문이다. 이러한 다름을 간과하게 하는 요인으로 나는 크게 세 가지를 지적하고자 한다. 그것은 대체로 맥락적 유비에 의한 주제의 동일시, 번역에 의한 혼란, 그리고 완정된 이론 체계의 가정이다.[4]

우선 맥락적 유비에 의한 주제의 동일시란 앞의 인용문에서 "그 형체를 움직이게 하는 것"이라는 문구를 보면서 영혼soul이나 정신mind/spirit을 떠올리는 것을 말한다. 물론《장자》,《관자》,《회남자》등의 문헌에서 우리는 현대 철학의 '심/신' 개념과 유사한 '정신/형해形骸·골해骨骸' 같은 표현을 찾을 수 있다. 그러나 이와 같이 용어가 상응한다 해서 그것이 논하는 철학적 주제와 문제의식이 똑같이 상응하는 것은 아니다. 왜냐하면 전자가 존재론적, 형이상학적, 인식론적인 차원에서 제기되는 문제의식과 연관되는 것이라면 후자는 우주론, 수양론 혹은 양생론과 관련된 문

---

4 분명《회남자》에서는 인간을 '정신'과 '골해骨骸·형해形骸'란 말로 이원적으로 구분하고 있다. 하지만 여기서의 이원적 구분은 근대 서구 철학에서 두 가지 실체로서 정신-물질을 이야기하는 이원론과는 분명한 차이가 있다. 이에 관해서는 김시천,〈표정, 氣와 情을 통해 본 몸의 현상학〉, 조동일 외,《기학의 모험 2》(들녘, 2004) 참조.

제의식과 연관되는 것이기 때문이다.

마지막으로 완정된 이론 체계의 가정이란, 예컨대《장자》가 정합적이고 체계적인 하나의 철학적 이론을 갖고 있다고 가정하는 것이다. 물론 우리는 이미 관평, 그레이엄, 리우샤오간 등의 작업[5]을 통해《장자》가 장주 자신의 저술과 후대의 다양한 분파의 논저들로 이루어진 복합적인 저술임을 분명히 알고 있다. 그럼에도 불구하고 우리는《장자》에 대해, 특정 관념이나 개념들이 나름대로 명석판명하게 구분되고 일정한 사상 체계와 구조 속에서 역할을 하는 어떤 정합성을 가정하는 경향이 있다. 하지만 이와 같은 무의식적 가정은《노자》와《장자》는 물론 그 외의 선진 고전 문헌을 이해하는 데 장애가 될 수 있다.

예를 들어 장자가 "관심을 두고 있는 부분은 윤리나 정치 문제가 아니라 개체 존재의 몸(생명)과 마음(정신)의 문제"라는 리쩌허우의 주장[6]에 공감하더라도 우리는 이러한 평가를 근대적 개인주의individualism나 심신 문제, 그리고 시민적·정치적 자유의 문제와는 다른 장자적 맥락과 문제 제기 속에서 이해해야만 한다. 물론 나는《장자》가 "인간관계를 벗어나 개체의 가치를 찾으려" 했다는 리쩌허우의 관점에 동의하지만,《장자》를 현대적 실존주의로 보는 후쿠나가 미쯔지福永光司의 해석이나[7] 대개의 해석에서 나타나는,《장자》를 '자유'의 철학으로 보는 관점에는 동

---

5 關鋒,〈莊子外雜篇初探〉, 哲學研究編輯部,《莊子哲學討論集》(北京 : 中華書局, 1962) ; 그레이엄,《도의 논쟁자들》, 나성 옮김(새물결, 2001) ; 유소감(리우샤오간),《장자철학》참조.

6 리쩌허우,《중국고대사상사론》, 366쪽.

7 후쿠나가 미쯔지,《난세의 철학, 장자》, 임헌규·임정숙 옮김(민족사, 1991). 원저의 제목은 "장자—고대 중국의 실존주의"이다. 엄밀하게 말하면 실존주의는 완벽한 이성을 지닌 근대 개인주의에 대한 반성을 전제한다. 따라서 논의와 표현의 유사성이 있다 해도 그것은 거시적 차원에서 공감을 줄 뿐 문제의식의 동일성에까지 닿아 있는 것은 아니다.

의하지 않는다.[8]

이러한 세 가지 요인을 염두에 두면서 나는 《장자》의 내용 가운데 오늘날 우리가 흔히 '마음心과' '정신精神'에 관한 표현으로 간주할 수 있는 것들이 《장자》의 내적 문제의식과 맥락을 고려할 때 어떤 방식으로 다시 해석될 수 있는지를 논하고자 한다. 이를 위해서는 《장자》라는 문헌만을 고립적으로 연구하는 것으로는 불충분하다. 따라서 나는 관련된 주요 문헌을 비교적으로 제시하면서 《장자》의 문제의식과 맥락을 특화하고, 그것을 오늘날의 관점에서 다시 서술하고자 한다.

이를 위해 우리가 가장 먼저 다루어야 하는 주제는 바로 '정情'이다. 여기서 '정'은 이성에 대립하는 '감정'이 아니며, 한 개인이 갖는 주관적이고 변화무쌍한 순간적 심리 상태만을 의미하지도 않는다. 그것은 '성性' 만큼이나 보편적인 인간 고유의 영역이며, 또한 생리적 차원에서의 인간의 보편적 특질을 추상화한 의미까지 포함하는 포괄적 의미를 지닌 고대 중국 철학의 고유한 용어다. 이러한 정과 관련해 장자가 보여주는 태도를 나는 '무정無情한 자아'라는 말로 이해하고자 한다. 이러한 정을 본격적으로 논하기 위해 나는 먼저 정신의 의미를 고찰하고, 그에 이어 심心과 정신의 관계를 논하고자 한다.

---

8 이 부분은 다소 오해의 소지가 있다. 나는 장자가 자유의 철학으로 해석될 수 없다고 말하는 것이 아니라, 장자를 자유의 철학자로 이해할 때 동반되는 표현, 예컨대 '정신적 자유', '초월', '절대적 자유'와 같은 개념들이 부적절하다고 말하는 것이다.

2. 《장자》에서 '정신'의 개념

우리는 오늘날 '심'과 '정신'을 크게 구분하지 않고 사용한다. 앞서 지적한 대로 영어의 'mind'는 마음 또는 정신으로 자유롭게 번역되며, '심신' 문제와 같은 용례로 쓰일 때에는 '심'이라 번역되기도 한다. 또한 'mind'의 형용사에 해당하는 'mental'은 '신체적' 혹은 '물리적'이라는 뜻의 형용사 'physical'과 대립해 '심적' 혹은 '정신적'이라고 구분 없이 번역된다. 그렇다면 이렇게 상식적으로 혼용되는 심과 정신은 고전 문헌의 맥락에서도 정당화될 수 있을까? 특히 《장자》의 경우 이와 같은 용법이 타당할까?

《장자》의 정신 개념에 관해서는 이미 박원재의 명쾌한 해석이 있으므로,[9] 나는 이 주제를 보다 확장적으로 검토하고자 한다. 이를 위해 먼저 《장자》에 등장하는 두 이야기에 주목해야 한다. 하나는 장자 자신의 저술로 간주되는 〈덕충부〉 편의 이야기이고, 다른 하나는 그의 후학의 저술로 간주되는 〈지북유知北遊〉 편의 이야기다.

> 혜자가 말했다. "이미 사람이라고 말한다면 어떻게 감정情이 없을 수 있겠는가?" 장자가 말했다. "이것은 내가 말하는 감정이 아니다. 내가 감정이 없다고 말한 것은 말하자면 사람이 '좋아하고 싫어하는 감정好惡'

---

9 박원재, 〈老莊의 '精神' 개념에 대한 재검토〉, 《철학연구》 제18집 1호(고려대학교 철학연구소, 1996). 이 논문에서 박원재는 《장자》에 처음 등장하는 '정신' 개념을 분석한 후, 장자가 초월적 자유, 정신적 자유를 추구했다는 기존 연구의 시각에 대해 비판하며 이렇게 밝힌다. 장자의 자유가 "단순한 정신상의 절대적 자유일 뿐이라고 보는 태도도 새롭게 검토되어야 한다" (194쪽).

을 가지고 안으로 자신을 해치지 않고, 항상 자연의 도를 따라 무리하게 삶을 연장시키려 하지 않는다는 것이다."

혜자가 말했다. "삶을 연장시키려 애쓰지 않으면 어떻게 그 몸을 보전할 수 있겠는가?" 장자가 말했다. "도가 모습을 주었고 하늘이 형체를 주었으면, '좋아하고 싫어하는 감정好惡' 때문에 안으로 자신을 해치지 않아야 할 터인데, 이제 그대는 그대의 '신神'을 밖으로 향하게 하며, 그대의 '정精'을 수고롭게 해서, 나무에 기대 신음 소리나 내고, 말라버린 오동나무로 만든 안석에 기대 졸기나 하고 있다. 하늘이 그대의 육체를 잘 갖추어주었는데 그대는 견백론堅白論 따위의 궤변을 떠들어대고 있다."[10]

공자가 노담에게 물었다. "오늘은 조금 한가하신 듯하여 감히 '지극한 도至道'에 대해 여쭙습니다."

노담이 대답했다. "당신은 재계해서 마음心을 깨끗하게 씻어내고 정신精神을 맑고 흠 없이 하고 지혜知를 버리도록 하십시오. 무릇 밝은 것은 어두운 것에서 생기고 모양이 있는 것은 모양이 없는 것에서 생기고 정신은 도道에서 생기고 모습은 정精에서 생깁니다. 만물은 모양을 갖추고 생성하니 무릇 구멍이 아홉 개인 것들은 태胎에서 생겨나고 여덟 개인 것들은 알에서 생겨납니다. 올 때에는 자취가 없고 갈 때에는 끄트

---

10 《장자》〈덕충부〉: "惠子謂莊子曰: 〈人故無情乎?〉莊子曰: 〈然.〉惠子曰: 〈人而無情, 何以謂之人?〉莊子曰: 〈道與之貌, 天與之形, 惡得不謂之人?〉惠子曰: 〈既謂之人, 惡得無情?〉莊子曰: 〈是非吾所謂情也. 吾所謂無情者, 言人之不以好惡內傷其身, 常因自然而不益生也.〉惠子曰: 〈不益生, 何以有其身?〉莊子曰: 〈道與之貌, 天與之形, 無以好惡內傷其身. 今子外乎子之神, 勞乎子之精, 倚樹而吟, 據槁梧而瞑. 天選子之形, 子以堅白鳴!〉"《역주 장자 1》, 241~244쪽. 번역은 부분 수정.

머리가 없으며 문도 없고 방도 없어서 사방으로 탁 트여 있을 뿐이니 이
것을 따르는 자는 사지가 강하고 생각思慮이 순조롭게 이해되고 이목이
총명해지고 마음 씀씀이用心가 수고롭지 아니하며 사물에 대응함에 일
정함이 없습니다."[11]

여기서 주목해야 할 것은, 첫 번째 이야기에서 혜시와 장자가 논하는
주제는 '무정無情'이고, 이와 관련되어 '정精'과 '신神'이 나온다는 점이다.
두 번째 이야기에서는 공자가 '지극한 도'에 대해 묻자 노담이 '심'과 '정
신精神', '정精'에 대해 논하며 대답한다. 이 두 인용문은 우리가 논하려는
'심'과 '정신'의 중요한 의미를 함축하고 있다.

먼저 첫 번째 이야기에서 장자는 자신이 말하는 '무정'이 정情이 있느
냐 없느냐 하는 문자적 의미가 아님을 거듭 밝히고 있다. 물론 우리는 이
를 리우샤오간처럼《장자》가 말하는 "이상적 인격에는 사람의 형체는 있
어도 사람의 감정은 없다. 사람의 형체가 있기 때문에 사람들과 동류이
지만 사람의 감정이 없기 때문에 시비를 초탈한다"라는 뜻으로 해석하
고, 이러한 무정의 목적이 "자신을 보호하고 정신을 수양하려는 것"[12]이
라 말할 수도 있다. 왜냐하면 리우샤오간에 따르면《장자》가 말하는 '무
심무정無心無情'은 극단화된 무위론의 표현이자 절대 안명론安命論의 표
현으로서 정신적 자유를 가리키기 때문이다.

---

11 《장자》〈지북유〉: "孔子問於老聃曰：〈今日晏閒, 敢問至道.〉老聃曰：〈汝齊戒, 疏瀹而心, 澡雪而
精神, 掊擊而知! 夫道, 窅然難言哉! 將爲汝言其崖略. 夫昭昭生於冥冥, 有倫生於無形, 精神生於
道, 形本生於精, 而萬物以形相生, 故九竅者胎生, 八竅者卵生. 其來無迹, 其往無崖, 無門無房, 四
達之皇皇也. 邀於此者, 四肢彊, 思慮恂達, 耳目聰明, 其用心不勞, 其應物無方.〉"《역주 장자 3》,
269쪽.
12 유소감(리우샤오간),《장자철학》, 170쪽.

하지만 이런 해석은 쉽게 논박될 수 있다. 예컨대 혜시의 말에 장자가 "이것은 내가 말하는 감정이 아니다"라고 부정하고 있다는 점, 또 박원재가 《장자》의 '정신'은 "일반적으로 '심心'과 '형形'으로 구성된 우리 몸의 전체적인 전일성과 밀접하게 연관되는 것이지, 육체가 배제된 단순한 정신상의 '소요逍遙'로만 이루어질 수 있는 것은 아니"[13]라고 지적한 점을 고려할 때 이런 해석은 많은 문제가 있기 때문이다. 오히려 두 번째 이야기의 후반부에 나오는 "이것을 따르는 자는 사지가 강하고 생각이 순조롭게 이해되고 이목이 총명해진다"라는 표현은 박원재의 '정신' 개념 분석이 적확함을 보여준다.

《장자》를 그대로 읽을 때 첫 번째 이야기에서 말하는 '무정'은, 감정이 있고 없음의 문제가 아니라 감정이 내적으로 우리의 몸을 해치느냐 그렇지 않느냐傷不傷의 문제다. 더 나아가 두 번째 이야기에 의하면 무정은 "마음 씀씀이가 수고롭지 아니하며 사물에 대응함에 일정함이 없다用心不勞, 其應物無方". 그렇다면 여기서 암시되는 '심'과 '정신'의 관계는 어떤 것인가? 나는 이 점과 관련해 박원재의 다음과 같은 지적이 매우 중요하다고 본다.

노장에서 말하는 '신神'은 일부에서 생각하듯 오늘날의 '정신'이라는 말과는 그 의미가 다르다. 그것은 '천지天地'로 표상되는 이 세계의 운행 과정을 관통하는 작용력을 구상화하고 있는 개념이다. 그리고 그런 작용력의 정수를 표현할 때는 단순히 '정'이라고 하거나 혹은 구체적으로 '정신'이라고 표현한다. 따라서 '정신'이란 '신' 가운데서 '정수에 속하는

13 박원재, 〈老莊의 '精神' 개념에 대한 재검토〉, 194쪽.

신'이라는 단어 구조상의 의미를 갖는다. 그런데 인간의 경우에는 구조상 '심心'의 중요한 특성으로 표현되는 경향이 강하다. 다시 말해서 인간의 측면에서 말한다면, '정신'은 일정한 조건이 갖추어졌을 때 좁게는 집중적으로 '마음心'에서, 또 넓게는 '육체形'까지도 포함하는 우리들 '몸身' 전체가 드러내는 하나의 상태라는 말이다.[14]

여기서 박원재가 정신을 하나의 정신적 실체라거나 심과는 다른 어떤 것이라고 보지 않고 '심의 중요한 특성'이나 '몸 전체가 드러내는 하나의 상태'라고 본 것은 중요하다. 하지만 '특성'과 '상태'라는 표현은 다소 모호하다. 나는 박원재의 정신 개념에 대한 분석에는 동의하지만, 정신의 성격에 대해 '특성'이나 '상태'라는 표현을 사용한 것에는 동의하지 않는다. 이를 보다 분명히 이해하기 위해서는 고대 중국의 사유라는 넓은 지평에 비추어 마음과 정신의 관계가《장자》에서 어떻게 논해지는가를 살펴야 한다.

이와 관련해 나는 두 방향에서 확장적으로 논술을 전개하고자 한다. 나는 '정신'과 '심'이라는 주제가 전국 시대에 각축했던 두 갈래 사유의 중요한 분기점이 된다고 보기 때문이다. 그 두 갈래 사유란《장자》와《관자》,《회남자》로 이어지는 '정신양생론'과《맹자》와《순자》에서 유가로 이어지는 '심성수양론'이다. 이 둘은 인간의 '정情'에 대한 상이한 이론적, 실천적 모색이라고 파악될 수 있다.

---

14 박원재, 〈老莊의 '精神' 개념에 대한 재검토〉, 193~194쪽.

3. '정신'의 길─《장자》,《관자》,《회남자》

《장자》에 나타난 정신과 심의 관계를 살펴보려 할 때 가장 먼저 주목해야 하는 것은 다음과 같은 구절이다.

> 설결이 피의에게 도道를 묻자 피의가 말했다. "네가 네 몸을 단정하게 하고 네 시선을 한결같이 하면 자연의 '화和'가 이를 것이며, 너의 지식知을 거두어들이고 너의 기를 한결같이 하면 '정신이 장차 와서 머물 것神將來舍'이다. 덕이 너의 아름다움이 될 것이며, 도가 너의 거처가 되어서 너는 어리석은 모습이 마치 막 태어난 송아지와 같을 것이니 그 까닭을 찾지 않을 것이다."
>
> 말이 아직 끝나지 않았는데 설결이 잠들자 피의가 크게 기뻐하면서 이렇게 노래를 부르며 그곳을 떠났다. "몸뚱이는 말라버린 나무줄기 같고 마음은 불 꺼진 재와 같아서 자기가 아는 것을 진실하게 하고 옛것을 스스로 지키지 아니하며 흐리고 어두워 무심하여 더 이상 함께 이야기할 수 없으니 저 사람은 누구인가!"[15]

이 인용문은 〈제물론〉에서 남곽자기南郭子綦의 모습을 보고 안성자유顏成子游가 한 말을 연상시킨다. 안성자유는 남곽자기의 모습을 보고 "어쩐 일입니까? 육체는 진실로 시든 나무와 같아질 수 있으며 마음은 진실

---

15 《장자》〈지북유〉: "齧缺問道乎被衣, 被衣曰：〈若正汝形, 一汝視, 天和將至；攝汝知, 一汝度, 神將來舍. 德將爲汝美, 道將爲汝居, 汝瞳焉如新生之犢而無求其故!〉言未卒, 齧缺睡寐. 被衣大說, 行歌而去之, 曰：〈形若槁骸, 心若死灰, 眞其實知, 不以故自持. 媒媒晦晦, 無心而不可與謀. 彼何人哉!〉"《역주 장자 3》, 265쪽. 번역은 부분 수정.

로 불 꺼진 재와 같아질 수 있는 것입니까?" 하고 묻는다.[16] 이와 같은 상태 묘사는《장자》에서 여러 차례 반복되어 나온다.

그런데 이 인용문에서 더욱 중요한 것은 "정신이 와서 머물 것神將來舍"이라는 표현이다. 만약 정신을 마음 또는 신체의 어떤 상태나 특성으로만 이해한다면 이 표현을 어떻게 받아들여야 할까? 여기서 잠시 시선을 돌려《장자》와 비슷한 시기에 지어진《관자》〈내업內業〉의 다음 구절을 보자.

신神이 있어 스스로 와서 몸에 있게 된다. 한 번 오면 한 번 가니, 누구도 그것을 생각으로 담을 수 없으나, 그것을 잃으면 반드시 어지러워지고 그것을 얻으면 반드시 다스려질 것이다. 부지런히 그것이 머무는 곳을 깨끗이 한다면 정기精가 장차 스스로 온다. 고요히 그것을 묵상하고 생각할 것이요, 편안한 가운데 반성하고 다스릴 것이요, 엄숙하고 근엄하며 조심스럽고 경건히 한다면, 정기가 장차 이르러 머물게 되리라. 그것을 얻어 떠나지 못하게 하면 귀와 눈이 밝아질 것이다. 마음에 다른 의도가 없게 하고 바른 마음이 가운데에 있으면 온갖 것들이 다 도에 맞게 될 것이다.[17]

앞의 〈지북유〉 인용문에서 "정신神이 와서 머물 것"이란 표현이 나왔다면, 여기서는 '정신神이 스스로 온다'고 말한다. 이는 같은 것의 다른 표

---

16 《장자》〈제물론〉: "〈何居乎? 形固可使如槁木, 而心固可使如死灰乎?〉"《역주 장자 1》, 66쪽.
17 《관자》〈내업〉: "有神自在身, 一往一來, 莫之能思. 失之必亂, 得之必治. 敬除其舍, 精將自來. 精〔靜〕想思之, 寧念治之, 嚴容畏敬, 精將至定. 得之而勿捨, 耳目不淫. 心無他圖, 正心在中, 萬物得度."

현일 뿐이며, 후대에 '정신精神'이란 용어로 정착된다. 《관자》〈내업〉에서는 심과 정신의 관계가 분명하게 드러난다.

능히 바르고 고요하게 할 수 있고 그 후에야 안정될 수 있다. 안정된 마음定心이 가운데 있으면 귀와 눈이 밝아지고 사지가 튼튼해지니 이로써 정精이 머무는 집精舍으로 삼을 만하다. 정精이란 기氣 가운데 가장 정밀한 것이니 기가 잘 인도될 때 도道가 생겨나고, 도가 생겨나면 생각하게 되고, 생각하게 되면 지혜로워지고, 지혜로워지면 머물게 된다.[18]

바로 여기서 '정精'이 곧 '정밀한 기'라는 유명한 표현이 나오며, 안정된 마음이 이러한 정이 머물게 되는 조건임이 피력된다. 마음이 안정될 때 그곳은 천지 사이를 흐르는 '정기가 와서 머무는 집精舍'이 된다. 즉 '심'이 인간이 생래적으로 타고나는 기관이라면, 앞서 《장자》〈지북유〉 인용문에서 이야기되었듯이 '조화和'의 상태에 있을 때 혹은 '안정된 상태定'에 있을 때 '정신'이 와서 머무는 것이다. 이와 같이 《관자》〈내업〉의 '정精', '기氣', '신神'은 같은 것의 다른 양태이며, 우주와 인간을 매개하는 기일원론의 선구라 할 수 있다.

무릇 만물物의 정精이 있으니, 이것이 바로 온갖 것을 낳는다. 아래로는 다섯 가지 곡식을 낳고, 위로는 뭇별이 된다. 이 '정'이 하늘과 땅 사이에 흐를 때, 그것을 일러 귀신鬼神이라 한다. 이 '정'이 사람의 가슴속에

---

18 《관자》〈내업〉: "能正能靜, 然後能定. 定心在中, 耳目聰明, 四肢堅固, 可以爲精舍. 精也者, 氣之精者也. 氣, 道乃生, 生乃思, 思乃知, 知乃止矣."

담겨 있을 때, 그 사람을 일컬어 성인聖人이라 한다.[19]

이에 따르면 '정'은 우주天地를 흐르며 만물을 낳는 것임은 물론이고 인간의 지고한 성취인 성인의 조건이다. 《관자사편管子四篇》으로 불리는 〈내업〉, 〈심술상心術上〉, 〈심술하心術下〉, 〈백심白心〉은 모두 제목이 시사하는 바와 같이 우주를 흐르는 '정신'이 자신의 '심'에 깃들게 하려는 일종의 훈련과 그 효과를 다양하게 다룬 작품들이다. 이러한 사상적 흐름을 나름대로 종합하고 있는 저술이 바로 《회남자》다.

대저 형形이란 생명의 집이요 기氣란 생명의 충만함이요 신神이란 생명을 제어하는 것이다. 이 가운데 하나라도 제자리를 잃게 되면 나머지 두 가지도 모두 상한다. 이런 까닭에 성인은 사람으로 하여금 각각 제자리에 처하고 그 직분을 지키며 서로 간여치 못하게 하는 것이다. 그래서 형은 편하지 않은 곳에 처하면 쇠약해지고 기가 충만하지 않은 데 쓰이면 고갈되고 신이 마땅치 않은 것을 행하면 어리석어진다. 이 세 가지는 삼가 지키지 않을 수 없는 것이다.[20]

《관자사편》에 비해 보다 체계적인 언어를 구사하는 《회남자》는 '형', '기', '신'이라는, 인간의 생명을 이루는 세 가지 축을 제시하면서 일종의

---

19 《관자》〈내업〉: "凡物之精, 此則爲生. 下生五穀, 上爲列星. 流於天地之間, 謂之鬼神；藏於胸中, 謂之聖人."
20 《회남자》〈원도훈原道訓〉: "夫形者, 生之舍也；氣者, 生之充也；神者, 生之制也. 一失位則三者傷矣. 是故聖人使人各處其位, 守其職, 而不得相干也. 故夫形者非其所安也而處之則廢, 氣不當其所充而用之則泄, 神非其所宜而行之則昧, 此三者不可不愼守也."

정신양생론을 펼친다. 이는 말하자면《장자》〈천운天運〉에서 말하는 '정신의 양생養神'과 일맥상통하는 것이다. 나는 〈천운〉에 담긴 우주론과 인간관을 바탕으로 생명을 기르는 수행과 실천을 정신양생론이라 부르고자 한다.《회남자》는 이렇게 정신을 기르는 양생이 왜 필요한가를 다음과 같이 설명한다.

> 사람이 태어날 때 고요한 것은 하늘이 내린 본성이고, 〔외부 사물에〕 자극받아感 움직이는 것은 본성의 운동이다. 외물의 자극物을 받으면 정신神이 응하는데 이때 지각知이 작동한다. 지성과 외물의 자극이 서로 접하게 되면 이로부터 좋아하고 미워하는 감정好憎이 생겨나는 것이다. 좋아하고 미워하는 감정이 구체화되면 지각이 외부 자극에 빠져들게 된다. 그래서 사람은 본래의 자신己으로 돌아올 수 없게 되어 하늘이 내린 본래 모습天理이 사라지게 된다. 그래서 도에 통달한 사람은 사람의 것으로 하늘의 것을 바꾸지 않는다. 바깥으로는 외부의 사물과 더불어 변화하지만 안으로는 본래의 고요한 상태情를 잃지 않는다.[21]

이러한 '정신의 양생'은 외물에의 구속에서 벗어나려는 것이다. "외물의 자극을 받으면 정신이 응하는데 이때 지각이 작동한다"라는 구절은 아주 중요한 것을 함축한다. 우리가 일상적으로 사물에 대해 갖는 좋아하고 미워하는 감정의 발동이 '지각'에서 비롯된다면, '정신'은 하늘에서 온 것으로, 우리 인간 본래의 것인 그 무엇인 동시에 회복되어야 하는 그

---

21 《회남자》〈원도훈〉: "人生而静, 天之性也 ; 感而後動, 性之害也. 物至而神應, 知之動也. 知與物接, 而好憎生焉, 好憎成形, 而知誘於外, 不能反己, 而天理滅矣. 故達於道者, 不以人易天, 外與物化, 而内不失其情."

무엇이라는 것이다.

그리고 이와 같은 '정신의 양생'의 실질은 바로 우리 인간이 필연적으로 겪게 되는 '정'의 매임에서 벗어나는 것이고, 이러한 '정신'이 우리 마음에 거할 때 인간은 성인이 되고 신명神明과 통하게 된다.《회남자》는 이에 대해 다음과 같이 서술한다.

> 대저 기쁨과 노여움喜怒은 도道에서 벗어난 것邪이다. 근심과 슬픔憂悲은 덕德을 잃은 것이다. 좋아함과 미워함好憎은 마음이 잘못된 것이요, 기욕嗜欲은 본성性에의 매임이다. 사람이 지나치게 화를 내면 음기를 손상시키고, 지나치게 기뻐하면 양기를 상하게 되니, 기가 엷어져서 벙어리가 되게 하고, 두려움과 공포로 인하여 미치게 한다. 근심과 슬픔은 자주 화를 내게 하고 병이 들게 되어 이것이 쌓이게 된다. 좋아함과 싫어함은 자꾸 늘어나게 되어 재앙이 서로 따르게 된다. 그러므로 마음이 근심하거나 즐거워하지 않는 것이 덕의 지극함이요, 마음이 늘 물정과 사리에 통하여 변하지 않는 것이 고요함靜의 지극함이요, 마음이 움직일 때 기욕이 실리지 않는 것이 허虛의 지극함이요, 좋아하고 싫어하는 것이 없는 것이 평심平의 지극함이요, 외물과 더불어 흩어지지 않는 것이 수粹의 지극함이다. 이 다섯 가지에 능통할 수 있는 자는 신명神明과 통하게 된다. 신명과 통한 자라야 그 안內을 얻은 자이다.[22]

---

22 《회남자》〈원도훈〉: "夫喜怒者, 道之邪也 ; 憂悲者, 德之失也 ; 好憎者, 心之過也 ; 嗜欲者, 性之累也. 人大怒破陰, 大喜墜陽, 薄氣發瘖, 驚怖爲狂 ; 憂悲多恚, 病乃成積 ; 好憎繁多, 禍乃相隨. 故心不憂樂, 德之至也 ; 通而不變, 靜之至也 ; 嗜欲不載, 虛之至也 ; 無所好憎, 平之至也 ; 不与物散, 粹之至也. 能此五者, 則通於神明. 通於神明者, 得其內者也."

이 인용문과 그 앞의 인용문을 읽을 때 다음과 같은 추론이 가능하다. 인간을 둘러싼 외물外物, 즉 자연적인 것에서부터 사회적·문화적인 것까지 포괄하는 모든 삶의 환경과 감응하며 살아가는 인간이 진정한 인간眞人이 되기 위해서는 이러한 상호 작용의 산물인 '정'에 매이지 않아야 한다. 인간이 갖는 '정'과 '기욕'은 모두 진정한 삶의 방해물이며 본연의 생명력을 손상시키는 것이라고《회남자》는 말한다. 장자가 말하는 '무정한 자아'는 결국《회남자》가 말하는 '덕德', '허虛', '정靜', '평平', '수粹'의 경지에 이른 진인이자, 신명과 통하는 성인이라 말할 수 있지 않을까.

4. '마음'의 길─《순자》와 유가

그렇다면 심성론의 전통을 확고하게 세운 유가의 경우는 어떨까? 가장 앞선 유가 문헌인《논어》와《맹자》에서는 지금까지 살펴본 '정신精神'의 개념은 발견되지 않는다.《논어》의 경우 '신神'은 수차례 나오지만 모두 제사의 대상으로서의 '신'일 뿐이다.《맹자》의 경우도 마찬가지다. '정精'은 아예 쓰이지 않았고, '신'은 단지 신령하다는 의미일 뿐이다. 이 점은 '정신'과 '심'이 서로 계통을 달리한다는 것을 보여주는 중요한 증거다.

이와 달리《순자》의 경우에는, 〈성상成相〉에서 "정밀함과 신묘함이 서로 이어 한결같이 어긋나지 않으면 성인이 된다精神相反, 一而不貳, 爲聖人"라고 하거나 〈부賦〉에서 "광대하고 정밀하고 신령한 것을 청컨대 나는 구름이라 하겠다廣大精神, 請歸之雲"라고 하여 '정신'이란 말에 특별한 의미를 부여하지 않는 반면에, '신명'이란 용어는 자주 등장한다. 하지만 여기서 신명은 앞서 이야기한 '정신의 양생'과는 다른, '기를 다스리고 마음을 기르는 방법治氣養心之術'과 관련돼 있다. 즉 순자에게서 신명은 '수신修身'이며 '마음 기르기養心'이다. 나는 이와 같은 유가적 갈래를 심성수양론이라 부르고자 한다.

주목할 만한 것은 앞서 논한 《장자》, 《관자》, 《회남자》에 나오는 '정신의 양생'을 가리키는 말 '심술心術'이 《순자》 〈해폐解蔽〉에서 두 번 나오는데 모두 순자가 제안하는 '수신'과 달리 피해야 하는 우환이나 근심거리로 나온다는 점이다.[23] 물론 《순자》에서도 기를 다스리고 마음을 기르는 것을 말하지만, 그것은 정신양생론과는 맥락이 아주 다르다.

> 무릇 기질氣을 다스리고 마음을 기르는 방법은 예禮를 따르는 것보다 더 빠른 길이 없고, 스승을 얻는 것보다 더 긴요한 것이 없으며, 오로지 학문을 좋아하는 것보다 더 신통한 것이 없다. 대저 이것을 일러 기질을 다스리고 마음을 기르는 방법이라고 하는 것이다.[24]

이 인용문에 따르면 "기질을 다스리고 마음을 기르는" 것은 예와 스승과 배움에 의해 이루어진다. 오늘날의 시각에서 볼 때 이것은 사회화나 교육이라 할 만한 것이다. 물론 우리는 《순자》 〈천론天論〉에서 정신양생론과 비슷한 분위기를 관찰할 수 있다.

> 천직이 확립되고 천공이 완성되면 인간의 형체形가 갖추어져서 정신神이 생기고, 좋아하고 미워하고 성내고 슬퍼하고 즐거워하는 감정이

---

23 《순자》 〈해폐〉: "聖人知心術之患, 見蔽塞之禍."; "凡萬物異則莫不相爲蔽, 此心術之公患也."
24 《순자》 〈수신修身〉: "凡治氣養心之術, 莫徑由禮, 莫要得師, 莫神一好. 夫是之謂治氣養心之術也." 번역은 순자, 《순자 1》, 이운구 옮김(한길사, 2006), 58쪽을 따랐다.

거기에 깃들게 되니 바로 이를 일컬어 천정天情이라 한다. 귀와 눈, 입과 코, 살갗은 각각 접촉하는 데가 따로 있어 서로 함께 기능하지 않으니 바로 이를 일컬어 천관天官이라 한다. 마음心은 몸 가운데 빈 곳에 있어 다섯 감관을 제어하니 이를 일컬어 천군天君이라 한다.[25]

《순자》는 여기서 '형形'과 '신神'을 논하고 있긴 하지만 초점은 거기에 있지 않다. '천정'이라는, '정情'과 관련된 중심 용어가 '심'과 '천군'으로 표현되는 인간의 '마음'으로 옮겨 가고 있다. 물론 이와 같은 어법이 《순자》에 처음 나온 것은 아니다. 《맹자》 또한 인간의 신체를 '작은 몸小體'으로, 인간의 마음을 '큰 몸大體'으로 구분한 바 있다.

공도자가 물었다. "똑같은 사람인데 어떤 이는 군자大人가 되며 어떤 이는 소인이 되는 것은 무엇 때문입니까?" 맹자가 말했다. "몸의 중요한 기관大體을 따르면 군자가 되고 몸의 사소한 기관小體을 따르면 소인이 된다."

공도자가 물었다. "똑같은 사람인데 어떤 이는 중요한 기관을 따르고 어떤 이는 사소한 기관을 따르는 것은 또 무엇 때문입니까?" 맹자가 말했다. "귀와 눈과 같은 기관은 생각하지 못하여 외물에 가려진다. 이것이 일단 외부의 물건과 접촉하면 거기에 끌려갈 뿐이다. 이 마음心이라는 기관은 생각할 수 있으니, 한번 생각하면 얻고 생각하지 않으면 얻지 못한다. 이 기관은 하늘이 인간에게 특별히 부여해준 것이다. 먼저 중요

---

25 《순자》〈천론〉: "天職旣立, 天功旣成, 形具而神生, 好惡喜怒哀樂臧焉, 夫是之謂天情. 耳目鼻口 形能各有接而不相能也, 夫是之謂天官. 心居中虛, 以治五官, 夫是之謂天君." 이운구 옮김, 《순자 2》(한길사, 2006), 72쪽.

한 기관을 채울 수 있다면, 사소한 기관이 이 선한 본성을 빼앗지 못할 것이다. 이렇게 하면 군자가 된다."[26]

이 《맹자》 인용문에 따르면 인간의 마음은 하늘이 특별히 인간에게만 준 것으로 그것의 비범함은 바로 인간을 만물과 구별시키는 '생각하는 능력'을 갖게 한다는 데 있다. 이러한 마음이 커다란 몸이고 다른 것들은 사소하다. 《순자》는 인간의 몸의 주요 부분들이 갖는 고유한 능력들을 이렇게 구분한다.

형체와 색깔과 무늬는 눈으로 구별하고, 음성의 청탁, 가늘거나 큰 소리, 기성은 귀로 구별하며, 달고 쓰고 짜고 싱겁고 맵고 시고 기이한 맛은 입으로 구별하고, 향내와 악취, 성한 꽃향기, 비리고 누린 냄새, 땅강아지나 썩은 나무 냄새, 기이한 냄새는 코로 구별하며, 아픔과 가려움, 냉기와 열기, 매끄러움과 깔깔함, 가벼움과 무거움은 신체로 구별하고, 기쁨과 괴로움, 희로애락, 좋아함과 미워함, 하고자 하는 욕망은 마음으로 구별한다.[27]

---

26 《맹자》〈고자상告子上〉: "公都子問曰:〈鈞是人也, 或爲大人, 或爲小人, 何也?〉 孟子曰:〈從其大體爲大人, 從其小體爲小人.〉曰:〈鈞是人也, 或從其大體, 或從其小體, 何也?〉曰:〈耳目之官不思, 而蔽於物, 物交物, 則引之而已矣. 心之官則思, 思則得之, 不思則不得也. 此天之所與我者, 先立乎其大者, 則其小者弗能奪也. 此爲大人而已矣.〉" 번역은 맹자, 《맹자》, 우재호 옮김 (을유문화사, 2007), 750~752쪽을 따랐다.
27 《순자》〈정명正名〉: "形體色理以目異, 聲音淸濁調竽奇聲以耳異, 甘苦鹹淡辛酸奇味以口異, 香臭芬鬱腥臊洒酸奇臭以鼻異, 疾養滄熱滑鈹輕重以形體異, 說故喜怒哀樂愛惡欲以心異." 이운구 옮김, 《순자 2》, 194쪽.

인간의 몸을 구성하는 이목구비와 형체 그리고 마음에는 각각 고유한 직능이 있다.《순자》에 따르면, 모든 감각 기관은 분별력異을 특징으로 한다. 인간의 마음 또한 "기쁨과 괴로움, 희로애락, 좋아함과 미워함, 하고자 하는 욕망"을 구분하는 데 직능이 있다. 이렇게 묘사되는 마음은 그다지 특별할 것이 없다. 하지만《맹자》가 생각하는 능력을 강조하듯이《순자》의 마음에도 특수한 능력이 부여되어 있다. 그것은 바로 도리道를 이해하는 능력이다.

그런데 도리를 이해하는 능력을 묘사한《순자》의 서술에서, 앞서 살펴본 정신양생론의 인간 이해 구조와 유사한 구조를 관찰할 수 있다.

사람은 무엇을 가지고 도道를 이해하는가? 말하기를, 마음心으로 한다고 한다. 마음은 어떻게 이해知하는가? 말하기를, '허虛'하고 '일壹'하며 '정靜'하기 때문이라고 한다. 마음은 일찍이 안에 품지 않을 때가 없으나 그러면서도 이른바 '허'한 상태가 된다. 마음은 일찍이 번다하지 않을 때가 없으나 그러면서도 이른바 '일'한 상태가 된다. 마음은 일찍이 움직이지 않을 때가 없으나 그러면서도 '정'한 상태가 된다.

사람은 나면서 지각知이 있고 지각되어 기억志이 생긴다. 기억이라 하는 것은 안에 품는 것이다. 그러면서도 이른바 '허'의 상태가 있다 함은 이미 안에 품고 있는 것 때문에 앞으로 받아들여질 것을 방해하지 않는다는 것이다. 이를 일러 '허'라고 하는 것이다. 마음이 생기면 지각이 있고 지각되면 분별력異을 갖는다. 분별이라 하는 것은 많은 것을 동시에 아울러 다 아는 것이다. 동시에 아울러 안다는 것은 여러 갈래로 나누어 본다는 것이다. 그러면서도 '일'의 상태가 있다 함은 그쪽 하나를 가지고 다른 이쪽 하나를 방해하지 않는다는 것이다. 이를 일러 '일'이라고 하는 것이다. 마음은 잠잘 때 꿈을 꾸고 우두커니 있을 때 멋대로 굴며 이를 부리면 계략謀을 꾸민다. 그러므로 마음은 일찍이 움직이지 않을 때가 없다. 그러면서도 이른바 '정'의 상태에 있다 함은 꿈을 꾸는 것이나 깊은 생각 때문에 지각을 어지럽히지 않는다는 것이다. 이를 일러 '정'이라고 하는 것이다.[28]

앞의 《순자》〈천론〉 인용문에 나왔던 "인간의 형체가 갖추어져서 정신이 생기고"라는 발생적 단계에 대한 언급은 여기서는 삭제된다. 여기서는 인간이 태어나면서 바로 지각知을 갖는다. 그리고 이러한 지각의 능력은 우리 마음 안에 갖추어진다. 우리에게 필요한 것은 오직, 이러한 지각이 '허'하고 '일'하고 '정'한 상태를 유지해 기억의 방해, 다른 분별에 의한 방해, 계략 꾸미기를 하지 않도록 하는 것뿐이다.

여기서 우리는 정신에 부여된 신묘한 힘이 마음心의 지각 능력으로 전이되어 있는 것을 발견하게 된다. 더 나아가 《순자》는 인간의 마음에, 육체의 군주이자 신명의 주인으로서 이미 스스로 완전한 '주체'의 의미를 부여한다.

마음이라 하는 것은 육체形의 군주다. 그리고 신명神明의 주체다. 명령을 내리지만 명령을 받는 일은 없다. 스스로 금하고 스스로 시키며 스스

---

28 《순자》〈해폐〉: "人何以知道? 曰：心. 心何以知? 曰：虛壹而靜. 心未嘗不藏也, 然而有所謂虛；心未嘗不兩也, 然而有所謂一；心未嘗不動也, 然而有所謂靜. 人生而有知, 知而有志, 志也者, 藏也；然而有所謂虛, 不以所已藏害所將受謂之虛. 心生而有知, 知而有異, 異也者, 同時兼知之；同時兼知之, 兩也, 然而有所謂一, 不以夫一害此一謂之壹. 心, 臥則夢, 偸則自行, 使之則謀, 故心未嘗不動也；然而有所謂靜, 不以夢劇亂知謂之靜." 이운구 옮김, 《순자 2》, 173～174쪽.

로 빼앗고 스스로 취하며 스스로 행하고 스스로 그친다. 그러므로 입을 억지로 다물거나 말하게 할 수 있고 육체를 억지로 굽히거나 펴게 할 수도 있지만 마음은 억지로 뜻을 바꾸게 할 수는 없다. 옳으면 받아들이고 그르면 물리친다. 그러므로 마음의 용태는 그 사물의 선택에 있어 남이 금하는 일 없이 반드시 스스로 확인하고 그 사물의 접촉에 있어 뒤섞여 많더라도 그 정수는 통일되어 갈리지 않는다고 한다.[29]

이렇게 볼 때, 정신양생론의 갈래에서 정신에 부여되어 있던 능력들은 《순자》에서는 온전하게 더욱 완전한 주체인 마음에 포섭되어 있다. 《논어》나 《맹자》에서는 정신의 개념은 보이지 않는다. 《장자》나 《관자》에서 '정精'과 '신神'이 보다 풍성한 우주론적 인간 이해의 의미를 획득하며 나름대로 독특한 정신양생론의 갈래를 형성했다면, 이로부터 일정한 개념과 술어들을 빌려 썼지만 다시금 《논어》와 《맹자》의 갈래를 이어간 《순자》에서는 그와는 또 다른 심성수양론의 갈래가 형성되었다.

우리가 《중용》에서 "희로애락의 감정이 아직 발하지 않은 것을 일컬어 '중中'이라 하고, 이것들이 발하여 절도에 맞는 것을 일컬어 '조화和'라 한다"라는 중요한 명제를 관찰하게 되는 것은 정신양생론 논리의 혼융과 발전의 과정에서 나온 심성수양론의 대응 때문이다. 정신양생론과 심성수양론은 인간의 '정'—물론 두 계열이 상정하는 '정'의 영역에 다소 차이가 있다 하더라도—이라는 문제를 다루는 가운데 마음과 정신 중

---

29 《순자》〈정명〉: "心者, 形之君也, 而神明之主也, 出令而無所受令. 自禁也, 自使也, 自奪也, 自取也, 自行也, 自止也. 故口可劫而使墨云, 形可劫而使詘申, 心不可劫而使易意, 是之則受, 非之則辭. 故曰 : 心容其擇也, 無禁必自見 ; 其物也, 雜博 ; 其情之至也, 不貳." 이운구 옮김, 《순자 2》, 194쪽.

무엇에 중심을 두는가의 차이에서 갈라져 나온 것이라 할 수 있다. 물론 이러한 정식화는 앞으로 보다 세심하게 다듬을 필요가 있다.

5. 《장자》의 무정한 자아─신비주의 순수 의식인가, 정신양생론인가

이러한 고대 중국의 사유 과정 속에서 우리는 처음에 제기했던 논제, 즉 《장자》의 정신의 개념과 양생론적 의미를 제대로 음미할 수 있다. 그런데 앞서 《회남자》에서 '덕德', '허虛', '정靜', '평평平', '수粹'의 경지로 강조된 상태, 《순자》에서 말하는 '허虛', '일壹', '정靜'의 상태, 그리고 《장자》에서 다양하게 등장하지만 〈천운〉에서 '허무虛無', '염담恬惔', '적막寂漠', '무위無爲'로 표현되는 상태를 우리는 어떻게 이해할 수 있을까? 그리고 정신양생론과 심성수양론이라는 두 갈래의 사유는 어떤 차이가 있는 것일까? 요컨대 《장자》는 왜 '무정한 자아'를 추구한 것일까?

서구의 학자들은 이 물음에 대해 신비주의적 무의식 혹은 순수 의식이라는 것을 통해 답해왔다. 물론 라우D. C. Lau나 한센Chad Hansen처럼 신비주의적 접근을 거부하는 학자도 있지만, 대체로 서구 학자들의 시각에서 《노자》, 《장자》, 《관자사편》, 《회남자》로 이어지는 정신양생론 갈래는 신비주의 문헌에 해당한다. 그럼에도 도대체 《노자》가 어떤 의미에서 신비주의에 속하는지 구체적으로 이야기된 것은 최근의 일이다. 그것도 대개는 《노자》나 《장자》의 몇몇 문장을 들어가며 신비주의를 예시하는 방식이었다.

이보다 조금 나아간 사람은 벤저민 슈워츠B. I. Schwartz다. 슈워츠는

〈제물론〉에 나오는 남곽자기의 일화에서 "무아경에 가까운 신비적 체험들과 신비적 깨우침의 상태"를 찾고, 〈인간세〉에서 공자가 안회에게 전하는 '심재心齋'에서 "고차원적 영지를 성취하는 방법"을 목도한다. 그리고 장자 사상에서 "진정한 영지의 획득은 적어도 우리를 둘러싼 세계에 대한 일상적 이해의 파괴"를 통해 가능하다고 본다.[30] 하지만 로스는 슈워츠가 신비주의의 특징인 신비 체험의 방법에 대해서는 주목하지 않았다고 비판한다.[31]

로스는 《노자》의 몇몇 표현들과 《장자》의 〈대종사〉와 〈천하〉에 등장하는 '도술', 그리고 나중에는 《관자사편》에 주목해, 역사적 · 종교적 맥락을 지니면서 특히 사제 전승 관계master-disciple로 이루어진 전통에서 고대 중국의 신비주의가 연원한다고 이해한다. 이러한 특수한 전통은 두 범주로 나뉘는데, 그중 하나가 오늘날의 기공氣功이나 태극권太極拳같이 적극적인 운동으로 수행하는 명상법이라면, 다른 하나는 마음의 정상적인 내용들을 사상해 심층의 평정을 이루는 것으로서 '내수內修inner-cultivation'의 전통이라 불린다.

로스는 이러한 내수 계통의 신비주의를 분석하며 스테이스Walter Stace가 구분한 '내향적introvertive' 체험과 '외향적extrovertive' 체험이라는 두 가지 신비 체험을 도입한다. 여기서 내향적 체험이란 이른바 순수 의식 또는 대상 없는 의식의 경험으로서, 그 신비주의가 목적으로 하는 절대

---

30 벤저민 슈워츠, 《중국 고대사상의 세계》, 나성 옮김(살림, 1996), 335~339쪽 참조. 인용은 모두 337쪽.

31 이하의 논의는 Harold D. Roth, *Original Tao-Inward Trainning and the Foundations of Taoist Mysticism*(New York : Columbia University Press, 1999) 참조. 그리고 Harold D. Roth, "Psychology and Self-Cultivation in Early Taoist Thought", *Harvard Journal of Asiatic Studies*, 51.2(1991)도 참조.

자와의 합일unity을 경험하는 것이다. 이와 달리 외향적 체험이란 개인의 감각을 통해 외부로 향하며, 이 체험 속에서 개인은 자신과 세계가 근본적으로 하나임을 자각하고 또한 일자와 다자, 통일성과 다수성을 동시에 지각한다.

로스는 《관자》 〈내업〉은 물론 《장자》에 두루 산재하는 것은 이 외향적 신비주의 체험이라고 본다. 특히 외향적으로 변형된 의식 경험은 수행자로 하여금 다시 세계로 돌아가 일상생활 한가운데 처하면서도 내향적 체험을 그대로 간직한 채 세계와의 심원한 일체감을 느끼게 하며, 이로써 수행자의 개인적 자아가 지닌 제한되고 비뚤어진 관점에서 해방되어 자유롭게 세상을 살아갈 수 있게 한다고 해석한다. 하지만 나는 이러한 로스의 견해에 동의하지 않는다.

나는 오히려 장자가 "사람을 개체의 혈육을 가지고 있는 몸으로서의 존재와 어떤 공동체家國로서의 사회 존재 및 어떤 목적名利의 수단 존재 사이의 모순과 충돌을 가진 존재로 의식했으며" 이러한 각도에서 "인간의 자유 문제"를 발견했다고 보는 리쩌허우의 관점에 동의한다.[32] 리쩌허우는 장자가 "'사람이 외물에 의해 부려지는 것'에 항의하여 '물이 다른 물에 의해 부려지지 않는 것'을 바라고, 인간의 본성을 회복하여 그곳에 돌아가기를 희망했다"고 장자 철학의 주제 의식을 정리한다.[33]

우리는 《사기열전》의 장주의 전기[34]와 《장자》 〈산목山木〉의 다음과 같

---

32 리쩌허우, 《중국고대사상사론》, 368~369쪽.

33 리쩌허우, 《중국고대사상사론》, 362쪽.

34 《사기열전》이 전하는 장자의 일화와 동일한 일화가 《장자》에는 두 번이나 나온다. 이는 그 일화가 사실로서의 신빙성이 높다기보다는 《장자》를 해석하는 중요한 방향일 수 있다는 것을 암시하는 점이다. 이에 대해서는 앞 장에서 논했다.

은 이야기에서 이러한 면모를 분명하게 확인할 수 있다.

　장자가 산속을 거닐다가 가지와 잎사귀가 무성한 큰 나무를 보았는데 벌목하는 사람들이 그 옆에 머물러 있으면서도 그 나무를 베지 않았다. 그 까닭을 물었더니 "쓸 만한 것이 없다"고 하였다. 장자가 말했다. "이 나무는 쓸모가 없기 때문에 천수를 다할 수 있구나."

　선생이 산에서 나와 옛 친구의 집에 묵게 되었다. 친구가 기뻐하여 아이 종에게 거위를 잡아서 요리하라고 시켰더니, 아이 종이 여쭈었다. "한 마리는 잘 우는데 한 마리는 울지 못합니다. 어느 것을 잡을까요?" 주인이 말했다. "울지 못하는 놈을 잡아라." 다음 날 제자가 장자에게 물었다. "어제 산중의 나무는 쓸모없기 때문에 천수를 다할 수 있었고 지금 주인집 거위는 쓸모없기 때문에 죽었으니 선생께서는 장차 어디에 몸을 두시겠습니까?"

　장자가 말했다. "나는 쓸모 있음과 없음의 사이에 머물 것이다. 그런데 쓸모 있음과 없음의 사이에 머무는 것은 한편으로는 그럴듯하지만 아직 완전한 올바름이 아니기 때문에 세속의 번거로움을 면치 못할 것이다.

　하지만 도와 덕을 타고 어디든 정처 없이 떠다니듯 노니는 사람은 그렇지 않다. 명예도 없고 비방도 없이 한 번은 하늘에 오르는 용이 되었다가 또 한 번은 땅속을 기는 뱀이 되어 때와 함께 변화하면서 한 가지를 오로지 고집하는 것을 기꺼워하지 않는다. 한 번 하늘 높이 올라가고 한 번 땅속 깊이 내려감에 조화로움을 측정의 기준으로 삼아서 만물의 시초에 자유롭게 노닐며, 만물을 만물로 존재하게 하면서도 스스로는 물에 의해 물로 규정받지 않으니 어떤 물이 번거롭게 할 수 있겠는가? 이것이 옛날 신농과 황제黃帝가 지켰던 삶의 법칙이다.

그런데 만물의 실정과 인간 세상사의 전변은 그렇지 않다. 그래서 합하였다 하면 이윽고 분열하고, 완성되었다 하면 이윽고 파괴되고, 날카롭게 모가 났다 하면 어느새 꺾이고, 존귀하게 되었다 하면 어느새 몰락하고, 훌륭한 행동을 하는 인간이다 싶으면 무너지고, 현명하면 모함에 걸리고, 어리석으면 기만당하니 어찌 세상의 번거로움을 면할 것이라고 기필할 수 있겠는가. 슬픈 일이다. 제자들은 잘 기억해두어라. 내 몸을 둘 수 있는 곳은 오직 도와 덕의 고장일 뿐이다."[35]

여기서 《장자》가 말하는 '도덕道德'은 '도덕적moral' 또는 '윤리적ethical' 맥락에서의 도덕이 아니라 전통적 의미에서의 도덕이다. 이를테면 《노자》, 즉 《도덕경道德經》이 다루는 그런 도덕이다. 따라서 우리가 노자나 장자에 대해 '도덕철학'이라고 한다면 그것은 '도道와 덕德에 근거한 철학' 또는 '도와 덕에 관한 철학'이란 뜻이지 서구 철학의 한 분과나 영역으로서의 '도덕철학moral philosophy'이나 '윤리학ethics'이란 뜻이 아니다. 이는 공자, 맹자, 순자의 사상에 대해서도 마찬가지라고 나는 생각한다. 오늘날 우리가 관행적으로 도덕철학이나 윤리학이라 하는 것은 이해를 쉽게 하기 위한 잠정적 명칭일 뿐이다.

---

35 《장자》〈산목〉: "莊子行於山中, 見大木, 枝葉盛茂, 伐木者止其旁而不取也. 問其故, 曰:〈無所可用.〉莊子曰:〈此木以不材得終其天年.〉夫子出於山, 舍於故人之家. 故人喜, 命豎子殺雁而烹之. 豎子請曰:〈其一能鳴, 其一不能鳴, 請奚殺?〉主人曰:〈殺不能鳴者.〉明日, 弟子問於莊子曰:〈昨日山中之木, 以不材得終其天年; 今主人之雁, 以不材死, 先生將何處?〉莊子笑曰:〈周將處乎材與不材之間. 材與不材之間, 似之而非也, 故未免乎累. 若夫乘道德而浮遊則不然. 無譽無訾, 一龍一蛇, 與時俱化, 而無肯專爲; 一上一下, 以和爲量, 浮遊乎萬物之祖; 物物而不物於物, 則胡可得而累邪! 此神農黃帝之法則也. 若夫萬物之情, 人倫之傳, 則不然. 合則離, 成則毀; 廉則挫, 尊則議, 有爲則虧, 賢則謀, 不肖則欺, 胡可得而必乎哉! 悲夫! 弟子志之, 其唯道德之鄉乎!〉" 《역주 장자 3》, 189~191쪽.

나는 이러한 명칭보다 앞서 제시한 정신양생론이란 용어가 노자와 장자 사상의 핵심을 드러내는 데 훨씬 적확하다고 생각한다. 이 두 갈래의 사유는 이론이면서 동시에 실천이고, 우주론과 인간론 그리고 정치학과 사회학은 물론 심리학까지 포괄하는 넓은 가르침의 체계다. 이제부터 나는 정신양생론과 심성수양론에 대해 시험적으로 간단하게 기술함으로써 특징과 차이를 드러내보고자 한다. 이 두 가지가 윤리학과 다른 일차적 차이점은, 어떤 궁극적 선이나 진리의 존재를 전제하지 않으며, 그에 대한 인식을 추구하지 않는다는 데 있다. 유가가 주창한 '인의仁義'조차 어떤 윤리적 진리/규범을 발견하려는 데서 나온 것이 아니라, 윤리성 자체를 인간의 신체에 구현하려는 뜻을 담은 것이다. 그래서 나는 실천적 성격을 드러내기 위해 '수양론'과 '양생론'이라 부른 것이다.

물론 심성수양론이 상대적으로 '정형화된codified' 규범성인 예禮를 외적 형식으로 규정하는 반면 정신양생론은 이를 거부한다는 이유로 전통적으로 정신양생론이 비현실적, 비사회적이라 비난받고 '처세술'로 비하되었던 것은 사실이다. 또한 두 전통 모두 구체적인 관계 속에서 살아가는 인간의 사회적 조화를 추구하지만, 전자가 모종의 사회적 통합과 질서를 지향하는 반면에 후자는 상대적으로 개체 생명의 보전을 추구하며 어떤 경우 관계로부터의 일탈을 추구하기도 한다. 하지만 양자는 모두 주어진 현실 속에서 일어나는 '정情'을 어떻게 다룰 것인가에서 출발한다.

이와 같은 사유와 실천이 나타난 배경을 나는 근대 윤리학과 구별해 다음과 같이 설명하고 싶다. 근대 개인주의 철학이 '평등한 개인들로 이루어진 사회' 속에서의 개인들의 정치적·윤리적 가치 실현을 목적으로 한다면, 두 가지 전통적 사유는 '불평등한 위계적 사회 조직'에서 발생하는 문제에 주로 초점을 둔다. 예를 들어 유가의 '인의仁義'가 '치천하治天

下'를 이루려는 엘리트의 사회 지향적 가치를 대변한다면, 도가의 '도덕道德'은 제왕帝王을 포함하는 모두가 개체 지향적 삶, 개체 생명의 생존과 자유를 추구하는 것이다. 하지만 사회적으로 평등한 개인들을 상정하지 않고 불평등한 현실에서 출발한다는 것은 양자 모두의 공통점이다.

앞서 인용한 〈산목〉의 이야기는 '도가적' 특징을 아주 잘 보여준다. 쓸모가 없어서無用/無材 오래 산 나무와 울 줄 알아서有用/有材 잡아먹히지 않은 거위 가운데 어느 쪽이 진정한 길인가 묻는 제자에게 장자는 그 '사이間'에 처하겠다고 대답한다. 이 이야기의 초점은 도와 덕에 관한 복잡다단한 혹은 형이상학적인 궤변에 있지 않다. 장자 스스로 늘 이야기하듯이 어떤 것의 가치用/材란 상대적이며 늘 '관계'에 좌우된다. 다른 사람의 눈에 무가치한 것이 오히려 가치 있기도 하고, 가치 있는 것이 때로 무가치한 것이 되기도 한다. 가치란 늘 상황이나 관계에 따라 달라진다.

그리하여 생긴 비극이 바로 '용-(쓰임)用의 역설'이다.[36] '용'을 자신의 '용'으로 삶을 영위하는 사대부의 사회적 삶 속에서 생각해보자. 나 자신에게 '나'는 그 어떤 것보다 귀하다. 그러나 남에게도 그러한가? 뛰어난 무용武勇을 지닌 장군인 나는 전쟁에 나가서는 가장 대접받는用 귀중한 존재이지만, 설령 내가 전쟁에 이겼다 해도 나를 사용하는用 군주에게 위협이 되는 존재로 여겨지면 그 용用으로 인해 죽음으로 내몰릴 수 있다. 따라서 '나의 생명 보존'이란 차원에서 보면 '나'에 부속된 것들은 때로는 나의 생존에 도움이 되지만 때로는 나의 생명을 위협하는 것이 된다. 따라서 내가 오래 사는 비결은 '유용有用'도 아니고 '무용無用'도 아니며 그

---

36 나는 리쩌허우의 논의를 '용用의 역설'을 통해 설명한 바 있다. 《장자》의 초반부는 '용'과 관련된 이야기, 즉 대용大用과 소용小用의 차별화로 시작된다. 김시천, 《이기주의를 위한 변명》(웅진지식하우스, 2006), 제5장 참조.

'사이'에 처하는 것이다. 이것이 이른바 "오래 살면서 눈으로 호강하는 도長生久視之道"이다.[37]

　이것이 바로 전제적 황제 체제에서 지식인의 미묘한 처세를 낳는 근원적 요인이다. 도가가 어떤 규범적 체계를 지향하지 않고 상황에 따른 응대, 대상에 따른 순응의 철학인 '인순因循'의 논리를 강조하는 이유가 바로 여기에 있다. 유가가 난세와 치세에 따라 이러한 도가적 처세에 대해 태도를 달리하는 이유 또한 여기에 있다. 태평한 세상에서는 '나아감進'이 강조되고, 따라서 유가적 가치를 실현해 사회 질서를 확립하는 것이 일차적 과제가 된다. 따라서 태평한 세상에서는 도가의 처세는 소극적, 술수적, 비윤리적이라 비판받는다. 하지만 난세에서는 도가적 처세가 크게 나무랄 것 없는 적당한 '물러섬退'의 논리 혹은 '보생전신保生全身'의 철학으로 수용되는 것이다.

　지금까지의 인류의 경험으로 미루어, 어느 사회에서나 분배와 관련해 늘 일정한 위계와 질서가 존재해왔다. 질서와 혼란이란 그런 의미에서 안정된 위계 구조와 불안정한 위계 구조를 지칭하는 것일 뿐이다. 이러한 위계 구조에서 각각의 개체——이때 개체란 한 개인일 수도 있고 한 집안일 수도 있다——는 자신이 처한 상황에서 어느 정도 '일정한 삶의 몫'을 획득하고자 한다. 도가는 불평등한 위계 속에서 각 개체가 오래도록 생존하는 데 필요한 길道과 능력德을 효과적으로 이용할 것을 추구했다고 할 수 있다. 따라서 도가에서는 이론적 체계의 확립이 중요한 것이 아니라, 구체적 상황에서의 응용이 더욱 중요하다.

---

37 이는 거꾸로 군주의 입장에서도 마찬가지다. 《노자》의 사유에서 제왕 중심적 성격이 더 강하다면 《장자》의 사유는 제왕과 사대부 어느 쪽에든 적용할 수 있다. 나는 장자 자신의 철학은 후자 쪽에 가깝다고 본다. 왜냐하면 그는 전국 시대의 지식인이기 때문이다.

《장자》〈대종사〉의 맹손재孟孫才 이야기는 이에 관한 아주 적절한 예화가 될 수 있다. 안회는 맹손재 어머니의 장례식에 갔다가 눈물도 슬픔도 애도도 없는 것을 보고 욕을 하지만, 중니는 맹손재가 깬覺 사람으로서 "외적인 치레를 다 하면서도 마음을 죽이는 일이 없는有旦宅而無情死" 지혜를 갖추고 있으며, "주어진 상황에 적절하게 응하면서도 내적인 본질을 바꾸지 않는安排而去化" 하늘에 통한 사람이라고 칭찬한다. 이는 〈대종사〉의 바로 앞에서 공자가 자공子貢에게 내린 교훈, "물고기는 강과 호수에서 서로를 잊고, 사람은 도술에서 서로를 잊는다魚相忘乎江湖, 人相忘乎道術"와 일맥상통한다. 그런 의미에서 보면 정신양생론이란 강호江湖에서 살아가는 방법인 도술을 추구하는 것이라 할 수 있다. 도술의 추구가 양생이며 도덕이다.

지금까지 우리는 《장자》 해석의 역사를 거칠게나마 살펴보고, 이어서 오늘날 우리가 도가라는 분류 아래 노자와 장자를 함께 엮게 된 근거를 기존의 연구와는 다른 방식으로 찾아보았다. 이제는 앞의 3장에서 조선의 율곡이 지은 《순언》을 통해 조선조 사대부 지식인의 내면을 엿보았듯이, 현대인의 '놀이' 개념에 비견되는 장자의 '유遊' 개념을 통해 옛 지식인의 삶과 예술 속에 《장자》가 어떻게 다가가 있는지 살펴보고자 한다.

6장

《장자》의 '유遊'
노니는 삶, 일상으로 내려오다

1. '놀이'와 '노닒遊'

　희뿌연 달빛이 서린 어느 밤, 한 선비가 낚시를 하기에 제격인 바위 위에 앉아 거문고를 뜯고 있다. 멀리 있는 다른 세계를 관조하듯이 아득한 어딘가를 향하고 있는 그의 시선이 은근하다. 그런 중에도 그의 은은한 옷소매 선을 타고 내려가면 거문고를 뜯고 있는 손이 분명히 보인다. 그는 조용히 연주를 하고 있다. 그런데 이게 웬일인가! 그의 다리에 비스듬하게 얹혀 있는 거문고에는 줄이 없다.

　이러한 정경이 담긴 〈월하탄금도月下彈琴圖〉라는 그림은 그래서 '무현금도無弦琴圖'라고 불리기도 한다. 화가가 꿈꾸는 세계를 그린 것인지 아니면 옛 선인仙人 가운데 누군가를 그린 것인지 정확히 알 수는 없지만, 그림 속의 주인공은 줄 없는 거문고를 연주하고 있다. 줄 없는 거문고를 연주하는 것이 가능할까? 아니, 그가 거문고를 연주하고 있다고 말할 수

조선 중기 문인 화가 이경윤의 〈월하탄금도〉

나 있는 것일까? 하지만 진지한 분위기로 보아 그가 장난을 치며 노닥거
리고 있는 것은 아닌 듯하다.

　포털 사이트 '네이트NATE'의 '한국학사전'은 '달빛 아래 거문고를 뜯
는다'라는 뜻의 제목을 가진 〈월하탄금도〉에 대해 다음과 같이 기술하고
있다.

　〈월하탄금도〉는 이경윤李慶胤의 작품으로 전하는 《산수인물화첩》에
　실려 있는 그림 중 한 폭으로, 인물을 중심으로 한 소경산수小景山水의
　형식을 갖추고 있다.

이 그림의 초점은 거문고를 타는 선비에게 주어져 있고, 주변의 바위와 나무, 그리고 달은 배경 구실을 하고 있다. 앞쪽의 바위는 흑백의 대비가 뚜렷한 면으로 이루어져 있고, 뒤쪽의 바위는 비스듬히 솟아 있으며, 전체적으로 공간이 크게 확대되어 있는 점 등으로 볼 때 조선 중기에 유행하였던 절파浙派 계통의 그림이라 할 수 있다. 화면은 간략하고 단순한 구도로 되어 있지만 미처 화면에 표현되지 않은 거문고의 침묵의 소리가 들리는 듯 시적詩的 분위기로 가득 차 있다.[1]

이 설명에 따르면, 이 그림에서는 주변 풍경들이 모두 거문고를 뜯는 주인공 선비에게 시선이 가게 만든다. 그 시선이 줄 없는 거문고를 뜯는 선비에게 한참 머물다 보면 "미처 화면에 표현되지 않은 거문고의 침묵의 소리가 들리는 듯"한 시적 분위기를 느끼게 된다. 어쩌면 그림 속의 주인공은 거문고 소리라는 작은 음악이 아니라 '자연이 연주하는 웅장한 관현악天籟'을 연주하고 있는지도 모른다.

우리는 이런 정경의 행위를 말할 때 '놀다'라고 표현하기보다는 '노닐다'라고 조금 다른 뉘앙스로 표현한다. 선비들이 즐겼던 풍류는, 전적으로 그렇다고 할 수는 없지만, 단지 할 일 없어 '노는' 행동이라기보다는 '노니는' 행동으로 여겨진다. 노는 것과 노니는 것은 차이가 있다. 사전에서는 '노닐다'에 대해 "(사람이나 동물이) 한가하게 이리저리 왔다 갔다 하며 놀다"라고 풀이한다. 그리고 그것의 어법을 다음과 같이 설명한다.

'노닐다'는 〈용비어천가〉(1447, 52장)에 '노니다'의 형태로 처음 나타

---

1 NATE '한국학사전' 참조. http://koreandb.nate.com/culture/detail?sn=15

난다. 이 '노니다'는 '놀-遊+니-行+-다(어미)'로 분석된다. '니-'는 '가다'의 뜻이었던 중세 국어의 '녀-'가 선어말 어미 '-거-' 앞이나 합성어의 성분으로 쓰일 때의 변이형으로 알려져 있다. 중세 국어에서 '니-'가 포함된 합성어로는 '노니다' 이외에 '느니다, 걷니다, 듣니다' 등이 있었는데, '드니다(〉다니다)'를 제외하고는 현대어에서는 '나닐다, 노닐다, 거닐다' 등으로 어간에 'ㄹ'이 첨가되었다.[2]

설명에 따르면 '노닐다'는 '놀다遊'의 뜻과 '다니다行'의 뜻 모두를 가진 합성어이다. 간단히 말해 이 말은 '놀러 다니다'라는 약간 특수한 의미를 갖고 있다. 중요한 것은 '노닐다'라는 말이 한자 '유遊'와 연결돼 있고, 또한 '길을 가다', '행하다', '다니다'의 뜻을 가진 '행行'하고도 연결돼 있다는 점이다. 결국 '노닐다'는 '놀다'와는 일정하게 다른 차원을 갖는다.

문제는 '유遊'가 'play'나 'spiel' 같은 외국어의 번역어 '유희遊戲'에 쓰임으로써 본래의 '노닐다'라는 뜻보다 '놀이'라는 뜻으로 이해된다는 것이다. 그래서 '유'가 '놀다'와 동일하지 않다는 점이 가려진다. '유'는 놀이를 수반하지만, 모종의 길 떠남 혹은 무언가로부터 '거리 두기'[3]와 관련 있고, 더욱 중요하게는 그러한 과정에서 겪게 되는 새로운 만남과 그로 인한 어떤 정신적 상태나 변화와 관련 있다. 이번 장에서는 '노닐다'라고

---

2 포털 사이트 DAUM과 NAVER의 '국어사전'의 경우에도 차이는 없다. 그리고 '놀다'는 '노닐다'의 비슷한 말로 소개되어 있다.
3 '거리 두기'의 의미에 대해서는 최고원, 〈놀이 개념에 대한 동, 서양의 시각차에 관하여—'몰입놀이'와 '거리두기' 놀이〉,《철학연구》제117집 (대한철학회, 2011) 참조. 최고원은 이 글에서 중국의 놀이 개념과 조선 선비의 놀이 개념에서의 '거리 두기'를 '몰입'을 특징으로 하는 것과 대조되는 것으로 설정한다. 하지만 나는 거리 두기가 '유遊' 개념의 특징적인 성격이라고 본다.

풀이되는 '유'의 의미를 고찰함으로써 놀이에 대해 생각해보고자 한다.

놀이와 축제는 오늘날 일종의 문화적 장치이자 인간 본성의 일부로 여겨진다. 그리고 동양 철학에서 이와 관련해 단골로 다루는 텍스트가 《장자》다. 이 점에서는 이 글 또한 마찬가지다. 하지만 나는 여기서 '유'에 관한 분석을 통해 놀이와는 다른 차원을 강조하고자 한다.

첫째, 《장자》의 '유'는 '놀다' 혹은 '놀이'라는 의미로 번역되지 않는다. 즉 '놀다'와 '놀이'는 '노닐다'와는 일정한 의미상의 차이가 있다. '유'는 분명 놀이의 요소를 포함하지만 삶의 차원과 더 긴밀하게 관련돼 있다. 따라서 《장자》의 '유'를 '놀이 정신' 혹은 '유희 정신'이라 풀이하며 《장자》를 놀이에 관한 담론으로 보는 것은 재고될 필요가 있다. 《장자》의 '유'는 일차적으로는 무엇으로부터의 떠남, 거리 두기와 같은 요소로 이루어진다. 하지만 그 떠남과 거리 두기는 회귀하기 위한 것이며 잠정적인 것이다.

둘째, 《장자》의 '유'는 정신적 요소와 관련 있다. '유'는 초월적이거나 종교적인 차원과 관련되기보다 오히려 정치적인 차원과 관련되며, 그래서 어떤 '정신적 해방心遊'의 의미를 갖는다. 즉 '유'는 강고한 위계적 '질서治'의 세계에서 물러나 '향유하는 삶으로 가는 과정世遊'을 말한다. 그래서 '유'는 일정하게 무엇으로부터 떠남 혹은 거리 두기를 의미하지만, 거기에는 회귀가 전제돼 있다. 정신적 과정으로서의 '유'는 마치 여행처럼 나갔다가 돌아옴이며, 결국에는 '일상성으로 회귀함'이다.

셋째, 이렇게 볼 때 《장자》에서 드러나는 것은 삶 자체가 '유'라는 생각이다. 《장자》의 '유'는 '떠남外遊'에서 '돌아옴世遊'이라는 하나의 과정을 뜻하는 개념이며, 이 '정신적 과정으로서의 노닒心遊'은 삶의 태도를 변화시킨다. 이렇게 해서 변화된 태도는 현실이나 세속을 떠나려는 탈속적 태도도 아니고 현실의 모순을 비판하거나 변화시키려는 변혁적 실천의 태도도 아니다. 그것은 정치적, 사회적 태도라기보다는 단지 한 개체가 겪는 갈등과 억압을 승화시킨 태도다.

나는 《장자》의 '유'가 이와 같이 설명되며, 일정한 한계를 갖는다고 생각한다. 물론 '유'에 대한 이러한 설명을 따른다면 삶 자체가 놀이가 될 수도 있다. 또한 《장자》의 '유'에 대한 관점은, 노동력의 재충전을 위해 놀이를 권장하고 여가를 중시하는 근대 산업 사회의 관점과는 대립되는 것이다. 유희와 향유가 불가능한 삶은 반생명적이고 삶과 대립된다. 그러나 이러한 '유'가 예술적 영감이나 활력을 줄 수 있을지언정, 우리 삶을 변혁하고 삶의 조건을 개선해 삶 자체를 향유하게 하는 힘을 가질 수 있을지는 의문이다.

2. '놀다', 놀이, '장난作亂'

《장자》의 '유遊'와 놀이의 문제를 따져보기 위해서는 먼저 '놀이play'와 '놀다', '장난' 같은 관련 어휘들을 살펴볼 필요가 있다. 이 말들은 생각보다 매우 다의적으로 사용된다. 더욱 중요한 것은, 앞에서 보았듯이 '노닐다'가 '놀다'와 동의어가 아니며, '놀이'와 '놀다' 또한 단지 명사와 동사의 차이만 있는 것은 아니라는 점이다. '놀다'라는 동사의 뜻은 사전에 따르면 17개나 된다. 다소 길지만 인용해본다.

【자동사】① (사람이)놀이나 재미있는 일을 하며 즐겁게 시간을 보내다. ② (사람이)직업이나 일정하게 하는 일이 없이 헛되이 시간을 보내

다. ③ (사람이)어떤 일을 하다가 일정한 기간 동안 일을 하지 않고 편하게 보내다. ④ (사람이)방탕하게 지내다. ⑤ (사람이 일정한 장소에서) 주로 활동하다. ⑥ (새, 물고기, 짐승 따위가)이리저리 돌아다니다. ⑦ 〔주로 '노는'의 꼴이나 '놀고 있는'의 구성으로 쓰여〕(기계나 건물, 돈 따위가)쓰이지 않고 있다. ⑧ (회사나 가게, 학교 따위가)일정한 기간 동안 영업이나 수업을 하지 않다. ⑨ (물체가)고정되거나 가만히 있지 않고 이리저리 움직이다. ⑩ (신체의 일부가)자유롭게 움직이다. ⑪ (사람이 어떠하게)행동하거나 그런 태도를 보이다. ⑫ (사람이 남의 말이나 행동에)따라 주책없이 들떠서 마구 행동하다. ⑬ (아기가)엄마의 뱃속에서 움직이다.

【타동사】① (사람이 어떤 재주를)부리거나 행해 보이다. ② (사람이 윷이나 주사위 따위를)부리어 이기고 짐을 겨루다. ③ (사람이 방해나 훼방 따위를)다른 사람이 하는 일에 행하다. ④ 〔주로 '가지고 놀다'의 구성으로 쓰여〕(어떤 사람이 다른 사람을)조롱하거나 자기 뜻대로 좌지우지하다.[4]

놀이에 대한 학술적인 글들은 대개 놀이를 대단히 긍정적인 것으로, 심지어 문화의 요소나 예술, 스포츠 등의 근원으로 평가하며 놀이에 상당한 의미를 부여한다. 하지만 우리의 일상적 언어생활에서 '놀다'라는 말은 대체로 부정적으로 쓰인다. 자동사 ①의 "놀이나 재미있는 일을 하며 즐겁게 시간을 보내다"의 뜻과 타동사 ①, ②의 재주 부리기와 놀이하기의 뜻을 제외하면 '놀다'는 대체로 일하지 않음, 헛되게 시간 보내기,

---

4 DAUM '국어사전' 참조.

방탕함, 쓰이지 않음, 들뜬 행동, 훼방 놓기, 조롱하기와 같이 대체로 부정적인 뜻을 담고 있는 것이다.

놀이라는 말의 긍정적인 성격과는 대조적으로 '놀다'라는 말은 대개 무언가 해야 할 것을 하지 않으면서 빈둥거림, 무익함, 훼방의 의미로 쓰인다. 이렇게 본다면, 우리가 놀이에 대해 아무리 긍정과 찬양을 늘어놓는다 해도 실상 그 놀이를 하는 '노는' 활동은 부정적이고 무책임한 활동에 가까워진다. 그래서 '놀다'는 '일하다'와 의미상 대립될 뿐만 아니라 가치에 있어서도 철저하게 대립된다.

그렇다면 놀이는 어떨까? '놀이'의 사전적 의미는 세 가지다.

① 여러 사람이 모여서 즐겁게 놂. (유의어 놀음, 유희遊戱) ② 인간이 재미와 즐거움을 얻기 위해 행하는 모든 활동. ③ 우리나라 전통적인 연희를 통틀어 이르는 말. 굿, 풍물, 인형극 따위를 이른다.[5]

그리고 브리태니커 백과사전은 '놀이'를 다음과 같이 설명하고 있다.

play. 즐거움을 얻기 위해 자발적으로 행하는 모든 활동.

인간의 모든 신체적·정신적 활동 가운데 생존과 관련된 활동을 제외한 것으로 보통 '일'과 대립되는 개념으로 쓰인다. 놀이와 일은 자기실현의 기회가 주어지는 인간의 의식적인 활동이라는 점에서는 같으나, 놀이는 '재미' 또는 '즐거움'을 전제로 하지만 일은 그렇지 않다는 차이점이 있다. 일 또한 '즐거움'을 주기도 하지만 그것이 필수적인 것은 아니

5 DAUM '국어사전' 참조.

며, 놀이와는 달리 강제성을 지니고 때때로 고통을 수반하기도 한다. 반면 놀이는 강제성이 없는 자발적 참여를 특징으로 하고 '보상'을 전제로 하지 않으며 '재미'나 '만족' 그 자체를 목적으로 한다.[6]

이 백과사전의 설명은 놀이를 생존과 관련된 활동을 제외한 것으로 보면서 주로 일과의 비교 속에서 차이를 지적하는 방식으로 기술되어 있다. 이런 식의 기술은 놀이가 그 자체로 자족적인 의미를 갖는다기보다는 일 혹은 노동과의 차별화를 통해 의미를 얻는다는 것을 시사한다. 그래서 여기서는 어떤 방식으로든 놀이보다는 일이나 노동이 일차적이고 더 중요한 것이며, 특히 일과 노동은 생존과 관련된 활동이라는 점이 부각된다.

'놀이'와 '놀다'라는 말의 사전적 의미를 살펴보는 가운데 우리는 '놀이'에 비해 '놀다'의 의미가 그렇게 긍정적이지 않다는 사실을 확인했다. 브리태니커 백과사전은 '놀이'에 대해 또한 "현대 사회에서도 아이들의 놀이에서는 일과 노동이 구분되지 않는데, 아이들에게는 일이 곧 놀이이고 놀이가 곧 일이다"라고 서술하고 있는데, 이는 적절치 않은 듯하다. 한국이라는 특수한 경우의 이야기이기는 하지만, 여기서 '일'을 '공부'로 바꾸어 읽는다면 놀이의 의미는 전혀 달라질 수 있다.

---

6 이에 더해 위키백과도 참조할 수 있다. "놀이 또는 유희遊戲는 인간이 즐거움을 얻기 위해 하는 활동을 말한다. 물질적 보상 또는 대가를 바라지 않고 하는 행위이며 외부의 강제에 의한 행위도 아니라는 점에서 노동이나 일과 구별되지만, 노동에도 유희적 측면이 있다고 보는 견해도 존재한다. 일반적으로 놀이는 기분 전환을 위한 여가 활동으로 규정되며, 서양 기원의 승부와 관련 있는 놀이는 게임game으로 불리기도 한다. 즐거움 외에도 민첩성이나 사회성 등 성장에 필요한 경험을 얻기 위해 놀이를 하기도 하는데, 이는 인간뿐 아니라 동물들에게서도 발견되는 현상이다." http://ko.wikipedia.org/wiki/%EB%86%80%EC%9D%B4

내가 놀이의 사전적 의미를 여러 가지 제시한 까닭이 바로 여기에 있다. 나는, 우리가 아무리 놀이의 긍정적 가치를 인정하고, 놀이를 통해 문화나 예술을 설명하는 이론을 구축하더라도, 실제 현대인의 자본주의적 삶에서 놀이는 일이나 노동에 비하면 부차적인 것일 수밖에 없음을 보여주고자 한 것이다. 더불어 놀이의 소비적 성격으로 인한 역기능도 존재함을 언급하고 넘어가야 할 것이다.

물론 놀이는 일과 구분되는 것이 아니었을 수도 있다. 요한 하위징아 Johan Huizinga(1872~1945)[7]나 로제 카유아Roger Caillois(1913~1978)[8]가 놀이를 중요한 문화 요소로 구분하기 전엔 놀이가 하나의 명확한 문화적 범주로 파악되지 않았다.[9] 그들에 의해 놀이가 문화적 요소play element in culture로 파악되었다는 것은, 놀이가 다른 어떤 것과 분명하게 구분되는 범주로 보이기 시작했음을 시사한다. 김희의 〈장자의 遊를 통해 본 문화향유 주체에 관한 소고―장자의 遊와 호이징하의 놀이 개념 비교〉라는 논문[10]은, 이 글의 관점과 조금 다르긴 하지만,《장자》의 '유'를 놀이와의 관계 속에서 문화 이론적으로 다룬 개척적 연구로 평가되어야 마땅하다.

---

7 요한 하위징아,《호모 루덴스 : 놀이하는 인간》, 이종인 옮김(연암서가, 2010).

8 로제 카이와,《놀이와 인간》, 이상률 옮김(문예출판사, 1994).

9 하위징아와 카유아의 놀이 이론에 관해서는 다음 논문들에서 많은 도움을 받았다. 이웅규,〈놀이정신에 관한 심층적 고찰―호이징하와 로제 카이와를 중심으로〉,《국제관광연구》제3권(국제관광학회, 2006) ; 최고원,〈놀이 개념에 대한 동, 서양의 시각차에 관하여―'몰입놀이'와 '거리두기' 놀이〉; 최고원,〈놀이이론과 문화분석―J. 호이징어와 R. 카이와의 놀이이론을 중심으로〉,《존재론연구》제25집(2011). 이 글은 놀이의 문화 이론을 다루는 것이 아니므로 이에 대한 자세한 논술은 생략한다.

10 김희,〈장자의 遊를 통해 본 문화향유 주체에 관한 소고―장자의 遊와 호이징하의 놀이 개념 비교〉,《동양철학연구》제69집(동양철학연구회, 2012).

아마도 17세기 이래 인간의 노동이 중요한 경제적 행위로 부각되어 의미를 부여받기 시작하면서 놀이 또한 노동과 대립되는 것으로서 도드라져 보이게 되었다고 보면 크게 무리는 없을 것이다. 로크, 헤겔, 마르크스 모두에게서 노동은 가장 중요한 인간 활동이자 인간의 본질 중 하나로 파악되었다. 그런 점에서 '노는 것'과 '일하는 것'의 구분을 근대적, 특히 자본주의적 특징으로 봐도 무방할 것이다.

우리는 종종 '왜 매일 놀기만 하지?'라고 말한다. 이 말에 함축돼 있는 것은 놀이란 어떤 금지된 것, 아무 때나 해야 하는 중요한 것이 아니라 부차적인 것, 더 중요하고 일차적인 무언가와 구분되는 것이라는 의미다. 그래서 놀기만 하는 사람은 사회에 적응하지 못하거나 중요치 않은 일에 골몰하는 사람이 된다. 놀기만 할 때 배척되는 것은 공부와 일이다.

이러한 함축적 의미는 '장난'이라는 말에서 더 쉽게 드러난다. 학교에서 공부할 때 수업 시간 아닌 쉬는 시간에 나가서 놀이를 하는 것은 전혀 문제가 되지 않는다. 그러나 수업 시간에 놀이를 한다면 그것은 놀이가 아니라 장난이 되어버린다. 놀이가 일과 시간 아닌 때의 활동으로서 인가된 것이라면, 장난은 일과 시간 중에 행해지는 놀이 행동으로서 금지된 것이자 비난받는 것이다. 어쩌면 이것이 놀이가 갖는 매우 근대적인 의미의 본질인지도 모른다.

한편 우리가 사용하는 말도 되새겨볼 필요가 있다. '놀이'는 우리말이지만 서양 언어의 번역어이기도 하다. 한때 영어 'play'에 상응하는 번역어로 '유희遊戲'라는 한자어가 쓰이기도 했다. 그래서 하위징아의 《호모 루덴스*Homo Ludens*》라는 책을 통해서 '유희적 인간homo ludens'이라는 말이 유행하기도 했다. 하지만 최근에는 '호모 루덴스'가 '유희적 인간'이 아니라 '놀이하는 인간'으로 번역된다. 놀이란 말이 유희란 말에 비해 쉽

고 일상적으로 쓰이며, 'play'의 함의와 크게 다르지 않다는 생각에서일
것이다.

　　그런 의미에서 이번 장에서는 놀이의 문화 이론을 구축하는 데 필요한
기초로서,《장자》의 '유'가 어떤 의미를 갖는지를 다각적으로 분석해보고
자 한다.

3. '유'와 정신

　　《장자》의 '유遊'를 이해하기 위해서는《장자》와 대조적일 것으로 예상
되는, 그에 앞선 문헌들이 '유'를 어떻게 다루었는지를 살펴보는 것이 적
절한 출발점이 될 수 있을 듯하다. 유가의 대표적 문헌인《논어》와《맹
자》에서는 '유'가 어떻게 사용되었을까? 유가와 도가를 대립적인 학파로
보는 상식을 취할 경우,《논어》와《맹자》에서는 '유'가 그다지 많이 등장
하지 않으리라고 예상하게 된다. 실제로《논어》에서는 3회,《맹자》에서
는 7회 '유'가 등장한다.《장자》에서는 95회 정도 등장하니 이것만으로도
분명한 차이가 있다.

　　《논어》에서 '유'는 복잡한 분석을 하지 않아도 될 정도로 단순한 의미
로 쓰인다. 〈이인里仁〉 편에서 "공자께서 말씀하셨다. '부모가 계시면 멀
리 유하지 말 것이며, 유하더라도 반드시 행방을 알려야 한다'"[11]라고 했
는데 여기서 '유'는 집을 나가서 노는 것, 혹은 멀리 여행하는 것을 의미

---

11 《논어》〈이인〉 19 : "子曰 : '父母在, 不遠遊. 遊必有方.'"《논어》의 번역은 주로 황희경 옮김,
　《삶에 집착하는 사람들과 함께 하는 논어》(시공사, 2000)를 따랐다. 다만 문맥에 따라 수정
　하기도 했다.

한다. 〈계씨季氏〉 편에서는 해로운 즐거움 가운데 하나로 "태만한 유佚遊"[12]를 말했고, 따라서 여기서 '유'는 부정적 의미를 갖는다. 이러한 의미는 우리가 생각해보려는 '유'의 의미와 관련이 없다. 유일하게 우리의 주목을 끄는 것은 〈안연顏淵〉 편의 용례다.

번지樊遲가 무우대舞雩臺 아래에서 '노닐다가遊' 말했다. "덕을 높이고 사념을 없애며 미혹을 분별하는 일에 대해 여쭙겠습니다."

공자께서 말씀하셨다. "훌륭하다, 질문이여. 먼저 해야 할 일을 하고 나중에 얻게 될 수확을 따지지 않는 것이 덕을 높이는 것이 아니겠느냐? 자기의 결점을 바로잡고, 남의 잘못을 공격하지 않는 것이 사념을 없애는 것이 아니겠느냐? 하루아침의 분함을 참지 못해 자기 몸을 잊어버리고 심지어 부모에게까지 누를 끼치는 것이 미혹된 것이 아니겠느냐?"[13]

여기서 '유遊'는 나중에 가장 일반적으로 쓰이게 되는 '유'의 의미를 잘 보여준다. 스승과 제자가 무우대라는 곳에서 한가로이 거닐고 있다. 무슨 특별한 목적이 있는 것은 아니다. 하지만 이 우연한 거넒은 대화를 불러온다. 거니는 과정에서 스승과 제자 사이의 자연스러운 대화가 이어진다. 따라서 '유'는 한가롭게 거닌다는 뜻도 갖고 있으며, 그러는 중에 오

---

12 《논어》〈계씨〉 5 : "공자께서 말씀하셨다. '유익한 즐거움이 세 가지 있고 해로운 즐거움이 세 가지 있다. 예악을 가지고 자신을 절제하기를 좋아하고, 남의 좋은 점 말하기를 좋아하고, 어진 벗 많은 것을 좋아하면 유익하다. 사치하고 방탕한 것을 좋아하고, 태만하게 놀기를 좋아하고, 잔치 벌이기를 좋아하면 해롭다.' 孔子曰 : '益者三樂, 損者三樂. 樂節禮樂, 樂道人之善, 樂多賢友, 益矣. 樂驕樂, 樂佚遊, 樂宴樂, 損矣.'"

13 《논어》〈안연〉 21 : "樊遲從遊於舞雩之下, 曰 : '敢問崇德脩慝辨惑.' 子曰 : '善哉問! 先事後得, 非崇德與? 攻其惡, 無攻人之惡, 非脩慝與? 一朝之忿, 忘其身, 以及其親, 非惑與?'"

가는 대화를 통해 일정한 가르침이 이루어진다는 것을 내포한다. 이러한 '유'는 유가에서 중시하는 '예禮'를 익히는 '학學'과는 분명히 구별되며, 격식이 없고 자유롭다.

《장자》의 많은 일화는 주인공이 '유'하는 과정에서 갖게 된 만남과 대화로 시작된다.[14] 한가로운 유람길에서 갖게 된 대화, 우연과도 같은 그런 대화에서는 어떤 격식이나 형식은 중요치 않다. 그리고 그 대화는 일정한 가르침과 깨달음으로 끝난다. 이러한 만남은 일시적이기만 한 것이 아니라 때로는 어느 정도 지속적이다. 이럴 경우 '유'는 '교유하다'의 뜻을 갖게 된다.

《맹자》〈진심상盡心上〉에는 "성인의 문하에서 '유'한 사람은 어지간해서는 의미 있는 말로 생각하지 않는다"[15]라는 구절이 나온다. 여기서 '유'는 '학學'과 구분되지만 분명 가르침을 듣는다 혹은 배운다는 의미이며 일정 기간 이상의 지속적인 만남을 함축한다.[16] 그런데 이런 용례는 《장자》의 다음 구절에서도 분명 나타나, 《장자》가 《논어》나 《맹자》와 의미상 연속성이 있음을 보여준다.

노나라에 발 잘리는 형벌을 받은 절름발이 왕태王駘란 사람이 있었는

---

14 《장자》에 나오는 '유'의 상당수가 이러한 용례에 해당한다. 이러한 용례에서 '유'는 특정 장소나 방향을 나타내는 말과 함께 쓰인다. 그리고 늘 대화 상대가 되는 다른 화자와의 만남이 수반되고, 자연스럽게 대화가 이루어진다.

15 《맹자》〈진심상〉 24 : "孟子曰 : '孔子登東山而小魯, 登太山而小天下. 故觀於海者難爲水, 遊於聖人之門者難爲言.'" 《맹자》의 번역은 맹자, 《맹자》, 박경환 옮김(홍익출판사, 2005)을 따랐다. 다만 문맥에 따라 수정한 부분도 있다.

16 《맹자》에서는 '유'가 가르침을 받는다는 뜻만이 아니라 '유세하다遊說'라는 뜻으로도 쓰였으나, 이 용례는 여기서 논외의 것이므로 언급하지 않는다.

데, 그를 따라 '배우는遊' 제자의 수가 중니의 제자와 같았다. 상계常季가 중니에게 물었다.

"왕태는 절름발이입니다. 그런데도 그를 따라 '배우는' 이가 선생님과 함께 노나라를 반분하고 있습니다. 그는 서서도 가르치지 않고 앉아서도 가르치지 않고 앉아서도 토론 한번 하지 않는데도 배우는 이들은 텅 빈 채로 가서는 가득 채워서 돌아옵니다. 참으로 말하지 않는 가르침과 겉으로 드러남이 없으면서도 마음으로 이루는 것이 있는 것이겠지요. 이 사람은 어떤 사람입니까?"[17]

상계와 중니(공자)의 대화로 이루어진 이 일화에 따르면 왕태는 형벌을 받아 절름발이가 된 자이다. 그런데 그에게 배우는, 즉 '유'하는 자의 숫자가 중니의 제자에 필적한다. 희한하게도 왕태는 어떤 가르침敎, 주제에 관한 토론議도 하지 않는다. 그런데도 그를 좇는 사람들은 '빈 상태로 가서 가득 채워서 돌아온다'. 이런 식의 배움은 예를 강조하는 공자의 '학學'의 과정과는 다르다. 이런 맥락에서 '유'는 한가로이 나누는 열린 대화를 통해 스스로 깨우치는 것이 포함된 교유의 의미인 듯하다. 이는 분명 앞의 《논어》〈안연〉 인용문에 나온 번지와 공자 간 대화의 발전처럼 보인다.

《맹자》에는 독특한 용례도 두 가지 나온다. 〈진심상〉에는 "순임금이 깊

---

17 《장자》〈덕충부〉: "魯有兀者王駘, 從之遊者與仲尼相若, 常季問於仲尼曰: '王駘, 兀者也, 從之遊者與夫子中分魯. 立不教, 坐不議, 虛而往, 實而歸. 固有不言之教, 無形而心成者邪? 是何人也?'" 여기서 '올兀'은 발뒤꿈치를 베어내는 형벌을 의미하며, 따라서 '올자兀者'는 절름발이라는 뜻이다. 《장자》의 번역은 주로 안병주·전호근·김형석 옮김, 《역주 장자 1·2·3·4》를 따랐다. 다만 문맥에 따라 수정한 곳도 있다.

은 산속에서 살 때에는 나무나 돌과 함께 살며 사슴과 멧돼지와 함께 '유'했다"[18]라는 말이 나온다. 여기서 '유'는 '놀다'의 뜻인데, 사람 아닌 동물과 함께일 때도 쓰인다는 점이 특징적이다. 하지만 그 이상의 용례가 없어 특별하게 다룰 만한 의미가 있는지 판단하기 어렵다. 다른 하나는 특히 자세히 살펴봐야 할 용례다.

《맹자》〈양혜왕하梁惠王下〉에서 제나라 선왕이 자신의 설궁雪宮을 자랑하면서 어떠냐고 맹자에게 묻자, 맹자는 제나라의 명재상 안자晏子와 경공景公의 대화를 들려주는데, 여기서 경공은 자신이 다스리는 '나라를 두루 둘러보는 여행觀'의 방법을 묻고 안자는 천자의 '순수巡狩'와 제후의 '술직述職'을 구분하며 이 모두가 왕의 일이라고 말한다. 그리고 하夏나라의 속담을 전해주며 '유'가 백성들의 통치와 관련된 행위임을 설명한다. 여기서 '유'는 분명 민생과 관련된 왕의 지역 순방의 의미이다.

예전에 경공이 안자에게 물었다. "과인은 전부산과 조무산을 여행하고 바다를 따라 남쪽으로 내려가서 낭야에까지 가려 합니다. 과인이 어떻게 준비하면 옛 선왕들이 했던 순방觀에 견줄 만하겠습니까?"

그러자 안자가 말했다. "참 좋은 질문입니다. 천자가 제후에게 가는 것을 순수라고 합니다. 순수란 제후가 자신이 지키는 영토를 순시한다는 뜻입니다. 제후가 천자에게 조회하러 가는 것을 술직이라고 합니다. 술직이란 맡은 임무를 보고한다는 뜻입니다. 그러니 일과 관련되지 않은 것이 없습니다. 봄에는 밭 가는 것을 살펴서 부족한 것을 보충해주고, 가

18 《맹자》〈진심상〉 16 : "孟子曰 : '舜之居深山之中, 與木石居, 與鹿豕遊, 其所以異於深山之野人者幾希. 及其聞一善言, 見一善行, 若決江河, 沛然莫之能禦也.'"

을에는 수확하는 것을 살펴서 부족한 것을 도와줍니다. 그러므로 하나라의 속담에 '우리 임금께서 여행하지 않으시면 우리가 어떻게 쉴 수 있으며, 우리 임금께서 여행하지 않으시면 우리가 어떻게 도움을 받을 수 있겠는가?'라는 말이 있습니다. 그래서 천자께서 한 번 유람하시고 한 번 순방하시는 것이 제후들의 법도가 되었던 것입니다."[19]

이 인용문에 이어 맹자는 '유'를, '뱃놀이하며 즐거움에 빠져 멈출 줄 모르는 것流', '억지로 즐길 거리를 만들어 맘껏 즐기는 것連', '자신을 어지럽힐 만치 사냥질에 몰두하는 것荒', '자신을 망쳐버릴 만치 술을 마셔대는 것亡'과 구분한다. 즉 왕의 '유'란 지역 순수의 의미를 띠며, 그 가운데 뱃놀이나 사냥, 술 마시고 연회를 즐기는 것 등이 포함된다. 다만 맹자는 이것들이 민생을 어렵게 할 정도로 과해서는 안 된다고 보아 적절히 조절하도록 제한한다. 어쨌든 여기서 '유'는 유람이자 다양한 놀이 활동이 수반되는 여행이지만 정치적 활동임을 알 수 있다.

제나라 선왕은 자신의 정치적 역량을 과시하는 모범적 지역 순방인 '관觀'을 하고 싶어 한다. 하지만 안자는 백성들의 속담을 끌어다 대며 '관' 대신 '유遊'와 '예豫'를 실시케 하려 한다. 왜냐하면 '관', 즉 왕의 유람에는 뱃놀이, 연회, 사냥 등 왕의 즐거움을 위해 백성들의 고역이 동원되어야 하며, '유'와 '예'야말로 진실로 백성들에게 휴식休과 도움助을 주는 것이기 때문이다. 맹자의 말에 따르면, 결국 '관'과 '유'의 차이는 '백성들

---

19 《맹자》〈양혜왕하〉4 : "昔者齊景公問於晏子曰 : '吾欲觀於轉附朝儛, 遵海而南, 放于琅邪. 吾何脩而可以比於先王觀也?' 晏子對曰 : '善哉問也! 天子適諸侯曰巡狩, 巡狩者巡所守也 ; 諸侯朝於天子曰述職, 述職者述所職也. 無非事者. 春省耕而補不足, 秋省斂而助不給. 夏諺曰 : '吾王不遊, 吾何以休? 吾王不豫, 吾何以助?' 一遊一豫, 爲諸侯度.'"

과 함께하는 즐거움與民同樂'의 여부에 있다.

이는 맹자의 '유'와 장자의 '유'의 성격 차이를 잘 보여준다. 맹자에게서 '유'는 놀이 절제, 민생 고려를 전제한 것이며 즐거움을 백성과 공유한다는 정치적 의무를 내포하는 것이다. 그러나 장자의 '유'는 그보다는 어떤 개체적이고 정신적인 요소와 관계있다.《장자》〈산목〉편에 나오는 시남의료市南宜僚와 노나라 제후의 대화는 이러한 성격을 잘 보여준다. 이 대화는《장자》의 특징인 정치로부터 벗어남, 책임 의식과 정치적 욕망을 버림을 강조한다.

노나라 제후가 '선왕의 도先王之道'를 열심히 닦았음에도 불구하고 걱정 근심에서 벗어나지 못함을 한탄하자 시남의료는 왕의 신분, 노나라라는 가죽을 벗어던지고 "무하유지향無何有之鄕"[20]의 마을로 '유'할 것을 권한다.

인민을 자신의 소유로 삼아 다스리는 자는 얽매이고 다른 사람에게 부림을 당하는 자는 근심하게 됩니다. 그 때문에 요임금은 인민을 자신의 소유로 다스리려 하지 않았으며 다른 사람에게 부림을 당하지도 않았던 것입니다. 저는 임금께서 얽매임을 풀어버리고 근심을 제거해서 홀로 도와 함께 아득한 대막의 나라에서 '노닐기遊'를 바랍니다.[21]

---

20 "무하유지향無何有之鄕"은 두 가지로 해석할 수 있다. 하나는 '어떠한 걱정이나 근심도 없는 마을'이라는 뜻이고, 다른 하나는 '어디에도 있지 않은 마을', 말 그대로 유토피아라는 뜻이다.《장자》의 무하유지향이 목가적이고 전원적이라면 유토피아는 합리적, 이성적으로 가능한 이상향이다.

21 《장자》〈산목〉: "故有人者累, 見有於人者憂. 故堯非有人, 非見有於人也. 吾願去君之累, 除君之憂, 而獨與道遊於大莫之國."

여기서 '유'는 시남의료가 노나라 제후에게 권유하는 '떠남'을 전제한다. 그리고 그 떠남은 바로 '타자에의 얽매임累', '정치적 책임에서 오는 걱정憂'으로부터의 떠남이다. 이렇게 홀가분하게 떠남은 진정한 '유'의 전제 조건이며, 이러한 떠남은 정치적 야망이나 사회적 관계로부터 한 걸음 물러날 때 가능해진다. 말하자면 떠남은 자기 삶의 '외물外物'에 해당하는 것들에 대해 '거리 두기'이며, 진정한 자신의 정신이나 삶과의 만남이다.

그런데 이러한 '유'는 세속을 떠나거나 삶을 버리는 것으로 끝나지 않는다. 그것은 오히려 정신의 모험으로서 《장자》에서 말하는 '마음으로 노닐기(심유心遊)'이며, 더 나아가 세속적 삶을 버리는 것이 아니라 오히려 '세속에서 노닐기(세유世遊)'이다. 그것이야말로 진정한 '하늘에서 노닐기(천유天遊)'라고 장자는 말한다. 기이하게도 우리는 여기서 다시 공자의 목소리를 듣게 된다. 왜냐하면 《장자》에서 '마음으로 노닐기'는 곧 '하늘에서 노닐기'이고, '하늘에서 노닐기'는 다시 '세속에서 노닐기'로 이어지는데 이는 공자가 말하는 '심재心齋', '좌망坐忘'과 다를 바 없기 때문이다.

4. 심유心遊—천유天遊 그리고 세유世遊

조선 시대 중인 출신의 문인 박제가朴齊家(1750~1805)의 시들 중에 〈북영에서北營〉가 있다.

높은 산엔 비각이 걸리어 있고, 깊은 골짝 단풍이 은은하구나.
흰 구름 밖에서 잠을 자다가, 가을의 시냇가를 돌아 거닌다.

허유許由의 자취 아님 부끄럽나니, 무우舞雩의 바람 쐼을 슬피 바라네.
저문 빛은 사람 걸음 따라오는데, 쓸쓸한 저 기러기 허공에 뜬다.[22]

이 시의 무대 '북영'은 창덕궁 북쪽에 있던 훈련도감의 분영이다. 세속을 벗어난 산림도 아니고, 세상 밖의 선계仙界도 아닌 이곳에서 박제가는 성왕聖王 요堯의 선양禪讓을 거절했던 허유를 추억하고, 공자와 그의 제자 번지가 한가로이 거닐며 대화를 나눈 무우대舞雩臺를 스치던 바람을 떠올린다. 무우대는 또한 세상이 자신을 알아준다면 어찌하겠느냐는 공자의 질문에 증점曾點이 답하는 말에서 등장하는 곳이기도 하다.

"늦봄에 봄옷이 갖추어졌으면 관을 쓴 성년 남자 5~6명과 동자 6~7명과 함께 기수 가에 가서 목욕을 하고 무우대에 올라 바람을 쐬고 노래를 읊조리면서 돌아오겠습니다." 공자가 길게 탄식하며 말했다. "나는 증점과 함께하련다."[23]

무우대는 공자가 제자 번지와 함께 '노닐며', 즉 '유遊'하며 한가로이 대화를 나누었던 그곳이다. 그런데 이 인용문에 따르면 공자 또한 '유'하고 싶은 생각이 간절했던 사람이다.《장자》〈천지天地〉편에서 공자가 자공이 만난 노인에 대해 했던 말, 즉 "대저 명백한 지혜로 소박한 곳으로 들

---

22 박제가,〈북영에서北營〉: "崇山帶飛閣, 幽墅隱丹楓. 延睡白雲外, 繞行秋澗中. 憨非箕穎迹, 恨望舞雩風. 暝色隨人步, 蕭蕭雁入空." 번역은 박제가,《정유각집 (중)》, 정민·이승수·박수밀 외 옮김 (돌베개, 2010), 196쪽.

23 《논어》〈선진先進〉: "莫春者, 春服旣成. 冠者五六人, 童子六七人, 浴乎沂, 風乎舞雩, 詠而歸.' 夫子喟然歎曰 : '吾與點也!'"

어가고 무위로 순박함으로 돌아가서 본성을 체득하고 정신을 지키면서 현실의 세속 세계에서 노니는 사람"[24]이라는 말은 공자 자신에 대한 말이었는지도 모른다.

이와 같이 떠나고자 하는 욕구는 《장자》에서 매우 다양하게 표현된다. 《장자》의 '유'의 용례 가운데 가장 두드러진 것이 바로 '떠남'의 의미로 쓰인 것이다. 장자는 '내편'에서만도 "막힘이 없는 곳無窮", "사해의 바깥四海之外", "세속의 바깥塵垢之外", "아무것도 없는 마을無何有之鄕", "아무것도 없는 곳無有", "아무런 흔적이 없는 곳無朕" 등 현실이나 세속을 벗어난 곳에 대해 많이 이야기한다. 그리고 〈대종사〉 편에서는 공자의 입을 통해서 "현실의 바깥에서 노니는 자遊方之外者"라는 말이 나온다. 하지만 이어서 공자는 자신을 가리켜 "현실의 안에서 노니는 자遊方之內者"라고 칭한다.

그렇다면 왜 이렇게 '바깥에서 노닐기'가 강조되는 것일까? 그것은 정말 왕이 다스리는 '치治'의 영역인 사해四海나 현실, 속세에서 벗어나 다른 세계로 떠나는 '초월'에 대한 염원의 표시일까? 예상과 달리 《장자》가 제안하는 초월은, 많은 곳에서 사회적 영역의 초월이 아니라 우리의 몸과 마음의 초월이다. 그것을 가리켜 장자는 마음으로 '하늘에서 노닐기天遊'라고 말한다.

무릇 도는 막히는 것을 바라지 않는다. 막히면 통하지 않게 되고 얽매여서 통하지 않게 되어 그것이 멈추지 않으면 곧 작용이 어지러이 어긋나게 되니, 어긋나면 곧 모든 재해가 거기서 생겨난다. 만물 가운데 지각

---

24 《장자》〈천지〉: "夫明白太素, 無爲復朴, 體性抱神, 以遊世俗之間者, 汝將固驚邪?"

작용을 갖는 것들은 호흡에 의지해서 생명을 유지한다. 그런데 그 호흡이 활발하지 못한 것은 자연인 하늘天의 죄가 아니다. 자연인 하늘이 사람의 몸에 〔콧구멍 등의〕 구멍을 뚫어 막힘없이 통하게 하는 것은 밤낮으로 멈추는 일이 없는데 사람이 도리어 그 구멍을 막아서 통하지 않게 한다.

주방에는 여러 개의 출입구가 있고 〔이와 마찬가지로〕 사람의 마음에는 그 무엇에도 구속되지 않는 자연인 '하늘에서 노님天遊'이 있다. 방에 공간의 여유가 없으면 며느리와 시어머니가 다투고, 마음에 '하늘에서 노님'이 없으면 〔눈, 귀, 코 등〕 여섯 개의 감각을 담당하는 기관이 서로 다투게 된다. 큰 수풀이나 언덕, 산 따위가 사람들에게 좋은 까닭은 또한 '정신神'이라는 것이 〔여유 없는 좁은 공간에서는〕 서로 간의 다툼을 감당할 수 없기 때문이다.[25]

인간의 얼굴에 존재하는 '일곱 개의 구멍七竅'(얼굴)은 외부와 소통하는 기관이자 내부의 욕망이 발출하는 통로이다. 그것은 하나의 길로서, 막히지 않아야 제대로 된 길이 된다. 하지만 인간의 욕망과 행위는 이러한 길을 막아 정신을 지치게 만든다. 이는 삶의 피로를 가져옴은 물론이고 생명을 파괴하기에 이르기도 한다. 사람들이 산이나 물가로 '떠남'을 추구하는 까닭이 여기에 있다. 좁은 집에서는 시어머니와 며느리가 다투게 되는 것처럼, 물리적 공간의 협소함은 다툼을 부른다. 그것을 넘어서는 것이 바로 '유'이다.

---

25 《장자》〈외물〉: "凡道不欲壅, 壅則哽, 哽而不止則跈, 跈則衆害生. 物之有知者恃息, 其不殷, 非天之罪. 天之穿之, 日夜無降, 人則顧塞其竇. 胞有重閬, 心有天遊, 室無空虛, 則婦姑勃谿 ; 心無天遊, 則六鑿相攘. 大林丘山之善於人也, 亦神者不勝."

'유'는 여기서 일종의 여유를 의미한다. 앞서 인용했듯이, 걱정 근심이 가득한 노나라 제후에게 시남의료는 현실의 걱정 근심을 벗어날 수 없는 까닭과 이로부터 벗어나는 길인 '유'의 진정한 의미에 대해 다음과 같이 말한다. 그에 따르면 '자신을 비우는 것虛己'이 곧 '세속에서 노니는 것遊世'이다.

> 두 척의 배를 나란히 띄워 하수를 건너갈 때 빈 배가 와서 부딪치면 비록 속 좁은 사람이라 하더라도 노여워하지 않지만 그 배에 사람이 타고 있으면 고성으로 배를 밀어라 당겨라 소리를 지르는데 한 번 소리쳐서 듣지 못하고 두 번 소리쳐서 듣지 못하여 결국 세 번 소리치게 되면 반드시 욕설이 따르게 될 것이니 지난번에는 노여워하지 않았다가 이번에는 노여워하는 까닭은 지난번에는 빈 배였고 이번에는 사람이 타고 있었기 때문입니다. 이처럼 사람이 '자신을 비워서虛己' '세속에서 노닐면遊世' 누가 해칠 수 있겠습니까?[26]

빈 배가 다가올 때는 어느 누구도 배에게 책임을 묻지 않는다. 하지만 그 배에 누군가 타고 있을 때 우리는 서로 따지고 책임을 묻고 결국 다툼과 싸움에 이른다. 그런데 만약 그러한 다툼을 하게 되는 '나'가 사라진다면, 우리는 마치 빈 배가 강물을 따라 자연스럽게 유유히 흐르듯이 삶을 영위할 수 있다. 그것을 장자는 "마음으로 하늘에서 노닐기心有天遊"라고 일컫는데, 이는 결국 '양생', 즉 자신의 삶을 기르는 것과 통한다.

---

26 《장자》〈산목〉: "方舟而濟於河, 有虛船來觸舟, 雖有惼心之人不怒 ; 有一人在其上, 則呼張歙之 ; 一呼而不聞, 再呼而不聞, 於是三呼邪, 則必以惡聲隨之. 向也不怒而今也怒, 向也虛而今也實. 人能虛己以遊世, 其孰能害之!"

소 잡는 놀라운 도를 터득한 덕분에 19년이나 같은 칼을 사용하고도 그 칼을 갈 필요가 없었던 포정은 그 까닭을 문혜군에게 다음과 같이 들려준다.

지금은 제가 신神을 통해 소를 대하지, 눈으로 보지 않습니다. 감각 기관의 지각 능력이 활동을 멈추고 그 대신에 신묘한 작용이 움직이면 저는 자연의 결을 따라 커다란 틈새를 치며, 커다란 공간에서 칼을 움직이되 본시 그러한 바를 따를 뿐인지라, 경락과 긍경이 〔칼의 움직임을〕 조금도 방해하지 않는데 하물며 큰 뼈가 그러겠습니까?……뼈마디에는 틈이 있고 칼날 끝에는 두께가 없습니다. 두께가 없는 것을 가지고 틈새로 들어가기 때문에 공간이 넓고 넓어서 반드시 칼날을 '노닐게遊' 할 여지가 있게 마련입니다. 이 때문에 19년이 되었는데도 칼날이 마치 숫돌에서 막 새로 갈아낸 듯합니다.[27]

사실 눈으로 볼 수 있는 소의 체내에 살과 뼈 사이의 틈은 없다. 마찬가지로 현실의 삶에 틈이란 있을 수 없다. 온갖 시비와 다툼, 이해관계 속에서는 우리의 몸이 터럭만큼도 움직일 여지가 없다. 우리의 현실에서는 그러하다. 하지만 그것은 착각일 수도 있다. 우리가 그러한 모든 것으로부터 떠나고자 하는 순간, 갑자기 세상은 온갖 틈으로 가득해진다. 즉 우리의 삶은 '마음의 눈神'으로 보는 순간 '여유의 공간餘地'으로 가득해진다. 그 틈 사이에서 '여유롭게 노니는 것遊'이 바로 《장자》가 말하는 '유'

---

27 《장자》〈양생주養生柱〉: "方今之時, 臣以神遇而不以目視, 官知止而神欲行. 依乎天理, 批大卻, 導大窾, 因其固然, 技經肯綮之未嘗, 而況大軱乎!……彼節者有閒, 而刀刃者無厚 ; 以無厚入有閒, 恢恢乎其於遊刃必有餘地矣. 是以十九年而刀刃若新發於硎."

이다.

《장자》는 이러한 '유'가 세상으로부터의 도피나 자신만의 고독한 삶을 영위하는 것과는 상관이 없다고 말한다. 왜냐하면 그것은 최고의 덕을 갖춘 사람이 할 일이 아니기 때문이다.

무릇 세상으로부터 도피하여 여기저기 유랑하려는 것과 세상과의 관계를 끊고 고독한 생활을 영위하려는 것, 아! 그것은 아마도 최고의 지혜와 두터운 덕성을 갖춘 사람이 할 일은 아닐 것이다……오직 지인至人이라야 마침내 '세상 안에서 유유자적 노닐면서도遊於世' 사욕에 빠지지 않고, 사람들의 장단에 맞추면서도 자기를 잃어버리지 않는다.[28]

세상에서 노닌다는 것은 세상을 살아간다는 것과는 다르다. 그것은 어떤 적극적인 삶의 태도와는 차별화된 태도다. 하지만 그러한 '유'는 정치와 세속을 떠나지 않으면서 진정한 정치와 삶을 이루게 하기도 한다. 천하를 다스리는 방법을 묻는 천근天根에게 무명인無名人은 이렇게 조언한다. "그대의 마음을 담담한 곳에 노닐게 하고, 기를 적막한 곳에 부합시켜서, 사물의 자연을 따라 사사로운 욕심을 용납하지 아니하면 천하는 다스려질 것이다."[29] 이 또한 장자가 말하는 '마음으로 노닐기'에 해당한다.

장자는 이러한 '마음으로 노닐기'가 삶에서 실현된 모습을 거울에 비유한다.

---

28 《장자》〈외물〉: "夫流遁之志, 決絶之行, 噫, 其非至知厚德之任與!……唯至人乃能遊於世而不僻, 順人而不失己."
29 《장자》〈응제왕〉: "汝遊心於淡, 合氣於漠, 順物自然而無容私焉, 而天下治矣."

명예의 주인이 되지 말며, 모략의 창고가 되지 말며, 일의 책임자가 되지 말며, 지혜의 주인이 되지 말라. 다함이 없는 도를 완전히 체득해 혼적이 없는 세계에서 노닐도록 하라. 하늘에서 받은 것을 극진히 하되 이익을 보지 말아야 할 것이니 오직 마음을 비울 따름이다.

지인의 마음 씀씀이는 마치 거울 같아서, 사물을 보내지도 않고 사물을 맞이하지도 않으며, 비추어주기만 하고 모습을 간직하지는 않는다. 그 때문에 만물의 위에 군림하면서도 다치지 않을 수 있는 것이다.[30]

《장자》는 여기서 '명예名尸', '모략謀府', '일의 책임事任', '지혜의 주인知主'을 추구하는 삶과 거리를 둘 것을 요구한다. 그것이 바로 도의 체득이고 흔적 없는 삶이다. 현실은 언제나 명예와 책임, 모략과 지혜를 요구한다. 하지만 '유'하는 삶은 이와 거리를 둔다. 그러한 삶은 마치 거울과 같아서 사물을 비추기만 하고 간직하지는 않는다. 욕망도 명예도 지혜도 공적도 다만 지나가는 것일 뿐이다. 그렇게 마치 거울처럼 되어야 자신의 삶이 다치지 않는다고 장자는 말한다.

5. 정신과 유희—삶의 복원

지금까지 우리는 《장자》의 '유遊'가 갖는 의미와 성격을 다양하게 살펴보았다. 《장자》의 '유'는 흔히 일종의 '놀이'로 이해되지만, 실상은 '놀

---

30 《장자》〈응제왕〉 : "無爲名尸, 無爲謀府 ; 無爲事任, 無爲知主. 體盡無窮, 而遊無朕 ; 盡其所受乎天, 而無見得, 亦虛而已. 至人之用心若鏡, 不將不迎, 應而不藏, 故能勝物而不傷."

다'보다는 '노닐다'에 가까운 의미여서 놀이나 축제와 동일시될 수 없다. 《장자》의 '유'는 유흥거리로서의 놀이라기보다는 삶의 다른 차원과 관련된 것이다. 즉 일정하게 떠난 삶, 세속적 삶에서 거리를 둔 삶을 의미한다. 보다 정확하게 말한다면 삶에 매이지 않고 거리를 둠으로써 진정한 자신의 삶을 찾으려는 것이다.

아마도 오늘날 '놀이'와 관련된 담론들이 말하고자 하는 바 또한 이와 크게 다르지 않을 것이다. 놀이는 분명 삶의 일부이지만, 삶 자체와 놀이는 분명 엄격하게 구분된다. 우리는 놀이를 위해 때때로 삶을 떠나거나 삶을 잠시 멈추지만, 삶을 벗어나려고 하지는 않는다. '삶이 곧 놀이'라고 주장한다 해도 삶과 놀이는 결코 일치하지 않는다. 그러한 간극으로 인해, 우리는 놀이의 관점에서 삶을 욕기도 하고, 또 삶의 관점에서 놀이를 비판하기도 한다. 《장자》의 '유'는 놀이가 갖는 이러한 성격을 잘 보여준다.

《논어》와 《맹자》를 통해 우리는 '유'에 집과 삶을 잠시 '떠나는' 여행의 의미가 있음을 알았다. 이런 유람遊覽의 과정에서 새로운 만남이 이루어지고, 때때로 한가로운 대화가 오간다. 그렇기에 '유'는 삶에서 벗어나 삶에 관한 새로운 관점을 깨닫게 되는 것을 내포하는 개념이기도 하다. 《장자》에서는 이를 '사해의 바깥' 혹은 '세속의 바깥'에서 노니는 것이라고 보다 강하게 표현한다. 이것이 《장자》에서 가장 일반적인 '유'의 용례다.

하지만 《장자》의 '유'는 이렇게 떠나서 노니는 것만을 의미하지 않는다. 그것은 다시 돌아올 것을 기약하는 것이기도 하다. 왜냐하면 '유'가 삶을 보는 관점이든 삶을 살아가는 태도이든, 우리는 삶을 포기할 수 없기 때문이다. 그래서 '유'는 세속으로 다시 돌아오는 것으로 귀결된다. 하지만 다시 돌아왔을 때의 삶은 생존을 위한 삶과는 다르다. 이때의 삶은 다툼과 경쟁, 이익과 손해, 시비와 갈등이 멈추는 여유의 공간에서의 살아감이다.

《장자》는 이러한 '유'를 초월적이거나 종교적인 차원과 관련시키기보다 어떤 '정신적 해방心遊'으로 제시한다. '유'가 일정하게 무엇으로부터의 '떠남' 혹은 '거리 두기'를 의미하긴 하지만, 이러한 과정은 마치 하나의 여행처럼 나갔다가 되돌아옴이며, 그 끝은 '일상성으로의 회귀世遊'다. 그래서 《장자》는 삶 자체가 '유'가 될 수 있다는 관점을 어느 정도 드러내기도 한다.

하지만 이와 다르게 《장자》에는 '유'를 현실이나 세속을 떠나려는 탈속적 태도로 보는 시각도 등장하는데, 그러한 시각을 드러내는 화자는 공자인 경우가 많다. 게다가 《장자》의 유명한 이야기 '마음 닦기(심재心齋)', '앉아서 잊음(좌망坐忘)', '마음으로 노닐기(심유心遊)'를 말하는 화자 또한 공자이다. 게다가 공자는 '세상 바깥에서 노니는 사람'과 거리를 두고 '세상 안에서 노니는 사람'임을 자처한다.[31] 이러한 시각은 놀이와 삶의 관계에 대한 일정한 의미를 함축한다.

이종성은 《장자》의 '좌망'에 대한 전통적 주석과 현대적 해석의 다양성을 소개한 후 '좌망'의 이중성에 대해 다음과 같은 의미심장한 분석을 내놓는다.

그런데 '좌망'함에 있어서 '잊는다'는 의미가 항상 소극적이고 부정적인 것만은 아니다. '잊는다'는 개념 안에는 도리어 강한 긍정적 의미가

---

31 이 점은 공자와 장자의 관계는 물론, 노장 전통에 속하는 주석서를 대부분 유학자들이 지었다는 사실과 관련해 시사하는 바가 크다.

내포되어 있다. 그래서 장자는 이 점에 유의하면서 우리가 "발을 잊는 것은 신발이 적당하기 때문이며, 허리를 잊는 것은 허리띠가 적당하기 때문이며, 지혜가 긍정의 논리와 부정의 논리를 잊는 것은 마음이 적당하기 때문이다. 안으로 마음이 움직이지 않고 밖으로 외물을 따르지 않는 것은 처해 있는 상황이 적당하기 때문이다"라고 하여 흔히 부정적 언표로만 생각하고 마는 '잊는다'는 의미에 대하여 세심하게 주의를 환기시킨다.

　……이와 같이 '좌망'의 의미가 '잊는다'는 의미로부터 '적당하다'는 의미로 바뀌게 되면, 장자의 이른바 '좌망'의 의미는 '버린다'는 부정적 의미로부터 '그 무엇에도 결코 매이지 않는다'는 '알맞음'의 긍정적 의미로 차원이 전환된다. 버림과 잊음의 텅 빈 자리에는 본래의 적당함과 '알맞음'이라는 자연함이 드러나는 것이다. '좌망'의 상태야말로 어떠한 제약으로부터도 구속이나 걸림이 없는 자연한 경지이기 때문이다.[32]

여기서 드러나는 부정과 긍정, 버림과 알맞음의 의미에는 사실상 유가가 말하는 '중용中庸'의 논리가 녹아들어 있다. 치우치지 않는 것, 혹은 부딪치지 않는 것이 중요하기 때문이다. 다만《중용》이 모종의 가치, 즉 '인의仁義'를 실현하려는 적극적 태도의 끝에서 '상황에 치우치지 않고 알맞음中庸'을 말한다면,《장자》는 마치 줄타기를 하듯이 뼈와 살 어디에도 부딪치지 않는 소극적 알맞음을 말할 뿐이다. 여기서 '유'는 세계의 변화, 현실의 변화보다는 자신의 보전이라는 '양생'의 논리로 흐른다.

　나는 이러한《장자》의 '유'가 일종의 예술 정신으로 기능하며, 동아시

32　이종성,〈장자의 '좌망'론〉,《대동철학》제24집(대동철학회, 2004), 587쪽.

아의 문화와 예술에 다양한 영감과 창조적 활력을 주었다는 점을 부정하지 않는다. 전통 사회에서 예술은 승화된 놀이이다. 하지만 오늘날의 자본주의 사회의 예술에서 볼 수 있듯이 그러한 창조적 활력은 개체적이며 제한적이다. 따라서 그것이 과연 삶의 변혁, 삶의 조건 개선, 삶의 향유를 가져올 수 있을지에 대해서 나는 회의적이다.

놀이가 인간 문화의 창조적 요소임은 분명하게 수긍된다. 그러나 놀이와 노동이 엄격하게 구분된 산업 사회의 삶, 일과 시간 내에서는 놀이를 철저하게 배제하고 금지해 '장난'으로 치부하는 분위기, 더 나아가 놀이조차 자본 증식의 수단으로 이용하는 스포츠와 레저 문화의 상업성이 만연한 상황, 인터넷과 스마트폰을 이용한 갖가지 게임에 중독당하는 현실을 보면 나는 놀이의 '문화 이론'보다 놀이가 갖는 삶과의 관련성에 더 관심이 간다.

사회학자 지그문트 바우만Zygmunt Bauman은 액체처럼 유동하는 오늘날의 우리 삶에 직면해 폴 발레리의 글을 인용하는 것으로 자신의 책《액체 근대》를 시작한다.

중단, 불일치, 놀라운 일은 우리 삶의 일상적인 조건들이다. 많은 사람들은 심지어 이러한 조건들을 꼭 필요로 하게 되었다. 이제 인간의 정신은 갑작스러운 변화와 끊임없이 새로워지는 자극……이외의 것들은 받아들이지 않기 때문이다……이제 우리는 어떤 것이든 오래 지속되는 것들을 참지 못한다. 무료함 속에서 결실을 일구는 법을 우리는 이제 모른다. 따라서 모든 질문은 이렇게 응축된다. 인간 정신은 스스로 만들어낸 것들을 과연 정복할 수 있을까?[33]

나는 이 발레리의 물음을 바꾸어 이렇게 질문하고 싶다. 자본과 산업이 놀이와 게임을 놀라운 속도로 정복해가는 이 시대에, 놀이는 과연 인간의 정신을 해방시킬 수 있을까? 과연 그것은 가능할까?

지금까지 제1부에서 《노자》를, 제2부에서 《장자》를 다루어보았다. 그 결과, 두 문헌이 걸쳐 있는 주제 영역과 두 문헌이 역사의 궤적을 따라오면서 남긴 이야기들은 서로 중첩되기도 하지만 맥을 달리하기도 한다는 것을 확인할 수 있었다. 이어지는 제3부에서는 무위無爲와 인간의 행위, 《노자》와 페미니즘, 그리고 《장자》와 과학 기술이라는, 20세기의 《노자》와 《장자》 담론이 낳은 주제들 중 가장 의미 있다고 생각되는 주제들을 비판적으로 검토해본다.

이러한 검토를 통해 어쩌면 우리는 기존의 이해와 차이가 있는 새로운 《노자》와 《장자》에 직면하게 될지도 모른다. 물론 이것은 하나의 시도이며, 그 안에는 메워져야 할 수많은 이야기 골이 있다. 우리가 읽는 《노자》와 《장자》가 어떤 얼굴을 하고 있는가는 우리의 선택에 따라 달라지는 것이지, 역사를 초월해 변치 않는 하나의 얼굴이 있는 것이 아니다. 달리 말하면 우리가 마주하는 《노자》와 《장자》의 얼굴은 곧 우리의 자화상이다. 그리고 그 얼굴이 보여주는 삶의 이력은 곧 우리 자신의 이력일 것이며, 그 얼굴이 짓는 표정은 곧 우리 자신의 표정일 것이다.

---

33 지그문트 바우만, 《액체근대》, 이일수 옮김(강, 2009), 7쪽.

제3부

노장, 삶의 모순과
철학의 위안

7장

유가와 도가의 행위 이론
'무위자연'으로 정치를 논하다

1. 20세기의 철학사 서술을 넘어

　20세기의 철학사 서술에는 두드러진 특징이 있다. '대결적dialectical' 관점을 취한다는 것이다. 그래서 20세기에 서술된 동양 철학사에서는, 탈레스 또는 소크라테스에 비견되는 공자라는 철인이 등장하고 그를 비판한 묵자墨子, 그리도 다시 묵자를 비판하며 공자를 옹호한 맹자가 등장한다. 한편 비슷한 시기에 유가와 다른 사유를 개척한 노자, 노자와 조금 다르지만 역시 유가와 다른 길을 모색한 양주와 이를 발전적으로 수용한 장자가 등장한다. 이런 식으로 20세기의 철학사 서술은 어떠어떠한 철학자가 선대의 사상가와 비판적으로 대결하면서 자신의 학문적 정체성과 이론적 정합성을 발전시켜갔다는 식의 '선형적linear'이고 '역사적histori-cal'인 관점을 취한다.

　이러한 철학사 서술은 개개의 사상가나 철학적 개념에 짙은 음영을 드리우게 된다. 예컨대 공자가 인仁을 주장했고, 인정仁政을 말한 맹자는 당연히 공자의 발전적 계승자가 된다. 이와 달리 "인을 끊고 의로움을 버려라絶仁棄義"라고 말한 노자는 자연스럽게 공자의 인학仁學에 대한 비판자가 되어 공자와 대척적 관점에 선 사상가로 규정된다. 이러한 판단과 규정은 어느 정도 타당성이 있다. 그러나 여기서 더 나아가, 노자가 도가의 고유 개념인 '무위無爲'를 주장했고, 그래서 도가는 '유위有爲'를 말한 유가에 대해 비판적인 사상이라는 도식적 논리가 당연한 것처럼 주장되기까지 한다.

이 때문에 현존 문헌들 중에서 가장 먼저 무위를 이야기한 것은《논어》이고, 도가가 그토록 비판한, 무위와 대척되는 개념으로서의 유위는《논어》는 물론《맹자》에서도 명확하게 개념화되지 않았으며, 오히려《순자》에 와서야 '위僞'라는 용어를 통해 개념으로서 정립되었다는 사실이 시선을 받지 못한다. 게다가 잠정적으로 유위를 공자나 맹자의 개념으로 가정하더라도, 인성人性과 관련해서는 순자의 '위'가 유위와 완전히 상반된 개념이라는 점 또한 가려진다. 적어도 맹자에게서 유위가 본성에 근거한 실현 또는 발현이라면, 순자에게서 '위'는 본성과 대립 관계에 있다. 그래서 순자는 "본성을 바꾸어 작위를 일으킨다化性起僞"라고 말하는 것이다.

물론 우리는 20세기의 철학사 연구가 가져다준 풍부한 해석과 통찰을 전적으로 무시할 수 없다. 그러나 서로 대립되는 두 학파를 상정하고, 어느 한쪽을 충분한 근거 위에서 규정하지 않은 채 다른 쪽의 언어와 논리만으로 상대화, 실체화해 서술하는 철학사는 그다지 생산적인 논의를 제공하지 못한다. 그것은 오히려 과거의 전통을 박제화하는 것이자, 우리의 시각을 이념적 흑백 논리에 가두고 새로운 통찰이나 비전을 제시하지 못하는 것이며, '규정할 능력이 없음'을 고백하는 것이기 때문이다.

오늘날 무위는 자연적인 것으로, 인위적 행위를 의미하는 유위와 대립된다고 이해된다. 하지만 이때 '자연적'이란 말은 무척 애매하다. 왜냐하면 '자연自然'이라는 고전 한자어는 글자 그대로 '저절로 그렇게' 또는 '스스로 그렇게'라고 번역될 경우, 주어가 무엇인지에 따라, 그리고 맥락에 따라 전혀 상반된 의미를 함축할 수 있기 때문이다. 그래서 《노자》의 무위를 어떤 이는 "모든 문명적 요소의 부정과 자유방임"[1]으로 이해하고, 또 어떤 이는 "자발적 복종을 강제하는"[2] 고도의 정치적 술수로 이해한다. 특히 이승률은 《곽점노자》에서 시작되는 '자연' 관념이 오히려 강력한 인위를 포함하는 정치적 개념임을 보여주었다.[3]

나는 〈무위의 네 가지 개념에 관하여〉[4]라는 글을 통해, 고대 중국 문헌에서 무위의 의미는 다양하며, 철학자나 학파의 지향에 따라 상이한 무위 개념이 도출되었다고 주장한 바 있다. 이 다양한 무위 개념들은 유사한 맥락과 의미를 공유하는 경우도 있고, 이념적 지향에서 대립되거나 의미에 있어서 상호 보완적인 경우도 있다. 이러한 무위의 개념을 나는 '덕화德化', '양신養神', '주술主術', '소요逍遙'라는 네 가지로 분류했다. 이 네 가지 무위 개념은 한 문헌에서 동시에 나타나기도 하지만, 대체로는 문헌마다 각기 다른 개념을 취한다는 점에서 각 문헌의 사상적 성격을 판가름하는 기준이 될 수 있다.

이 장은 〈무위의 네 가지 개념에 관하여〉에서 이야기된 내용을 상당 정

---

1 김갑수, 《장자와 문명》(심산, 2004), 24쪽.

2 강신주, 《노자(老子) : 국가의 발견과 제국의 형이상학》(태학사, 2003), 137쪽.

3 이승률, 〈研究史를 통해서 본 中國 古代의 '自然' 思想과 問題點 考察〉, 《동양철학연구》 제49집 (2007) ; 이승률, 〈郭店楚簡 《老子》의 '自然' 思想과 그 展開〉, 《동양철학연구》 제53집(2008) 참조.

4 김시천, 〈무위의 네 가지 개념에 관하여〉, 《시대와 철학》 제16권 1호(2005년 봄).

도 포함하고 있다. 하지만 기존의 글이 다소 평면적으로 무위 개념의 성격과 특징을 분류하는 데 치중했다면, 여기서는 사상사적 지형도와 무위 사상의 전개 과정을 염두에 두면서 다시 서술해보고자 한다. 여기서 이야기하려는 바는 다음과 같이 요약될 수 있다.

첫째, 무위는 제자백가의 공통 개념으로서 어느 특정 학파가 전유한 것이 아니며, 기본적으로 정치 행위 이론이라는 것이다. 《논어》와 《노자》에서 유사한 은유와 이미지를 통해 무위가 이야기되며, 어느 학파에서나 무위 개념은 기본적으로 정치적 성격을 띠었기 때문이다.

둘째, '무위-유위'의 대립과 '무위-자연'의 친연이라는 상식은 맞지 않고, 사실 이는 맥락에 따라 다르다는 것이다. 특히 주목할 것은 무위의 경우 개념이 확충되어가면서 보다 적실한 용어로 바뀌어도 무위라는 말이 계속 사용되지만, 유위는 처음부터 모호한 개념으로 출발해 거의 사용되지 않다가 《순자》에 이르러 '위僞'라는 새로운 용어를 통해 표현된다는 점이다. 하지만 《순자》의 '위' 개념은 공자나 맹자에게 포섭될 수 있는 '유위'의 범주에 속하지 않는다는 점에 주의해야 한다. 나는 이 점이 그간 학계에서 크게 주목되지 않았다고 생각한다.

여기서 더욱 주목할 점은, 흔히 도가가 비판한 것으로 알려진 인위적이고 작위적이고 목적적인 성격의 유위의 용례를 《논어》, 《맹자》에서는 찾을 수 없고 오히려 《순자》에서 찾을 수 있다는 것이다. 그런데 《순자》에서조차 유위는 인위적이거나 자연을 거스른다는 의미로 사용되지 않고 '간사한姦' 의도가 수반되는 행동이라는 부정적인 의미로 사용된다. 이러한 용례에 근거할 때 흔히 도가적 이해에 근거해 유위-무위를 대립적인 것으로 파악하는 시각은 지지되기 어렵다. 이에 대해서는 뒤에서 자세히 논할 것이다.

셋째, 이러한 맥락에서, 유위-무위를 대립적인 것으로 파악하는 것은 철저히 도가적 관점이며, 특히 20세기의 철학사적 관점이라는 것이다. 유위-무위는 기본적으로 정치 행위에 관한 이론이며, 무위는 강력한 제왕적 통치를 옹호하는 이론적 무기라는 개념으로부터 탈정치적 개념에 이르기까지 완전히 상이한 차원을 함께 갖고 있다. 이는 무위의 주체를 상정해 독해할 때 확연히 드러나며, 《장자》의 경우 특히 무위의 개념을 전복함으로써 오히려 반정치적 개념에 도달하기도 했다. 이러한 구도 속에서 나는 결론적으로 무위가 유위, 형명刑名이라는 행위와 관련된 표현으로서 일차적으로 정치적 맥락을 갖는다는 것을 보이고자 했다.

2. 성인과 '무위'의 이상

무위는 기본적으로 성인聖人의 무위이다. '무위'의 가장 이른 용례는 《논어》에 있다. 여기서 공자는 유가의 가장 이상적인 통치자 순舜을 묘사하면서 무위라는 말을 사용한다. 《논어》〈위령공衛靈公〉에서 공자는 이렇게 말한다.

무위하면서 천하를 다스린 사람은 아마도 순임금일 것이다. 도대체 어떻게 한 것인가? 자기 몸을 공손히 하고 임금 자리에 앉아 있었을 뿐이다.[5]

---

5 《논어》〈위령공〉: "子曰, '無爲而治者其舜也與? 夫何爲哉? 恭己正南面而已矣.'"

일반적 해석에 따르면, 유가의 이상적 통치자란 백성을 다스리되 스스로 도덕적 모범을 보이거나 또는 자신이 지닌 덕의 감화력을 통해 백성들로 하여금 올바른 행위를 하게 함으로써 스스로 도덕적 성취를 이루는 통치자다. 앞의 〈위령공〉의 언명은 이러한 유가의 이상을 가장 잘 드러내준다고 에임스Roger T. Ames는 해석한다.[6] 그런데 《논어》에는 이와 유사한 이미지가 또 하나 나온다.

> 공자가 말하였다. "덕으로 다스린다는 것은 비유하자면 북극성이 제
> 자리에 가만히 있는데 뭇별들이 그 주위를 도는 것과 같다."[7]

공자에게 다스림治이란 그런 도덕-정치적 행위이며, 따라서 그러한 다스림이 실현된 상태가 또한 질서治이자 '천하에 도가 있는 상태天下有道'이다. 또한 이러한 이상적 상태의 실현은 곧 '무위의 다스림無爲之治'이고 그 주체는 고대의 성왕 순舜이며, 이는 북극성에 비유된다.

그런데 《논어》가 아닌 《예기》 〈애공문哀公問〉에는 《노자》를 연상시키는 무위에 대한 비유적 서술이 등장한다.

> 애공이 물었다. "묻겠습니다. 군자가 어떻게 해야 하늘의 도를 귀하게
> 여기는 것이겠습니까?" 공자가 대답하여 말했다. "하늘의 도가 그침이
> 없는 것을 귀하게 여기는 것입니다. 예를 들자면 해와 달이 동쪽과 서쪽
> 에서 서로 이어짐이 그치지 않는 것과 같으니, 이것이 바로 하늘의 도입

---

6 Roger T. Ames, *The Art of Rulership : A Study of Ancient Political Thought*(Albany, New York : State University of New York Press, 1994), 28쪽.

7 《논어》〈위정爲政〉: "子曰, '爲政以德, 譬如北辰, 居其所而衆星共之.'"

니다. 그 오랫동안 지속되는 것을 막지 않는 것이 바로 하늘의 도입니다. 〔하늘은〕 무위하는데 만물이 다 이루어지는 것입니다. 이것이 하늘의 도입니다. 이미 다 이루어진 후에는 밝혀주는 것, 이것이 하늘의 도입니다."[8]

고대의 성왕 순의 무위, 그리고 북극성의 덕치德治를 이야기하는 것에 이어, 《예기》는 '군자君子'를 통해 천도天道의 무위를 따를 것을 권한다. 그런 의미에서 유가의 덕치와 여기서의 무위는 내용상 같은 것이며, 이때의 무위를 유가의 용어로 표현하면 결국 '덕에 의한 교화', 즉 덕화德化이다. 그래서 나는 《논어》에 등장하는 무위를 '덕화의 무위' 혹은 '유가적 무위'라고 부른다.

여기서 무위가 '가만히 있어도 도덕적 모범이 됨'을 함축한다면, 덕화란 무위의 작용이자 목적이다. 그래서 맹자는 그러한 행위적 측면을 강조해, 무위라 하지 않고 '대유위大有爲'라고 했다.[9] 이러한 무위의 개념은 《순자》에 이르러 훨씬 명확하게 표현된다.

공자가 동쪽으로 흐르는 강물을 바라보고 있는데, 자공이 공자에게 물었다. "군자들이 큰 물을 보기만 하면 반드시 그것을 살피는 이유가 무엇입니까?" 공자가 말했다. "강물은 두루두루 생명을 주면서도 무위

---

8 《예기》〈애공문〉: "公曰, '敢問君子何貴乎天道也?' 孔子對曰, '貴其不已. 如日月東西相從而不已也, 是天道也. 不閉其久, 是天道也. 無爲而物成, 是天道也. 已成而明, 是天道也.'"

9 《맹자》〈공손추하公孫丑下〉 2 : "故將大有爲之君, 必有所不召之臣." 맹자는 이 대화에서 진정으로 인의를 실천하려는 마음을 가진 군주, 즉 왕도 정치를 행하는 군주에 대해 '대유위大有爲의 군주'라는 표현을 쓰고 있다.

하니 이는 덕이 있는 사람과 비슷하다. 그것은 낮은 쪽으로 흘러가지만 반드시 이치를 따른다. 또 의로운 사람과도 비슷하다. 출렁거리며 흘러가지만 결코 다하는 법이 없다."[10]

《순자》에 이르러 무위는 군자에게 체화되어 있는 덕과 보다 긴밀하게 연관된다. 이 인용문에 따르면, 무위가 성공적으로 이루어지기 위해서는 반드시 덕이 전제되어야 하는 것이다. 더 나아가 여기서는 의義까지 무위와 긴밀한 관계에 있다고 이야기된다. 그런데 이 인용문은 《노자》의 무위에 대한 서술에서 자주 등장하는 '물의 이미지'를 연상시킨다. 《노자》에서는 물, 강, 바다 같은 수체들이 '도'의 주요 이미지들로 나온다.

선진 시대에 체계화된 유가적 덕화의 이념으로서의 무위는 위진의 현학자玄學者 왕필과 곽상에 의해 두 방향에서 보완된다. 위진 현학은 한나라가 무너진 폐허 속에서 새롭게 유학을 긍정하고자 한 데서 나온 유가적 사조다. 비록 그것이 《노자》와 《장자》라는 문헌을 통해 우회적으로 표현되었다 할지라도, 그 정신 속에는 공자를 계승하려는 유가적 심성이 자리하고 있다. 특히 왕필은 공자의 인仁을 '자연'과 연결시켜 인간 심성의 영역에 자연을 끌어들임으로써 새로운 차원을 연다.

〔타고난 본성이〕스스로 그렇게 부모를 사랑하게 되는 것을 '효孝'라고 한다. 그 〔자연스럽게 우러나오는〕 부모에 대한 사랑을 다른 사람에게까지 미치도록 하는 것을 '인仁'이라고 한다.[11]

---

10 《순자》〈유좌宥坐〉: "孔子觀於東流之水, 子貢問於孔子曰: '君子之所以見大水必觀焉者, 是何?' 孔子曰: '夫水遍與諸生而無爲也, 似德. 其流也埤下, 裾拘必循其理, 似義. 其洸洸乎不淈盡.'"

11 《논어석의》: "自然親愛爲孝, 推愛及物爲仁也."

그런데 왕필의 이와 같은 언명은 맹자가 도덕심의 뿌리로 상정하는 사단四端을 확충해 타인에게 미치게 한다는 논리와 거의 동일하다. 게다가 왕필 시대는 효가 그 어느 가치도 필적할 수 없는 최고의 이념이자 정치적 정당성의 근거로 회자되던 시기였다.[12] 마치 맹자가 '사단'의 식물적 유비를 통해 인의의 실현 가능성을 정당화했듯이, 왕필은 여기서 효를 자연의 영역에 위치 지음으로써 인의의 자발적, 자연적, 자생적 근거를 마련하고자 했다.

조금 복잡한 표현을 쓰자면, 왕필은 순자가 주장한 '위僞'의 작위성을 부정하고 다시 맹자의 '자연스러운 인'으로 회귀하고자 했던 것이다. '인'을 부정하는 듯한 왕필의 말, 즉 "인이란 것은 만들어 세우고 베풀어 변화시키니, 은혜가 있고 억지로 하는 데가 있다. (그러나) 만들어 세우고 베풀어 변화시키면 사물들은 참된 본성을 잃게 된다"[13]라는 말은 역설적 긍정의 논리를 담고 있다. 왕필이 경계하려 한 것은 '억지로 인한 척하는 것爲人'이지 부모에 대한 효성과 같이 '자연스럽게 우러나오는 인自然'이 아니었기 때문이다.

왕필의 무위 해석은 "각자 자신의 마땅한 자리를 얻는다各得其所"라는 《논어》의 구절에 근거한다. 《논어》〈자한子罕〉에서 공자는, "내가 위나라에서 노나라로 돌아온 후에 악곡을 정리하여 아악과 송악이 각각 제자리를 얻게 되었다吾自衛反魯, 然後樂正, 雅頌各得其所"라고 말한다. 왕필은 공자의 이 말을 음악에 관한 것이 아니라 정치의 요체를 담은 것으로, 즉

---

12 조조의 아들 조비가 선양禪讓을 통해 위나라를 세운 시대나, 사마씨司馬氏가 위나라를 폐하고 진晉나라를 세운 시대에는 군주에 대한 의리를 내세우는 '충忠'은 금기의 언어였다. 따라서 당시 정적을 제거할 때 쓰인 죄목은 많은 경우 '불효不孝'였다.

13 《노자주》5.1 : "仁者必造立施化, 有恩有爲. 造立施化, 則物失其眞."

'의리적'으로 해석한다. 여기서 더 나아가 곽상은 무위가 분명한 행위이며, 곧 각자 제 할 일을 하는 것임을 분명하게 표현한다. "무위는 팔짱을 끼고 침묵하는 것이 아니라 스스로 제 할 일을 하는 것이다."[14]

나는 이제까지 다소 거칠게나마 공자로부터 맹자와 순자를 거쳐 위진 시대의 왕필과 곽상에 이르기까지의 '무위'의 지속적 흐름을 보여주고자 했다. 그리하여 무위는 도가의 전유물이 아니고, 유가에서 지속적으로 '하나의 정치 이상'을 표현하는 이념으로 사용되었으며, 이러한 무위의 주체는 성인聖人, 북극성北辰, 천도天道 그리고 군자와 갖가지 수체였음을 확인했다. 이것은 《노자》에서도 동일하다. 그러나 유가의 무위가 덕치이며 인의의 실현이라는 것은 도가의 무위와 차별화되는 점이다.

이와 같은 서술은 기존 철학사가 제공하는 상식을 정면으로 부정하게 한다. 그렇다면 무위와 대립되는 것으로 상정되는 유위의 경우는 어떠할까? 그런데 공교롭게도 유위의 용례를 통해 유위 개념의 역사를 쓰는 것은 불가능하다. 왜냐하면 《논어》에는 유위라는 말이 아예 등장하지 않으며, 《묵자墨子》, 《맹자》, 《순자》에서도 이 말은 거의 사용되지 않기 때문이다. 나는 《논어》와 공자의 '무위'가 무위의 가장 이른 용례일 뿐 아니라, 무위의 이상의 기원이라고 생각한다. 그리고 공자가 창안한 무위의 이상이 당시의 사상계에서 다양하게 전용되면서 학파마다 나름대로 정교하게 개념화되었다고 생각한다. 우리는 다음 절에서 이에 대해 꼼꼼하게 따져볼 것이다.

---

14 《장자주》〈재유〉: "無爲者, 非拱默之謂也, 直各任其自爲."

3. '유위'의 빛과 그늘 —《묵자》,《맹자》

먼저 선진 고전에서 '유위'의 용례가 어떠한지부터 꼼꼼하게 따져보자. 여기서 다시 한 번 지적해야 할 것은《논어》에 '무위'는 나오지만 '유위'는 나오지 않는다는 점이다. 유위-무위의 개념적 대립을 구성하기 위해서는 이러한 역설을 짚고 넘어가야 한다. 이는 달리 말해《논어》의 이상, 정치적 행위의 궁극적 모델은 제자백가 모두에게서 '무위'였다는 강력한 증거로 받아들여져야 한다. 이 점은 제자백가에 대한 평가를 재고할 것을 요구한다. 그런데《맹자》,《순자》,《묵자》에서는 유위의 몇 가지 용례를 찾을 수 있다.

그중 가장 이른 것은《묵자》〈법의法儀〉 편에 나온다.《묵자》에서 유위는 다소 모호한 인간 행위 전체를 가리키는 말로 쓰인다.

> 그렇다면 다스림의 모범法은 어디에서 취하여야 하는가? 그래서 이런 말이 있다. "하늘을 본받는 것만 한 것이 없다. 하늘이 운행할 때에는 넓고도 사사로움이 없어서 그 베푸는 것이 도타워 덕스럽지 못한 것이 없으며 그 밝음은 오래도록 지속되니 쇠퇴함이 없다. 그래서 성인은 하늘을 본받는 것이다. 만약 하늘을 모범으로 삼는다면 '사람들이 하는 모든 동작과 행위動作有爲'가 반드시 하늘에 따라 헤아려질 것이니, 하늘이 원하는 것은 하게 될 것이요, 하늘이 원하지 않는 것은 그치게 될 것이다. 그러나 하늘이 원하는 것은 무엇이고, 하늘이 미워하는 것은 무엇인가? 하늘은 반드시 사람이 서로 아끼고 서로 이롭게 하는 것을 원할 것이요, 사람이 서로 미워하고 서로 해치는 것을 원하지 않을 것이다."[15]

《묵자》〈법의〉의 저자는 다스림의 모범을 찾는 과정에서 성인이 하늘을 모범으로 삼을 때 '인간의 모든 동작과 행위'가 그에 따라 헤아려질 것이라고 말하는데, 여기서 '유위'라는 말을 사용한다. 그러므로 《묵자》에서 유위는 단지 인간의 신체적 움직임과 사회적 행위라는 덤덤한 의미에 머물고 있다. 설령 이에 어떤 특별한 의미를 부여해보려 한다 해도 《묵자》〈상동중尙同中〉편의 용례는 그러한 시도를 곤란하게 만든다. 왜냐하면 여기서 유위는 어떤 합목적적이거나 일정한 규범적 행위를 가리키지는 않는 듯이 보이기 때문이다. 여기서 유위는 선한 행위일 수도 있고 악한 행위일 수도 있는 것이다.

그러므로 옛 성왕들은 오로지 조심스럽게 윗사람을 따르기를 숭상하는 사람들을 가려서 관리의 우두머리로 삼았기에, 위와 아래 사람들의 정성이 소통할 수 있었던 것이다. 만약 윗사람들에게 숨겨진 일이 있거나 버려진 이로움이 있다면 아랫사람들이 이를 찾아서 그것을 이롭게 했다. 만약 아랫사람들이 원망을 쌓고 위해를 모아두면 윗사람들이 이를 찾아서 제거했다. 이 때문에 몇천 리 몇만 리 바깥이라도 '선을 행하는 어떤 자有爲善者'가 있으면, 그 집안사람들조차 아직 이를 다 알지 못하고 마을 사람들조차 이를 다 듣지 못하였는데도 천자가 이를 듣고서 상을 내릴 수 있었다. 또한 몇천 리 몇만 리 바깥이라도 '불선을 행하는 어떤 자有爲不善者'가 있으면, 그 집안사람들조차 아직 다 알지 못하고 마을 사람들조차 다 듣지 못하였더라도 천자가 이를 알고서 벌할 수 있

---

15 《묵자》〈법의〉 제4 : "然則奚以爲治法而可? 故曰莫若法天. 天之行廣而無私, 其施厚而不德, 其明久而不衰, 故聖王法之. 旣以天下爲法, 動作有爲必度於天, 天之所欲則爲之, 天所不欲則止. 然而天何欲何惡者也? 天必欲人之相愛相利, 而不欲人之相惡相賊也."

었다.[16]

이 인용문에서 유위는 "선을 행하는 어떤 자有爲善者"와 "불선을 행하는 어떤 자有爲不善者"라는 대구를 통해 드러난다. 《묵자》의 〈법의〉나 〈상동중〉에서 어떤 의미 있는 유위 개념을 끄집어내기란 쉽지 않다. 다만 문맥상으로 볼 때 유위는, 어떤 모범이나 기준을 통해 인도되거나 통제되어야 하는 활동이나 행위, 그리고 성왕이나 관리 등의 치자에게 파악되어 상벌이라는 통제의 범위 안에 있어야 하는 행위쯤으로 이해된다. 달리 말해 《묵자》에 나오는 '유위'의 두 용례에서는 '정치적, 사회적으로 유의미한 인간 행위' 이상의 의미를 찾을 수 없다. 게다가 그 행위는 군주의 인도, 감시, 통제를 받아야 하는 것이다.

유위가 어떤 의미 있는 개념으로 관찰되는 것은 《맹자》에서다. 그런데 《맹자》의 용례에서 가장 눈에 띄는 특징은 유위가 군주와 직접적으로 관계된다는 것이다. 〈등문공상滕文公上〉의 용례는 이를 잘 보여준다.

등滕나라의 문공文公이 세자로 있을 때, 초나라에 가다가 송나라를 지나면서 맹자를 만났다. 그때 맹자는 문공에게 사람의 본성이 선하다는 것을 말했는데, 말할 때마다 요임금과 순임금을 거론했다. 세자가 초나라에서 돌아오다가 다시 맹자를 만났다. 맹자가 말했다. "세자께서는 제 말을 의심합니까? 무릇 길은 하나일 뿐입니다. 성간成間이라는 사람은 제나라 경공景公에게 '성인도 사나이고 나도 사나이인데 내가 무엇 때문

16 《묵자》 〈상동중〉 12 : "故古者聖王唯而審以尙同, 以爲正長, 是故上下情請爲通. 上有隱事遺利, 下得而利之 ; 下有蓄怨積害, 上得而除之. 是以數千萬里之外, 有爲善者, 其室人未偏知, 鄕里未偏聞, 天子得而賞之. 數千萬里之外, 有爲不善者, 其室人未偏知, 鄕里未偏聞, 天子得而罰之."

에 성인을 두려워하겠습니까?'라고 했습니다. 안연顔淵은 '순임금은 어떤 사람이고, 나는 어떤 사람인가? 유위有爲하는 사람이라면 순임금과 같아질 것이다'라고 했습니다. 노나라의 현자인 공명의公明儀는 '주공께서는 문왕은 나의 스승이다 하셨는데, 주공께서 어찌 우리에게 거짓말을 하셨겠는가?'라고 했습니다. 지금 등나라는 긴 곳을 잘라내어 짧은 곳에 보태어도, 크기가 대략 사방 각 50리밖에 안 되는 작은 나라이지만, 잘 다스려지는 나라가 될 수 있습니다.《서경》에서는 '약이라는 것은 먹고 나서 어질어질하지 않으면 병이 낫지 않는다'라고 했습니다."[17]

이에 따르면 '유위'는 공자의 제자 안연의 표현이고, '유위하는 사람'은 성왕 순과 동격이다.《논어》에서 무위의 군주로 칭송되었던 순이《맹자》에서는 유위의 군주로 표현된 것이다. 즉 여기서 유위는 인간의 작위나 비자연적 행위와는 무관하고, 오히려 통치 행위의 의미를 띠고 있다. 〈공손추하公孫丑下〉에서는 이를 '대유위大有爲'라고 보다 분명하게 일컫는다.

　천하에서 공통적으로 존귀한 것이 세 가지 있는데, 작위가 그 하나이고 나이가 그 하나이며 덕이 그 하나이오. 조정에서는 작위가 제일이며 마을에서는 나이가 제일이고 세상을 돕고 백성을 이끄는 데는 덕이 제일이오. 어떻게 그 세 가지 중에서 하나만을 가지고서 나머지 두 가지를

---

17 《맹자》〈등문공상〉 1 : "滕文公爲世子, 將之楚, 過宋而見孟子. 孟子道性善, 言必稱堯舜. 世子自楚反, 復見孟子. 孟子曰: "世子疑吾言乎? 夫道一而已矣. 成(間見)謂齊景公曰: '彼丈夫也, 我丈夫也, 吾何畏彼哉?' 顔淵曰: '舜何人也? 予何人也? 有爲者亦若是.' 公明儀曰: '文王我師也, 周公豈欺我哉?' 今滕, 絶長補短, 將五十里也, 猶可以爲善國. 書曰: '若藥不瞑眩, 厥疾不瘳.'" 맹자, 《맹자》, 박경환 옮김(홍익출판사, 2005), 139~140쪽.

가진 이를 소홀하게 대할 수 있단 말이오? 그러므로 장차 '큰일을 하려는 군주大有爲之君'에게는 반드시 앉아서 부를 수 없는 신하가 있는 법이니, 군주가 큰일을 도모할 때에는 자신이 직접 그에게 가야 하오. 군주가 덕을 존중하고 도를 즐거워함이 이와 같지 않다면 함께 '큰일有爲'을 하기에 부족하오.[18]

《맹자》의 이 구절을 자세히 들여다보면, '대유위'가 나온 맥락이 드러난다. 일단 유위는 군주의 통치 행위와 관련 있다. 그런데 이 통치 행위는 군주 한 사람에게만 국한된 것이 아니라 신하와 함께 하는 것이다. 그래서 《맹자》는 군주의 유위를 '대유위'로 구분한 것이라 생각할 수 있다. 어쨌든 《맹자》의 이 구절에서 우리는 군주의 통치 행위가 유위로 표현되고 있음을 분명하게 확인할 수 있다. 주목할 만한 용례는 〈진심상〉에서 유위를 '유목적적' 행위로 규정한 것이다.

맹자가 말했다. "유위有爲하는 것은 비유하자면 우물을 파는 것과 같다. 우물을 아홉 길이나 되도록 팠더라도 물이 솟아나는 데까지 도달하지 못했으면 우물을 포기한 것이나 마찬가지이다."[19]

이에 따르면, 유위란 우물을 파서 물이 솟아나게 하는 목적을 이루기

---

18 《맹자》〈공손추하〉 2 : "天下有達尊三 : 爵一, 齒一, 德一. 朝廷莫如爵, 鄕黨莫如齒, 輔世長民莫如德. 惡得有其一, 以慢其二哉? 故將大有爲之君, 必有所不召之臣. 欲有謀焉, 則就之. 其尊德樂道, 不如是不足與有爲也." 박경환 옮김, 《맹자》, 117쪽.
19 《맹자》〈진심상〉 29 : "孟子曰 : '有爲者辟若掘井, 掘井九軔而不及泉, 猶爲棄井也.'" 박경환 옮김, 《맹자》, 380쪽.

위한 활동이다. 적어도 이 용례를 통해서 우리는 유위과 관련해 어떤 의도와 목적, 의지가 개입된 행위를 가정할 수 있다. 그렇다면 흔히 유위를 비판하게 하는 요소인 자의적이고 억압적이고 작위적인 행위의 요소를 여기서 찾은 것이라고 할 수 있을까? 아주 부분적으로 긍정할 수 있겠으나, 다음의 두 용례는 그에 동의할 수 없게 한다.

맹자가 대답했다. "상象이 직접 그 지역을 '다스릴有爲' 수 없었고 천자인 순이 관리에게 그 지역을 '다스리고治' 세금을 바치게 했기 때문에, 어떤 사람들은 순임금이 상을 추방했다고도 한다. 그러니 어떻게 상이 그 지역의 백성들에게 포악하게 굴 수가 있었겠느냐? 비록 그렇게 하긴 했지만, 늘 동생을 만나보고 싶어 하여 줄곧 찾아오곤 했는데, '조공의 시기가 되지 않았는데도 정무를 이유로 유비의 군주를 접견했다'는 기록이 바로 그것을 말한 것이다."[20]

이 〈만장상萬章上〉의 용례는 유위가 통치 행위라는 것을 분명하게 보여준다. 그런데 묘하게도 맹자는 여기서 '어떤 지역을 다스리는有爲於其國' 것과 '천자가 관리에게 그 지역을 다스리게 하는 것使吏治其國'을 구분하고 있다. 이 하나의 용례로는 확언할 수 없지만, 적어도 《맹자》에서는 유위가 '치治'와 구분되는 통치 행위로 표현되었다고 생각해볼 수 있다. 왜냐하면 이때 '관리의 통치 행위吏治'는 '세금 징수納'로 설명되기 때문이다.

따라서 유위는 분명 군주의 통치 행위를 가리키지만, 세금 징수나 법

---

20 《맹자》〈만장상萬章上〉3 : "曰 : 象不得有爲於其國, 天子使吏治其國, 而納其貢稅焉, 故謂之放, 豈得暴彼民哉? 雖然, 欲常常而見之, 故源源而來. '不及貢, 以政接于有庫.' 此之謂也." 박경환 옮김, 《맹자》, 258쪽.

집행과는 다른 어떤 차원을 갖는다고 추측할 수 있다. 〈이루상離婁上〉의 용례는 이를 뒷받침한다.

> 맹자가 말했다. "스스로 자신을 해치는 자와는 함께 이야기를 할 수 없고, 스스로 자신을 내팽개치는 자와는 함께 '큰일有爲'을 할 수 없다. 말로써 예와 의를 비난하는 것을 스스로 해친다고 하고, 나 같은 사람은 인에 머물 수 없고 의를 행할 수 없다고 생각하는 것을 스스로 자신을 내팽개친다고 한다. 인은 사람이 사는 편안한 집이고 의는 사람이 걸어가는 바른 길이다. 편안한 집을 비워두고 머물지 않으며 올바른 길을 내버려두고 따라가지 않다니 슬픈 일이로다!"[21]

여기서 맹자는 "스스로 자신을 내팽개치는 자"를 통해 유위가 인의에 따른 통치를 가리킴을 시사한다. 군주의 정치적, 행정적 개입과 간섭이 '치治'에 해당하고 관리吏를 통해 대신할 수 있는 것이라면, 인의를 실현한다는 적극적 의미의 통치는 유위라는 말로 표현되고 있는 것이다. 달리 말하자면 여기서 유위는 왕도 정치를 행하는 것에 국한된 통치 행위이며, 따라서 유위는 진정한 의미에서의 군주의 통치 행위이다.

---

21 《맹자》〈이루상〉 10 : "孟子曰 : '自暴者, 不可與有言也 ; 自棄者, 不可與有爲也. 言非禮義, 謂之自暴也 ; 吾身不能居仁由義, 謂之自棄也. 仁, 人之安宅也 ; 義, 人之正路也. 曠安宅而弗居, 舍正路而不由, 哀哉!'" 박경환 옮김, 《맹자》, 200~201쪽.

4. 선악의 피안―유위-무위의 대립을 넘어

지금까지의 분석을 통해 우리는 유위-무위의 대립적 구도와는 다른
방식으로 유위를 해석해야 한다는 생각을 갖게 된다. 적어도《맹자》에
따르면, 왕도 정치란 군주 자신의 내부에 깃든 선한 본성, 즉 사단四端의
확충일 뿐이기 때문이다. 인위적 개입이나 간섭과는 상관이 없고, 게다
가 국가의 행정적 통치 행위와도 구별되는 것이기 때문이다. 우리가 상
식적으로 알고 있는 의미의 유위는 오로지《순자》에서만 발견된다.

> 세속의 논자가 말하기를 "아주 먼 옛날에는 박장薄葬하였다. 관 두께
> 가 세 치고 입힌 옷가지가 세 벌이며 장지가 농토를 해치지 않았기 때문
> 에 파 뒤집지 않았다. 난세인 오늘날은 후장厚葬하여 관을 꾸미기 때문
> 에 파 뒤집는다" 한다. 이것은 천하 다스리는 도를 아는 데 미치지 못하
> 고 무덤을 파헤치고 파헤치지 않는 까닭에 대하여 살피지 못하는 자가
> 말하는 것이다. 무릇 사람이 남의 것을 훔치는 데는 반드시 '그 하는 바
> 의 목적有爲'이 있다. 부족한 것을 채우기 위해서이거나 넉넉하면 더 넉
> 넉하기 위해서이다.[22]

이 인용문에서 '유위'에 해당하는 번역어는 '그 하는 바의 목적'이다.
여기서 유위는 자연에 대립되는 '인위'라는 의미라기보다 '불순한 의도
를 갖고 하는 행위',《순자》에 따르면 '간사한 행동姦'을 가리킨다. 〈예론

---

22 《순자》〈정론正論〉18 : "世俗之爲說者曰 : '太古薄葬, 棺厚三寸, 衣衾三領, 葬田不妨田, 故不掘
 也 ; 亂今厚葬飾棺, 故抇也.' 是不及知治道, 而不察於抇不抇者之所言也. 凡人之盜也, 必以有爲,
 不以備不足, 足則以重有餘也." 이운구 옮김,《순자 2》, 105~106쪽.

禮論〉의 또 다른 용례는 이를 보다 분명하게 보여준다.

　　그러므로 감정과 외모情貌를 바꾸는 데 있어 족히 길흉사를 구별하고 귀천과 친소의 분간을 명확히 할 수 있다면 바로 그친다. 이를 벗어난다면 악姦이다. 비록 하기 어렵더라도 군자는 이를 천하게 여긴다. 그러므로 복상 중에 감식하느라고 먹는 양을 헤아려서 먹고 허리 굵기를 재어서 띠 두르며 일부러 몸을 수척하게 보이도록 하는 짓은 간악한 사람이나 하는 도다. 예의 있는 문식도 아니고 효자의 정도 아니며 장차 '노림수가 있는 짓有爲'이다.[23]

　　이 구절에서 초점은 '정모情貌'에 있다. 상례 중에 특별히 수척한 듯이 외양을 꾸미거나 슬픔을 가장하는 표정을 짓는 것 등은 '무언가를 노리고 하는 행동有爲'으로서 간사한 짓이라는 것이다. 우리는 이러한 유위 개념에서 가장된 것, 부도덕함 같은 것을 발견할 수 있다. 그러나 이런 '간사함'은 도덕적, 사회적 영역에 국한된 것으로서 문명의 질서禮樂를 어지럽히는 것이지, 자연을 거스르는 것은 아니다. '성악性惡'을 주장하는《순자》마저 다음과 같이 '본성과 작위의 결합'을 강조하기 때문이다.

　　그러므로 말하기를 성性이란 원시적이고 소박한 재질이고 위僞라는 것은 꾸미는 일의 융성한 상태라고 한다. 성이 없다면 위를 가할 데가 없고 위가 없다면 성이 스스로 아름다워질 수도 없다. 성과 위가 합해진

---

23 《순자》〈예론〉 19 : "故情貌之變, 足以別吉凶, 明貴賤親疏之節, 期止矣. 外是, 姦也 ; 雖難, 君子賤之. 故量食而食之, 量要而帶之, 相高以毁瘠, 是姦人之道, 非禮義之文也, 非孝子之情也, 將以有爲者也." 이운구 옮김, 《순자 2》, 132~133쪽.

연후에 성인이란 이름이 이루어지고 천하를 하나 되게 하는 공적도 이로써 성취되는 것이다. 그러므로 또 말하기를 하늘과 땅이 합하여 만물이 생기고 음과 양이 접하여 변화가 일어나며 성과 위가 합하여져서 천하가 다스려지는 것이라고 한다. 하늘은 능히 만물을 내더라도 만물을 분별해낼 수 없고 땅은 능히 사람을 그 위에 태우더라도 사람을 다스릴 수 없다. 우주 안의 만물과 사람이라 하는 족속 모두가 성인을 기다리고 그런 뒤에 분별이 가능한 것이다. 《시》에 이르기를 "여러 신들을 모두 편안하게 회유하여 큰 물과 높은 산에까지 미친다"라고 했으니 이것을 이야기한 것이다.[24]

사실상 《순자》에서 드러나는 '성악'에 대한 생각은 인간 본성이 철저하게 악의 경향을 띠기 때문에 사회적으로 개조되어야 한다는 시각과는 다소 거리가 있다. 오히려 《순자》에서 성악을 말하는 의도는 성인聖人과 작제作制의 불가피성을 설득하려는 데 있다. 또한 설령 '작위僞'를 강조한다 해도 그것은 '본성의 가능성 안에서 가장 능동적으로 선을 실현하려는 노력文理隆盛'이라고 순자는 의미를 부여한다. 그래서 순자는 '성性'과 '위僞'의 결합을 분명하게 강조한다. 그렇다면 유위-무위의 대립 구도는 어디에 있는 것일까?

우리는 앞에서 《묵자》와 《맹자》에 나오는 유위의 용례를 검토해보았다. 이때 가장 눈에 띄는 특징은 유위가 그렇게 뚜렷한 개념으로 정립되

---

24 《순자》〈예론〉19 : "故曰 : 性者本始材朴也 ; 僞者文理隆盛也. 無性則僞之無所加, 無僞則性不能自美. 性僞合, 然後聖人之名, 一天下之功於是就也. 故曰 : 天地合而萬物生, 陰陽接而變化起, 性僞合而天下治. 天能生物, 不能辨物也, 地能載人, 不能治人也 ; 宇中萬物生人之屬, 待聖人然後分也. 詩曰 : '懷柔百神, 及河喬嶽.' 此之謂也." 이운구 옮김, 《순자 2》, 135쪽.

어 있지 않다는 것이었다. 우리는 오로지 문맥에 따라 유위에 일정한 의미를 부여하고자 했을 뿐이다. 그 결과,《묵자》의 유위는 인간의 신체적 운동과 사회적 행위 전반을 가리키되 선일 수도 있고 악일 수도 있는 것으로 파악되었다. 그래서 유위는 통치자가 세우는 기준에 따라 인도되거나, 상벌을 통해 권장 또는 규제되어야 하는 행위가 된다. 특히《묵자》의 유위는 통치자나 관리에 의해 간섭되어야 하는 행위이지 간섭하는 행위가 아니다.

이와 달리《맹자》에서 유위는 한층 뚜렷한 의미를 띤다. 유위는 무엇보다 군주의 통치 행위와 관련되며, 군주가 오라 가라 명령할 수 없는 수준의 신하만이 그 통치 행위를 함께 할 수 있다. 물론 이러한 통치 행위에 대해 간섭적이라고 말할 수도 있다. 그러나《맹자》에서는 '국가 권력에 의한 지배적 통치治-枘'와 '인의에 기초한 왕도 정치의 실천有爲'이 구분된다. 따라서《맹자》에서도 유위-무위의 대립에 입각한 억압적, 작위적 성격을 유위에 적용하기가 쉽지 않다.

그렇다면 우리가 그동안 상식적으로 상정해온 유위-무위의 대립적 구도는 어디에서 비롯되었을까? 나는 '예禮'와 '법法'의 투쟁에서 그 근원을 찾는 것이 가장 합당하다고 생각한다. 이렇게 보면《논어》와 공자는 오히려 '무위의 이상'을 제공한 원천일 뿐, 유위-무위의 대립 구도와는 전혀 상관이 없다. 또한《맹자》와《장자》는 이런 대립 구도와 전혀 상관이 없으며, 이 구도에 대한 논쟁의 바깥에 있다고 봐야 한다. 예와 법의 투쟁이 가장 극명하게 드러나는 것은《순자》에서 '예치禮治'와 형명가刑名家의 '법치法治'의 대립을 통해서다. 이를 제도사적으로 표현하면 '봉건제-귀족 연합 지배 체제'와 '군현제郡縣制-군주 전제 체제'의 대립이라 할 수 있다.

그러나 오늘날 우리는 유위-무위의 대립을 주로《장자》‘내편’의 관점과 법가적 경향의 대립으로 이해하고 있다. 그러면서 ‘노장’이라는 말로써《노자》를《장자》와 같이 엮어놓고서, 법가의 ‘법法-예禮-인의仁義’를 유위와, 도가의 ‘도道-자연自然-소요逍遙’를 무위와 등치시키며 양자를 대립시키고 있는 것이다. 나는 이를 20세기의 철학사 서술의 산물로 간주한다. 다만 이 구도가 유위와 무위를 정치철학적 개념으로 승화시키게 했다는 점, 유위의 정치적 성격을 부각했다는 점만을 인정할 뿐이다. 나는《장자》만큼이나《맹자》도 유위-무위가 대립된다는 상식을 깨는 데 도움이 될 수 있다고 본다. 다음에는《장자》의 무위 개념을 중심으로 논해보고자 한다.

5. 고대 중국의 행위 이론 비교─무위, 유위, 형명

이제 나는 마지막으로 황제의 전제적 통치 행위 이론을 체계화한 주술적主術的 무위[25] 혹은 형명刑名의 개념을 살펴보고자 한다. ‘형명’은 전국시대 한韓나라의 재상이자 사상가였던 신불해에게서 비롯된다. 크릴H. G. Creel에 따르면 형명은 법을 중심으로 현실 정치를 개혁하려 했던 상앙 일파의 법가와 다른 법가 이론이다. 구체적으로 말하면, 군주가 관리 선발과 임명을 전적으로 독점하고, 관리의 실제 직무와 수행 결과를 법에 따라 엄정하게 감독해야 한다는 것이다. 말하자면 형명은 신하를 철저히 관리하는 기술, 즉 통치술인 것이다.

---

25 김시천,〈무위의 네 가지 개념에 관하여〉참조.

이러한 맥락에서 형명은 제왕의 무위에 동반되는 것으로, 여기서 가장 중요한 것은 군주와 신하의 엄격한 구분이다. 황로학 문헌으로 간주되는 《장자》〈천도〉에서 "제왕은 무위하고, 신하는 유위한다"라고 했듯이, 무위와 유위는 자연적 행위와 작위적 행위가 아니라 구체적 직무의 유무로 구별되는 것이다. 무위는 구체적 실무를 담당하는 신하의 행위 방식인 유위와 대비되는 말로서, 제왕의 고유한 행위 양식을 의미하기 때문이다. 이러한 의미의 유위에 가까운 '형명'의 기술은 나중에 《회남자》에서 통치술로서의 '주술主術'의 핵심 요소로 포섭된다.

'주술'은 《회남자》의 한 편명이기도 한데, 《회남자》를 《황로백서》와 비교 연구한 리오 장Leo S. Chang에 따르면 주술은 주로 전통적으로 주도主道 또는 남면술南面術이라 불린 것으로, 때로 권모술수적 패덕 정치의 행태란 의미에서 권술權術이라는 조소적인 말로 불리기도 했으나 이보다 범위가 넓으며, 다음과 같은 네 가지 요소를 내포한다. ① 경쟁 국가에 대한 패권을 장악하고 나아가 천하를 지배하며, 정치적 안정을 도모하고, 모든 사람의 평안한 삶을 구현하기 위해 마련된 현실적 정책들, ② 올바른 정책들을 성공적으로 시행할 수 있게 하는 적절한 전략들, ③ 정치 투쟁에서 군주의 지위를 강화하고 관료 계급을 통제하기 위한 효과적인 기술 또는 전술, ④ 군주가 나라를 통치하는 데 필요한 정력을 충분히 기를 수 있게 하는 정신적 훈련 또는 수양이다.[26]

무위의 이러한 개념은 《한비자》,《회남자》 등에서 보다 정밀하게 다듬

---

26 Leo S. Chang · Yu Feng, *The Four Political Treatises of the Yellow Emperor : Original Mawangdui Texts with Complete English Translations and an Introduction*, Monograph No. 15, Society for Asian and Comparative Philosophy(Honolulu ： University of Hawaii Press, 1998), 22~23쪽.

어지면서 발전하는데, 나는 《회남자》에서 이러한 방식의 정치적 술수를 포괄하는 개념으로 제시된 '주술'이란 용어를 따라 이러한 개념의 무위를 '주술적 무위'라 규정한 바 있다. 이 주술적 무위는 고대 중국에서 변법, 관료제가 등장하기 이전에 사회에서 발생하는 정치적, 행정적 문제를 해결하기 위해 제시됐던 무위 개념의 한 적용이라 할 수 있다. 그런 의미에서 주술적 무위는 지극히 현실적이고 정치적인 개념이다.

지금까지의 논술을 통해 나는 무위와 유위가 정치 행위 이론이며, 무위-유위가 곧 자연-문명으로서 대립 구도를 이룬다고 보는 것은 옳지 않음을 주장했다. 그리고 고대 중국의 유위와 무위 개념 및 이 개념들을 둘러싸고 벌어진 논쟁을 명확하게 평가하기 위해서는 이러한 개념들이 정치 행위 이론과 어떻게 연결되는가를 새로운 구도에서 이해할 필요가 있음을 논했다. 더불어 《한비자》와 《회남자》를 근거로, 고대 중국에서 황제 지배 체제의 통치 이론으로 성립된 주술이 곧 형명의 기술이자 무위의 한 개념이며, 이때의 무위는 제왕의 관료 장악 및 관리의 성격을 갖는 것임을 간단히 살펴보았다. 이를 도표로 정리하면 다음과 같다.

표 4. 행위에 대한 고대 철학의 이론

	무위		유위	형명
① 유가 : 성왕의 행위	예禮		현신의 행위	없음
② 도가 : 제왕의 행위			신하의 행위	일부 긍정
③ 법가 : 제왕의 행위	법法		신하의 행위	

이 도표에서, 우선 유가의 경우 무엇보다 성인의 행위, 곧 덕을 통한 행위 혹은 자연스러운 예치의 실현을 무위라는 말로 표현한다. 《맹자》에서는 이에 더해 재상 혹은 현신이 함께 무위에 참여한다. 여기서 무위-유

위의 대립은 없다. 오히려 무위 혹은 대유위는 직분에 따라 사회적 몫을 실현하는 모범적 행위이며, 이때 개별 인간의 행위는 정명正名의 논리, 즉 예적禮的 질서에 따라 이루어진다. 북극성을 중심으로 뭇별이 도는 《논어》의 비유나 순임금의 공손한 통치 행위 방식은 무위 혹은 대유위를 상징적으로 보여준다.

도가의 경우 무위와 유위의 의미를 이런 식으로 일반화할 수는 없다. 특히 《노자》에서는 성인의 무위가 기본 축이 된다. 중요한 것은 《노자》에서는 형명의 이론이 명시적으로 드러나지 않지만, 《장자》에서는 〈천도〉편과 같이 편에 따라 형명이 명확하게 표현된 경우가 있다는 점이다. 단, 무위와 유위가 기존의 해석과 같이 자연과 문명이라는 의미로서 대립적 구도를 이루는 것이 아니라 통치 행위 이론이라는 점은 분명하다. 그리고 《장자》의 '소요' 개념은 이러한 무위, 유위 개념에 대해 대항적 성격을 띠는 것으로 보인다.

법가는 대체로 어느 정도 도가와의 연속선상에 있다. 하지만 법가가 중시하는 것은 제왕의 무위와 신하의 형명적 행위를 매개하는, 법에 의한 통치술이다. 법가에서 말하는 무위는 무엇보다 법에 의거한 행위일 뿐이다. 여기서 자연이나 도는 법의 정당성을 확보하는 수단으로 기능한다. 이와 같은 방식으로 고대 중국의 행위 개념을 일반화하는 것은 자연히 무리가 따르지만, 나는 앞으로의 발전적 토론을 위해서 내 나름의 구체적 관심과 시각을 구체화해 표 4와 같이 가설적으로 제시해보았다.

지금까지의 이야기로 미루어, 우리는 도시와 문명을 떠나 자연으로 돌아가 유유자적함을 떠올리게 하는 '무위자연'이라는 도가적 표어가 매우 협소한 이해에 기초한 것이거나 현대의 맥락에서 주조된 것임을 알 수 있다. 인간의 다양한 행위와 관련된 용어들의 맥락에서 무위를 이해할 때 우리는 무위에 담긴 문제가 다른 시대, 다른 문화에서 고민하던 문제와의 유사성을 지니며, 또한 동아시아적 삶에서 파생된 나름의 특수한 맥락을 갖는다는 것을 체계적으로 이해하게 된다. 이러한 이해가 전제될 때 우리는 무위라는 개념을 통해 새로운 삶의 길을 모색할 수 있을 것이다.

이 장에서 보다 넓은 시야에서 도가 사상을 검토했다면, 다음 장에서는 지난 30여 년간 상당히 많이 논해지고 관심을 끌었던 주제 가운데 하나인 《노자》와 페미니즘의 문제를 다뤄본다. 환경론 또는 생태주의와 더불어 페미니즘은 특히 다양한 방식으로 《노자》와 접속해왔는데, 다음 장에서는 이러한 관련의 의미와 맥락을 체계적으로 짚어보겠다.

8장

《노자》와 페미니즘
노자는 페미니스트가 아니었다

1.《노자》, 다른 목소리로?

어느 누구든《노자》에 나오는 다음과 같은 구절들을 보게 되면 노자가 페미니스트이거나 적어도 친페미니즘적이라고 생각하기 쉽다. 그래서 페미니즘과《노자》의 만남이 당연한 수순인 것처럼 여기기도 한다.

> 큰 나라는 강의 하류
> 천하의 만남이 이루어지는
> 그곳은 여성의 공간
> 여성은 항상 고요함으로 남성을 이기고
> 고요함으로 낮은 곳으로 흐른다. (《노자》61장)

> 계곡의 신谷神은 죽지 않으리.

그것은 신비의 여성玄牝

여성의 문은 하늘과 땅의 근원

끊길 듯 이어질 듯 존재하는 듯 않는 듯

써도써도 다함이 없으리라. 《노자》6장)[1]

분명 여기서 '여성적 가치의 긍정'이라는 주제를 부인하기는 어렵다. 하지만 같은 부분에 대한 또 다른 번역을 보면 느낌이 다르다.

큰 나라는 낮은 곳으로 흘러야 하네.

그래야 천하의 '암컷'이 되고

천하 사람들이 모여들게 되네.

암컷은 항상 고요함으로써 수컷을 이기니

고요함을 행하기에 마땅히 자신을 낮추네. (《노자》61장)

계곡의 작용은 그침이 없으니

이것을 '현묘한 암컷'이라 하네.

현묘한 암컷의 문,

이것은 천지 만물의 근원이네.

끊어질 듯 끊어질 듯 이어지니

아무리 써도 마르지 않네. (《노자》6장)[2]

---

1 김종미, 〈곡신(谷神)과 코라(Chora)를 통해 본 탈중심의 여성원리〉, 《중국문학》 제34집 (2000), 169쪽과 175쪽.

2 이석명, 《백서노자 : 백서본과 곽점본·왕필본의 텍스트 비교와 해석》(청계, 2003), 212쪽과 418쪽.

처음에 제시된 김종미의 번역에서 '강의 하류', '여성의 공간', '고요함', '계곡의 신', '신비의 여성', '여성의 문', '근원' 같은 은유와 상징들은 절묘하게 배합되고 연결되면서 여성성에 대한 찬가처럼 울려 퍼진다. 그리하여 이 글들은 마치 엄숙한 종교 예식에서 낭송되는 가이아 혹은 고대의 여신에 대한 찬송처럼 읽힌다. 절제된 시적 번역 덕분이다.

이에 비해 이석명의 번역은 종교적 감동의 분위기는 없고, 긴장된 나지막한 목소리로 충고하는 것처럼 들린다. 마치 궁실의 어둡고 깊은 어느 곳에서 천하를 다스리고 사람을 모으고 남과의 경쟁에서 승리하는 데 필요한 지혜를 비밀스럽게 들려주는 듯하다. 그리고 그러한 지혜는 '아무리 써도 마르지 않는' 신비한 힘으로 작용한다.

번역은 해석의 꽃이다. 앞의 두 번역을 나란히 놓고 보면 우리는 기묘한 엇갈림과 마주하게 된다. 그 엇갈림은 지금으로부터 2,000년도 더 전의 중국 어느 골짜기에서 울려오는 아득한 메아리를 어떻게 알아듣는가의 차이에서 빚어진다. 골짜기에 울리는 신탁의 메아리를 해석하는 자들의 이야기가 서로 엇갈리는 것이다.

새로움은 낡은 것으로부터 온다. 동방과 서방은 서로를 비춘다. 노자와 페미니즘의 만남은 두 개의 문명의 만남의 극적인 예후일지도 모른다. 인류가 문명이라는 것을 빚어오던 끝에 동방의 첫 주춧돌 이른바 기축基軸 시대의 한 축을 구성했던 노자와, 서방의 탈근대로 나아가는 한 창문에 비추어진 페미니즘이라는 그림이 서로 이천오백 년을 격하여 두 손을 마주 잡는 장면을 목도하는 것은 놀랍지 않은가?[3]

---

3 김종미, 〈곡신(谷神)과 코라(Chora)를 통해 본 탈중심의 여성원리〉, 182쪽.

노자 철학이 생명 생산의 측면에서 여성 역할의 중요성을 간파하고 있으며, 여성적 원리들을 긍정적으로 평가한다는 사실은 가부장제에 비판적 의미를 주는 것이다. 하지만 노자 철학을 페미니즘적 입장에서 평가할 때, 이러한 주장이 항상 적합하거나 긍정적인 것만은 아니다. 아주 오랫동안 음, 자연, 고요함의 의미로 살아온 여성에게 이러한 찬사들이 힘을 지닌 어떤 전략이 된 적은 한 번도 없었기 때문이다.[4]

이처럼 같은 골짜기에서 울려오는 메아리를 듣고서 한편에서는 중심인 유가에 의해 억눌렸던 기축 시대의 한 목소리가 오늘날 탈근대의 문턱에서 기묘하고 놀랍게도 페미니즘과 해후한다고 이야기한다면, 다른 한편에서는 그 목소리가 여성성의 상징과 은유로 가득하지만 한 번도 제 소리를 내지 못한 힘없는 목소리라고 경고한다.

메아리가 울리는 그 골짜기는 신비하고 아득하다. 나 또한 그 골짜기의 언저리에서 시시각각 다르게 울리는 메아리 소리를 들어본 적이 있다. 하지만 고백하건대, 그 메아리를 우리의 말과 몸짓으로 어떻게 표현해야 할지 아직 갈피를 못 잡고 있다. 다만, 내가 또렷이 기억하는 것은 다른 어떤 '목소리들'의 존재였다. 그것은 분명 골짜기에서 함께 울렸으나, 골짜기의 더욱 깊은 곳에서 울려 나오는 목소리와 '다른', 나와 같이 언저리에 머물고 있던 누군가의 목소리였다.

이번 장의 주제는 노자가 페미니스트인가 아닌가, 혹은 《노자》를 페미니즘의 입장에서 어떻게 전략적으로 독해할 수 있는가 하는 것과는 구분된다. 여기서는 단지, 신비의 골짜기 주변의 목소리와 깊은 곳에서 울려

---

4 김세서리아, 《동양 여성철학 에세이》(랜덤하우스중앙, 2006), 184~185쪽.

나오는 목소리가 어떻게 구분되는지에 관심을 둔다. 아울러 그러한 구분을 통해, 흔히 여성적 가치를 옹호하는 것으로 해석되는 《노자》의 표현들을 보다 객관적으로 검토해보고자 한다. 이를 위해 나는 다양한 고전 문헌들에서 근거를 찾아보았다.

2. 노장, 진실 혹은 거짓말

우리 사회에서 도가를 말하려면 먼저 노장에서 출발해야 한다. 그런데 노장을 말하려면 진실 게임으로 시작하는 것이 좋겠다. '노장' 하면 우리는 대개 그것이 《노자》와 《장자》라는 책의 철학적 사상을 가리킨다고 생각한다. 또한 대개의 철학사가 그것을 당연시한다. 하지만 그것은 거짓이다. 노장은 《노자》와 《장자》라는 책 속에 담긴 사상이 아니다. 엄밀히 말해서 노장은, 전에는 없었던 새로운 시각, 즉 《장자》를 통해 《노자》로 들어가는 새로운 시각을 대변하는 말이다. 노장은 춘추전국 시대와는 무관하고, 양한兩漢을 지나 삼국 시대에 와서야 나타난 전통이다.[5]

노장과 관련해 또 하나의 거짓이 있다. 우리는 마치 고대 중국 철학에서는 공자에서 맹자를 거쳐 순자로 이어지는 사상과 이와 거의 같은 시기에 나온, 노자에서 장자로 이어지는 사상이 양대 사상을 이루고 있었고, 둘이 서로 논쟁하며 발전한 것처럼 여긴다. 이 또한 거짓이다. 실제 역사에서 그런 일은 없었다. 아니 더 정확히 말하면, 우리는 그런 기록을

---

5 이와 관련된 보다 자세한 내용은 김시천, 《철학에서 이야기로 : 우리 시대의 노장읽기》, 119
  ~129쪽 참조.

찾아볼 수 없다. 예를 들어, 맹가孟軻와 장주는 비슷한 시대를 살았지만 맹가의《맹자》와 장주의《장자》에는 서로에 대한 일언반구의 언급도 없다. 그러므로 공맹순孔孟荀 유가와 노장 도가가 서로 다투었다는 식의 철학사 서술은 엄밀히 말해 거짓이다.[6]

노장과 관련해 진실을 말하자면, 우리가 일반적으로 읽는《노자》와《장자》는 1973년《백서노자》라는 문헌이 새로이 발굴되고 나서 정립된 것이며, 그 전에는 대략 기원후 200년 이후에 정리된 판본을 중심으로 읽혔다는 것이다.[7] 또한 문헌학적 차원에서 보면《노자》와《장자》가 위진 시대에 널리 읽히기 시작했고, 이는 통행본의 성립 과정 자체가《장자》를 통해《노자》를 이해하는 노장 전통과 분리되기 어렵다는 것이다.[8] 게다가《노자》와《장자》를 애호하는 주류 전통인 '노장'은, 도교 신봉자들의 독해 방식이 아니라 도교를 가장 비판하려 했다는 유학자들의 독해 방식을 가리킨다.

또 다른 진실을 말해보자. 중국이 유교적 사회에 진입한 후, 유학을 제외한 학문은 모두 이단으로 비판받았다. 송명 이후 빈번하게 등장하는 '석로釋老'나 '노불老佛'이라는 말은 불교와 도교를 한꺼번에 비판하는 조롱 섞인 표현이다. 불교와 도교는 모두 인간의 기본적 윤리를 무시하고

---

6 1980년대 이후 대대적으로 연구된 한초의 '황로黃老'와 후한 말과 위진 시대에 유행한 '노장'은 다르다.

7 《노자》의 통행본은 기원후 1000년경까지 주로 하상공본河上公本이었다. 오늘날의 통행본인 왕필본王弼本은 19세기부터 본격적으로 읽혔으며, 이르게 잡더라도 송대 이후에 읽히기 시작했다. 거칠게 말하면, 하상공본과 왕필본이 각각 1,000년씩 통행본으로서 우위를 점했다고 할 수 있다. 두 판본이 문헌으로 정착된 것은 대략 기원후 3세기경이다.

8 노장이란 말이 쓰이기 시작한 것이 바로 위진 시대다. 이에 관해서는 조민환,《유학자들이 보는 노장 철학》, 34~36쪽 참조.

공허하거나 패륜적인 이야기를 늘어놓는 것으로 푸대접받았다. 그래서 《노자》와 《장자》는 이단이나 사이비로 여겨졌다. 다만 '노장'은 '석로'나 '노불'에 비해 부정적 뉘앙스가 약하거나 관용적 표현에 가까울 뿐이다.[9]

그래서 《노자》와 《장자》는 현실을 떠난 사람이나 산속에 은거하는 사람이 아닌 한 읽을 만한 책이 못 되었고, 읽더라도 유학의 정신을 철저히 함양한 후에나 조심스럽게 읽어야 하는 책이었다. 그랬던 동아시아 지성계에 천지개벽이 일어났다. 전통 지식인 사회에서 공맹과 대등한 사상적 지위를 누려보지 못했던 노장이 19세기 말부터 공맹과 대등한 의미와 가치를 갖는 사상으로 각광 받게 된 것이다. 하지만, 노장이 어느 특정 시기에 잠시 유행했다 해도 그것이 사회와 제도의 영역으로, 또는 사회를 운영하는 원리로 받아들여진 적은 없었다는 점을 기억해야 한다.

그런데 이러한 역사적 사실들은 너무 낯설게만 들린다. 21세기를 목전에 둔 시점에 한국 사회에서 도올의 '노자와 21세기'라는 강의가 전 국민적 관심을 받으며 지상파 텔레비전을 통해 방송되었는가[10] 하면, 그보다 앞서 서슬 퍼런 독재 정권의 치하에서는 씨올 함석헌의 노장 강의가 시대의 수많은 지성들에게 감동을 주었기[11] 때문이다. 그래서 우리에게 《노자》와 《장자》는 자유와 해방의 철학이면서 과학과 만나는 합리적 정신이었고, 억압과 독재에 대해 분노하고 조소하는 비판의 철학이었다. 사실상 우리가 아는 노장의 기원은 바로 여기다. 어쩌면 이것이 우리 시대 노

---

9 이와 관련해서는 조민환, 《유학자들이 보는 노장철학》 참조. 특히 《장자》와 관련해서는 전호근·김시천, 《번역된 철학 착종된 근대》 참조. 주희의 노장관에 대해서는 Julia Ching, *The Religious Thought of Chu Hsi*(Oxford : Oxford University Press, 2000), 152~157쪽 참조.
10 이 강의의 교재로 저술된 책이 김용옥의 《노자와 21세기 (상·하)》(통나무, 1999·2000)이다.
11 이러한 강의의 일부가 《씨올의 소리》를 거쳐 그의 전집에 포함되어 출판되었다. 함석헌, 《씨올의 옛글풀이》(한길사, 1988).

장의 가장 정직한 진실일 것이다.[12]

물론 노장을 둘러싼 진실과 거짓은《노자》,《장자》자체와는 크게 상관이 없을지도 모른다. 그럼에도 불구하고 노장과 관련된 진실과 거짓을 구구절절 늘어놓을 이유가 분명히 있다. 노장이 우리 시대에 이렇게 각광 받고 유행하는 것은《노자》와《장자》라는 책 자체 때문이 아니라 노장의 다른 어떤 분야와의 접속 때문이라는 것이 그 이유다. 이러한 접속들이《노자》와《장자》라는 텍스트와 전혀 무관하다고 말할 수는 없지만, 이러한 접속들은 신비의 골짜기 깊은 곳에서 울려 나오는 그윽한 목소리와는 다른 목소리를 내며, 따라서 분명 구분되어야 한다.

예를 들어 1999년 방영된 '노자와 21세기' 강의에서 김용옥은《노자》에 대해 세 가지 주제를 제시했다. 바로 인간과 자연환경의 화해, 종교와 종교의 화해, 지식과 삶의 화해였다.[13] 하지만 우리의 상식으로 판단할 때 과연 노자 시대에 공해나 종교 갈등의 문제, 지식과 삶의 문제가 중요한 사회적 쟁점으로 다루어졌을지 의문이다. 달리 말해 김용옥은 우리 시대의 문제의식을 투영해《노자》를 읽어내고자 한 것이다. 따라서 그의《노자》해석은 현대적《노자》해석이며 '도올 철학'의 한 부분이다.

그보다 조금 더 거슬러 올라가면 1990년대 이후 유행했던 포스트모더니즘이나 데리다의 해체론을 만날 수 있다. 1990년대에《노자》에 접근했던 여러 학자들은,《노자》의 철학이 해체론이라고 서슴없이 주장했다. 데리다가 해체를 통해 서구 사회의 은폐된 폭력과 배제의 논리를 폭로하고자 했다면, 노자는 윤리(유학)의 가면 속에 감추어진 권위와 억압을 해체

---

12 함석헌의 노장 읽기는 다석 유영모의 노장 해석은 물론 조선조부터 면면히 이어져온 노장 전통과도 분리될 수 없다. 이에 관해서는 전호근·김시천,《번역된 철학 착종된 근대》참조.
13 김용옥,《노자와 21세기 (상)》, 21~84쪽.

하고자 했다는 것이다.[14] 하지만 역설적이게도 사실《노자》는 그 속에 감추어진 권모술수적 파렴치함 때문에 오랫동안 비판받아왔다.《장자》에 비해《노자》는 건전성이 현저하게 떨어지는 못된 사상이었던 것이다.[15]

3.《노자》와 페미니즘, 세 개의 메아리

1990년대 이후 노장은 그렇게 우리에게 다가왔다. 하지만 이러한 노장 유행에는 중요한 특징이 있다.《노자》와《장자》읽기가 늘 '타자의 시각' 에서 읽혔다는 것이다. 그리고 노장의 떠들썩함은 노장 자체에서 비롯되었다기보다는 대개 서쪽에서 불어온 바람에서 비롯되었다는 것이다. 그런데 문제는 이와 같은 노장의 타 영역과의 접속이 어떤 결실을 맺기는 커녕 늘 떠들썩한 유행에 그치고 만다는 것이다. 그래서 노장에의 접속들은 대개 미완으로 끝나거나 가벼운 만남에 그친다.

물론 노장에의 접속이 무의미하기만 한 것은 아니었다. 기원 전후 인도의 불교가 중국에 유입될 때 노장은 불교 수용의 중요한 사상적 틀이었다. 불교는 현학적玄學的[16] 노장이라는 틀을 통해 수용되었고, 나중에 중국 사회에 뿌리내리게 되었다. 노장의 매력은 바로 이런 데 있다. 문화와 제도에 깊이 스며들어 쉽사리 변화되기 어려운 유학과 달리 노장은

---

14 이에 대한 국내의 대표적 논자는 김형효다. 김형효,《데리다와 老莊의 독법》(한국정신문화연구원, 1994).

15 이 주제는 제2부 4장에서 다루었다.

16 한국에서의 현학에 대해 논한 문헌으로는 다음을 참조. 정세근 외,《위진현학》(예문서원, 2001) ; 정세근,《제도와 본성―현학이란 무엇인가》.

그 모호한 언어와 추상성으로 인해, 오히려 다른 것들과 만나기에 유리한 점이 있었다.

다석 유영모에게서 잘 드러나듯 노장은 기독교 신앙과 동양 정신을 이어주는 좋은 가교였다. 씨울 함석헌은 더 나아가 서구의 과학, 자연주의와 노장의 만남까지 주선한다. 게다가 독재 치하에서 노장의 목소리는 자유와 해방을 갈구하는 민주적 외침이 되기도 했다. 그런가 하면 노장이 지닌 불교와의 친근성은 현실의 각박함에서 벗어나 정신의 평화와 초월에 이르도록 돕는 요소이기도 했다. 심지어 니덤이라는 서구 학자를 통해 노장은 과학적 관찰의 정신을 소유한,[17] 자연과학의 토대 철학으로 찬양되기도 했다.[18]

20세기 내내 이러한 노장에의 접속은 아주 다양했다. 영미 분석철학자들에게 "도를 도라 말하면 그것은 영원한 도가 아니다"라는 《노자》의 첫 구절은 비트겐슈타인의 "말할 수 없는 것에 대해서는 침묵해야 한다"로 읽혔고, 이理보다 기氣를 말하는 노장은 대륙 중국 학계의 마르크시스트 철학사가에게 유물론의 선구로 받아들여졌다. 또한 "작은 나라 적은 백성少國寡民"이라는 노장의 정치적 이상향은 인류 최초의 아나키즘의 표

---

17 사실 한국 사회의 노장 담론에 커다란 영향을 미친 또 한 사람은 니덤이라 할 수 있다. 그는 특히 《노자》와 페미니즘의 연결에 가장 큰 영향을 미쳤는데, 《중국의 과학과 문명Science and Civilization in China》이라는 책의 〈도가와 도교The Tao Chia (Taoists) and Taoism〉라는 장에서 "자연에 대한 접근 : 과학적 관찰의 심리학The Approach to Nature : The Psychology of Scientific Observation"이라는 주제의 하위 주제로서 "물의 상징과 여성적 상징The Water Symbol and the Feminine Symbol"을 다루었다. Joseph Needham, Science and Civilization in China, vol. 2(Cambridge : Cambridge University Press, 1956), 56~61쪽.

18 한국에서의 이러한 노장 담론 전개에 대해서는 김시천, 《철학에서 이야기로 : 우리 시대의 노장읽기》, 특히 제1장 참조.

현으로 간주되었고, 노장의 '자연성' 강조는 동아시아 고대 과학의 이론적 토대이자 현대 물리학의 통찰과 만나는 것으로 보였다.

결국 노장, 특히《노자》는 없는 것이라곤 하나도 없는 '모든 것'이었고, 근대이든 탈근대이든 누구나 접속해 사유할 수 있는 거대한 '매트릭스'와도 같았다. 이런 맥락에서 보면 오늘날의《노자》담론은 20세기 한국의 문화적, 사상적 관심 코드가 드러나는 장소이다. 사실 김종미가 찬탄한 "노자와 페미니즘의 만남"은 이미 19세기부터 이루어진 수많은 동·서 만남의 흐름 중 한 줄기이며,[19] 수많은 노자 접속 코드 가운데 하나일 뿐이다.

물론 나는《노자》가 여타 문헌에 비해 여성성을 중시한다는 점을 부인하지 않는다. 또한《노자》에 대한 페미니즘적 독해가 의미 있는 시도라고 생각한다. 하지만 마치《노자》속에 생생한 페미니즘 철학이 담겨 있는 듯이 서술한다거나, 가부장적 억압자인 공자와 달리 노자는 여성의 자유와 해방을 꿈꾸었다는 듯이 기술하는 것은 근거가 없다고 본다.《노자》는 본래 정치적 색채가 강한 '덕도경德道經'이었기 때문이다.[20] 게다가《노자》를 구성한 원류 가운데 하나인《곽점노자》[21]에는 여성성을 찬양하는 부분, 즉 통행본의 6장에 해당하는 "곡신불사谷神不死(계곡의 신은 죽

---

19 《노자》가 서구 사회에서 어떤 식으로 받아들여져 왔는지에 대해서는 다음을 참조. 김시천,《철학에서 이야기로》, 특히 제2장 ; J. J. Clarke, *The Tao of the West : Western Transformations of Taoist Thought*(London · New York : Routledge, 2000). 또한 클라크J. J. Clarke의 시각을 나름의 관점에서 정리한 논문으로 심의용, 〈서양인이 바라본 도가(Taoism)〉,《東西哲學研究》제33호(2004년 가을)가 있다.

20 우리에게《노자》는 '도덕경'으로 알려져 있는데, 마왕퇴에서 발굴된《노자》는 '덕도경'이다. 즉 〈도경〉이 〈덕경〉 뒤에 붙어 있다. 적어도《노자》라는 문헌의 최고본最古本인 마왕퇴 '백서본'에 따르면 그러하다.

21 1장 주 12 참고.

지 않으리)" 부분이 없다.

김홍경의 지적처럼, 한 무제 때 성립된《회남자》의 "산은 덕을 쌓고 내는 형벌을 쌓는다. 높은 것은 삶을 주로 하고 낮은 것을 죽음을 주로 한다. 구릉은 수컷이고 계곡은 암컷이다"[22]라는 구절과 비교할 때 여성성을 중시하는《노자》의 사유가 대단히 독특한[23] 것임은 틀림없다. 하지만 나는 이러한 사유 흔적을 페미니즘과는 다른 맥락에서 해석하는 것이 더욱 효과적이고 적절하다고 본다.

《노자》와 페미니즘을 연결하려는 시도에는 대체로 세 가지 조류가 있다. 그 각각의 발원지는 니덤, 그레이엄, 그리고 모계 사회와 원시 신앙 이론이다. 이 가운데 1956년이라는 비교적 이른 시기에 니덤이《중국의 과학과 문명Science and Civilization in China》에서 보여준 시도가 다른 두 조류의 토대가 되었다고 할 수 있다. 따라서 나는 이 세 조류 각각에 대해 반박하지는 않고, 니덤의 논의를 중심으로 이들의 공통적 근거가 되는 《노자》구절의 본래 맥락을 살피고자 한다.

니덤은《중국의 과학과 문명》에서 "물의 상징과 여성적 상징"이라는 소주제 아래 다음과 같이 말한다. 다소 길지만 논의를 보다 명확히 하기 위해 인용해본다.

물과 여성적 상징은 철학적 의미뿐만 아니라 위대한 사회적 의미를 가지고 있다. 유가적 혹은 법가적 통솔 개념 대신에 우리는 안으로부터의 도가적 통솔leadership 원칙에 이르는 것이다……유가와 법가의 사회

---

22 《회남자》〈추형훈墜形訓〉: "山爲積德, 川爲積刑. 高者爲生, 下者爲死. 丘陵爲牡, 谿谷爲牝."
23 김홍경,《노자—삶의 기술 늙은이의 노래》(들녘, 2003), 580~584쪽.

윤리적 사상 복합은 남성적이고 관리적이며 견고하고 제압적이며 공격적이요 합리적이며 직수적이었다——도가는 여성적, 관용적, 유약적, 비강제적, 철수적, 신비적이며 더구나 수용적인 모든 것을 강조함으로써 근본적이고 완전하게 유가와 법가 사상을 부수어버렸다. 그들이 '계곡의 정령'을 찬양함은 유가에 대한 모욕이었다. 왜냐하면 《논어》에서 말하기를, "뛰어난 남자는 낮은 장소에서 사는 것을 싫어한다. 낮은 곳에서는 세상의 모든 악이 그에게로 흘러들기 때문이다"라고 하지 않았던가? 그래서 도가들이 그들의 자연의 관찰로부터 보이려 했던 여성적 수용성은 인간의 사회적 여러 관계에서 현저히 나타날 수 있다고 믿었던 여성적인 순종과 깊이 연결되어 있다. 필연적으로 그들은 봉건 사회에 반대했다. 왜냐하면 그들의 순종은 봉건 사회와 양립되지 않는다고 믿었기 때문이다. 참다운 의미의 시적 표현에 있어서의 순종은 협동적 집산주의 사회에 적합한 것이었다. 그러한 사회가 일찍이 한번 존재한 적이 있는데, 그것은 청동기 시대의 원시 봉건제에서 군주와 제사와 용사의 완전한 분화가 생기기 이전 촌락의 원시적 집산주의 속에 존재했었다. 그것은 아마도 도가 사상이 발생하기 직전의 수세기에 걸친 중국 문화의 외곽 지역에 오히려 존재했었을 것이다.[24]

나는 20세기에 시작된 《노자》와 페미니즘을 연결시키려는 시도의 발원지를 여기에서 찾는다.[25] 니덤에 따르면, 도가는 유가나 법가와는 다른

---

24 니덤,《중국의 과학과 문명 2》, 이석호 외 옮김(을유문화사, 1986), 82~85쪽.

25 《노자》를 페미니즘적으로 해석하는 대표적 논자들의 출발점이 대개 니덤에게 닿아 있다. 김종미와 임채우도 니덤의 이 구절에 입각해 있다. 김종미, 〈곡신(谷神)과 코라(Chora)를 통해 본 탈중심의 여성원리〉 ; 임채우, 〈노자의 페미니즘 : 중국의 도교문화, 여성의 생명력과

리더십 개념을 갖는데, 유가나 법가의 리더십이 남성적·강제적이라면 도가는 여성적·관용적 리더십을 지향했다. 또한 니덤은 유가가 '낮은 장소下流'를 악으로 보았음을 상기시키면서, '계곡의 정령谷神'을 찬양하는 것은 유가를 모욕하는 일이라고 말한다. 그리고 노자와 도가가 강조하는 가치는 원시 집산주의적 가치로서 봉건적 가치와 양립할 수 없는 것이었다고 말한다.

도가에 대한 규정들이 대체로 그렇듯이 여기에는 몇 가지 도식적 통념이 담겨 있다. 도가는 반유가적이다. 따라서 유가가 남성적이라면 도가는 여성적이고, 유가가 강제적이라면 도가는 자연적, 비강제적이다. 20세기에 이와 같은 도식적 통념은 언제나 《노자》와 《장자》를 해석하는 열쇠처럼 작용했다. 《노자》와 페미니즘을 연결시키려는 시도 또한 철저하게 이와 같은 통념에 기초해 있다. 말하자면 도가는 늘 유가의 부정적 측면을 극복할 긍정적인 무언가를 담고 있는 사상 체계로 인식되었던 것이다.

《노자》가 페미니즘적이라고 보는 견해들 또한 이러한 도식적 통념을 그대로 따르고 있다. 하지만 나는 그러한 견해들이 모두 역사적 사실이나 어떤 중요한 사안들을 무시하고 있다고 생각한다. 그래서 이제 기존의 《노자》와 페미니즘 연결이 '잘못된 만남'이거나 오해에 지나지 않았음을 밝히고, 왜 그런 일이 생겼는지 짚어보고자 한다.

힘 그리고 無〉, 《제13회 한국철학자대회 발표집》(2000) 참조.

4. 《노자》의 성인, 계곡처럼 낮게 암컷처럼 부드럽게

나는 여기서 아주 단순한 사실 두 가지를 지적하며 논하고자 한다. 첫째, 도가와 페미니즘을 연결시키려는 논자들은 대개 《노자》에 나오는 다양한 여성성 찬양의 언급들이 모계 사회의 여성 조상 숭배 관념의 반영이거나 생식 숭배와 관련된 것이라고 주장한다는 사실이다.[26] 특히 '어미母', '암컷玄牝, 雌'의 강조가 모계 씨족 사회의 생식 숭배와 관련 있고, 이는 "노자를 포함한 도가가 여성 친화적 사상"[27]이라는 증거라고 주장한다. 과연 이러한 주장은 긍정될 수 있을까?

그런데 희한하게도 《곽점노자》에는 여성성을 찬양하는 내용이 전혀 담겨 있지 않다. 《곽점노자》에는 흔히 《노자》가 여성성을 긍정적으로 평가했다는 증거로 강조되는 '곡신(계곡의 신/정령)谷神'이라는 말은 나오지 않으며, '골짜기谷'라는 말도 두 번 나오지만 모두 도道와 천하天下, 성인과 백성의 관계를 은유적으로 설명할 때 쓰일 뿐이다. 다음 구절은 '골짜기'가 어떤 맥락에서 나오는지를 아주 잘 보여준다.

> 강과 바다가 수많은 골짜기를 거느리는 왕이 되는 까닭은
> 그가 능히 수많은 골짜기의 아래가 되기 때문이니,
> 따라서 능히 수많은 골짜기의 왕이 되는 것이다.
> 성인이 백성의 앞에 있는 것은 몸을 뒤로 물리기 때문이다.
> 그가 백성의 위에 있는 것은 그들에게 말을 낮추기 때문이다.

---

26 김갑수의 논문은 이러한 입장을 체계적으로 보여준다. 김갑수, 〈도가사상의 페미니즘적 전망〉, 《시대와 철학》 제18권 2호(2007년 여름).

27 김갑수, 〈도가사상의 페미니즘적 전망〉, 37쪽.

그가 백성 위에 있지만 백성들은 그를 부담스러워하지 않는다.[28]

여기서 강·바다-왕-성인, 골짜기-백성의 연속적 유비는《노자》에서 정치적 관심이 두드러짐을 잘 보여준다. 낮은 곳에 있는 강과 바다, 나서지 않고 몸을 뒤로 하는 성인은, 왕이 왕 되고 성인이 성인 되는 방식과 유사하다. 따라서 여기서 골짜기에 여성성이 함축돼 있다고 볼 수 없다. 《곽점노자》에서 유일하게 여성성을 드러내는 말은 '어미母'이다.《곽점노자》에서 '어미'는 단 한 번 나온다. 하지만 그것은 단지 '어미'라는 여성적 표현으로 되어 있을 뿐, 여성성이나 여성적 가치와는 아무 상관이 없다.

　나라를 차지하고서 그 근본母을 가질 수 있다면, 장구할 수가 있다.
　장구한 것을, '깊은 뿌리·굳은 토대'라고 말한다.
　깊은 뿌리 굳은 토대야말로 오랫동안 존립하고 오랫동안 유지하는 도이다.[29]

과연《노자》혹은 도가가 모계 사회의 흔적, 가부장제에 반하는 페미니즘적 사유를 갖고 있다면 왜《곽점노자》에서는 그러한 흔적이 전혀 발견되지 않는 것일까? 물론《곽점노자》는 통행본의 5분의 1에 해당하는 적은 분량이며, 따라서 여성적 가치와 관련된 부분들이 누락된 것이라고

---

28 《곽점노자》갑본甲本 제2장 : "江海所以爲百谷王, 以其能爲百谷下, 是以能爲百谷王. 聖人之在民前也, 以身後之. 其在民上也, 以言下之 ; 其在民上也, 民弗厚也." 번역은 최재목 옮김,《노자》, 86~87쪽.
29 《곽점노자》을본乙本 제1장 : "有國之母, 可以長久. 長久, 是謂深根固氐. 長生久示之道也." 번역은 최재목 옮김,《노자》, 223쪽.

반론할 수도 있다. 하지만 우연치고는 참으로 공교롭지 않은가?

나는 현재 이용 가능한 증거에 근거해 역사적으로 추론하는 것이 합리적이라고 생각한다. 동아시아 고대의 여성상을 사상적으로 재구성한 이숙인에 따르면 "기원전 11세기에서 기원전 2세기에 이르는 중국 고대의 10여 세기는 동아시아 가부장제가 유교의 언어로 시작하여 완성되어갔던 시기"[30]인데, 그 가부장제 완성의 정점에서 노자가 오히려 여성성을 찬양하고 페미니즘적 철학을 전개했다는 것이 상식적으로 납득이 되는 얘기인가?

두 번째로 지적할 사실은, 《노자》가 도道와 덕德을 말하는 책인 '도덕경' 혹은 '덕도경'이며 그 내용이 상징하는 인물은 성인이라는 것이다. 그리고 이 성인은 억압받는 소외자나 소수자가 아니라 남성 통치자이다. 골딘Paul Rakita Goldin은 이 점을 잘 지적한다.

우리가 반드시 주의해야 하는 것은, 암컷the female의 가치를 인정하는 언급이 《노자》의 저자가 여자들women을 높이 평가했음을 나타내는 것이라고 오해해서는 안 된다는 점이다. 수컷과 암컷은 우주의 상보적인 두 측면을 조명하기 위해 고안된 예시적 모티프일 뿐이다. 그것들이 실제의 여성이나 남성을 가리키는 것일 필요는 없다. 《노자》 텍스트 자체는 아마도 오로지 남자들만을, 아니 보다 정확하게는 남성 통치자들만을 겨냥하고 있다[31]……(《노자》에서 여성성을 강조하는 부분의) 주된

---

30 이숙인, 《동아시아 고대의 여성사상 : 여성주의로 본 유교》(여이연, 2005), 4쪽. 주로 유가 문헌에 초점을 맞추었으나 중국 고대 문헌을 전반적으로 다루는 이숙인의 이 책에서 《노자》와 페미니즘의 관계는 다루어지지 않는다.

31 Paul Rakita Goldin, *The Culture of Sex in Ancient China*(Honolulu : University of

논점은, 성인이 남성성만큼이나 여성성의 가치 또한 인정해야 한다는 것이지, 여성성이 남성성보다 선천적으로 우월하다는 것이 아니다.[32]

《노자》를 페미니즘과 연결시키려는 논자들에게서 도가는 반문명, 반유가적인 것으로, 특히 니덤에게서는 법가와 반대되는 것으로 규정된다. 하지만 노자의 전기는 《사기》 〈노자한비열전老子韓非列傳〉에 법가 사상가인 한비자韓非子, 신불해와 나란히 실려 있다. 이러한 유사성은 문헌적으로 명확하게 드러난다.

《노자》가 여성적 가치를 중시했다는 주장의 강력한 근거 가운데 하나로 흔히 인용되는 28장을 살펴보자.

수컷을 알면서도 암컷을 지키면 천하의 계곡이 된다.

이것은 남성성雄과 여성성雌, 그리고 계곡天下谿이 모두 언급되는 중요한 구절이다. 하지만 이어지는 부분을 읽으면 계곡의 여성적 연상은 점차 희미해진다.

천하의 계곡이 되면 언제나 덕이 떠나지 않는다
덕이 떠나지 않으면 어린아이로 되돌아간다
깨끗한 것을 알면서도 더러운 것을 지키면 천하의 골짜기가 된다
천하의 골짜기가 되면 언제나 덕이 족하다

Hawaii Press, 2002), 72쪽.

32 Paul Rakita Goldin, *The Culture of Sex in Ancient China*, 71쪽.

덕이 족하면 통나무로 돌아간다

흰 것을 알면서도 검은 것을 지키면 천하의 모범이 된다

천하의 모범이 되면 언제나 덕이 어그러지지 않는다

덕이 어그러지지 않으면 무극으로 돌아간다

통나무가 흩어지면 그릇이 되고 성인이 쓰이면 군왕이 된다

무릇 큰 제도는 갈라짐이 없다.[33]

　여기서 중요한 것은 여성성의 강조가 아니다. 28장 전체의 주인공은 성인聖人이요 군왕官長이다. 그는 무엇보다 남성적인 것을 잘 알면서 여성적인 것 또한 지킬 줄 알기에 덕을 잃지 않으며, 심지어 어린아이처럼 된다. 물론 여성성의 강조는 그 이전에는 없었던 《노자》만의 독특한 특징이다. 하지만 골딘이 지적했듯이, 그것은 "수컷을 알면서도 암컷을 지키면"이라는 《노자》 구절에서 알 수 있는 것처럼, 성인이 가져야 하는 두 측면 가운데 하나로서 여성성을 강조한 것일 뿐이다. 이는 "깨끗한 것을 알면서도 더러운 것을 지키고", "흰 것을 알면서도 검을 것을 지키는" 것과 같은 맥락이다. '수컷-깨끗한 것-흰 것', '암컷-더러운 것-검은 것'이 상호 대비되는 측면 또한 지나칠 수 없다.

　이렇게 본다면 《노자》에서 강이나 바다처럼 스스로를 낮추는 것은 군왕이 취해야 할 자세이고, 군왕이 여성적인 처세를 하는 것은 남성적인 강함에만 의존하는 정치가 온전하지 못하기 때문이다. 《노자》에서 말하

---

33 《노자》 28장 : "知其雄, 守其雌, 爲天下谿. 爲天下谿, 恒德不離. 德不離, 復歸於嬰兒. 知其白, 守其辱, 爲天下谷. 爲天下谷, 恒德乃足. 德乃足, 復歸於朴. 知其白, 守其黑, 爲天下式. 爲天下式, 恒德不忒. 德不忒, 復歸於無極. 朴散則爲器. 聖人用爲官長. 是以大制無割." 원문과 번역은 김홍경, 《노자―삶의 기술 늙은이의 노래》, 784~785쪽.

는 성인 혹은 군주의 행위 방식이 이와 같은 데에는 나름대로 '까닭'이 있다.[34] 《노자》는 다스리지 못하는 게 없는 상태를 목적으로 하기 때문이다. 이 때문에 크릴은 《노자》 철학의 특징이 '목적적purposive'이라는 것이라고 본다.[35]

그렇다면 이와 같은 지향을 갖는 《노자》에서 과연 돌봄의 개념은 가능한 것일까? 아니, 보다 정확하게 말해서 《노자》의 여성성 강조, 이른바 음-중심주의는 돌봄의 윤리로 해석될 수 있을까? 과연 《노자》의 여성성 강조가 《노자》의 궁극적 목적과 일치하는 것일까? 달리 말해서 《노자》에서 말하는 성인의 여성적 처세는 '페미니즘적'인 것일까?

5. 《노자》와 페미니즘은 만날 수 있는가

1973년 《백서덕도경帛書德道經》(《백서노자》)이 발굴될 때 함께 출토된 문헌이 있다. 이것은 《노자》 갑본甲本과 을본乙本 중간에 끼여 있던 문헌으로 흔히 《황로백서黃老帛書》 또는 《황제사경黃帝四經》[36]이라 불린다. 이

---

34 정세근에 따르면 "《도덕경》 속의 성인의 행위는 무조건적, 즉 '정언적'이지 않고 그러니까 그렇게 하라는 식의 까닭 있는, 즉 '조건적'인 것이 많다". 정세근, 《노장철학》(철학과 현실사, 2002), 95쪽. 정세근은 "성인이 되거나 성인 노릇을 하면 그 대가가 반드시 보장된다는 것이 노자의 주장"이라고 한다. 그리고 "이러한 대가는 《노자》에서 공리값의 극대화로 나타난다"고 한다.

35 나는 고대 중국에서 나타난 무위 개념이 적어도 네 가지 이상이며, 《노자》의 무위는 다른 문헌들의 무위에 비해 정치술적 성격이 가장 강하다는 것을 논증한 바 있다. 김시천, 〈무위의 네 가지 개념에 관하여〉.

36 이 문헌은 《백서노자》와 함께 출토되었는데, 이 문헌의 출현으로 황로학 연구가 열기를 띠기도 했다. 공교롭게도 이 문헌은 《노자》 갑본과 을본 사이에 끼여 있었는데, 이는 곧 이 문헌과 《노자》가 아주 가까운 관계에 있음을 보여준다. 탕란唐蘭이 이 문헌이 바로 《한서예문

문헌의 〈자웅절雌雄節(수컷의 절도와 암컷의 절도)〉 편의 내용은 우리의 논점과 관련해 중요한 점을 시사한다.

　황제는 부단히 길흉의 일정함을 헤아려서 이를 통해 암컷과 수컷의 절도를 가려낸다. 그러고 나서 화복의 향방을 구분한다. 뻔뻔스러울 정도의 오만함과 교만한 태도를 일컬어 수컷의 절도라 하고, □□하고 공손히 낮출 줄 아는 자세를 일컬어 암컷의 절도라 한다. 무릇 수컷의 절도는 거침이 없는 것을 특징으로 하고, 암컷의 절도는 겸허하게 낮추는 것을 특징으로 한다……무릇 사람이 수컷의 절도를 쓰기 좋아하는 것을 일컬어 생명을 함부로 한다고 말한다. 대인은 무너질 것이고 소인은 스스로를 망치게 된다. 무릇 암컷의 절도를 쓰기 좋아하는 것을 일컬어 봉록을 잇는다고 말한다. 부자는 더욱 창성할 것이고, 가난한 자는 먹는 것이 충족될 것이다.[37]

〈자웅절〉은 오만하고 교만한 수컷의 절도와 대비시켜 암컷의 절도가 낮춤에 있음을 말하고, 나아가 암컷의 절도를 바람직한 것으로서 권한

지漢書藝文志》에 기재된 《황제사경》이라 지목한 후 이를 따르는 학자들이 많았으나 최근에는 그렇지도 않다. 어쨌든 이 문헌은 정치색이 아주 강하다. 이 책의 성격과 내용, 발굴 의미 등에 대해서는 다음 두 책을 참조. Robin S. Yates, *Five Lost Classics : Tao, Huang-Lao, Yin-Yang in Han China*(New York : Ballantine Books, 1997) ; Leo S. Chang · Yu Feng, *The Four Political Treatises of the Yellow Emperor*(Honolulu : University of Hawaii Press, 1998).

37 《황로백서》〈자웅절〉 : "皇后屯歷吉凶之常, 以辨雌雄之節, 乃分禍福之向. 憲傲驕倨, 是謂雄節 ; □□恭儉, 是謂雌節. 夫雄節者, 涅之徒也. 雌節者, 兼之徒也……凡人好用雄節, 是謂妨生, 大人則毀, 小人則亡. 凡人好用雌節, 是謂承祿. 富者則昌, 貧者則穀." 원문은 Robin S. Yates, *Five Lost Classics : Tao, Huang-Lao, Yin-Yang in Han China*, 128쪽.

다. 하지만 같은 책의 다른 편 〈육분六分〉에서는 이와 같은 내용이 여성의 정치 참여와는 전혀 무관하며, 오히려 정치에서의 여성 배제를 강조하는 것임을 분명히 한다. 그리고 이러한 내용은 법가 문헌인 《한비자》에도 똑같이 등장한다.

> 만약 군주가 둘이 된다면主兩 군주가 밝음을 잃어 남자와 여자가 권력을 다투게 되고 나라에는 반역을 꾀하는 군대가 일어난다. 이를 일컬어 망한 나라라고 말한다……만약 군주가 둘이 된다면 남자와 여자가 위세를 나누게 되니 이를 일컬어 크게 미혹되었다고 한다. 나라 가운데 무장한 군대가 있게 되니, 강한 나라는 분열되고 중간 규모의 나라는 망하고 작은 나라는 완전히 사라질 것이다.[38]

> 정부인은 음란하고 태후도 추행을 쌓아 조정과 궁중이 뒤섞여 통하며 남녀의 구분이 없게 되는 상태를 가리켜 군주의 실세가 둘 있다兩主고 한다. 군주의 실세가 둘 있을 경우 그 나라는 멸망하게 될 것이다.[39]

'주량主兩' 또는 '양주兩主'란 군주 주변의 여성이 정치에 관여해 군주의 권위가 손상되거나 권력이 분열된 상태를 가리킨다. 속된 말로 "암탉이 울면 나라가 망한다"는 것이다.

---

38 《황로백서》〈육분〉: "主兩則失其明, 男女爭威, 國有亂兵, 此謂亡國……主兩, 男女分威, 命曰大迷, 國中有師 ; 在强國破, 在中國亡, 在小國滅." 원문은 Robin S. Yates, *Five Lost Classics : Tao, Huang-Lao, Yin-Yang in Han China*, 66~68쪽.

39 《한비자》〈망징亡徵〉: "后妻淫亂, 主母畜穢, 外內混通, 男女無別, 是謂兩主 ; 兩主者, 可亡也." 번역은 한비자, 《한비자 1》, 이운구 옮김(한길사, 2002), 235쪽.

이와 같이《노자》는 여성적 처세를 중요한 정치술의 하나로 강조하고 있을 뿐, 여성의 정치 참여를 이야기하는 것과는 전혀 무관하다. 굳세고 강한 것에 비해 부드럽고 약한 것을 강조하는 것 또한 다를 바 없다.《노자》55장은 이와 관련된 이유를 아주 잘 보여준다.

덕을 두텁게 머금은 사람은 갓난아이에 비길 수 있다.

벌이나 독충이나 독사도 물지 않고

발톱이 억센 새나 사나운 짐승도 후려치지 않는다

뼈는 약하고 힘줄은 부드러운데도 쥐는 것은 억세고

암수의 교접을 알지 못하면서도 고추는 성나 일어서니 정기의 지극함

이다.

하루 종일 울어도 목이 메지 않으니 조화로움의 지극함이다

조화로움을 적당함이라고 하고

조화를 아는 것을 밝다고 한다

목숨을 더하려는 것을 요망하다고 하고

마음이 기를 억지로 하는 것을 강하다고 한다

만물은 억세지면 곧 늙어버리니

그를 일러 도가 아니라 한다

도 아닌 일을 행하면 일찍 죽을 것이다.[40]

억세고 강함은 덕의 징후가 아니다. 그것은 오히려 늙어가는 표시이며

---

40 《노자》55장: "含德之厚者, 比於赤子. 蜂蠆虺蛇不螫, 攫鳥猛獸不搏. 骨弱筋柔而握固. 未知牝牡
之合而朘怒, 精之至也. 終日號而不嘠, 和之至也. 和曰常, 知和曰明, 益生曰祥, 心使氣曰强. 物壯
則老, 謂之不道, 不道蚤已." 김홍경, 《노자─삶의 기술 늙은이의 노래》, 266쪽.

따라서 도가 아니다. 여기서는 남성성이나 여성성의 구분은 의미를 잃어간다. 오히려 도에 가장 가까운 것은 여성도 남성도 아닌, 갓난아이赤子다. 이는 앞서 인용한 《노자》28장의 어린아이嬰兒와 같은 맥락이다. 즉《노자》가 도의 모습에 가깝다고 지목하는 대상은 여성이나 남성이 아닌 갓난아이이고, 갓난아이는 통나무와 같다. 따라서 유약함, 부드러움, 낮춤과 무지無知, 무욕無欲 같은 특징들은 여성보다 유아에 해당하는 것이다.

흔히 《노자》의 철학을 말할 때 가장 강조되는 범주는 도와 덕이며, 이 것들은 소박하고 무위하고 유약하며 마치 물과 같은 것으로 묘사된다. 여기까지는 자연스럽다. 하지만 《노자》와 페미니즘을 연결시키려는 논자들은 도와 덕이라는 핵심 개념조차 '여성적'인 것으로 둔갑시켜버린다.

《노자》에 따르면 세상에서 가장 위대한 것, 그래서 천지의 어미가 될 만한 것이 네 가지 있다. 바로 도, 하늘, 땅, 왕이다.[41] 그러므로 국가의 제왕은 하늘과 땅과 도에 버금가는 위대한 존재이다. 또한 노자는 자신이 가장 아끼는 것이 세 가지 있는데, 그것은 바로 자애로움, 검약, 그리고 감히 천하 사람들 앞에 나서지 않는 것[42]이라고 고백한다. 이로 미루어 보아도 《노자》는 '여성적'이라기보다 '정치적'이다.

또한 《노자》와 여성적 가치를 연결시키는 시각 모두가 근거하는 '곡신谷神'과 '현빈玄牝'은 《하상공장구》에 따르면 여성적인 것과는 무관하게 "정신을 기르는 것養神"이고, 천지와 기운을 소통하는 코와 입을 가리키는 것이다. 어떤 주석서를 통해 《노자》를 읽느냐에 따라 《노자》는 전혀 다르게 읽힌다. 최초의 주석서인 《한비자》〈해로解老〉, 〈유로喩老〉를 통해

---

41 《노자》25장: "故道大, 天大, 地大, 王大. 國中有四大, 而王處一焉. 人法地, 地法天, 天法道, 道法自然."

42 《노자》67장: "我恒有三, 寶之一. 日慈, 二日儉, 三日不敢爲天下先."

읽는가 아니면 하상공을 통해 읽는가, 그도 아니면 왕필을 통해 읽는가는 《노자》의 철학적 성격을 근본적으로 변화시킨다.

그렇다면 도대체 《노자》와 페미니즘을 연결시키려는 시도는 어디에서 비롯되었을까? 나는 그 이유 중 중요한 하나를 번역에서 찾는다. 여기서 나는 처음에 인용했던 것을 포함해 김종미의 《노자》 번역문들을 다시 살펴보고자 한다.

큰 나라는 강의 하류
천하의 만남이 이루어지는
그곳은 여성의 공간
여성은 항상 고요함으로 남성을 이기고
고요함으로 낮은 곳으로 흐른다. (《노자》 61장)

계곡의 신은 죽지 않으리.
그것은 신비의 여성
여성의 문은 하늘과 땅의 근원이다. (《노자》 6장)

제일가는 덕은 골짜기 같고
희디흰 것은 욕된 것 같다. (《노자》 41장)

영광을 알지만 오욕을 지켜서
천하의 계곡이 되리라
천하의 계곡이 되면
영원한 덕이 충족해진다. (《노자》 28장)[43]

김종미의 번역에서 《노자》의 말들은 기이하게도 유려한 여성적 언어로 옮겨진다. 강의 하류, 여성의 공간, 고요함, 계곡의 신, 신비의 여성, 하늘과 땅의 근원, 골짜기, 천하의 계곡으로 이어지는 이런 번역어들은 《노자》가 여성적 가치들로 가득하고 친여성적 사상을 담고 있는 것처럼 보이게 하기 십상이다. 나는 이와 같은 번역과 해석이 《노자》 텍스트 자체에서 유래한 것이 아니라 니덤에게 자극받은 것이라고 생각한다. 니덤의 언급에 자극되어 《노자》에 산재하는 여성적 표현들을 본래 맥락을 사상한 채 친여성적으로 재구성한 산물일 뿐인 것이다.[44]

　하지만 《노자》가 지향하는 가치와 처방은 그렇게 페미니즘적이지 않다. 《노자》 36장은 '유약한 것이 강한 것을 이기는 법'에 대해 다음과 같이 조언한다.

> 장차 움츠러들게 하려면 반드시 먼저 벌리게 하고
> 장차 약하게 하려면 반드시 먼저 강하게 하며
> 장차 없애려면 반드시 먼저 높이고
> 장차 빼앗으려면 반드시 먼저 줄 것이다.
> 이것을 미묘한 데서 밝다고 하니
> 유약한 것이 강한 것을 이기는 법이다
> 고기는 못을 벗어날 수 없으니

---

43 김종미, 〈곡신(谷神)과 코라(Chora)를 통해 본 탈중심의 여성원리〉, 169쪽·170쪽·180쪽.

44 나는 심지어, 《노자》와 페미니즘을 연결시키는 논자들이 니덤의 논의를 잘못 받아들였다고 본다. 니덤은 사실 '과학적 정신'의 토대를 《노자》에서 찾았을 뿐이기 때문이다. 그래서 나는, 《노자》에 산재하는 여성적 표현들을 페미니즘 맥락으로 재구성한 것은 유교에 대한 강한 반감에서 《노자》를 읽은, 니덤의 공동 저자 왕링이 아니었을까 조심스럽게 추측하고 있다.

나라의 좋은 물건을 남에게 보여서는 안 된다.[45]

《노자》가 권하는 지혜로운 처세란 이런 것이다. 후대의 주희는 이 구절을 두고 '권모술수'라고 비판했다. 분명 이 내용에는《노자》를 페미니즘과 연결시키려는 논자들이 의거할 만한, '부드럽고 약함'이 '강함'을 이긴다는 메시지가 들어 있다. 하지만 여기서 알려주는 이기는 법은 따지고 보면 음흉한 술수이며, 다른 사람의 뒤통수를 치는 교묘한 술책이다. 이 교묘함을《노자》는 "미묘한 데서 밝다"라고 표현한 셈이다. 유약함이 여성적 가치라고 보고, 약함이 강함을 이긴다는《노자》의 언설을 아름답게 여기는 논자들은 이러한 설명에 뭐라고 대응할까?

《노자》는 과연 친여성적 문헌이었을까? 그리고《노자》와 페미니즘의 만남을 주선하는 것이 과연 가능할까? 이러한 질문에 답하는 것보다 더 중요한 것은, 양자의 자연스러운 접점을 찾을 때 그 만남은 자연스럽게 우리 삶의 이야기가 될 수 있지만, 그렇지 못할 때에는 허황된 웅성거림으로 그치게 된다는 점이다.《노자》를 페미니즘과 연결시키는 것은 분명《노자》읽기의 한 방법일 수 있다. 하지만 어떤 독법을 취하든 텍스트의 원뜻을 놓치지 않아야만 진정으로 의미 있는 해석을 낳을 수 있을 것이다.

《노자》가 페미니즘과 닿아 있다는 오해는 어쩌면 전근대와 탈근대를 구분하지 못한 채《노자》의 문구를 과도하게 현대적 주제에 끼워 맞춘 데서 비롯되었는지도 모른다. 다음 장에서는 이러한 잘못된 접근의 또

---

45 《노자》36장 : "將欲翕之, 必故張之. 將欲弱之, 必故强之. 將欲去之, 必固擧之. 將欲奪之, 必固予之. 是謂微明. 柔弱勝强. 魚不可脫於淵, 國有利器, 不可示人." 번역과 원문은 김홍경,《노자— 삶의 기술 늙은이의 노래》, 854~856쪽.

한 가지 사례를 이번에는 《장자》와 관련해 검토할 것이다. 그리고 그런 비판적 검토가 우리에게 어떤 의미를 주는지 생각해보고자 한다.

9장

《장자》와 과학 기술
장자는 기술 비관론자가 아니었다

1. 기술, 애증의 교차로

인구 1,000만이 훨씬 넘어버린 한국의 수도 서울에서 1988년에 세계 스포츠 대축제라 할 올림픽이 개최되었다. 그 기간 중에 열린 '서울올림픽 국제학술회의' 때의 일이다. 불교를 전공한 철학자 심재룡이 가상의 사고 실험이라면서 소박한 질문을 스스로에게 던졌다. "노자나 장자가 지금 살아 있다면 멀리 바다 건너 여행할 때 747 점보제트기를 타고 다니길 거부할 것인가? 현대 기술 문명의 총아인 컴퓨터를 불길한 요술 상자로 여길 것인가? 인간의 자연스러운 창의성과 창조성을 망치는 인위적이고 부자연스러운 물건이라고 화를 내며 비난할 것인가?"[1]

---

1 심재룡, 〈도가는 기술문명에 반대하는가—기술문명에 대한 장자의 양가적 비판〉, 《동양의 지혜와 선》(세계사, 1990), 290쪽.

그러고는 다음과 같이 의외의 답변을 내놓았다. "대부분의 도가 해석자들은 위의 질문에 '그렇다'고 대답할 것이다. 그러나 나는 '아니오'라고 말하고 싶다. 왜냐하면 앞으로 살펴보겠지만《장자》의 저자조차도 도구와 기술에 대해 상극적인 태도를 취하고 있기 때문이다."[2] 그러면서 그는 이러한 상극적 태도는 "인간적인, 아마도 너무도 인간적인 기술 문명에 대한 태도"[3]라면서 "우리는 도가로서 또는 인간 존재로서 기계 문명에 대해 과도하게 집착하거나 아니면 어떠한 기계 문명도 반대하고 극단적으로 혐오하는 태도의 중도中道에 우리 자신을 위치 지을 필요가 있겠다"[4]라고 말한다.

나는《노자》와《장자》의 사상에 입각해 현대의 기술 문명이 초래한 갖가지 위기에 접근하는 여러 논문 가운데, 기술 문명에 대한 현대인의 태도가 갖는 양면성에 주목한 심재룡의 논문이 가장 의미 있다고 생각한다. 비교적 이른 시기에 쓰였고 또한 상대적으로 짧은 글임에도 불구하고 그의 논문은 우리가 이른바 노장과 관련해 현대 기술 문명에 대해 논하고자 할 때 실질적인 길잡이 역할을 하기에 충분하다고 생각된다. 그는 이 논문에서, 기술 없이는 살 수 없으면서 오히려 기술에 대해 비판적 태도를 취하는 현대인의 양면성을 통해서 현대의 인간과 기술의 관계를 잘 포착했다.

게다가 심재룡은 장자가 기술 문명을 일방적으로 배척하지는 않았을 것이라고 말한다. 오히려 "성숙한 도가들은 문명의 이기를 혐오하는 도

---

2 심재룡, 〈도가는 기술문명에 반대하는가─기술문명에 대한 장자의 양가적 비판〉, 290쪽.
3 심재룡, 〈도가는 기술문명에 반대하는가─기술문명에 대한 장자의 양가적 비판〉, 290쪽.
4 심재룡, 〈도가는 기술문명에 반대하는가─기술문명에 대한 장자의 양가적 비판〉, 288~289쪽.

가 농부의 극단적 태도를 피한다"라는 것이 그의 생각이다. 그리하여 그는 "우리는 프란시스 베이컨 식으로 약삭빠른 술수에 의해 인간이 가진 지식의 힘으로 자연을 지배하려는 극단적인 태도를 취해서도 안 되며, 기계 문명의 잔인한 힘 앞에서 제물이 되어버리는 인간의 무능을 두려워하여 평화와 정적의 목가적인 이상향의 자연 상태를 낭만적으로 찬미했던 헨리 소로Henry D. Thoreau나 장 자크 루소Jean-Jacques Rousseau같이, 어떠한 기계나 도구도 혐오하는 또 다른 극단을 취해서도 안 된다"⁵라고 주장한다.

그런데 그가 무엇보다 먼저 바로잡고 싶었던 것은, 도가의 기술 문명에 대한 비판적 태도의 결정적 증거처럼 인용되는《장자》의 '기심機心' 이야기의 의미다. 심재룡에 따르면 기심 이야기는 '포정해우庖丁解牛' 이야기에 담긴 의미를 배제해야만 얻어지는 결론이다. 그는 "기계와 기술 문명에 대한 그리고 정통적인 도가의 태도란, 기계를 혐오하는 농부의 미숙한 태도가 아니라 저 성숙한 포정의 태도 바로 그것"이라고 주장하며, "농부와 포정 모두 진정한 도가임에는 의심할 바 없다. 그러나 그들 사이에 미묘한 차이가 있음을 주목해야 할 것이다"⁶라고 밝힌다.

이러한 심재룡의 주장은《장자》가 과학 기술에 비판적이었다는 견해에 대한 결정적 반론이라고는 할 수 없다. 그러나 대중적인 글들이《노자》나《장자》의 시각에서 서구에 기원을 둔 현대의 과학 기술 문명에 대해 논할 때 이른바 노장의 반문명적, 반인위적, 자연 친화적인 철학적 지향을 이야기하며 출발하는 것과는 분명 차별화된다. 앞서 언급한 물음,

---

5 심재룡, 〈도가는 기술문명에 반대하는가—기술문명에 대한 장자의 양가적 비판〉, 294쪽.
6 심재룡, 〈도가는 기술문명에 반대하는가—기술문명에 대한 장자의 양가적 비판〉, 298~299쪽.

즉 '노자와 장자는 제트 비행기를 타고 컴퓨터 앞에 앉아서 일할까?'라는 물음에 대한 심재룡의 답은 '왜 아니겠는가'라고 할 수 있는데, 이에 동의할 학자는 드물 것이기 때문이다. 하지만 노자와 장자가 제트기를 타고 컴퓨터를 이용할 것인가 아닌가는 중요한 문제가 아니다. 그의 문제 제기가 갖는 중요성은 오히려 그것이 현대 기술에 대한 우리 태도의 '양면성'을 드러내 보이는 계기가 된다는 데 있다.

우리는 분명 기술 없이는 단 하루의 삶도 불가능한 시대에 살고 있다. 그런데 수많은 기술이 제공하는 편리와 풍요를 누리며 살아가면서도 우리는 한편으로는 과학 기술적 현대 문명을 비판하고 증오하고 심지어 거기에 유죄 선고를 내리는 글을 수없이 찍어낸다. 하지만 이러한 글을 쓰고 인쇄하고 복사하는 것 자체가 모두 기술 덕분에 가능한 일이다. 또한 내가 예의 학술대회에 참석하기 위해서는, 그렇게도 비판받는, 화석 연료를 태우는 내연 기관의 도움을 받아 달려가야 했다. 이러한 아이러니함과 과학 기술에 대한 우리의 이중적 태도가 바로 과학 기술 문명에 대한 담론을 둘러싼 현실이다.

그래서 서양의 기술 철학자 애거시Joseph Agassi는《현대 문명의 위기와 기술 철학》을 쓴 까닭을 이렇게 밝힌다.

이 책은 다음의 잘 알려진 두 가지 사실에 근거를 둔 절박한 메시지를 독자들에게 전하기 위하여 씌어졌다. ① 현대 기술은 오늘날 알려져 있듯이 인류가 지구의 생명체를 파괴할 수 있는, 또는 적어도 인간 존재를 종식시킬 수 있는 수단들을 만들어냈다. ② 인류의 현 정치 지도자들을 포함하여 대부분의 사람들은 이 사실을 무시하고 있고, 그 대부분의 사람들을 제외한 나머지 사람들 중의 대다수만이 이 사실을 오직 단 하나의 수단——즉 위기감을 만들고 퍼뜨리는 수단——에 의하여 정치 의제화하려고 할 뿐이다. 이제 이 수단을 가지고는 어림도 없을 것이다. 즉 그 위기감은 기술에 대한 적대감을 갖게 하지만 사실 우리는 지금보다 더 많은 기술을 필요로 한다. 그러므로 우리가 절박하게 필요로 하는 것은 기술이 초래할지도 모르는 환경오염, 인구 폭발, 원자핵에 의한 참사 등과 같은 여러 가지 재앙들을 예방하는 데 요구되는 정도로까지 기술을 통제하기 위해서 통제 수단(이것도 하나의 기술임)을 창안하고, 개발하고, 실행에 옮기는 것이다. 그리고 의심할 바 없이 이러한 기술 즉 기술 통제 수단은 본래 정치적이다.[7]

애거시는 여기서 과학 기술 문명이 직면한 문제의 중요한 한 측면을 지적하고 있다. 바로, "우리는 지금보다 더 많은 기술을 필요로 한다"는 것이다. 과학 기술 문명의 혜택을 누릴 만큼 누리며 살아가는 마당에 과학 기술을 혐오하는 철학을 갖는 것은 현실에 별로 도움이 되지 않는 듯하다. 오히려 기술을 통제하는 방법으로서의 기술을 포함해 더 많은 기술에 대해 구체적으로 논할 필요가 있지 않을까 싶다. 이번 장의 취지는 그러한 논술을 전개하기에 앞서 몇 가지 사항들을 검토해보자는 것이다.

아쉽게도 《노자》나 《장자》를 과학 기술 비판과 연결시킨 그간의 담론들은 오류와 한계를 지니고 있다.[8] 나는 먼저 그 오류를 바로잡기 위해,

---

7 애거시, 《현대문명의 위기와 기술철학》, 이군현 옮김(민음사, 1990), 21쪽.
8 노장이 과학 기술에 비판적이었다는 것이 일반적 상식이지만, 사실 노장의 기술관 혹은 과학 기술 문명에 대한 태도를 다룬 글은 그리 많지 않다. 또한 노장 혹은 도가가 기술 문명을 거부했다고 단언하는 글도 드물다. 이 장을 통해 나는 노장이나 도가가 반기술적 태도를 지녔다는 해석이 지극히 통속적인 것임을 보이고자 한다. 이러한 통속적 오해의 근원인 '기심 이야기'를 분석해보면 실은 그것이 '반기술주의'와는 상당히 거리가 있음을 알 수 있을 것이다.

《장자》에 대해 반기술주의를 운운하는 것은 그릇된 독해에서 비롯되었음을 밝히고자 한다. 나아가 심재룡의 안내를 따라, 진정한 《장자》의 진정한 '기技'의 세계 입구로 들어가 볼 생각이다. 우리는 거기에서 포정을 만나게 될 것이고, 또한 도술을 익혀야 한다는 장자 후학의 조언을 듣게 될 것이다. 그리고 마지막으로 나는 이러한 도술이 오늘날 어떤 의미를 갖는지를 따져볼 것이다.

2. 기심, '최소 투자 최대 효과의 심리'

《장자》의 기술에 대한 태도를 가장 잘 보여주는 예화는 '기심機心' 이야기라고 알려져 있다. 그런데 이와 관련해 먼저 지적해야 할 것은, 기심 이야기는 대체로 장주 자신의 저술로 인정되는 '내편'에 나오는 것이 아니라, 다소 종합적인 성격의——황로학적 성격이라 할 수 있다——편들 중 하나인 〈천지〉에 나온다는 점이다. 또한 기심 이야기 전체는 크게 세 부분으로 이루어져 있는데, 인용되는 것은 대체로 첫 부분뿐이다. 우선 그 첫 부분을 보자.[9]

> 자공이 남쪽 초나라를 여행하고 진晉나라로 돌아올 때 한수漢水 남쪽을 지나다가 한 노인이 야채밭에서 막 밭일을 하고 있는 것을 보았다. 땅을 파서 길을 뚫고 우물에 들어가 항아리를 안고 나와 밭에 물을 대고

---

9 이 장에서 《장자》 인용문의 번역은 기본적으로 안병주·전호근·김형석 옮김, 《역주 장자 1·2·3·4》를 따랐고, 필요할 경우 다소 수정했다.

있었는데 끙끙대면서 힘은 많이 쓰지만 효과는 적었다.

자공이 노인에게 이렇게 말했다. "여기에 기계가 있는데 하루에 백 이 랑이나 물을 댈 수 있습니다. (1)힘은 아주 조금 들이고도 효과는 크게 얻을 수 있으니用力甚寡而見功多 어르신은 그걸 원하지 않으십니까?"

밭일하던 노인이 얼굴을 들어 자공을 보고는 이렇게 말했다. "어떻게 하는 건데?"

자공이 대답했다. "나무에 구멍을 뚫어 기계를 만들되 뒤쪽은 무겁고 앞쪽은 가볍게 하면 잡아당기듯 물을 끌어올리는데 콸콸 넘치듯이 빠릅 니다. 그 이름은 두레박이라고 합니다."

밭일하던 노인은 불끈 얼굴빛을 붉혔다가 웃으면서 말했다. "내 스승 에게 들으니, (2)'기계를 갖게 되면 반드시 기계로 인한 일이 생기고, 기 계로 인한 일이 생기면 반드시 기계로 인한 욕심機心이 생기고, 기심이 가슴속에 있으면 순수 결백함이 갖추어지지 못하고, 순수 결백함이 갖 추어지지 못하면 신묘한 본성神生이 안정을 잃게 된다. 신생이 불안정하 게 된 자에게는 도가 깃들지 않는다'라고 했다. 내가 두레박의 편리함을 모르는 바는 아니나 부끄럽게 생각하여 쓰지 않을 뿐이다."[10]

여기 등장하는 인물은 공자의 제자 중 하나인 자공이다. 그는 공자의 문인 가운데 실무 능력이 탁월하고 비교적 재리財利에 밝았다고 알려져

---

10 《장자》〈천지〉: "子貢南遊於楚, 反於晉, 過漢陰, 見一丈人方將爲圃畦, 鑿隧而入井, 抱甕而出灌, 搰搰然用力甚多而見功寡. 子貢曰: '有械於此, 一日浸百畦, 用力甚寡而見功多, 夫子不欲乎?' 爲 圃者卬而視之曰: '奈何?' 曰: '鑿木爲機, 後重前輕, 挈水若抽, 數如泆湯, 其名爲橰.' 爲圃者忿然 作色而笑曰: '吾聞之吾師, 有機械者必有機事, 有機事者必有機心. 機心存於胸中, 則純白不備; 純白不備, 則神生不定, 神生不定者, 道之所不載也. 吾非不知, 羞而不爲也.'"《역주 장자 2》, 185 ~186쪽. 인용문 중의 번호는 서술의 편의를 위해 내가 붙인 것이다.

있다. 아마도 이러한 점 때문에 그가 여기에 등장한 것이 아닌가 싶다. 한데 일반적으로 여기서 주목받는 구절은 (2)의 부분이다. 그리고 여기서 쟁점이 되는 '기계機械'는 겨우 '두레박槹'에 지나지 않는다. 나는 여기서 '기계-두레박'을 부각하며 읽는 것은 상당히 과장된 해석을 낳는다고 본다.

내가 생각하기에 오히려 초점은 바로 (1)에 있다. 두레박을 사용하느냐마느냐가 중요한 것이 아니라, (1)처럼 '힘은 아주 적게 들이고도 효과는 크게 얻을 수 있는' 일과 태도가 바로 '기사機事', '기심機心'의 핵심이라는 점이 중요한 것이다. 그래야 (2)에 나오는 '신묘한 본성神生이 안정을 잃게 된다'는 말의 의미가 좀 더 확연해진다. 즉, 기계와 관련해 문제가 되는 것은 '편리한 것을 추구하는 마음'이라기보다 '최소 투자, 최대 효과를 바라는 마음'인 것이다. 이렇게 보면 미세한 해석상의 차이로 인해 논지의 방향이 달라진다. 이어지는 이야기에서 자공과 노인이 나누는 대화의 초점은 보다 분명해진다.

자공은 겸연히 부끄러워 고개를 숙인 채 대답하지 못하고 있었는데 얼마 있다가 밭일하던 노인이 말했다. "당신은 무엇 하는 사람인가?"

자공이 말했다. "공구의 문인입니다."

밭일하던 노인은 말했다. "그대는 박학함으로 성인 흉내를 내며 말도 안 되는 소리로 많은 사람을 혼란에 빠뜨리고서 홀로 거문고를 타면서 슬픈 목소리로 노래하여 온 천하에 명성을 팔려는 자가 아닌가. 그대는 지금이라도 그대의 신기神氣를 잊고 그대의 신체를 버려야만 도道에 가까워질 것이다. 그대는 그대의 몸조차도 다스리지 못하는데 어느 겨를에 천하를 다스릴 것인가. 그대는 이만 가보게나. 내 일 방해 말고."[11]

노인의 비판에 자공이 부끄러워했는데, 노인은 그가 공자의 문인임을 알게 되자 비판의 수위를 더 높인다. 그리고 "그대의 몸조차도 다스리지 못하는데 어느 겨를에 천하를 다스릴 것인가"라는 말로 훈계를 끝낸다. 이로 미루어, 노인이 자공에게 일침을 가하는 것은 도道의 문제 때문이고, '치천하治天下'의 문제 때문이다. 노인은 수신修身조차 제대로 못하면서 어떻게 천하를 다스릴 수 있겠느냐며 자공을 조소한다. 결국 이 대화의 초점은 '기계를 쓰느냐 마느냐'에 있는 것이 아니라 '도를 추구하는 방법과 태도'에 있는 것이다.

특히 노인이 자공에 대해 힘주어 비판한 부분은 '힘은 아주 적게 들이고도 효과는 크게 얻을 수 있는 것'을 추구하는 점이다. 두레박은 한 가지 예에 지나지 않는다. 이는 자공이 대화 후에 스스로 깨달음을 토로하는 부분인 다음 글의 (3)에서 분명하게 확인된다. 다소 길지만 그대로 인용한다.

자공이 부끄러워 얼굴이 창백해져서 자신을 잊은 채 정신을 못 차리고 삼십 리나 간 뒤에야 겨우 정신을 차렸다. 자공의 제자가 물었다. "아까 그 사람은 어떤 사람입니까? 선생께서는 무슨 까닭으로 그를 만나보고서는 얼굴빛을 바꾸고 창백해져 종일토록 평소의 모습을 회복하지 못하셨습니까?"

자공이 이렇게 대답했다. "처음에 나는 천하에 우리 선생님 한 분뿐이라고 생각해서 다시 그 위에 그런 분이 있다는 것을 알지 못했다. (3)나

---

11 《장자》〈천지〉: "子貢瞞然慚, 俯而不對. 有間, 爲圃者曰 : '子奚爲者邪?' 曰 : '孔丘之徒也.' 爲圃者曰 : '子非夫博學以擬聖, 於于以蓋衆, 獨弦哀歌以賣名聲於天下者乎? 汝方將妄汝神氣, 墮汝形骸, 而庶幾乎! 而身之不能治, 而何暇治天下乎! 子往矣, 無乏吾事!"《역주 장자 2》, 186쪽.

는 선생님한테서 듣기로, '일은 잘 되기를 구하고, 공功은 이루어지기를 구하여 힘은 적게 들이고 효과는 많이 얻는 것이 성인의 도이다'라고 하셨는데, 이제 비로소 그렇지 않음을 알았다. 도를 확고하게 잡으면 덕이 완전하게 갖추어지고, 덕이 완전하게 갖추어지면 육체가 완전히 갖추어지고, 육체가 완전히 갖추어지면 정신이 완전히 갖추어지니, 정신이 완전히 갖추어지는 것이야말로 성인의 도이다. [이 성인은] 자신의 삶을 세상에 맡겨서 백성들과 함께 나란히 걸어가지만 어디로 가는지 알지 못한다. 멍한 모습으로 순박함을 온전히 갖추고 있는지라 일의 효과와 이익, 기계와 기교 따위는 반드시 그의 마음에는 존재하지 않을 것이다. 그 같은 사람은 자기의 뜻에 맞지 않으면 어디에도 가지 않고, 자기의 마음이 원치 않으면 어떤 일도 하지 않아서 비록 온 천하 사람들이 칭찬하면서 그가 하는 말이 옳다 해도 오연傲然히 돌아보지 아니하고, 온 천하 사람들이 그를 비난하면서 그의 생각을 잘못이라 해도 태연히 들은 체하지 않는다. 온 천하가 비난하고 칭찬해도 그에게는 아무런 손익損益이 없으니 이런 사람을 일컬어 내면의 덕이 온전히 갖추어진 사람이라 할 것이다. [그에 비하면] 나 같은 사람은 바람에 흔들리는 물결처럼 남의 비난과 칭찬에 흔들리는 인간風波之民이다."[12]

요컨대 자공은 노인과의 만남을 통해, 사업事과 공적功을 추구하는 것은 잘못된 것이고 오히려 도道와 덕德을 추구해 온전해질 때 정신神이 온

---

12 《장자》〈천지〉: "子貢卑陬失色, 頊頊然不自得, 行三十里而後愈. 其弟子曰: '向之人何爲者邪? 夫子何故見之變容失色, 終日不自反邪?' 曰: '始吾以爲天下一人耳, 不知復有夫人也. 吾聞之夫子, 事求可, 功求成. 用力少, 見功多者, 聖人之道. 今徒不然. 執道者德全, 德全者形全, 形全者神全. 神全者, 聖人之道也. 託生與民並行而不知其所之, 汒乎淳備哉! 功利機巧必忘夫人之心. 若夫人者, 非其志不之, 非其心不爲. 雖以天下譽之, 得其所謂, 警然不顧; 以天下非之, 失其所謂, 儻然不受. 天下之非譽, 無益損焉, 是謂全德之人哉! 我之謂風波之民." 《역주 장자 2》, 186~187쪽.

전해진다는 것을 깨닫게 된다. 그리고 정신이 온전해진 사람을 '성인'이라고 규정한다. 이는 자공이 공자에게 들었던 '성인'과는 사뭇 다르다. 자공은 스스로 '바람에 흔들리는 사람風波之民'이라고 자신의 못남을 고백한다. 그러나 이 이야기는 여기서 끝나지 않는다. 자공이 노나라로 돌아가 공자에게 이 이야기를 하자 공자는 전혀 다르게 말한다.

〔자공이〕 노나라에 돌아와 공자에게 이야기했더니 공자는 이렇게 말했다. "그 노인은 혼돈씨渾沌氏의 도술術을 잘못 닦은 사람이니 하나만 알고 둘은 알지 못하며, 내면만 다스리고 외양은 다스리지 않은 사람이다. 대저 명백한 지혜로 소박한 곳으로 들어가고 무위로 순박함으로 돌아가서 본성을 체득하고 정신을 지키면서 현실의 세속 세계에서 노니는 사람이었다면 네가 그런 사람을 보고 놀랄 것까지야 있었겠는가. 또 혼돈씨의 도술은 나나 네가 어찌 충분히 알 수 있을 것인가."[13]

놀란 자공과 달리 공자는 담담하게 그 노인을 "혼돈씨의 도술을 잘못 닦은 사람"이라고 평가한다. 만약 그가 혼돈씨의 도술을 제대로 닦은 사람이라면 진정 소박하여 다른 사람을 놀라게 하지 않았을 것이라는 얘기다. 즉, 그는 내면을 다스릴 줄만 알았지 외양은 다스리지 않은 사람이라는 것이다. 이야기는 여기에서 끝난다. 따라서 이 이야기 전체를 관통하는 주제는 '혼돈씨의 도술'이지 '기심'이 아니다.

적어도 이 이야기 전체를 있는 그대로 읽는다면, 이 이야기가 공자에

---

13 《장자》〈천지〉 : "反於魯, 以告孔子. 孔子曰 : '彼假脩渾沌氏之術者也 ; 識其一, 不知其二 ; 治其內, 而不治其外. 夫明白入素, 無爲復朴, 體性抱神, 以遊世俗之間者, 汝將固驚邪? 且渾沌氏之術, 予與汝何足以識之哉!'"《역주 장자 2》, 187쪽.

게 초점을 맞추고 있음을 알 수 있다. 공자의 제자인 자공을 "천하에 명성을 팔려는 자"라고 힐난한 노인을 공자는 다음과 같이 비판한다. 그렇다면 정신을 닦는다며 세속에 관여하지 않는 사람들이 왜 종종 출현해 사람들을 놀라게 하는 것인가? 진정으로 은둔한 자라면 세상에 자신을 드러내지 말아야 할 터인데, 세상에 은둔자가 종종 등장하는 것은 왜인가? 결국 그 또한 "천하에 명성을 팔려는 자"와 다를 바 없으며, 그런 사람이 제대로 '혼돈씨의 도술'을 닦았다고 볼 수 없다는 것이다.

그렇다면 우리는 이제 《장자》 〈천지〉 편의 이 이야기를 '기심 이야기'가 아니라 '혼돈씨의 도술 이야기'라고 바꾸어 불러야 할 것이다. 적어도 〈천지〉 편 저자의 의도를 따른다면 말이다. 그리고 만약 지금까지의 우리의 검토가 올바르다면 《장자》에 '반기술적 태도'가 드러나 있다는 시각은 재고되어야 할 것이다. 게다가 〈천지〉 편은 종합적이고 절충적인 성격의 문헌으로 장자 후대의 생각을 반영한다고 간주된다. 그렇다면 진정 《장자》의 기술에 대한 태도를 알기 위해서는 '내편'에 나오는 '포정해우' 이야기를 살펴봐야 하지 않을까?

3. 기技를 통한 도道, 또 다른 노하우

《장자》에는 《논어》나 《맹자》와는 차별화되는 독특한 점이 있다. 그것은 바로 독특한 개성을 지닌 인물들과, 어느 선진 제자 문헌보다도 다양한 공인工人, 장인匠人, 예인藝人이 등장한다는 점이다. 그러한 등장 인물들 가운데 가장 유명한 사람은 아마도 〈천도〉 편에서 제나라 환공桓公에게 "성인이 남긴 글은 찌꺼기다"라고 주장한 윤편輪扁과 〈양생주〉 편에 나오는 포정일 것이다.

윤편과 포정은 엑스트라가 아니라 주연이다. 그들은 양나라 혜왕을 만나 인의를 이야기한 맹자와 하등 다를 바 없이, 당시의 위엄 있는 군주들과 대등하게 도를 논한 논객들이었다. 공자와 맹자와 순자가 '학學'을 통해 성인의 '인의지도仁義之道'를 논했다면, 《장자》는 온갖 '기技'를 통해 '도덕지도道德之道'를 설파했다. 그리고 그러한 논지의 핵심에 바로 '양생의 도'가 있다. 유가의 '인의의 도'가 '심心'을 주제로 '수신修身'을 말한다면, 《장자》는 '정신精神'을 통해 '양생'을 논한다. 이에 대해서는 제2부에서 충분히 살펴보았다.

그렇다면 《장자》는 기술에 대해 어떤 태도를 취했을까? 〈양생주〉의 포정 이야기를 통해 이 주제에 접근하는 것이 마땅할 듯하다. 이야기를 두 단으로 나누어 인용한다.

포정이 문혜군을 위해서 소를 잡는데, 손으로 쇠뿔을 잡고, 어깨에 소를 기대게 하고, 발로 소를 밟고, 무릎을 세워 소를 누르면, 〔칼질하는 소리가 처음에는〕 획획 하고 울리며, 칼을 움직여나가면 쐐쐐 소리가 나는데 모두 음률에 맞지 않음이 없어서 상림桑林의 무악舞樂에 부합되었으며, 경수經首의 박자에 꼭 맞았다. 문혜군이 말했다. "아! 훌륭하구나. 기술技이 어찌 이런 경지에 이를 수 있는가!"

포정이 칼을 내려놓고 대답했다. "제가 좋아하는 것은 도道인데, 이것은 기술에서 더 나아간 것입니다. 처음 제가 소를 해부하던 때에는 눈에 비치는 것이 온전한 소 아님이 없었습니다. 그런데 3년이 지난 뒤에는 온전한 소는 보이지 않게 되었습니다. 지금은 제가 신神을 통해 소를 대하지, 눈으로 보지 않습니다. 감각 기관의 지각 능력이 활동을 멈추고,

그 대신에 신묘한 작용이 움직이면 저는 자연의 결을 따라 커다란 틈새를 치며, 커다란 공간에서 칼을 움직이되 본시 그러한 바를 따를 뿐인지라, 경락經絡과 긍경肯綮이 〔칼의 움직임을〕 조금도 방해하지 않는데 하물며 큰 뼈가 그러겠습니까?"[14]

아마도 문혜군이 제사에 쓸 소를 잡는 장면을 직접 구경한 모양이다. 이야기의 배경을 추정하자면 그렇다. 그런데 포정이 소를 잡는 것이 대단한 구경거리였던 모양이다. 장자는 마치 춤추듯이 소를 잡는 그의 모습과 율동이 고대의 성왕 탕湯을 상징하는 '상림의 무악'에 부합했다고 묘사한다. 이런 기가 막힌 광경을 본 문혜군은 포정에게 그 '기술'이 놀랍다고 찬탄한다. 그러자 포정은 자신이 좋아하는 것은 '도'이며, 도는 기술에서 더 나아간 것이라고 답한다.

여기서 포정은 '기技'와 '도道'를 긍정적으로 연결시키고 있다. 적어도 이 포정 이야기에서 기술에 대한 반감이나 비판의 시각은 전혀 찾아볼 수 없다. 오히려, "일반적으로 널리 알려진 기심 일화를 통해서 장자는 기계 문명에 대한 반감을 지닌 것으로 여겨지지만, 장자는 우리의 예상과는 크게 다르게 기술을 익힘으로써 궁극적으로 도에까지 통해서 도를 체득해야 한다는 견해를……피력한다. 장자에 따르면 기술이나 기예 익히기는 단지 그것의 습득에만 그치는 것이 아니라 도를 얻기 위한 방편

---

14 《장자》〈양생주養生主〉: "庖丁爲文惠君解牛, 手之所觸, 肩之所倚, 足之所履, 膝之所踦, 砉然嚮然, 奏刀騞然, 莫不中音. 合於桑林之舞, 乃中經首之會. 文惠君曰: '譆, 善哉! 技蓋至此乎?' 庖丁釋刀對曰: '臣之所好者道也, 進乎技矣. 始臣之解牛之時, 所見無非〔全〕牛者. 三年之後, 未嘗見全牛也. 方今之時, 臣以神遇而不以目視, 官知止而神欲行. 依乎天理, 批大郤, 導大窾, 因其固然, 技經肯綮之未嘗, 而況大軱乎!'"《역주 장자 1》, 131~133쪽.

이므로 한갓 기예의 습득에만 그쳐서는 곤란하다"[15].

기를 넘어서 도의 경지로 올라선 포정이 행하는 것은 눈으로 소를 보는 것이 아니라 신神을 통해 소를 대하는 것이다. 그리고 다시 이어지는 장황한 포정의 설명을 듣고 난 문혜군은 자신이 양생의 도를 얻었다고 고백한다. 이어지는 내용은 다음과 같다.

"솜씨 좋은 백정은 일 년에 한 번 칼을 바꾸는데 살코기를 베기 때문이고, 보통의 백정은 한 달에 한 번씩 칼을 바꾸는데 뼈를 치기 때문입니다. 지금 제가 쓰고 있는 칼은 19년이나 되었고, 그동안 잡은 소가 수천 마리인데도 칼날이 마치 숫돌에서 막 새로 갈아낸 듯합니다. 뼈마디에는 틈이 있고 칼날 끝에는 두께가 없습니다. 두께가 없는 것을 가지고 틈새로 들어가기 때문에 공간이 넓고 넓어서 반드시 칼날을 놀릴 공간이 있게 마련입니다. 이 때문에 19년이 되었는데도 칼날이 마치 숫돌에서 막 새로 갈아낸 듯합니다. 비록 그러하지만 매양 뼈와 근육이 엉켜모여 있는 곳에 이를 때마다, 저는 그것을 처리하기 어려움을 알고, 두려워하면서 경계하여 시선을 한곳에 집중하고 손놀림을 더디게 합니다. 〔그 상태로〕 칼을 매우 미세하게 움직여서, 스스륵 하고 고기가 이미 뼈에서 해체되어 마치 흙이 땅에 떨어져 있는 듯하면, 칼을 붙잡고 우두커니 서서 사방을 돌아보며 머뭇거리다가 제정신으로 돌아오면 칼을 닦아서 간직합니다."

문혜군이 말했다. "훌륭하다. 내가 포정의 말을 듣고 '양생의 도養生'를 터득했다."[16]

---

15 오진탁, 〈莊子의 道를 통해서 바라보는 技術文明〉, 《철학연구》 제18집 1호(1996), 154쪽.15 오진탁, 〈莊子의 道를 통해서 바라보는 技術文明〉, 《철학연구》 제18집 1호(1996), 154쪽.

19년이나 사용했어도 숫돌에서 막 갈아낸 것 같은 포정의 칼의 움직임은 그야말로 '도' 그 자체다. 그래서 하늘이 낸 자연의 결天理에 따라 칼을 밀어 넣으면 어떠한 장애도 없이 마치 흙이 땅에 떨어지듯 고기와 뼈가 분리되는 것이다. 여기서 포정은 '기技'를 보여줌으로써 '도'를 말한다. 달리 말하면 이는 '보이는 것技'을 통해 '보이지 않는 것道'을 말하는 것과 같다. 그리고 문혜군은 포정의 설명을 통해 자신이 양생의 비결을 얻었다고 말한다. 양생의 개념이 무엇인가는 차치하더라도, 분명한 것은 '기'와 '도'가 긍정적이고 서로 친근하다는 것이다.

이것은 앞서 살펴본 '혼돈씨의 도술 이야기'가 등장하는 〈천지〉 편의 서술에서도 마찬가지다. 〈천지〉의 앞부분은 이렇게 말한다.

도道를 기준으로 사람들의 말을 살펴보면 천하의 군주들이 올바르게 될 것이고, 도를 기준으로 상하의 신분 질서를 살펴 조정하면 군신 간의 의가 밝혀지고, 도를 기준으로 사람들의 재능을 살펴 헤아리면 천하의 모든 관직이 잘 다스려지고, 도를 기준으로 널리 모든 사물을 관찰하면 모든 사물에 대한 대응이 완비될 것이다. 그러므로 천지 사이에 널리 통하는 것은 덕德이고 만물 가운데에서 널리 작용하는 것은 천지자연의 도이다. 사람을 다스리는 것을 최고의 가치로 여기는 것은 정사事에 지나지 않고 재능이 많은 것을 유능한 것으로 여기는 것은 기술技에 지나

---

16 《장자》〈양생주〉: "良庖歲更刀, 割也 ; 族庖月更刀, 折也. 今臣之刀十九年矣, 所解數千牛矣, 而刀刃若新發於硎. 彼節者有間, 而刀刃者無厚 ; 以無厚入有間, 恢恢乎其於遊刃必有餘地矣. 是以十九年而刀刃若新發於硎. 雖然, 每至於族, 吾見其難爲, 怵然爲戒, 視爲止, 行爲遲. 動刀甚微, 謋然已解, 如土委地. 提刀而立, 爲之四顧, 爲之躊躇滿志, 善刀而藏之.' 文惠君曰 : '善哉! 吾聞庖丁之言, 得養生焉.'"《역주 장자 1》, 135쪽.

지 않으니, 기술은 정사에 포섭되고, 정사는 의에 포섭되고, 의는 덕에
포섭되고, 덕은 도에 포섭되고, 도는 하늘天에 포섭된다.[17]

　이 인용문에서 "기술은 한갓 기술의 수준에만 머물러서는 곤란하고,
사事, 의義, 덕德, 도道, 천天에 통해야 마땅하다는 것이 장자의 주장"이며,
"기술이나 문명이 단지 그 정도에 그쳐서는 안 되고 한층 승화되어 도에
통할 만큼 되어야 한다. 그러니까 기는 유위이기는 하지만 기로부터 무
위의 도로 승화되어야 한다는 것이 장자의 주장"[18]임을 알 수 있다. 이
것은 유가의 '인의仁義'와 법가의 '형명刑名'까지 포섭하는 제왕의 무위를
말하는 〈천도〉의 논리와 별반 달라 보이지 않는다.
　이러한 논리를 좀 더 확장해 심재룡은, 《장자》는 "무위無爲이면서 위爲
라고 주장한다. 무위는 분명히 아무것도 안 한다는 뜻도 아니요, 또한 전
적으로 수동적인 태도에 머문다는 뜻도 아니다. 무위는 적극적, 능동적
으로 자연의 이치를 따라 인위의 극을 달린다는 뜻일 게다. 무위의 자연
이 결코 인위적 기술을 포기하지 않았다"[19]라고 결론짓는다. 마찬가지로
오진탁은 이러한 논리와 유사하게, "무위는 유위를 포섭한다"[20]라는 입
장을 이끌어낸다. 다시 말하자면 《장자》는 '기技'를 통해 도에 이르는 길
을 분명하게 긍정한다.

---

17 《장자》 〈천지〉 : "以道觀言而天下之君正 ; 以道觀分而君臣之義明 ; 以道觀能而天下之官治, 以
　道汎觀而萬物之應備. 故通於天地者 , 德也 ; 行於萬物者, 道也 ; 上治人者, 事也 ; 能有所藝者,
　技也. 技兼於事, 事兼於義, 義兼於德, 德兼於道, 道兼於天." 《역주 장자 2》, 142쪽.
18 오진탁, 〈莊子의 道를 통해서 바라보는 技術文明〉, 153~154쪽.
19 심재룡, 〈도가는 기술문명에 반대하는가—기술문명에 대한 장자의 양가적 비판〉, 299쪽.
20 오진탁, 〈莊子의 道를 통해서 바라보는 技術文明〉, 153~154쪽.

9장 《장자》와 과학 기술 — 장자는 기술 비관론자가 아니었다　315

4. 기예의 도, 달인의 철학

사실 이러한《장자》의 입장을 가장 잘 보여주는 편은 〈달생達生〉이다. 안병주와 전호근은 이 편을 해설하며, "이 무위無爲의 경지에 서면, 도리어 지묘至妙한 유위有爲가 실현된다고 하는 데에 이 편의 사상적 특징이 보인다. 매미잡이承蜩 이야기, 기왓장을 경품으로 걸고 하는 던지기 놀이瓦注, 목계木鷄 이야기, 여량이라는 격류 속에서 헤엄치는 이야기, 목거木鐻 깎는 이야기 등 각종 기예의 달인에 관한 흥미진진한 이야기"가 〈달생〉 편에 가득하다고 말한다.[21]

그런 흥미진진한 이야기들 중 하나를 들어 구체적으로 살펴보자. 공자가 목격한 헤엄치는 사나이의 이야기다.

공자가 여량呂梁에 노닐며 유람하였는데 떨어지는 폭포의 높이가 30길이나 되고 물보라 치는 급류는 40리를 흘러가는데 큰 거북이, 악어, 물고기, 자라들도 헤엄칠 수 없는 곳이었다. 그런데 한 사나이가 헤엄치고 있는 것을 보고, 공자가 무엇인가 괴로움이 있어 죽으려고 뛰어든 것이라 생각하여 제자들로 하여금 물길과 나란히 따라가면서 그를 건지게 하였는데, 사나이는 몇백 걸음의 거리를 헤엄쳐 내려간 뒤 물에서 나와 머리를 풀어헤친 채로 걷다가 노래하다 하면서 둑방 아래를 왔다 갔다 하고 있었다.

공자가 뒤쫓아 가 물었다. "나는 그대가 헤엄치는 모습을 보고 그대를 귀신이라 여겼는데 자세히 보니 역시 인간이로다. 묻노니 물속을 헤엄

---

21 《역주 장자 3》, 146쪽.

치는 데에 무슨 비결이라도 있는가?"

사나이가 말했다. "없습니다. 나에게는 비결이 따로 없습니다. 나는 본디 타고난 그대로에서 시작하고 습성 속에서 자라나고 자연의 이치에 따라 이루어서 소용돌이와 함께 물속으로 들어가며 솟는 물과 함께 물위로 떠올라서 어떠한 경우에도 물의 법칙을 따를 뿐 제멋대로 움직이지 않습니다從水之道而不爲私焉. 이것이 내가 헤엄을 잘 치는 방법입니다."

공자가 말했다. "무엇을 일러 본디 타고난 그대로에서 시작하고 습성 속에서 자라나고 자연의 이치에 따라 이룬다고 하는가?"

사나이가 말했다. "나는 언덕에서 태어났는데 언덕을 편안하게 여겼으니 이것이 본디 타고난 그대로의 것이고, 물속에서 자라면서 물속을 편안하게 여겼으니 이것이 습성이고, 내가 그러한 까닭을 알지 못하고 저절로 그러한 것이 명입니다."[22]

공자는 여기서 여량의 사나이에게 헤엄치는 비결道을 묻는다. 그러자 그 사나이는 특별한 비결은 없고 다만 '물의 법칙을 따를 뿐 제멋대로 움직이지 않는다'고 답한다. 널리 알려져 있는 수영 상식 중의 하나는 급류 속에서는 거기서 헤어날 생각으로 움직이면 오히려 죽는다는 것이다. 오히려 급류에 자연스럽게 몸을 맡긴 채 수영해야 살아남을 수 있다고 한

---

22 《장자》〈달생達生〉: "孔子觀於呂梁, 縣水三十仞, 流沫四十里, 黿鼉魚鱉之所不能游也. 見一丈夫游之, 以爲有苦而欲死也, 使弟子並流而拯之. 數百步而出, 被髮行歌而游於塘下. 孔子從而問焉, 曰: '吾以子爲鬼, 察子則人也. 請問, 蹈水有道乎?' 曰: '亡, 吾無道. 吾始乎故, 長乎性, 成乎命. 與齊俱入, 與汨偕出, 從水之道而不爲私焉, 此吾所以蹈之也.' 孔子曰: '何謂始乎故, 長乎性, 成乎命?' 曰: '吾生於陵而安於陵, 故也 ; 長於水而安於水, 性也 ; 不知吾所以然而然, 命也.'" 《역주 장자 3》, 176~177쪽.

다. 여량의 사나이는 자신이 몸으로 터득한 그러한 노하우를 말하고 있는 것뿐이다.

우리는 처음에 《장자》의 '기술技'에 대한 태도를 검토하기 위해 기심 이야기를 살펴보았다. 그런데 그 이야기가 실은 '반기술적' 태도에 대한 이야기라기보다 '혼돈씨의 도술'에 관한 이야기임이 밝혀졌다. 그리고 이어서 살펴본 '포정의 소 잡는 이야기'를 통해 우리는 양생의 주제에 도달했다. 결국 우리는 기술에 대한 비판적 태도보다는 고도의 기술을 통한 도의 체득이라는 주제를 발견하게 되었다.

그리하여 우리가 말할 수 있는 것은, 《장자》가 '기技'를 부정하기는커녕 오히려 긍정하며, 또한 《장자》에서는 무위조차 '기'를 통해 유위를 포섭한다는 것이다. 앞에서 살펴보았듯이 《장자》에서는 오늘날의 '기술'에 해당하는 말이 다양하게 구사된다. 그것은 '기技'이기도 하고 '술術'이기도 하고 '도'이기도 하다. 《논어》의 '현란한 수사를 동원하는 말재주 기술 巧言'이라는 구절에서처럼 '기'가 극히 부정적인 의미로 쓰인 경우는 《장자》에는 드문 편이다. 심지어 〈천하〉에서는 '도'와 '술'을 한데 엮은 '도술'이라는 말도 쓰인다.

천하에서 방술方術을 추구하는 사람은 많다. 그런데 모두가 자기가 갖고 있는 것에 더 보탤 것이 없다고 생각한다. 그러니 옛날의 이른바 '도술'이라고 하는 것은 과연 어디에 있는가. 말하자면 있지 않은 곳이 없다. 그렇다면 신인은 무엇을 말미암아 내려오며, 밝은 지혜는 무엇을 말미암아 나오는 것인가.

……천하가 크게 어지러워지자 현인 성인이 모습을 감추었고, 도덕이 하나로 통일되지 못해서 천하 사람들이 일부만 알고 스스로 만족하는

경우가 많아졌다. 비유하자면 귀, 눈, 코, 입이 각자 밝게 아는 부분이 있지만 서로 소통하지 못하는 것은 마치 제자백가의 여러 학술이 서로 소통하지 못하는 것과 같다. 모두 나름대로 뛰어난 점이 있어 때로 그 기술을 쓸 곳이 있다. 비록 그렇지만 전부를 포괄하거나 두루 미치지 못하여 일부분밖에 알지 못하는 사람들이다.

그들은 본래 하나인 천지의 덕을 멋대로 가르고, 본래 하나인 만물의 이법을 쪼개며 고인들이 체득했던 '도술'의 전체를 산산조각 내서 천지의 아름다움을 갖추고 천지의 신묘하고 밝은 모습에 꼭 맞출 수 있는 이가 적다. 이 때문에 내면으로는 성인이면서 밖으로는 제왕이 되는 내성외왕內聖外王의 도道가 어두워서 밝게 드러나지 못하며 막혀서 나타나지 못하여 천하의 모든 사람들이 각각 자기가 하고 싶은 대로 해서 그것을 스스로 '방술'이라고 여기니 슬프다. 제자백가들은 각자 앞으로 나아가기만 할 뿐 도의 근본으로 돌아오지 않아서, 절대 도와 만나지 못할 것이다. 후세의 학자들은 불행히도 천지의 순수함과 고인의 대체를 보지 못할 것이니 '도술'이 천하 사람들 때문에 바야흐로 찢겨질 것이다.[23]

길게 인용한 이 〈천하〉 구절에서 긴장 관계에 있는 것은 제자백가의 '방술'과 고인의 '도술'이다. 달리 말하자면 여기서 이야기되는 것은 기

---

23 《장자》〈천하〉: "天下之治方術者多矣, 皆以其有爲不可加矣. 古之所謂道術者, 果惡乎在? 曰: '無乎不在.' 曰: '神何由降? 明何由出?' '聖有所生, 王有所成, 皆原於一.' ……天下大亂, 賢聖不明, 道德不一, 天下多得一察焉以自好. 譬如耳目鼻口, 皆有所明, 不能相通. 猶百家衆技也, 皆有所長, 時有所用. 雖然, 不該不徧, 一曲之士也. 判天地之美, 析萬物之理, 察古人之全, 寡能備於天地之美, 稱神明之容. 是故內聖外王之道, 闇而不明, 鬱而不發, 天下之人各爲其所欲焉以自爲方. 悲夫, 百家往而不反, 必不合矣! 後世之學者, 不幸不見天地之純, 古人之大體, 道術將爲天下裂." 《역주 장자 4》, 244~246쪽.

술을 받아들일 것이냐 버릴 것이냐 하는 문제가 아니다. 오히려 한쪽으로 치우치고 산산조각 나서 불완전한 기술임에도 불구하고 거기에 더 보탤 것이 없다고 생각하는 데 문제가 있다는 것이다. 그래서 그러한 기술들은 도술이 아니라 방술이라고 〈천하〉의 저자는 밝힌다. 그리고 뒤이은 서술에 따르면 이러한 방술을 편 사람들은 묵적과 금골리禽滑釐, 송견宋鈃과 윤문尹文, 신도慎到와 전병田駢, 그리고 관윤關尹과 노담老聃이다.

홍미로운 것은 여기서 공자, 맹자, 순자를 비롯한 선진 유학자들은 어느 누구도 비판의 대상으로 등장하지 않는다는 점이다. 오로지 묵가墨家의 대표적 인물인 묵적과 금골리만이 거론되며 비판받는다. 그리고 여기서 우리는 평유란이《중국 철학의 정신新原道》에서 중국 철학의 정신을 가리켜 쓴 '내성외왕의 도'라는 말과 마주치게 된다. 〈천하〉의 저자에게 도술은 '내성외왕의 도'와 같은 것이다. 즉 도술은 '치천하治天下'의 문제이지 우리가 생각하는 기술technology의 문제가 아닌 것이다.

나는 〈천하〉에서 말하는 '내성외왕의 도'를 추구하는 도가의 도술을 정신양생론이라고 부른다. 이것은 '수신제가치국평천하修身齊家治國平天下'를 추구하는 유가의 심성수양론과는 다른 길이다. 말하자면 실제로《장자》에서 문제가 되는 기술은 물리적 기술technology/techniques이 아니라 사회적 기술statecraft인 것이다.

5. '인생은 짧고 예술은 길다'—21세기 과학 기술 시대의 '도술'을 찾아서

이제 우리는《장자》의 반기술적 태도란 그리 비중 있게 다루어야 할 주

제도 아니고 그리 설득력 있는 주제도 아니라는 점을 이해하기에 이르렀
다. 오히려 물리적 기술과 사회적 기술의 통합을 지향하는 《장자》의 어
떤 한 사례에 주목하는 것이 《장자》의 기술에 대한 태도에 접근하는 데
보다 유용할 것이다. 아래는 〈산목〉에 나오는 이야기다.

북궁사北宮奢가 위衛나라 영공靈公을 위해 백성에게 특별히 세금을 걸
어 그것으로 종을 만들었다. 〔이 종을 설치하기 위해〕 성곽문 밖에 토단
을 축조한 지 불과 삼 개월 만에 위아래 두 단에 종을 걸어놓자 〔이때 마
침 위나라에 망명해 있던〕 오吳나라의 왕자 경기慶忌가 그것을 보고 물
었다. "(4)도대체 그대는 어떤 기술術을 썼습니까?"

북궁사가 대답했다. "저는 마음을 순일하게 하였을 뿐 감히 다른 기술
을 쓰지 않았습니다. 제가 듣건대, '깎고 쪼아 없앤 뒤에 자연의 소박함
으로 돌아간다'고 하더군요. (5)저는 멍하게 아는 것이 없는 듯, 아무 생
각 없이 어리석은 듯하며 황홀한 가운데 가는 사람을 보내고 오는 사람
을 맞이함에 오는 사람을 막지 않고 가는 사람을 붙잡지 않아서 사나운
백성들은 사나운 채로 맡겨두고 잘 구부리고 따르는 사람은 따르는 대로
내맡겨두어 그들 스스로 이르는 것을 따랐을 뿐입니다. 그 때문에 (6)아
침저녁으로 세금을 거두어도 털끝만큼도 백성들을 해치는 일이 없었으
니 하물며 대도를 체득한 사람이 그러겠습니까?"[24]

---

24 《장자》〈산목〉: "北宮奢爲衛靈公賦斂以爲鐘, 爲壇乎郭門之外, 三月而成上下之縣. 王子慶忌見
而問焉, 曰: '子何術之設?' 奢曰: '一之閒, 無敢設也. 奢聞之, 旣彫旣琢, 復歸於朴. 侗乎其無識,
儻乎其怠疑; 萃乎芒乎, 其送往而迎來 ; 來者勿禁, 往者勿止 ; 從其强梁, 隨其自傳, 因其自窮, 故
朝夕賦斂而毫毛不挫, 而況有大塗者乎!'"《역주 장자 3》, 201~202쪽.

이야기의 주인공 북궁사는 단순한 장인이 아니다. 그는 말하자면 사업의 책임자다. 그가 거대한 종을 설치하는 사업을 맡아 단 3개월에 끝내자 오나라의 왕자 경기는 (4)에서처럼 그 기술術이 뭔지 듣고자 한다. 그러나 북궁사는 무지와 소박 등으로 자신의 정신 태도를 설명하면서, (5)에서와 같이 각 사람들에 맞게 그저 자연스럽게 응했을 뿐이라고 답한다. 그렇기에 그는 (6)에서처럼 가장 어려운 세금 걷는 일을 하면서도 '털끝만큼도 백성들을 해치는 일이 없었다'고 하며, 그럼에도 대도를 터득한 사람에게는 못 미친다며 겸손해한다.

여기서 우리는 《장자》의 기술에 대한 시각과 관련해 하나의 가설을 제시해볼 수 있다. 《장자》에서는 '기技'가 반드시 그렇다고는 할 수 없으나 대체로 일정한 물리적 대상을 통제하는 기술technology과 관련된다면, '술術'은 인적·물적 자원을 통제하는 사회적 기술을 함축한다는 것이다. 그리고 이 두 가지가 다 자신의 몸을 다스리는 도술——특히 자기 몸의 가능성을 최대로 발현하는 신神을 기르는 것——을 수반한다. 그래서 그러한 도술을 갖게 되면 자연의 사물에 자연스럽게 응하게 되고, 사회적 관계에서도 불화를 겪지 않게 된다.

《장자》에 이렇게 제시된 도술은 이후 동아시아 전통에서 예술적 기예 art의 원류가 되었고, 또한 도교적 처세술이 되었다. 도술이 신묘막측한 예술적 기예이든 삶을 살아가는 지혜이든 정신의 내적 안정을 얻는 기술이든, 《장자》에서 '도道'는 '기술技·術'과 적대적이기는커녕 오히려 친화적이다. 우리는 살아가는 모든 역할과 직무에서 일정한 기술을 필요로 한다. 그것이 물리적 기술이든 사회적 기술이든, 우리는 기술 없이 살아갈 수 없다.

노태천은 장자의 기술관을 검토하면서 다음과 같이 결론 내린다.

《장자》에 나타난 기技의 용用은 자연을 위한 용과 인간을 위한 용, 그리고 인간을 위한 용은 다시 기인技人을 위한 용과 타인을 위한 용으로 나눌 수 있다. 장자와 도가들은 자연을 위한 용과 인간을 위한 용에서도 최소한 그 용을 발휘하는 사람을 포함한 자연과 인간을 위한 용을 지향하고 있는 듯하다. 《장자》에 나타난 기技의 도道 또는 기인技人의 도는 기의 대상(소, 나무, 띠쇠)과 기의 수단(칼, 규거) 그리고 기인 삼자三者 모두가 자연의 본성을 따라 합쳐지는 경지를 말하고 있다.[25]

나는 오늘날 한국 사회에서 시도되는 《노자》와 《장자》에 대한 갖가지 재해석에서 많은 것을 배우곤 한다. 그러나 기술 없이는 살아갈 수 없는 세상에서 덮어놓고 기술과 문명에 대해 부정적이고 적대적인 태도를 취하거나 도가를 반과학적, 반기술적, 반문명적 태도와 연결시키는 것에는 반대한다. 오히려 우리는 〈천하〉에 나타나는 포용과 종합의 정신을 배워야 할 것이다.

천天을 대종으로 삼고 도道의 체득을 자기의 근본으로 삼으며 도를 문으로 삼아 출입하여 우주만물의 변화 조짐을 미리 아는 사람을 성인聖人이라 하고, 인애로 베풀며 정의로 조리를 세우며 예를 행위의 기준으로 삼으며 악樂으로 조화를 이루어 따뜻하게 자애로운 사람을 군자君子라 한다.[26]

---

25 노태천, 〈《장자》에 나타난 기술관에 대하여〉, 《동서철학연구》 제7호(1990), 82쪽.
26 《장자》 〈천하〉: "以天爲宗, 以德爲本, 以道爲門, 兆於變化, 謂之聖人. 以仁爲恩, 以義爲理, 以禮爲行, 以樂爲和, 薰然慈仁, 謂之君子." 《역주 장자 4》, 245쪽.

지난 2,000여 년간 유가는 의학의 영역에 개입해 '인술仁術'이라는 바람직한 의학적 가치와 실천을 유산으로 남겼다.《장자》또한 지난 2,000여 년 동안 수많은 예술적 정신의 모범으로 숭앙되었다. 그러니 우리는 단지 기심 이야기의 좁은 해석에 갇혀《장자》를 반기술, 반문명의 메시지로 받아들일 것이 아니라, 과학 기술을 끌어안는 동시에 넘어설 새로운 '도술'을 제시하는 것으로 받아들여야 하지 않을까? 심재룡은 〈도가는 기술문명에 반대하는가〉라는 논문을 다음과 같은 말로 끝맺는다.

> 어떤 사람은, 포정은 우리에게 단지 도가의 처세술, 생명을 온전히 보존하는 기법을 알려주고 있을 뿐이라고 주장할지 모른다. 그렇다면 과연 기술 문명은 양생의 법이 아니란 말인가? 그에 대답하여 필자는 포정의 해우법에서〔인류 전체가〕현대에서 살아남는 양생법을 찾을 수 있다고 말하고 싶다.[27]

히포크라테스가 말했듯이, 인생은 짧고 예술은 길다! 짧은 것으로 긴 것을 재단하지 말 일이다. 예술-기술은 오래도록 살아남았고, 미래의 '도술'의 방향을 알려줄지도 모른다.

우리는 지금까지 긴 여정을 통해《노자》와《장자》를 살펴보았다. 그 여정은《노자》와《장자》두 문헌이 어떤 역사적 과정에서 형성되고 읽혔는지, 두 문헌에 대한 우리의 잘못된 상식이 어디에서 비롯되었는지, 그리고 이런 상식으로 인해《노자》와《장자》가 특히 페미니즘, 과학 기술과 관련해 어떻게 왜곡되게 읽혔는지를 살펴보는 것으로 이루어져 있었다.

---

27 심재룡, 〈도가는 기술문명에 반대하는가—기술문명에 대한 장자의 양가적 비판〉, 299쪽.

그렇다면 두 문헌에 대한 우리의 잘못된 상식을 전근대와 탈근대를 동일시한 데서 비롯된 오독의 결과나 아니면 전통과 현대의 잘못된 만남의 결과로 치부하고 내버려야 할 것인가? 나는 그렇게 생각하지 않는다. 나는 이러한 왜곡이 왜 일어났는가를 먼저 이해하고, 이러한 왜곡을 바로잡을 수 있는 새로운 관점을 취해야 한다고 생각한다. 그리고 그 새로운 관점이란《노자》와《장자》를 도가/도교라는 철학적 시각에서 바라보지 않고 도술이라는 시각에서 바라보는 것이라고 생각한다.

그러니 이제 도술의 세계로 나아가 보자. 이 도술은 사람이 호랑이로 변하는 변신술이나 땅을 접어 빨리 달리는 축지법 같은 신비한 초능력을 말하는 것이 아니다. 그것은 삶에서 꽃피울 수 있는 합리적이고 과학적인 개념이 될 것이다.

도가에서 도술로, 철학에서 삶으로

1. 21세기 '노장'의 새로운 패러다임

학문을 하면 날마다 늘어나고爲學日益,

도술을 하면 날마다 줄어든다爲道日損.

(《노자》48장)

　21세기라는 새로운 역사적 삶의 공간에서《노자》와《장자》를 새롭게 읽는다는 것은 어떤 것이어야 할까? 이는 '도교적 패러다임paradigm of Taoist tradition'과 관련된 폭넓은 문제다.[1] 왜냐하면 지금까지 다양한 주

---

[1] 한국도교문화학회는 이 주제로 2013년 봄 학술대회를 개최하면서, "도교의 체계가 다양한 시대 및 분야에서 어떻게 인식되고 확장되어나가는지를 살펴보고자" 한다는 취지를 밝히고 그것이 이른바 패러다임의 문제라고 밝힌 바 있다. 여기 종장을 이루고 있는 글은 이 학술대회에서 발표되었던 것으로, 많은 선후배 학자들의 호의적 격려와 호응을 받았다.

제 영역들을 통해 살펴보았듯이 《노자》와 《장자》는 개별 텍스트, 개별 사상으로 다루어지기도 하지만, 그것들이 속한 철학 유파와 종교 유파인 도가道家와 도교道敎라는 더 큰 범주와 늘 관련되기 때문이다. 나는 여기서 도교적 패러다임이란 논점을 중심으로, 《노자》나 《장자》를 새롭게 읽는다는 것이 어떤 의미여야 하는지, 그리고 새롭게 읽는 방법이 어떤 것인지를 자유롭게 논해보고자 한다.

《노자》나 《장자》를 새롭게 읽는다는 목표를 위해서는 무엇보다, 두 문헌이나 사상을 분류할 때 사용하는 '도가/도교'라는 말을 철학이냐 종교냐를 따지는 논쟁에 휘말리기 쉬운 'Taoism'의 의미로 받아들이지 않고, 보다 느슨하게 'Taoist tradition'의 의미로 받아들일 필요가 있다. 그리고 이러한 틀의 전환 속에서, 도가/도교의 이론이나 교리를 해석하는 데 초점을 두지 말고, 현대의 삶의 환경에서 구체적으로 도가/도교를 실현시킬 수 있는 방법인 '도술道術'에 초점을 두는 것이 중요하다.

이런 취지에서 나는 지금까지 우리가 사용해온 도교라는 말을 도술로까지 확장해 이해하는 것이 매우 중요하다고 생각한다. 아직 정립되지 않은 매우 주관적이고 설익은 논변이지만, 나는 전통적인 도교가 21세기의 변화된 삶 속에서 계속 유의미한 것으로 지속되고자 할 때 선택할 수 있는 한 가지 방식이 '도술'의 차원으로 전환하는 것이라고 본다.

따라서 나는, 19~20세기의 도교적 패러다임이 '도교'였다면 21세기라는 새로운 시대의 새로운 도교적 패러다임은 '도술'이어야 한다고 본다. 이하의 글은 이러한 나의 생각을 거칠게나마 정리해본 것이다. 체계 없이 좌충우돌하는 것에 대해서는 강호 제현들의 양해를 구한다.

2. 도교란 무엇인가

일반적으로 합의된 것은 아니지만, 나는 이 글에서 도교라는 말을 다음과 같은 세 가지 이유에서 느슨한 의미로 사용하고자 한다.

첫째, 20세기 한국에서 도가는 철학이고 도교는 종교라는 이분법적 해석이 상식 차원에서 확고하게 자리 잡고 있으나, 사실 이에 대한 합의는 아직 이루어지지 않은 상태다. 게다가 나는 철학과 종교를 구분하는 것 자체가 매우 소모적이고 적절치 못하다고 생각한다. 사실 서구 전통에서조차 철학과 종교가 늘 분리되기만 했던 것은 아니다. 서양 철학의 기원 가운데 하나인 플라톤에게서도 로고스적 사유와 오르페우스교적인 종교적 사유가 혼재해 있다는 사실은 잘 알려져 있다.

특히 도교와 관련한 철학과 종교의 이분법은 단지 도교를 철학philosophical Taoism과 종교religious Taoism로 나누어 볼 것이냐 아니냐의 문제에 그치지 않는다. 예컨대, 우리가 철학 연구 차원에서 노자의 사상에 접근할 때 주된 텍스트로 삼는《노자》및 그에 대한 다양한 주석서가《도장道藏》이라는 총서에 포함되어 있는 만큼, 노자의 사상은 하나의 총체로서 다루어져야 마땅하다. 이를 철학과 종교로 나눌 경우, 우리가 이 책의 제1부 2장에서 다룬 두 텍스트《왕필주》와《하상공장구》는 각각 철학과 종교로 나뉘어 다루어지게 된다. 그리고 이러한 구분이 1990년대까지 대체로 받아들여졌다.

이후 이러한 구분에서 더 나아가, 도교 전통과 긴밀한 관련이 있는 수많은 한국의 사유 전통들, 예컨대 20세기의 새로운 상황에 능동적으로 대처하고자 했던 최제우, 최시형, 이돈화, 김기전, 나철, 이기, 서일 등의 사유 전통이[2] 이른바 '신흥 종교'라는 평가절하적인 분류를 통해 학문의 제도권 밖으로 밀려났다. 서구 학제academic discipline에 부응하는가의 여부가 학술적 가치를 결정하게 되면서 그러한 사유 전통들이 이른바 전근대적이거나 열등한 그 무엇으로 자리매김된 결과였다.

둘째, 이른바 '유도분업론儒道分業論schematic bifurcation between Confucianism and Taoism'을 재검토할 필요가 있다. 20세기 초에 유교와 불교의 배경을 지닌 일부 지식인들이 서구의 '철학'을 수용하면서 유교만을 형이상학과 윤리학을 축으로 하는 '철학'이라는 영역 안에 정착시키면서, 도교는 서민적popular이거나 종교적superstitional인 것으로 치부되었다. 유교와 도교가 중국의 고대 사상이라는 같은 '전통'에 속하는 것이기는 하지만, 이 전통 내부에서 유교의 윤리가 인간다움의 증거이자 문명의 대명사로서 주류를 차지했다면 도교적인 것들은 주변적이고 문명 외적인 것으로 받아들여졌다. 이 때문에 노장은 예술 정신, 과학적 태도, 종교와 관련된 그 어떤 것으로 설정되곤 했던 것이다.

이렇게 구분된 유儒와 도道는 그 후 다양한 영역에서 삶의 서로 다른 차원에서 각자 다르게 기능하는 것, 즉 서로 '보완적' 역할을 하는 것으로 평가되었는데, 사실 그러한 평가에는 '전통 유가 지식인文人·讀書人'의 엘리트주의적 차별이라 할 만한 것이 다분히 작동했다. 그 결과 사농공상士農工商이라는 전통적인 신분적·직업적 위계는 유·도의 구분에 그대로 반영되어, 유교士가 정치·윤리의 차원과 연결되었다면 도교工는 과학·기술·종교 같은 차원과 연결되었다.

---

2 이에 대해서는 이규성,《한국현대철학사론—세계상실과 자유의 이념》(이화여자대학교출판부, 2012) 참조. 이규성은 이 책에서 오늘날의 '철학'이라는 개념이 갖는 한계를 지적하며, 최제우, 최시형, 이돈화, 김기전, 전병훈, 나철, 이기, 서일, 신채호, 이회영, 이건창, 박은식 등을 20세기 한국 철학 사상 전개의 중심축으로 복귀시킨다. 나는 이러한 관점에 큰 자극을 받았다.

이러한 맥락에서 19세기 말 이래 서구의 충격에 대한 반응으로 성립된 동도서기東道西器, 중체서용中體西用 같은 유교적 합리화 도식[3]에서 도道와 체體가 유교로서 정치와 윤리로 대변되는 불변의 정신적·문화적 전통과 연결된다면, 기器와 용用은 언제나 가변적이며 민생民生 차원에서 언제나 변할 수 있는 것으로서 도구적 성격을 갖는다. 물론 근대화의 과정에서 이러한 인식이 일부 수정되기는 했으나, 인식이 근본적으로 바뀐 것은 아닌 듯하다.

셋째, 동아시아 전통 학문에서 일체화돼 있었던 도道와 술術이 오늘날에는 분리되었다는 점이다. 본래 동아시아의 전통에서 이론道과 실천術은 엄밀한 의미에서는 구분될 수 없다. 이미 한초의 문헌에서 '경술經術'[4]이란 말이 등장하듯이, 이론적文字 차원과 실천적(삶) 차원은 불가분의 것이었다. 수기치인修己治人이라는 이론적이면서 실천적인 전통이 유가 윤리의 핵심이었듯이, 이론의 차원은 실천적 영역에서의 성취 없이는 불완전한 것이다.[5]

하지만 전통 사회에서 정치와 학문이 함께 인간의 실제적 삶을 규율했던 것과 달리, 근대화 과정을 통해 20세기에 서구적 제도와 삶의 양식이 유입되자 전통적 학문들이 '실천의 장'을 상실하게 되었다. 국가 건설의

---

3 '동도서기東道西器'에서 나온 '도기道器'와 '중체서용中體西用'에서 나온 '체용體用'은 전형적인 신유가의 형이상학적 논리이자 개념이다.

4 '경술'이란 말은 간단하게 정의될 수 없으나, 대체로 두 가지 작업을 포함하는 말로 이해된다. 하나는 경전經傳의 의미를 해명하는 작업이고, 다른 하나는 경전의 의미를 인간의 삶 속에서 제도와 규범과 실천으로 구현하는 작업이다. 따라서 경술에서 이론적 차원과 실천적 차원은 구분되지 않는다.

5 예를 들어 부덕한 인간의 덕에 관한 말은 불완전하다. 또한 자기 삶에서 도道를 구현하지 못한 자의 도에 관한 말 역시 도가 아니다.

이념과 개개인의 인간관계까지 규율했던 유가는 서구에서 유입된 형이
상학과 윤리학의 성채 안으로 도피했고, 경전의 번역과 해석이라는 현학
적 작업에 침잠했다.

이와 달리, 애초부터 '정교政教'의 주도권을 갖지 못하고 삶의 구석구석
에서 생존했던 도교는 여전히 현대인의 삶에서 갖가지 변형된 형태로 존
속하고 있다. 한의학 의료 체계漢方⁶는 이에 대한 살아 있는 증거다. 한의
'학學'은 서구 현대 의학의 도입으로 '과학'으로서의 엄정한 지위는 존중
받지 못하게 되었지만, 전통적 '의술'은 실제 임상 현장에서 나름의 몫과
지분을 인정받고 있다.

이러한 상황은 오늘날 동아시아 전통 학문이 어떤 처지에 있는지를 잘
보여준다. 유교는 유학儒學이면서 유술儒術, 즉 경세제민經世濟民의 실천
術이기도 하다. 마찬가지로 도교는 도에 관한 학學이면서 동시에 도를 닦
는 실천術이다. 근대화를 통해 서구적 제도와 사상이 주로 정치와 윤리
등 사회의 제도적 차원과 관련된 하드웨어로서의 유교를 대체했다 하더
라도, 개개인의 삶의 다양한 차원道과 관련된 소프트웨어術까지 대체하
지는 못했다. 즉 '학'의 쇠퇴는 있었으나 '술'은 현실 속에서 여전히 활동
하고 있다.

나는 이와 같은 세 가지 이유로, 즉 철학과 종교라는 이원적 도식, 유
가-도가의 분업적 구분, 도와 술의 괴리라는 문제점을 피하기 위해서,
'도교'를 서구에서 만들어진 'Taoism'이라는 말 대신에 그보다 느슨한 의
미를 띤 'Taoist tradition'이라는 말에 대응하는 것으로서 사용하고자 한

---

6 '한방漢方'이란 동아시아의 '의醫' 전통이 근대적 '학學'이 되지 못하고 배제된 근대 일본에서
비롯된 말이다. 하지만 한방은 한국과 중국에서는 여전히 살아 있는 의료 제도다.

다. 그런 의미에서 '도교'와 '도술'을 구분 없이 사용할 것이다.[7]

3. 텍스트와 도술

그렇다면 도술로서의 도교가 갖는 특징은 무엇일까? 철학과 종교의 이분법과 이론과 실천의 괴리를 넘어서는 특성을 우리는 도교의 어떤 점에서 찾아낼 수 있을까? 묄러가 파악한《노자》의 특징은[8] '디지털적 사유 digital thinking'라는 21세기의 새로운 사고 양식과 상통한다. 묄러에 따르면《노자》는 인류 최초의 하이퍼텍스트다!

묄러는《노자》의 특징으로 우선 확인 가능한 저자가 없고, 한 개인의 사상을 말하지 않는다는 점을 꼽는다.

《노자》안에는 우리에게 말하는 어떤 특정 인물이 없다. 우리가 때때로 텍스트 안에서 발견하는 '나'는, 텍스트를 통해 우리에게 말하는, 우리에게 어떤 주장을 전하고자 하는 그런 한 개인으로서의 '나'를 가리키지 않는다.《노자》에 나오는 '나'라는 말은 차라리 잠재적 독자——아니, 청자라고 하는 것이 더 좋겠다——가 스스로 들어가야 할 자리를 나타내는 표지이다. 도가의 가르침을 배우는 사람들은, 텍스트에서 그 '나'라는 말이 언급될 때 바로 자신의 자아를 스스로 그 '나'에 대입할 수 있다.《노자》는 그것을 공부하는 사람들에게 모종의 익명적 방식으로《노자》

---

7 '도술'을 처음으로 체계화한《장자》〈천하〉에 의하면, 도술과 상대되는 것은 이론과 실천, 종교와 철학이 아니라 포괄성의 차원으로서의 '방술方術'이다.

8 Hans-Georg Moeller, *The Philosophy of the Daodajing*, Introduction 참조.

의 가르침에 공감할 것을 요구한다.

또한 묄러는《노자》가 "어떤 주제에 대해 체계적으로 말하지 않으며, 격언 모음집으로서의《노자》는 단편적인 방식으로 그 나름의 가르침을 표현할 뿐"이라고 지적한다. 그리고《노자》의 하이퍼텍스트적인 성격을 다음과 같이 설명한다.

　그렇다면, 저자도 없고 명백하게 진술된 주제도 없고 시작도 끝도 없다면 도대체《노자》는 어떻게 읽힐 수 있는 걸까? 읽히기 위해서 쓰인 것이 아닌데 어떻게 읽힐 수 있다는 걸까? 바로 그 특수한 형식을 생각해볼 때《노자》는 전통 서양 문화의 계통적linear 텍스트들, 즉 책이나 에세이나 연설문과 결코 비교될 수 없다. 놀랍게도 어떤 의미에서 그것은 인터넷의 소위 하이퍼텍스트 같은 그런 비전통적이고 비계통적인 것과 더 쉽게 비교될 것이다. 인터넷의 하이퍼텍스트 또한 특정 저자가 없고, 시작과 끝이 없으며, 하나의 특수한 논점만을 배타적으로 다루거나 하지 않는다.

이러한 이유로 묄러는, 오늘날 인터넷 포털 사이트를 통해서 글을 읽는 것과 같은 형태의《노자》 독법을 제안한다. 말하자면, 논리적인 방식이나 개념 분석 방식으로 독해하지 말고《노자》에 나오는 다양한 표현들을 '노드node'와 '링크link'로 이해할 것을 제안한다.《노자》에 나오는 다양한 형상과 표현들은 일종의 '노드'로서, 서로를 참조하면서 새로운 전략을 찾아갈 수 있게 도와주는 '링크'를 형성한다는 것이다.

다만《노자》는 인터넷과 달리 전자 신호로 이루어져 있지 않으므로, 수

사학적인 것을 통해서 접근해야 한다.

　고대 중국에서 《노자》를 서평했던 사람들은 《노자》의 표현들에 아주 친숙했다. 이러한 의미론은 아주 자세하게 설명할 필요가 없고, 단지 사용되고 또 사용될 뿐이다. 물론 사이트에서 사이트로의 이동이 아니라 《노자》 안의 장에서 장으로, 시구에서 시구로의 이동을 가능하게 하는 링크들은 전자 신호가 아니라 수사학적인 것이다. 이렇게 '혼란스럽고' 무질서한 텍스트의 장과 장, 시구와 시구를 연결해주는 가교, 그 텍스트를 묶어주면서 하나의 통일성을 갖추도록 하는 연결 마디들은 바로 표현과 어구이고, 형상象image과 상징이며, 전략과 격률이다. 이것들은 밀접하게 연결되면서 반복적으로 나타난다. 《노자》에서 네트워킹은 언어적으로 이루어진다. 각 장은 동일하거나 유사한 은유를 사용하거나, 살짝 바뀐 비슷한 금언을 반복하거나, 동일한 어휘군same set of vocabulary을 적용함으로써 다른 장과 서로 참조되게 한다.
　《노자》를 더욱 세심하게 살펴보면 그것이 끊임없는 수사학적 연쇄이고 관련 격언들의 네트워크이며 연관된 형상과 가르침의 모음임을 알 수 있다. 이러한 링크를 따라 반복되면서 변화하는 구절들을 쫓아가다 보면 텍스트의 모호함은 사라진다. 만약 《노자》의 장들을 편제에 따라 읽어나가거나 또는 흔히 그렇듯이 계통적으로 읽게 된다면 그 텍스트는 비밀스러운 상태로 닫혀 있게 될 것이다. 그러나 만약 우리가 이와 다른 독해 전략을 채용해 《노자》를 일종의 하이퍼텍스트로 다룬다면, 즉 계통적이지는 않지만 훨씬 더 긴밀하게 연결된 자료의 모음집으로 간주해서 읽는다면, 그 현묘함이 밝혀져 진실로 《노자》가 '온갖 신비로 들어가는 문衆妙之門'이 될 것이다.

이와 같은 특징을 기반으로 하는 '도교적 패러다임'으로서의 도교 혹은 도술은 경술과는 약간 다른 의미를 갖는다. 경술은 텍스트를 해석하고 이를 통해 현실의 정책이나 제도나 행위를 이끌어내는 정당화 이론의 하나라고 볼 수 있다. 예컨대 유가는 고대의 요순이나 공자로 상징되는 '성인의 도聖人之道'를 텍스트를 통해 의미론적으로 찾는 것을 중시한다. 이러한 의미에서 경술은 전통적인 '텍스트-해석 공동체'인 문인, 사대부의 전통이라 볼 수 있다. 이 공동체를 유지하는 데 근간이 되는 두 가지 관계 모델은 부자父子와 사제師弟다.

하지만 도술은 이와 다르다. 나는 도술에 대해서도 뮐러가 적절히 서술하고 있다고 생각한다.

내가 《노자》에서 철학적으로 가장 재미있다고 생각하는 측면은 인간 행위의 동인human agency에 대한 도전이다. 주체성의 발견으로 시작하는 근대 서양 철학 전통은 바로 자아와 자아의 능력들에 주로 초점을 맞추고 있다. 그런데 《노자》는 이러한 것들을 다소 수치스러운 것으로 본다. 《노자》의 '무위'의 격률은 인간 사회를 포함한 세계에 대한 일반적 견해, 즉 이 세계를 개인의 활동에 근거하기보다 '스스로 그렇게' 또는 자발적으로spontaneously 일어나는 기능에 근거하는 하나의 역동적 기제mechanism로 파악하는 견해로 우리를 인도한다. 이러한 '자기 생산적' 대안에서 나는 흥분하지 않을 수가 없다.

뮐러는 여기서 매우 중요한 한 가지를 지적하고 있다. 서양 철학의 전통이 한 개인의 '자아'와 그의 '능력들'——아마도 영혼, 이성, 감성, 욕망 등——에 초점을 맞추고 있다면, 《노자》는 우주와 세계의 '자기-생산적

auto-poietic' 성격에 초점을 맞추고 있다는 것이다. 하지만 나는 도술이라는 말을 통해 이와는 조금 다른 부분에 주목하고자 한다. 그것은 바로 '학學'과 '유遊'의 사회적 함의의 차이이다.

우리는 이에 대해 제2부 6장에서 폭넓게 살핀 바 있다. 거기서 주로 철학적, 사상적 차원에서의 '학'과 '유'의 의미 차이에 주목했다면 여기서는 '학'과 '유'가 각각 인간 사회와 관계의 양식, 그리고 텍스트 해석과 관련해 어떤 차이를 갖는가에 주목하고자 한다. 부분적으로 중복되는 내용이 있지만 맥락이 다르므로 그 차이를 눈여겨봐야 할 것이다.

4. 학學의 공동체 ―'사제 모델'과 경술

오늘날《노자》와《장자》는 하나의 전통으로만 취급되지는 않는다. 두 문헌을 '도가'와 '노장'으로 묶으며 동일시하는 것이 전통적 시각이었다면 오늘날에는 다양한 차원에서《노자》와《장자》의 차이가 지적되면서 두 문헌이 학자들에 따라 다르게 받아들여진다. 하지만 두 문헌이 혼융되며 해석되어온 지가 이미 오래되었고, 현재 그러한 양자의 친근성을 근본적으로 부정할 근거도 별로 없다. 따라서 나는 먼저《노자》와《장자》를 느슨한 의미에서, 특히 유가의 경술과 구분된다는 차원에서, '도술의 전통'으로 한데 묶어서 생각해보고자 한다.

이러한 차이를 구체적으로 이해하는 데는《논어》의 한 예화가 아주 효과적일 수 있다.《논어》〈이인里仁〉에는 '충서忠恕'에 대해 대화를 나누는 유명한 구절이 있다.

子曰：“參乎! 吾道一以貫之.”曾子曰：“唯.”子出. 門人問曰：“何謂也?”曾子曰：“夫子之道, 忠恕而已矣.”[9]

나는 이 구절에 대한 유가적 해석 공동체의 경술적 독해 사례를 두 가지 제시해보고자 한다. 하나는 주희의 《논어집주論語集註》의 독해이고, 다른 하나는 최근 번역 출간된 《논어》 주석서인 리링李零의 《집 잃은 개》의 독해이다. 먼저 리링의 해석을 보자.

> 스승님께서 말씀하셨다. “삼아, 나의 도는 하나로 꿰어져 있다.” 증자가 말했다. “그렇습니다.”
> 스승님께서 나가시자 제자가 물었다. “무엇을 말씀하신 거요?” 증자가 말했다. “선생님의 도는 충서일 뿐이다.”[10]

이 대화는 《논어》에 나오는 대화의 전형이라고는 할 수 없지만, 공자 이후 유교 전통에서 이루어진 ‘사제師弟적 대화 모델’을 대표한다고 간주할 수 있다. “나의 도는 하나로 꿰어져 있다”라는 공자의 말이 ‘경經’이라면, 이에 대해 “선생님의 도는 충서일 뿐이다”라고 해석한 증자의 말은 ‘전傳’이 된다. 그리고 이후 이어지는 갖가지 해석들은 다시 ‘주注’, ‘소疏’로 이어지며 하나의 위계적 모델hierarchical model을 구축한다. 현실의 사제 간 위계질서가 그대로 문헌 독해에 반영되며 해석이 전개되는 것이다.

---

9 《논어》 〈이인〉 15.
10 리링, 《집 잃은 개 1》, 김갑수 옮김 (글항아리, 2012), 223쪽.

이 구절에 대해 리링은 다음과 같이 해설한다.

'삼參'은 증자의 이름이다. 증자의 자는 자여子輿이고, 옛날엔 지위가
높은 사람이 낮은 사람에 대해 일반적으로 이름을 불렀다. '충서忠恕'의
'충'은 성심성의를 다하여 자신을 위해 지키고 있는 덕이고, '서'는 상대
방을 존경하고 다른 사람을 대우해주는 덕이다. 이것은 인의 두 가지 다
른 측면이다.

《광아廣雅》〈석고釋古 4〉에서는 "서는 인이다"라고 했다. 옛날 사람은
서와 인은 의미가 비슷하다고 말했다. 그러나 엄격하게 말하면 완전히
같은 것은 아니다. 인은 사람을 사람으로 대해주는 것이고, 사람을 사람
으로 취급하는 것이다. 서는 마음 그대로 따르는 것이고, 내 마음을 가지
고 다른 사람의 마음과 견주어보는 것이다. 서恕 자는 마음心과 소리를
나타내는 여如로 이루어진 글자인데, 옛날 사람은 항상 "마음 그대로 하
는 것이 서다"라고 말했다. 이것은 글자를 쪼개서 풀이하는 것이다. 정
확하게 말하자면 자기를 위하는 마음을 다른 사람에게까지 확장하는
것, 입장을 바꾸어 다른 사람의 처지를 생각해보는 것, "마음으로 마음
을 헤아려보는 것이 서다". 즉 "자기의 마음으로 타인의 마음을 삼는 것
을 서라고 한다". 공자는 "자기가 원하지 않는 것을 다른 사람에게 시키
지 말라"고 말했는데, 이것이 바로 그런 의미인 것이다. 서는 관용寬恕,
즉 너그러이 용서하는 것과 다르다는 점에 주의해야 한다. 오늘날 말하
는 이른바 관용에서 강조하는 것은 너그러움이다.[11]

---

11 리링,《집 잃은 개 1》, 223~224쪽.

여기서 나는 리링의 해석의 타당성이나 그의 해석에서 드러나는 현대적 관점, 예컨대 그가 굳이 서구에서 유입된 관용寬恕tolerance이라는 가치를 끌어들여 관서와 서를 구별하는 것이 적절한가 하는 점은 문제 삼지 않는다. 권위주의적인 공자 찬양에서 벗어나 친근하고 인간적인 공자를 보여주는 것이 리링의《논어》주석서《집 잃은 개》의 목적임에도 변할 수 없는 것은《논어》의 기본 틀이 '대화'라는 점이다.

《논어》를 보면 공자와 증자, 증자와 여타 문인들은 '사제' 관계이고 이 관계를 기초로 학學의 공동체를 이루는데, 전자(사師)는 후자(제弟)에 대해 권위를 갖는다. 조금 더 확대하면 부자父子, 부부夫婦, 장유長幼도, 또한 조금 색다르게 군신君臣도 이러한 '사제 모델'에 속한다. 다만 군신의 경우 누가 실질적 스승이 되는가는 권력의 역학 관계와 긴밀한 관련이 있다.

조선 후기의 정조의 사례는 물론, 조선조에 있었던 수많은 문집 출간이나 문묘 종사와 관련된 수많은 논쟁은 이러한 '사'의 위상이 텍스트 해석과 긴밀하게 연관돼 있었고, 텍스트 해석과 관련된 논쟁이 사회의 기본 위계질서와 매우 긴밀하게 연관돼 있었다는 점을 잘 보여준다. 따라서 '학'은 진리 탐구를 넘어, 해석의 주도권 경쟁을 통해 권위를 구축하는 과정임을 보여준다.

주희의 주석은 이러한 측면을 더욱 잘 보여준다.

'삼호參乎'라는 것은 증자를 이름名으로 부르고 그에게 고유하시는 것이다. '관貫'이란 '통한다通'는 뜻이다. '유唯'라는 것은 대답을 즉시 하는 것이며 어떤 의심의 톤이 배어 있지 않은 것이다. 성인의 마음은 혼연히 하나의 이理로 되어 있어, 넓게 대응하며 세밀하게 정곡을 찌르니, 그 용用이 각기 상황에 따라 다르다.

증자는 그 용에 있어서는 이미 상황에 따라 세밀하게 관찰하고 힘써 실천하는 경지에는 이르렀으나 아직 그 체體의 하나 됨—理은 알지 못하였다. 부자께서는 증자가 참된 것을 축적하여왔고 힘써 행하는 것이 오래되어 마침내 깨달을 수 있으리라고 판단하셔서 이름을 불러 고유해주신 것이다. 그러자 증자는 과연 묵묵히 그 뜻을 알아차리고 빨리 응하였고 의심이 없었다.

자기의 내면을 다하는 것을 '충忠'이라 이르고, 자기를 미루어 생각하는 것을 '서恕'라 이른다. '이이의而已矣'란 다 말하여 더 말할 것이 없다는 표현이다.[12]

예의 《논어》〈이인〉의 구절에 나타난 대화 구조는 공자–증자로 이어지는 계보의 해석적 권위를 보여준다. 주희의 주석은 이 계보의 해석을 확장한 것이나 다름없다. 우선 주희는 첫 부분에서 공자의 성인다움을 찬양하고, 그에는 미치지 못하지만 증자가 갖는 권위를 설명한다. 실상 여기서 주희가 힘주어 말하려는 바는, '사제적 대화 모델'이 해석의 권위의 위계화와 직결된다는 것이다.

'충서'를 운운하는 증자의 해석은 공자의 말에 비하면 부차적인 것이다. 이것은 사제 관계에 근거한 '학'의 공동체가 어떤 성격의 것인지를 잘 보여준다. 주희의 사후에 편찬된 《주자어류朱子語類》는 공자–증자 모델의 새로운 판이다. 그가 초기에 북송오자北宋五子를 자발적으로 종합함으로써 정통성 계승 작업을 마무리했다면, 《주자어류》의 출간은 그 스스로가 스승의 반열에 오름으로써 '학'의 공동체에서 새로운 하나의 중

---

12 김용옥, 《논어한글역주 2》(통나무, 2012), 186쪽.

심──우리는 그것을 주자학朱子學이라고 부른다──이 되었음을 확인해준다. 학적 권위의 상승에서 문헌을 남겼는지 여부는 대단히 중요하다.

5. 학學에서 유遊로─삶의 기술로서의 도술

《논어》에 나타난 이런 사제 공동체가 현실적으로 구현된 것이 서원書院이다. 서원은 텍스트 해석 경쟁을 벌이는 사제적 대화 모델에 입각해 있고, 이러한 '학'의 공동체는 구성원들의 입신출사立身出仕를 통해서 사회 전체의 모델로 확장돼나간다. 조선 사회는 이러한 주자학적 '사제 공동체 모델'을 추구한 문인-사대부 사회라고 볼 수도 있다. 그러한 '학'의 중심에 텍스트가 있다.

그런데 《장자》는 이러한 사제 모델에 입각한 '학'의 공동체와는 다른 차원의 삶의 양식을 도입한다. 장자의 표현을 빌리면 그것은 바로 '유遊'다. '유'에 대해서는 제2부 6장에서 다양하게 논했다. 《장자》의 많은 일화는 주인공이 '유'하는 과정에서 갖게 된 만남과 대화로 이루어져 있다. '유'한다는 것, 즉 한가로이 유람한다는 것은 어떤 권위적 격식이나 예의와 상관없는 상태임을 의미한다. 그러므로 이때의 만남과 대화에서는 스승과 제자라는 관계 양식은 잠시 멈춘다. 그리고 서로 간에 자유롭게 말이 오간다. 《장자》에 따르면 이러한 조건에서의 대화 또한 '유'이다.

또한 앞에서 설명했듯이 《맹자》〈진심상〉에는 성인의 문하에서 '유'한다는 말이 나오는바, '유'는 일시적인 일회적 상태에 그치지 않고 장기적이고 지속적인 상태로까지 확장된다. 그것은 '학'과 구분되지만 분명 가르침을 듣는다 혹은 배운다의 의미이며, 일정 기간 이상의 지속적 만남을 함축한다. 우리는 이런 식의 '유'를 '교유交遊'라고 부른다. 이와 같은 의미들을 포괄하는 '유'의 용례를 《장자》에서도 확인할 수 있는데, 앞에서 인용했던 〈덕충부〉의 구절을 다시 살펴보자.

노나라에 발 잘리는 형벌을 받은 절름발이 왕태란 사람이 있었는데, 그를 따라 '배우는遊' 제자의 수가 중니의 제자와 같았다. 상계가 중니에게 물었다.

"왕태는 절름발이입니다. 그런데도 그를 따라 '배우는' 이가 선생님과 함께 노나라를 반분하고 있습니다. 그는 서서도 가르치지 않고 앉아서도 가르치지 않고 앉아서도 토론 한번 하지 않는데도 배우는 이들은 텅빈 채로 가서는 가득 채워서 돌아옵니다. 참으로 말하지 않는 가르침과 겉으로 드러남이 없으면서도 마음으로 이루는 것이 있는 것이겠지요. 이 사람은 어떤 사람입니까?"

이에 따르면 왕태라는 사람은 그에게 '유'하는, 즉 배우는 자의 수에 있어서 중니에 필적한다. 즉 왕태의 제자들이 공자의 제자들에게 수적으로 결코 뒤지지 않는다. 하지만 왕태는 자신에게 '유'하는 이들에게 어떤 가르침을 주거나 그들과 어떤 주제에 대해 토론하는 일이 없다. 그럼에도 그를 좇는 사람들은 빈 상태로 그에게 가서 가득 채워 돌아온다. 이러한 '유'는 공자가 '예禮' 속에서 추구했던 '학學'의 과정과는 다르다.

그렇다면 '학'과 '유', 즉 노니는 삶은 어떤 방식으로 비교될 수 있을까? 나는 제2부 5장에서 유가와 도가의 차이를 논하면서 이러한 비교의 기준을 어느 정도 제시해보았다. 나는 유가의 '학'과 도가의 '유'에 각각 '심心'과 '정신'이라는 상이한 기본 개념이 있음을 보여주고자 했다. 심성을 수양하는 것은 인간 사이에 예를 구현함으로써 인간관계의 조화를 이루려는 모험이다. 하지만 개개인의 수양의 짐은 그렇게 가볍지 않다.

이러한 부담은 부자, 부부 같은 친족 관계에서도 쉽게 해소되지 않으며,《장자》가 예로 들어 이야기했듯이 시어머니와 며느리 사이의 갈등과 부담은 유구하다. 더 나아가 수많은 제자백가들이 처했던 군신 관계와 같은 권위적인 주종 관계에서 인간 개개인에게 가해지는 억압과 스트레스는 질병을 초래함은 물론이고 삶을 파괴하는 원인이 될 수 있다. 그런 의미에서 나는 도가 계열의 정신양생론을 스트레스로부터의 해방을 추구한 것으로 이해하고자 했다.

문혜군이 포정의 소 잡는 이야기를 통해 양생의 도를 깨닫는 이야기 뒤에는 공문헌公文軒과 우사右師의 이야기가 나온다. 이들의 대화는 '유'적 삶, 혹은 현대의 학자들이《장자》를 해석할 때 주로 적용하는 개념인 '자유'가 어떤 것인지를 잘 보여준다.

공문헌이 우사를 만났는데, 깜짝 놀라 이렇게 말했다. "이 사람이 어떻게 해서 이렇게 되었는가? 어찌하여 한쪽 발이 잘려 하나가 되었는가? 하늘이 그렇게 한 것인가? 아니면 사람이 그렇게 한 것인가?"

우사가 말했다. "하늘이 그런 것이지 사람이 그런 것이 아니다. 하늘이 낳을 때에 외발이 되게 정한 것이다. 사람의 모습은 다 하늘이 준 것이다. 이렇게 보면 내가 외발이 된 것도 하늘이 그런 것이지 사람이 그런 게 아님을 알 수 있다. 못가에 사는 꿩은 열 걸음에 한 입 쪼아 먹고, 백 걸음에 한 모금 마시며 살아간다. 그러니 새장 속에서 길러지기를 바라지 않는다. 정신神은 비록 몸이 왕성해져도 그것을 좋게 여기지 않기 때문이다."[13]

대화의 두 주인공이 갖고 있는 공문헌과 우사라는 이름은 그들이 어떤 사회적 지위에 있는지를 잘 말해준다. '문헌文軒'이란 아름답게 장식된 수레를 뜻하므로 높은 지위의 출세한 인물임을 말해주며, '우사右師'란 우군 사령관을 뜻하므로 군대의 고위직을 지낸 인물임을 말해준다. 한데 이야기를 읽다 보면 우사가 발뒤꿈치를 잘리는 월형刖刑이라는 형벌을 받고 은퇴했다는 것을 알 수 있다. 그래서 승승장구하며 잘나갔던 우사의 불행을 보며 공문헌이 비통해하는 것이다.

　하지만 우사는 담담하다. 그는 자신이 받은 형벌을 형벌로 여기지 않고 하늘이 준 운명으로 여긴다. 그에게는 자신을 외발로 만든 것이 하늘이냐 인간이냐는 중요하지 않다. 그는 이 사태를 초연하게 받아들이고 있다. 그의 마지막 말이 그가 외발이라는 불구의 몸을 수긍하고 받아들이는 이유를 설명해준다. 그는 부귀영화를 누리는 새장 속의 삶과 열 걸음에 한 번, 백 걸음에 한 번 모이를 쪼아 먹고 물을 마시는 새장 밖의 자적한 삶을 대비시키며, 비록 몸은 불구가 되었지만 정신이 자유롭기 때문이라고 말하는 것이다.[14]

　그렇다면 정신이 자유롭다는 것은 무슨 뜻일까? 기존의 수많은 해설서들은 이에 관해 주로 '정신의 초월', '절대 자유의 경지'와 같은 말을 사용해왔다. 그런데 정신이 무엇을 초월했다는 것인지, 절대적 자유란 무엇인지에 대해 명쾌하게 설명해주는 경우는 별로 없는 듯하다. 나는 이

---

13 《장자》〈양생주〉: "公文軒見右師而驚曰: '是何人也? 惡乎介也? 天與, 其人與?' 曰: '天也, 非人也. 天之生是使獨也, 人之貌有與也. 以是知其天也, 非人也. 澤雉十步一啄, 百步一飮, 不蘄畜乎樊中. 神雖王, 不善也.'"

14 이것의 원문은 "神雖王, 不善也"인데 해석이 매우 분분하다. 나는 여기서 청나라 임운명林雲銘의 《장자인莊子因》과 조선 박세당의 뜻을 취한 안병주, 전호근의 해석을 수용했다. 하지만 번역은 조금 바꾸었다.

러한 초월과 자유의 경지를 쉽게 '스트레스로부터의 해방'으로 이해하고자 한다. 나는 《장자》의 정신양생론이 기본적으로 인간의 사회적 삶이 초래하는 무거운 짐, 인간관계에서 오는 파괴적 힘인 스트레스로부터 인간의 삶을 구하려는 외침이라고 생각한다.

장자의 '유'는 이런 차원에서 개체적이고 정신적인 요소와 관계될 수 있다. 앞서 논했듯이 《장자》〈산목〉은 시남의료와 노나라 제후의 대화를 통해 정치에서 벗어날 것, 즉 책임 의식과 정치적 욕망을 버릴 것을 강조했지만 이는 정치적 삶의 포기나 탈정치의 담론이 아니다. 시남의료가 왕의 신분, 노나라라는 가죽을 벗어던지고 '무하유지향無何有之鄉'의 마을로 '유'하라고 권한 것은, 떠남과 벗어남이란 행동을 권한 것이다. 그리고 그러한 떠남이란 바로 '타자에의 얽매임累', '정치적 책임에서 오는 걱정憂'으로부터의 떠남이다. 하지만 그러한 떠남은 세속을 떠나거나 삶을 버리는 것으로 끝나지 않고, 오히려 세속에서 '마음으로 노닐기心遊'로 이어지며, 더 나아가 '세속에서 노닐기世遊'로 귀결된다.

이런 맥락에서 나는 《장자》의 '유'가 다른 차원의 삶으로의 안내이자 다른 차원의 삶의 양식을 의미한다고 본다. 그리고 이와 같이 노니는 삶의 궁극적인 결과는 '스트레스로부터의 해방'이라고 생각한다. 물론 여기서 말하는 '스트레스'란 오늘날의 현대 의학에서 말하는 그것이다. 스트레스를 연구한 신경 내분비학자 새폴스키에 따르면 지속적인 정신적 스트레스는 인간과 사회적 영장류에게만 한정되는 매우 격렬하고 강한 감정으로서 신체가 법석을 떨게 만드는 경험이다. 즉 우리 신체에는 일종의 항상성이 있는데 이러한 항상성을 깨뜨릴 수 있는 외부 세계의 어떤 것을 스트레스라 하며, 이러한 스트레스 반응이란 우리 몸의 항상성을 재정립하기 위해 신체가 하는 일을 말한다.[15]

새폴스키는 이러한 스트레스 반응을 쉽게 이해시키고자 독자들에게 얼룩말이 되었다고 가정하고 다음과 같이 생각해보라고 한다.

> 만약 당신이 얼룩말이고, 방금 덤벼든 사자에게서 겨우 벗어났지만 그 공격 때문에 배에 상처가 난 상태로 앞으로 몇 시간 동안 당신을 쫓아다니는 사자를 경계하며 지내야 하는 상황이라면 어떨까? 아니면 이와 거의 비슷한 스트레스를 받는 상황으로, 당신이 그 굶주린 사자이고, 최대 속도로 사바나를 가로질러 달려가 뭔가 먹을 것을 잡지 못하면 살아남을 수 없는 상황이라면 어떨까?[16]

우리는 여기서 앞서 공문헌이 걱정했던 우사의 상황을 얼룩말이나 사자의 상황에 빗대어 생각해볼 수 있다. 전쟁에서는 승리하든 패하든 수많은 사상자를 내게 된다. 이는 주변의 지인들이나 죄 없는 수많은 사람들의 목숨이 사라질 수 있음을 의미한다. 또 전쟁에 패한다면 그에 대한 책임으로 자신의 지위는 물론 목숨까지 바쳐야 하는 일이 생길 수 있다. 과연 전쟁에 임하는 지휘관의 정신 상태는, 잡아먹히느냐 잡아먹느냐의 극한 상황에 처한 사자나 얼룩말의 상태와 얼마나 다를까? 더 중요한 것은 이러한 스트레스 상태가 만성적일 경우의 문제다.

나는 《장자》가 외물外物에 대해 거리를 두고서 스스로의 정신적 안녕과 자유를 추구하고자 한 것을 스트레스와 관련지어 이해하는 것이 가장 과학적이고 역사적이며 경험적이라고 생각한다. 만약 장자가 주장하는

---

15 로버트 새폴스키, 《스트레스 : 당신을 병들게 하는 스트레스의 모든 것》, 이재담·이지윤 옮김(사이언스북스, 2008), 24~26쪽.

16 새폴스키, 《스트레스 : 당신을 병들게 하는 스트레스의 모든 것》, 25~26쪽.

바를 자유와 연관시켜 이해하려는 사람이 있다면, 나는 장자가 다음과 같은 카토의 말에 전적으로 동의했을 것이라고 생각한다.

> 자유는 자신이 생각하는 대로 살아가는 것이며, 노예란 순전히 타인 의 처분에 따라 살아가는 것이다. 노예의 삶을 견딜 수 있는 사람에게 이는 불확실성과 비참함, 때로는 폭력에 대한 불안, 때로는 폭력적인 죽 음에 대한 좀처럼 사라지지 않는 공포가 지속적으로 존재하는 상태이 다.[17]

우사가 한쪽 발을 잃으면서까지 찾고자 했던 자유는, 절대적이고 초월 적인 자유라기보다 '지배당하지 않는 삶'이라는 의미의 자유일 것이다. 만약 그렇지 않다면 자유는 우리 자신을 영원한 스트레스 상태에 가두는 것이다. 우리에게 스트레스를 주는 것은 정치는 물론 경제, 사회, 윤리, 문화 등 다양한 영역에 걸쳐 있다. 나는 《장자》에서 찾을 수 있는 '스트레스로부터의 자유'야말로 우리가 통상적으로 말하는 절대적 자유, 정신적 초월의 참된 의미라고 생각한다. 그러나 장자가 제안하는 무정無情의 처방에 대해서는 좀 더 고민하고 다듬어야 한다고 본다.

이런 맥락에서 나는, 서구의 노장 학자들처럼 《장자》가 추구하는 자유를 근대성에 반反하거나 근대성을 비판하는 것으로 해석하기보다, 근대성의 대안으로서 성찰하는 것이 더 적절하다고 본다. 예컨대 장자의 사상이 문명을 비판하고 자연을 옹호했다거나, 인위를 부정하고 자연스러

---

17 카토의 편지. 필립 페팃, 《신공화주의 : 비지배 자유와 공화주의 정부》, 곽준혁 옮김(나남, 2012), 94쪽에서 재인용.

운 무위를 강조했다는 식의 도식적 해석은 사실 매우 모호하고 비역사적이다. 나는 근대를 부정하지 않으면서 근대의 문제점을 해결하려는 차원에서 근대와 관계한다는 의미에서 '포스트post-현대'라는 말을 쓰고자한다. 우리는 예컨대 민주주의, 과학 기술 같은 우리 삶의 기본 가치와 토대 위에서《장자》를 읽어야 하는 것이다.

나는 노장 전통──더욱 넓게는 도가/도교를 포함──을 '도술'로서 사유하는 데에서 이러한 새로운 독해의 가능성을 찾을 수 있다고 본다. 그런 의미에서 도술은 일종의 삶의 기술이자 문명의 기술이다. 도술은 결코 문명을 거부하고 자연을 옹호하거나, 인위를 배격하고 자연으로 돌아가려는 것이 아니다. 도술이 추구하는 것은 '학'과 '예'에 입각한 삶과는 다른 차원의 삶을 추구하는 것일 뿐이다.

6. 도술의 두 차원─양생과 달생

지금까지 나는 도교Taoism를 단지 하나의 이론이나 철학 또는 종교로 보지 말고, 도술이라는 차원에서 바라보자는 견해를 개진했다. 그리고 도술을 유가/유교의 경술과 대비시키면서 도술의 역사적 전개와 오늘날까지 변치 않는 형식을 말하고자 했다. 나아가,《노자》와《장자》를 포괄하는 도가/도교 전통에서 새로운 삶의 양식으로서 도술이 의미하는 바에 주목해보았다.

도술은 유가의 경술과 대비되며, 간단히 말하면《장자》에서 말하는 '유遊'가 곧 도술이라고 할 수 있다. 20세기라는 패러다임에서 설명하자면 '유'는 정치, 경제, 사회, 문화 등 이른바 문명에 반反하는 것이 아니다. 오히려 그것은 정치를 부정하기보다 정치를 '누리고遊', 문명에 종속되지 않으면서 문명을 '누리는' 것이다.

이러한 '유'에 이르는 기술을 《장자》는 양생養生nourishing-life과 달생達生mastering-life으로 표현한다. 귀족제에서 관료제로의 전환기에 살았던 장자가 새롭게 부상하는 절대 군주의 자의적 권력에 맞서 자신의 생명과 삶을 보전하는 기술로서 양생을 제창했다면, 장자의 후학들은 양생의 기술을 삶의 다양한 영역에 적용하는 기술로서 달생의 차원을 열어나갔다. 그런 의미에서 양생과 달생은 삶의 기술이다.

나는 이러한 삶의 기술들을 통틀어 '도술道術Tao-techniques'이라 정의하고자 한다. 《장자》〈천하〉는 도술에 대해 이렇게 말한다.

천하에서 도술을 추구하는 사람은 많다. 그런데 모두가 자기가 닦고 있는 도술이 더 보탤 것이 없는 최고라고 생각한다. 그러니 옛날의 이른바 도술이라고 하는 것은 과연 어디에 있는가. 말하자면 있지 않은 곳이 없다……

……천하가 크게 어지러워지자 현인 성인이 모습을 감추었고, '도술과 그 놀라운 효용道德'이 하나로 통일되지 못해서 천하 사람들이 일부만 알고 스스로 만족하는 경우가 많아졌다. 비유하자면, 귀·눈·코·입이 각자 밝게 아는 부분이 있지만 서로 소통하지 못하는 것은 마치 제자백가의 여러 학술이 서로 소통하지 못하는 것과 같다. 모두 나름대로 뛰어난 점이 있어 때로 그 기술을 쓸 곳이 있다. 비록 그렇지만 전부를 포괄하거나 두루 미치지 못하여 일부분밖에 알지 못하는 사람들이다.

……이 때문에 내면으로는 성인이면서 밖으로는 제왕이 되는 내성외왕內聖外王의 도가 어두워서 밝게 드러나지 못하며, 막혀서 나타나

지 못하여 천하의 모든 사람들이 각각 자기가 하고 싶은 대로 해서 그 것을 스스로 방술이라고 여기니 슬프다. 제자백가들은 각자 앞으로 나 아가기만 할 뿐 (도의 근본으로) 돌아오지 않아서, 절대 도와 만나지 못 할 것이다. 후세의 학자들은 불행히도 천지의 순수함과 고인의 대체를 보지 못할 것이니 도술이 천하 사람들 때문에 바야흐로 찢겨질 것이 다.[18]

이 대목은 중요한 점을 시사한다. 방술과 도술이 대비된다는 것이다. 각자가 밝게 아는 부분, 예컨대 제자백가 가운데 유가의 인의예악仁義禮 樂, 법가의 법과 상벌 등은 방술이다. 오늘날로 보자면 유가가 정치와 윤 리에서 도덕성과 상호 규약을 강조하는 것은 삶의 차원에서 큰 의미가 있다. 마찬가지로 법가의 법에 의한 통치와 상벌의 운용은 고대 국가 운 영에서 중요한 역할을 했다. 그러나 이러한 것들을 총체적으로 운용해 진정 삶의 파편화를 막으려면 이것들을 모두 포괄하는 기술인 도술이 필 요하다.

나는 이러한 도술의 개념을 애거시가 말하는 '기술 통제 수단으로서의 기술'이라는 개념과 유비적으로 이해하고자 한다.

사실 우리는 지금보다 더 많은 기술을 필요로 한다. 그러므로 우리가 절박하게 필요로 하는 것은 기술이 초래할지도 모르는 환경 오염, 인구 폭발, 원자핵에 이르기까지 "기술을 통제하기 위해서 통제 수단(이것도 하나 의 기술임)"을 창안하고, 개발하고, 실행에 옮기는 것이다.[19]

---

18 안병주·전호근 옮김, 《역주 장자 4》, 244~246쪽.

나는 애거시가 말하는 통제 수단의 대상을 기술에서 넓혀, 삶의 다양한 측면과 관련된 기술들, 즉 방술에 대한 포괄적 통제 기술이라는 의미에서 도술을 이해하고자 한다. 실제로 이것이 〈천하〉 편에서 말하는 도술의 의미와 상통하는 것이며, 또한《사기》의 〈논육가요지論六家要旨〉에서 규정하는 도가의 의미와도 일맥상통하는 것이다. 도술을 이렇게 이해하면 유가와 도가의 대립은 의미가 없어진다. 도덕성을 강조하는 유가의 윤리 규범은 도가와 대립되는 것이 아니라 삶의 일부로서 도가에 포용되어야 하는 것이다.

　나는 이러한 도술이 디지털 시대인 오늘날 종교와 철학, 역사와 문학 등 다양한 연구 영역이 함께 할 수 있고 또한 함께 해야 하는 연구의 대상이 아닌가 싶다. 유가와 달리 도술의 전통은 지식 탐구를 이끌어내는 데 그치지 않고 예술, 종교, 문학 등 다양한 삶의 영역에서 살아 숨 쉬어왔다.

　다만 이러한 도술에 관한 탐론의 초점이 이제 도道에서 술術로 넘어갈 것 같다는 막연한 느낌이 있을 뿐이다. 이러한 변화는 진행 중이며 진행되겠지만, 미래는 누구도 예측할 수 없다는 차원에서 도술이 열린 연구와 토론의 대상이 되어야 하지 않을까 싶다. 그런 의미에서 나는 이 책의 제목에 새로운 의미를 담고 싶다. '노자의 칼'과 '장자의 방패'란 그 자체로는 모순이지만, 도술의 차원에서 그것들은 우리 삶의 유용한 무기가 될 수 있다.

　도술을 통해,《노자》의 칼을 휘둘러 우리 삶을 옥죄는 것을 쳐부수면서 한편으로는 자신의 삶을 해치는 외적인 것들을 막는 데《장자》를 활용할 수는 없을까? 그래서 노자의 칼과 장자의 방패는 우리 삶의 모순을 드러

19　애거시,《현대문명의 위기와 기술철학》, 21쪽.

내는 것이기도 하지만, 달리 생각하면 우리 삶에 위안이 되는 것일지도 모른다. 둘 중 어느 쪽인지는 우리가 어떤 도술을 부리느냐에 달린 것이 아닐까?

| 참고문헌 |

한국어 문헌

강명관,《안쪽과 바깥쪽》(소명출판, 2007).

강신주,《노자(老子), 국가의 발견과 제국의 형이상학》(태학사, 2003).

공자,《삶에 집착하는 사람들과 함께하는 논어》, 황희경 옮김(시공사, 2000).

그레이엄, 앤거스,《도의 논쟁자들》, 나성 옮김(새물결, 2001).

금장태,《한국 유학의《노자》이해》(서울대학교출판부, 2006).

김갑수,〈學派名으로서의 '道家'의 기원과 의미에 관하여—황로학 제자리 찾기
　　(2)〉,《道家哲學》창간호(1999).

──────,〈황로학에 대한 오해와 진실—황로학 제자리 찾기 (1)〉,《시대와 철학》제
　　18호(1999년 봄).

──────,《장자와 문명》(심산, 2004).

김경희,〈장자의 변화론—'변'(變)과 '화'(化)의 차이를 중심으로〉,《철학연구》제
　　75집(2006).

김교빈 외,《기학의 모험 1》(들녘, 2004).

김길환,〈율곡의 노자관〉,《한국학보》제5집(일지사, 1976).

김낙필,〈율곡 이이의《순언》에 나타난 유·도 교섭〉,《원불교사상》제20집(원광대
　　원불교사상연구원, 1996).

김석우,《자연재해와 유교국가》(일조각, 2006).

김시천,〈왕필의 현학〉, 정세근 엮음,《위진현학》(예문서원, 2001).

──────,〈노자의 양생론적 해석과 의리론적 해석〉(숭실대학교 박사학위논문,
　　2003).

──────,《철학에서 이야기로—우리시대의 노장 읽기》(책세상, 2004).

──────,〈표정, 氣와 情을 통해 본 몸의 현상학〉, 조동일 외 지음,《기학의 모험 2》

(들녘, 2004).

──, 〈무위의 네 가지 개념에 관하여〉, 《시대와 철학》 제16권 1호(2005년 봄).

──, 〈이단에서 전통으로─장자, 진유(眞儒)가 된 한 사이비의 역사〉, 《시대와 철학》, 제16권 2호(2005년 여름).

──, 《이기주의를 위한 변명》(웅진지식하우스, 2006).

──, 〈감각이란 무엇인가─동양철학적 접근〉, 《시대와 철학》 제18권 3호(2007년 가을).

──, 〈고대 중국에서 한의학은 어떻게 만들어졌는가〉, 인제대학교 인문의학연구소 엮음, 《인문의학 : 고통, 사람과 세상을 만나다》(휴머니스트, 2008).

──, 〈감정의 형이상학과 과학─유가수양론과 도가양생론의 자아의 형이상학과 순수의식〉, 《도교문화연구》 제31집(2009).

──, 〈번역과 철학─동아시아 고전 번역과 삶의 중첩성〉, 《대동철학》 제49집(2009).

──, 〈칠규(七竅)의 인간학─기(氣)의 인간생태학을 찾아서〉, 인문의학연구소 엮음, 《인문의학 : 21세기 한국사회와 몸의 생태학》(휴머니스트, 2009).

──, 전호근, 《번역된 철학 착종된 근대》(책세상, 2010).

──, 〈《노자》와 성인의 도─왕필 노학의 의리적 전회〉, 《시대와 철학》 제21권 2호(2010년 여름).

──, 〈과학, 기심(機心) 그리고 도술(道術)〉, 《동서철학연구》 제59호(2011년 봄).

김영수, 《건국의 정치─여말선초, 혁명과 문명 전환》(이학사, 2006).

김영식, 《주희의 자연철학》(예문서원, 2005).

김학목, 〈《순언》에 대한 홍계희의 입장〉, 《도교학연구》 제17집(2001).

──, 〈《순언》에 나타난 율곡의 경세사상〉, 《민족문화》 제25집(민족문화추진회, 2002).

──, 〈《순언》에 나타난 율곡 이이의 사상〉, 《동서철학연구》 제23호(2002).

──, 〈조선조 유학자들의 《도덕경》 주석과 그 시대 상황〉, 《동서철학연구》 제24호(2002).

김현수, 《《老子道德經河上公章句》研究》(동국대학교 석사학위논문, 2000).

김희, 〈장자의 遊를 통해 본 문화향유 주체에 관한 소고―장자의 遊와 호이징하의 놀이 개념 비교〉, 《동양철학연구》 제69집(동양철학연구회, 2012).

김희정, 〈魏晉代 神槪念 硏究―道敎, 佛敎 및 文藝論을 中心으로〉, 《中國史硏究》 제41집(2006년 4월).

──, 《몸, 국가, 우주 하나를 꿈꾸다》(궁리, 2008).

노자, 《老子―길과 얻음》, 김용옥 옮김(통나무, 1989).

노태천, 〈《장자》에 나타난 기술관에 대하여〉, 《동서철학연구》 제7호(1990).

리우샤오간, 《장자철학》, 최진석 옮김(소나무, 1998).

리쩌허우, 《중국고대사상사론》, 정병석 옮김(한길사, 2005).

맹자, 《맹자》, 박경환 옮김(홍익출판사, 2005).

──, 《맹자》, 우재호 옮김(을유문화사, 2007).

미이시 젠키치, 《중국의 천년 왕국 : 중국 민중의 지상 천국 사상》, 최진규 옮김(고려원, 1993).

바우만, 지그문트, 《액체근대》, 이일수 옮김(강, 2009).

박세당, 《박세당의 노자―어느 유학자의 노자 읽기》, 김학목 옮김(예문서원, 1999).

박영호, 《老子 빛으로 쓴 얼의 노래》(두레, 1998).

박원재, 〈老莊의 '精神' 개념에 대한 재검토〉, 《철학연구》 제18집 1호(고려대학교 철학연구소, 1996).

──, 〈유목적적 세계상에 대한 반동〉, 중국철학회, 《역사 속의 중국 철학》(예문서원, 1999).

박제가, 《정유각집 (중)》, 정민·이승수·박수밀 외 옮김(돌베개, 2010).

사마천, 《사기열전》, 김원중 옮김(민음사, 2011).

서명응, 《도덕지귀―성리학자 서명응의 열린 노자읽기》, 조민환 옮김(예문서원, 2008).

순자, 《순자 1·2》, 이운구 옮김(한길사, 2006).

슈워츠, 벤자민, 《중국 고대사상의 세계》, 나성 옮김(살림, 1996).

스넬, 브루노,《정신의 발견 : 서구적 사유의 그리스적 기원》, 김재홍 옮김(까치, 1994).

심재룡,〈情報電算文化를 보는 道家의 눈―莊子의 機事·機心을 어떻게 해석할까?〉,《哲學》제17집 1호(한국철학회, 1982).

――――,〈도가는 기술문명에 반대하는가―기술문명에 대한 장자의 양가적(兩價的) 비판〉,《동양의 지혜와 禪》(세계사, 1990).

애거시, 조셉,《현대문명의 위기와 기술철학》, 이군현 옮김(민음사, 1990).

앨린슨, 로버트,《장자 : 영혼의 변화를 위한 철학》, 김경희 옮김(그린비, 2004).

열자,《열자》, 유평수 옮김(자유문고, 1995).

오상무,〈초기《노자》주의 '一'의 해석으로부터 본 漢魏 老學의 分岐〉,《哲學》제53집(한국철학회, 1997).

――――,〈老子河上公章句의 근본사상 硏究〉,《哲學》제71집(한국철학회, 2002).

오야나기 시키타,《노장사상과 도교》, 김낙필 옮김(시인사, 1988).

오진탁,〈莊子의 道를 통해서 바라보는 技術文明〉,《철학연구》제18집·1호(1996).

왕보,《장자를 읽다―신선의 껍데기를 벗어던진 인간 장자의 재발견》, 김갑수 옮김(바다출판사, 2007).

왕필,《왕필의 노자―無의 철학을 연 왕필의 노자 읽기》, 임채우 옮김(예문서원, 1997).

유안,《회남자 1·2》, 이석명 옮김(소명, 2010).

이강수,《道家思想의 硏究》(고려대학교출판부, 1989).

――――,〈도가사상과 새로운 과학〉,《이강수 교수의 노장철학 이해》(예문서원, 2005).

이경구,《17세기 조선 지식인지도》(푸른역사, 2009).

이석명,〈漢代 道家의 內向的 轉化―《老子河上公注》의 養生 思想을 중심으로〉,《道家哲學》창간호(1999).

――――,〈《老子道德經河上公章句》의 長生不死 사상과 그 道敎的 萌芽―黃老學과 道敎의 연결고리를 찾아서〉,《中國學報》제53집(2005).

이승률,〈연구사를 통해서 본 중국 고대의 '自然' 사상과 문제점 고찰〉,《동양철학연구》제49집(2007).

———, 〈곽점초간《노자》의 '自然' 사상과 그 전개〉,《동양철학연구》제53집 (2008).

이욱,《조선시대 재난과 국가의례》(창비, 2009).

이웅규, 〈놀이정신에 관한 심층적 고찰―호이징하와 로제 카이와를 중심으로〉, 《국제관광연구》제3권(국제관광학회, 2006).

이이,《율곡 이이의 노자》, 김학목 옮김(예문서원, 2001).

———,《성학집요》, 김태완 옮김(청어람미디어, 2007).

이종성, 〈율곡《순언》에 나타난 형이상학적 세계관〉,《유학연구》제6집(충남대유학연구소, 1998).

———, 〈선진도가의 자연관을 통해 본 현대문명의 비판적 대안〉,《철학논총》제22집(2000년 가을).

———, 〈율곡의 노자관에 있어서 자아 수련의 문제〉,《대동철학》제19집(2002).

———, 〈율곡의 노자관에 반영된 성리학적 존재론의 구조〉,《한국사상과 문화》제21집(한국사상문화학회, 2003).

———, 〈장자의 '좌망'론〉,《대동철학》제24집(대동철학회, 2004).

———, 〈율곡과 노자―《순언》의 세계관과 인간이해〉,《율곡사상연구》제10집 (2005).

———,《순언》과 세 가지 보배―그 정치철학적 맥락에 대한 재검토〉,《동양철학》제27집(2007).

———, 〈율곡《순언》의 경세론적 기본 입장〉,《동서철학연구》제44호(2007).

———, 〈'정치적 진실설의 결여'로부터의 탈주―《순언》의 경세론적 과제와 의의에 관하여〉,《동서철학연구》제46호(2007).

———, 〈율곡《醇言》의 연구동향과 과제〉,《율곡사상연구》제13집(2008).

임철규,《왜 유토피아인가 : 유토피아, 문학, 이데올로기에 관한 비평》(민음사, 1994).

장자,《역주 장자 1·2·3·4》, 안병주·전호근·김형석 옮김(전통문화연구회, 2001·2004·2005·2006).

정두희,《조광조―실천적 지식인의 삶, 이상과 현실 사이에서》(아카넷, 2000).

정민,《초월의 상상 : 정민의 도교미학 깊이 읽기》(휴머니스트, 2002).

정세근, 〈노자(老子)의 '덕'(德)과 그 정치 철학적 의의〉, 중국철학연구회 엮음,《중국의 사회 사상》(형설출판사, 1992).

───, 〈기술과 정신 : 노장철학의 도와 기〉,《인문학지》vol. 14, no. 1(충북대 인문학연구소, 1996).

───, 〈王弼用體論 : 崇用息體〉,《魏晉南北朝國際學術硏討會》發表文(中國文化大學, 1998년 12월 28~30일).

───,《제도와 본성─현학이란 무엇인가》(철학과현실사, 2001).

───,《노장철학》(철학과현실사, 2002).

───, 〈노자 하상공장구주에서의 국가와 신체〉,《동서철학연구》제30호(2003).

─── 엮음,《위진현학》(예문서원, 2001).

정재서,《한국도교의 기원과 역사》(이화여자대학교출판부, 2006).

조민환,《유학자들이 보는 노장 철학》(예문서원, 1996).

차주환,《韓國道敎思想硏究》(서울대학교출판부, 1978).

천퉁성,《사기의 탄생, 그 3천년의 역사》, 장성철 옮김(청계, 2004).

최고원, 〈놀이 개념에 대한 동, 서양의 시각차에 관하여─'몰입놀이'와 '거리두기' 놀이〉,《철학연구》제117집(대한철학회, 2011).

───, 〈놀이이론과 문화분석─J. 호이징어와 R. 카이와의 놀이이론을 중심으로〉,《존재론연구》제25집(2011).

카이와, 로제,《놀이와 인간》, 이상률 옮김(문예출판사, 1994).

펑우란,《중국철학사 (상·하)》, 박성규 옮김(까치, 1999).

프리스트, 스티븐,《마음의 이론》, 박찬수 외 옮김(고려원, 1995).

하위징아, 요한,《호모 루덴스 : 놀이하는 인간》, 이종인 옮김(연암서가, 2010).

한국사시민강좌 편집위원회,《한국사 시민강좌》제45집(일조각, 2009).

한비자,《한비자 1·2》, 이운구 옮김(한길사, 2002).

함석헌,《씨올의 옛글풀이》(한길사, 1988).

홍석주,《홍석주의 노자─訂老, 기호 주자학자의 노자 읽기》, 김학목 옮김(예문서원, 2001).

황준연,《이율곡, 그 삶의 모습》(서울대학교출판부, 2000).
후쿠나가 미쓰지,《난세의 철학, 장자》, 임헌규·임정숙 옮김(민족사, 1991).

외국어 문헌

樓宇烈 校釋,《王弼集校釋》(北京：中華書局, 1980).

王卡 點校,《老子道德經河上公章句》(北京：中華書局, 1993).

鄭成海,《老子河上公注斠理》(臺北：臺灣中華書局, 民國60年).

王明,《道家和道教思想研究》(北京：中國社會科學出版社, 1984).

王淸祥 撰,《老子河上公章句之研究》(臺北：新文豊出版公司, 民國83年).

王曉毅,《王弼評傳》(南京：南京大學出版社, 1996).

關鋒,〈莊子哲學批判〉,《莊子哲學討論集》(北京：中華書局, 1962).

_____,〈莊子外雜篇初探〉,《莊子哲學討論集》(北京：中華書局, 1962).

郭慶藩,《莊子集釋》(北京：中華書局, 1980).

司馬遷,《史記》(北京：中華書局, 1959).

熊鐵基·馬良懷·劉韶軍,《中國老學史》(福州：福建人民出版社, 1995).

崔大華,《莊學研究》(北京：人民出版社, 1992).

李澤厚,《中國古代思想史論》(北京：人民出版社, 1986).

Ames, Roger T., *The Art of Rulership : A Study of Ancient Political Thought*
    (Albany, New York：State University of New York Press, 1994).

Berthrong, John H., *Transformations of the Confucian Way* (Boulder, Colorado：
    Westview Press, 1998).

Chan, Alan K. L., *Two Visions of the Way : A Study of the Wang Pi and the Ho-
    shang Kung Commentaries on the Lao-Tzu* (Albany, New York：State
    University of New York Press, 1991).

Chang, Leo S.·Yu Feng, *The Four Political Treatises of the Yellow Emperor :*

Original Mawangdui Texts with Complete English Translations and an Introduction (Honolulu : University of Hawaii Press, 1998).

Ching, Julia, *The Religious Thought of Chu Hsi* (Oxford : Oxford University Press, 2000).

Clarke, J. J., *The Tao of the West : Western Transformations of Taoist Thought* (London · New York : Routledge, 2000).

Cook, Scott (ed.), *Hiding the World in the World : Uneven Discourses on the Zhuangzi* (Albany, New York : State University of New York Press, 2003).

Creel, H. G., *What is Taoism? and Other Studies in Chinese Cultural History* (Chicago · London : The University of Chicago Press, 1970).

Erkes, Eduard, *Ho-shang Kung's Commentary of Lao Tse* (Ascona : Artibus Asiae, 1958).

Girardot, Norman J., "Chaotic 'order' (hun-tun) and benevolent 'disorder' (luan) in the Chuang Tzu", *Philosophy East & West* 28, no. 3 (Honolulu : University of Hawaii Press, 1978).

Goldin, Paul Rakita, *The Culture of Sex in Ancient China* (Honolulu : University of Hawaii Press, 2002).

———, "A Mind-Body Problem in the Zhuangzi?", Scott Cook (ed.), *Hiding the World in the World : Uneven Discourses on the Zhuangzi* (Albany, New York : State University of New York Press, 2003).

Graham, Angus C., *Disputers of the Tao : Philosophical Argument in Ancient China* (La Salle, Illinois : Open Court Publishing Co., 1989).

———, "The Origins of the legend of Lao Tan", Livia Kohn · Michael LaFargue (eds.), *Lao-tzu and the Tao-te-ching* (Albany, New York : State University of New York Press, 1998).

——— (trans.), *The Book of Lieh-tzu* (New York : Columbia University Press, 1990).

_____ (trans.), *Chuang-Tzu : The Inner Chapters* (Indianapolis · Cambridge : Hackett Publishing Company, Inc., 2001).

Harper, Donald J. (trans.), *Early Chinese Medical Literature* (New York : Kegan Paul International, 1998).

Hucker, Charles O., *A Dictionary of Official Titles in Imperial China* (Stanford, California : Stanford University Press, 1985).

Kohn, Livia, *God of the Dao : Lord Lao in History and Myth* (Ann Arbor, Michigan : Center for Chinese Studies, The University of Michigan, 1999).

Kumar, Krishan, *Utopianism* (Milton Keynes : Open University Press, 1991).

Lin, Paul J., *A Translation of Lao Tzu's Tao Te Ching and Wang Pi's Commentary* (Ann Arbor, Michigan : Center for Chinese Studies, The University of Michigan Press, 1977).

Lynn, Richard John, *The Classic of the Way and Virtue — A New Translation of the Tao-te ching of Laozi as Interpreted by Wang Bi* (New York : Columbia University Press, 1999).

Moeller, Hans-Georg, *The Philosophy of the Daodajing* (New York : Columbia University Press, 2006).

Needham, Joseph, *Science and Civilization in China* (Cambridge : Cambridge University Press, 1956).

Puett, Michael J., "Nothing can overcome heaven : the notion of spirit in the Zhuangzi", Scott Cook (ed.), *Hiding the World in the World : Uneven Discourses on the Zhuangzi* (Albany, New York : State University of New York Press, 2003).

Roth, Harold D., "Psychology and self-cultivation in early Taoist thought", *Harvard Journal of Asiatic Studies* 51.2 (1991).

_____, *Original Tao-Inward Trainning and the Foundations of Taoist Mysticism* (New York : Columbia University Press, 1999).

T'ang Yung-t'ung, "Wang Pi's New Interpretation of the I Ching and Lun-Yü",

Xinzhong Yao · Wei-ming Tu (eds.), *Confucian Studies* II, Walter Lieben-
thal (trans.)(London · New York : Routledge, 2011).

The Chinese Partnership Research Group, *The Chalice & The Blade in Chinese
Culture : Gender Relations and Social Models*(Beijing : China Social
Sciences Publishing House, 1995).

Wagner, Rudolf G., *Language, Ontology, and Political Philosophy in China—
Wang Bi's Scholarly Exploration of the Dark (Xuanxue)*(Albany, New
York : State University of New York Press, 2003).

Yates, Robin D. S., *Five Lost Classic : Tao, Huang-Lao, and Yin-Yang in Han
China*(New York : Ballantine Books, 1997).

노자의 칼 장자의 방패
삶의 **모순**과 **철학**의 **위안**

펴낸날   초판 1쇄 2013년 11월 5일
           초판 4쇄 2019년 10월 25일

지은이   김시천
펴낸이   김현태
펴낸곳   책세상

주소   서울시 마포구 잔다리로 62-1, 3층(04031)
전화   02-704-1251(영업부), 02-3273-1333(편집부)
팩스   02-719-1258
이메일   bkworld11@gmail.com
광고제휴 문의 bkworldpub@naver.com

홈페이지 chaeksesang.com   **페이스북** /chaeksesang
트위터   @chaeksesang   **인스타그램** @chaeksesang   **네이버포스트** bkworldpub

등록   1975. 5. 21. 제1-517호

ISBN   978-89-7013-855-8 03150

이 도서의 국립중앙도서관 출판시도서목록(CIP)은 서지정보유통지원시스템 홈페이지
(http://seoji.nl.go.kr)와 국가자료공동목록시스템(http://www.nl.go.kr/kolisnet)에서
이용하실 수 있습니다.(CIP제어번호 : CIP2013021887)